谨以此书献给我的母亲萨拉，感谢她在我学习期间的辛勤付出，
以及对我事业一如既往的支持。

"……读者若是希望'兼听则明'，从波斯人自己的传统角度审视波斯，而不是落入西方以希腊为出发点的窠臼，这本书再合适不过了……其中的史学研究与文献调研一丝不苟……我已经向许多人推荐了这本书，并在斯坦福大学教学时使用，不仅作为参考书，也作为课程用书……在波斯战争方面，没有比这本书更好的著作，行文谨慎而敏锐，充满活力与对史学的热爱。书中的研究与文献分析，展现了阿契美尼德、帕提亚与萨珊三个王朝的军事成就，这些成就不但时常震慑了希腊人与罗马人，而且威名远播。我注意到，其他学者的出色评述也认同这一点。"

——帕特里克·亨特，斯坦福大学（古典文明学系）

"我们首次得以在历史著作中，看到清晰地梳理希腊－罗马世界与古波斯的战争跟伊朗人的这些成就之间的关系……本书在一个少有人涉及的方面进行了绝佳的研究，而且还从此前未被翻译的希腊－罗马史料中汲取了营养……本书不但首次为读者展现了伊朗人视角的古伊朗，也保持了极佳的平衡。"

——尼科洛兹·卡恰拉娃教授，第比利斯格鲁吉亚大学博士生导师、格鲁吉亚科学院成员、纽约科学院成员

"法鲁赫博士完整地论述了波斯时代的大事件……然而最重要的是，其中包含由法鲁赫博士揭示或发现的全新信息，比如波斯人的建筑风格对欧洲哥特式风格的影响，萨珊王朝的雅利安骑士精神的新细节……诸如此类，不一而足。"

——马济亚尔·塔拉福鲁什，《波斯镜报》

"卡韦赫·法鲁赫博士的这本书是这一领域的重要著作，将埃德温·山内博士的《波斯与圣经》与林赛·艾伦博士的《波斯帝国》这两本著作的学术性融为一体，并用精致的地图与照片增加可读性，让学术资料与精确的史学分析得以精美绝伦。简而言之，这是一部绝佳的历史著作与参考书，未来几十年，甚至更久的时间中，这本书都应该留在感兴趣的通史读者，以及这一方向相关研究者的书架上。"

——马克·丹科夫，共和国广播网

"……对这一时期的历史或军事史感兴趣的读者，将从本书之中获取无价的信息。相关领域的学生甚至都有必要参考此书。"

——《阿肯色旅行者报》

"值得推荐。"

——贾斯珀·奥尔赫伊斯，《古代战争》编辑

指文®战争艺术 / 018

伊朗前传

波斯千年战争

[英]卡韦赫·法鲁赫 著

高万博 李达 译

江苏凤凰文艺出版社
JIANGSU PHOENIX LITERATURE AND
ART PUBLISHING, LTD

图书在版编目（CIP）数据

伊朗前传：波斯千年战争 /（英）卡韦赫·法鲁赫
(Kaveh Farrokh) 著；高万博，李达译 . -- 南京：江
苏凤凰文艺出版社，2020.4
　　书名原文：SHADOWS IN THE DESERT:ANCIENT PERSIA
AT WAR
　　ISBN 978-7-5594-4603-9

　　Ⅰ . ①伊… Ⅱ . ①卡… ②高… ③李… Ⅲ . ①波斯帝
国 - 战争史 Ⅳ . ① E192

中国版本图书馆 CIP 数据核字 (2020) 第 033353 号

SHADOWS IN THE DESERT: ANCIENT PERSIA AT WAR (GENERAL MILITARY)
by
KAVEH FARROKH, FOREWORD BY RICHARD NELSON FRYE
Copyright:© KAVEH FARROKH, 2007
This translation of Shadows in the Desert is published by arrangement with
Bloomsbury Publishing Plc. through Big Apple Agency,Inc.,Labuan,Malaysia.
Simplified Chinese edition copyright:
2020 ChongQing Zven Culture communication Co.,Ltd
All rights reserved.

版贸核渝字（2019）第 021 号

伊朗前传：波斯千年战争

[英] 卡韦赫·法鲁赫　　著　　高万博 李达　译

责任编辑　　孙金荣
特约编辑　　谭兵兵
装帧设计　　王　星
出版发行　　江苏凤凰文艺出版社
　　　　　　南京市中央路 165 号，邮编：100009
网　　址　　http://www.jswenyi.com
印　　刷　　重庆长虹印务有限公司
开　　本　　787 毫米 ×1092 毫米 1/16
印　　张　　26.5
字　　数　　418 千字
版　　次　　2020 年 4 月第 1 版　2020 年 4 月第 1 次印刷
书　　号　　ISBN 978-7-5594-4603-9
定　　价　　129.80 元

江苏凤凰文艺版图书凡印刷、装订错误可随时向承印厂调换

目 录
CONTENTS

目 录
CONTENTS

前言
善战的波斯战士

　　阿拉伯语中用"法里斯"（Faris）指代波斯人，也用这个词指代强者或骑马的战士，这一点确实非同寻常。强大的骑马战士，正是历史中伊朗高原与中亚草原上的伊朗人闻名世界的形象。伊朗骑兵几乎都是贵族成员，在任何一个时代的战场上，他们都是军队的核心力量。这些骑兵与他们的敌人——古希腊重装步兵和罗马军团步兵，形成了鲜明对比。在双方交锋的战场上，骑兵与步兵都可能胜利。

　　波斯战士的故事始于三千多年前印度–伊朗人从中亚迁徙而来。他们驯化马匹则是在更早之前完成的，记载中，印度–伊朗入侵者驾驶战车，与荷马时代的希腊人的战车类似。这一时期，他们可能骑马来聚拢羊群和牛群，但或许没有马鞍和缰绳。当然，适宜贵族的交通工具还是战车。伊朗人向西扩张，而印度人进入了次大陆，所过之处，人们无不畏惧。在东方，霍拉桑人（Khwarazmians）①、索格底亚那人（Sogdians）②、巴克特里亚人（Bactrians）以及其他民族，入侵了人口稀少的达罗毗荼人（Dravidians）等部族占据的土地。与此同时，在西方，米底人和波斯人征服了之前被埃兰人（Elamites）、曼内亚人（Mannaeans）和里海诸部统治的土地，并将他们的语言带给了当地居民。或许可以认为，伊朗人和之后征服了阿塞拜疆、安纳托利亚的突厥人情况相似。

---

　　① 译注：唐称"火寻"，元称"花剌子模"。

　　② 译注：唐称"粟特人"。

亚述帝国从米底人那里获得马匹，而米底人很快就拥有了足以挑战亚述人的实力。根据希罗多德的说法，基亚克萨雷斯（Cyaxares）将米底人的部落征召兵组织成军队，包括使用长枪的士兵和骑兵，就此建立了一支正规军，然而直到居鲁士大帝统治时期，米底-波斯军队的模式才得到完善。大约同一时期，亚美尼亚人正在从安纳托利亚向阿塞拜疆扩张。

虽然居鲁士大帝通过联姻与米底王室紧密地联系在一起，但大流士大帝才是阿契美尼德帝国真正的建立者。相比之前的王国，这个帝国拥有一个巨大的优势，即拥有世俗的"国王法"，此法居于构成庞大帝国的众多王国的宗教法律之上。"国王法"也正是在数个世纪中将帝国统合在一起的众多因素之一。纳格什-鲁斯泰姆（Naghsh-e-Rustam）的大流士陵墓有这样的铭文：

国王大流士统治多少邦国？看看王位下雕刻的人像，便知波斯之矛经略之广。

在阿契美尼德王朝早期，军队在征服和镇压叛乱时最为高效。不幸的是，随着时间的推移，军队的性质发生了变化。来自各地区的征召部队的加入，使部队越发难以控制，变得不那么"专业"，以至于阿契美尼德王朝的君主开始引入训练有素的希腊人雇佣兵作战。也正因如此，军事天才亚历山大大帝才能率领希腊化士兵进军伊朗，并终结了阿契美尼德王朝的统治。

在波斯历史中的短暂插曲——塞琉古王朝结束后，中亚的一股新势力来到了伊朗，他们就是帕提亚人，而他们的王朝被称为安息（Arsacid）王朝。帕提亚王朝的军队中出现了三种新特征：一是骑兵的"帕提亚箭术"；二是复合弓；三是在两军阵前一对一决斗。虽然手持强劲复合弓的弓骑兵让罗马人心生恐惧，但代表军队前去决斗的勇士，才是这个英雄时代的特征。然而在帕提亚王朝末期，一种人马具装的新型重装骑兵脱颖而出，他们或许是欧洲骑士的先驱。这些就是"全身甲骑兵"①。他们手持长枪，让罗马人畏惧不已。也许就

---

① 译注：Cataphract，直译即"全身披甲"（的骑兵），是拉丁语对这类重甲骑兵的称呼，希腊语的"Kataphractos"是其转写。

是在这一时期，或者更晚的某个时间点，马镫这一全新发明出现，骑兵因此获得了更强大的冲击力以及更多的战斗技能。这个时代的伊朗历史也见证了世界性宗教的曙光，如摩尼信仰，这种新理念促使基督教和琐罗亚斯德教①走向了对抗。

萨珊王朝是一个巩固中央政权、组建新式军队的时代。也正是在这个时代，为了获得法律和宗教上的正统地位，宗教和政权相互支持，而非相互争夺境内的最高权威。在与拜占庭帝国和中亚接壤的两条边境线上，战争接连不断，这不仅要求军队时刻备战，也将伊朗带入了金钱和贸易的竞技场。萨珊王朝建立之初，伊朗银币的银含量依旧很高，因此萨珊钱币在各个地区都价值甚高，然而其他地区的钱币贬值了。在原本的农业经济基础上，商贾开始开辟前往远东和非洲的新路线。相比争夺领土并卷入大规模战争，付钱给敌人要容易得多。此时这种情况甚至比阿契美尼德帝国时期还要严重，而且和阿契美尼德王朝的末代君主大流士三世一样，萨珊王朝的末代君主雅兹德吉尔德三世为了躲避阿拉伯人追击，也死在了伊朗东北部。

在本书中，卡韦赫·法鲁赫博士用波斯人的视角，让我们重新审视希腊人和罗马人的观点，审视那些长期掌控着我们如何理解这些战争的一面之词。另一方的视角让人耳目一新，而法鲁赫博士也阐述了这一历史时期的许多波斯的制度，比如萨珊王朝的精锐骑兵"萨瓦兰"。本书从另一个角度展现了古典时代东西方之间的战争。

理查德·纳尔逊·弗赖伊教授②

2006年9月

---

① 译注：唐称"祆教""拜火教"。

② 译注：研究伊朗和中亚的美国学者，哈佛大学伊朗研究的名誉教授，研究伊朗的历史和文化六十余年。他的主要研究领域是伊朗语言学，以及公元前1000年以前的伊朗和中亚历史。他在哈佛大学创办了美国第一个伊朗研究项目——中东研究中心，并撰写了《波斯的黄金时代》《中亚的遗产》等多部著作。他还是《剑桥伊朗史》第四卷的编辑。

引言
波斯还是伊朗？

波斯还是伊朗？从某种意义上讲，两者在指代同一个实体时，即指代东方的中国、印度与西方的希腊-罗马世界这些伟大文明之间的中部帝国时，都是正确的。希腊人将第一个伊朗人的帝国——阿契美尼德王朝，称为"波斯亚"（Persseya），即波斯，不过伊朗人会将他们的家园称为"伊勒安"（Eire-An）或者"伊朗"（Ir-An），即"雅利安人的土地"。

最初的伊朗人概念，是包含米底人、波斯人和大部分已经消失的北伊朗语族使用者（塞种人／斯基泰人和萨尔马提亚人）在内的众多族群的大家庭。伊朗或波斯从最开始就是多语言、多民族和多信仰的国家。现在的伊朗不仅有新波斯语，还有其他的伊朗语族语言，例如库尔德语、俾路支语、卢里语和马赞德兰语。突厥语在西北方的伊朗阿塞拜疆也占据优势地位，而阿拉伯语则在波斯湾沿岸和西南的胡齐斯坦十分常见。伊朗拥有辽阔的地域，有着各种各样的地形和气候，绝非单调的沙漠帝国。相当一部分伊朗的遗产，源自北部和西北部地区，那里不仅与高加索和安纳托利亚相连，也与波斯人、米底人的起源地中亚相邻。波斯湾直到现在仍存留着深刻的伊朗痕迹。

波斯这个词汇可以包含所有的伊朗语族使用者，尤其是主要源自古代米底人的库尔德人和阿塞拜疆人。米底人是伊朗的真正创始者，他们为居鲁士大帝和大流士大帝的帝国打下了基础。北伊朗语族使用者不但对波斯的建立意义重大，在阿契美尼德王朝被亚历山大灭亡之后，他们也是伊朗高原文化遗产传承的重要一环。

帕提亚王朝不仅在亚历山大的征服之后重建了波斯，也为萨珊王朝奠定了基础，而后者的文化遗产一直延续到了今天。帕提亚王朝和萨珊王朝在与罗马帝国交战时，赢得了一系列辉煌的胜利，证明了它们是与罗马帝国相当的大帝国的继承者。即使在 7 世纪，萨珊王朝被阿拉伯人灭亡之后，波斯的文化遗产依然渗透到了高加索、阿拉伯、欧洲、中国、日本、印度和远东其他地方。波斯的胜利与失败，都给世界文明带来了深远的影响，特别是神学、技术、商业、法律、交通、军事、骑术、艺术、建筑、音乐、科学与学术等方面。

年表

公元前 10000 年	今伊朗西部、伊拉克北部和中部、叙利亚、黎巴嫩和巴勒斯坦出现农业生产。古印欧语系出现在安纳托利亚东部–伊朗西北部–亚美尼亚–伊拉克–库尔德斯坦。
公元前 8000 年	使用印欧语系的农民迁移到安纳托利亚，越过爱琴海并且进入欧洲。
公元前 5000—公元前 4000 年	古印欧语系移民来到乌克兰。
公元前 4000 年	骑马技术在乌克兰出现。
公元前 4000—公元前 3000 年	库尔干文化的战士社会产生，向东扩张并向西进入欧洲大陆。
公元前 3000 年	安德罗诺沃文明在乌克兰东部的乌拉尔山区、黑海–里海地区和哈萨尔斯坦大部兴起。
公元前 1600—公元前 1200 年	安德罗诺沃文明的雅利安人继续向东迁移，进入中亚。
公元前 1500 年	最初的印度–雅利安人（未分化的雅利安人）移民从中亚进入伊朗高原和美索不达米亚–叙利亚。他们与胡里安人融合，形成米坦尼人。
公元前 1200—公元前 1000 年	大规模的雅利安移民进入伊朗高原和阿富汗。

公元前 811—公元前 730 年	亚述人多次劫掠伊朗。
公元前 727 年	第一位米底国王迪奥塞斯登基。他于公元前 715 年被萨尔贡二世流放到叙利亚。
公元前 674—公元前 653 年	弗拉奥尔特斯统治时期。
公元前 652—公元前 625 年	帕拉德拉亚塞种人入侵米底。
公元前 624—公元前 585 年	基亚克萨雷斯统治时期，统一了伊朗高原的雅利安人，组建了"斯帕达"部队。
公元前 612 年	亚述首都尼尼微陷落：基亚克萨雷斯与巴比伦结盟，共同灭亡亚述。高加索地区的乌拉尔图政权被米底人消灭。
公元前 584—公元前 549 年	末代米底国王阿斯提阿格斯统治时期。
约公元前 575 年	居鲁士大帝出生。
公元前 559 年	居鲁士登上安善（波西斯的西部）的王位。埃兰古国（公元前 2700—公元前 539 年）并入波西斯。
公元前 550 年	居鲁士大帝在埃克巴坦那击败阿斯提阿格斯。米底人和波斯人统一，建立阿契美尼德帝国。
公元前 547 年	居鲁士大帝征服吕底亚，在吕底亚首都萨迪斯击败克洛伊索斯。
公元前 539 年	居鲁士大帝夺取巴比伦。
公元前 530 年	居鲁士大帝在与托米丽司女王和马萨格泰人作战时，在中亚战死。
公元前 530—公元前 522 年	冈比西斯二世统治时期。他于公元前 525 年征服埃及，他逝世后出现了叛乱和僭称者。
公元前 521—公元前 486 年	大流士大帝统治时期。大流士统治下的帝国达到了鼎盛。

公元前 520—公元前 513 年	大流士大帝征服印度西北部的部分地区（信德和旁遮普）。
公元前 519 年	大流士大帝征服中亚的塞种人。
公元前 512 年	大流士大帝向帕拉德拉亚塞种人发动远征，但以失败告终。
公元前 499—公元前 494 年	爱奥尼亚反叛帝国统治。大流士于公元前 494 年重建了统治。
公元前 490 年	大流士和阿契美尼德军队在马拉松被希腊人击败。
公元前 486—公元前 465 年	薛西斯一世统治时期。
公元前 484 年	镇压埃及和巴比伦的叛乱。
公元前 480 年	薛西斯率领一支大规模的多民族联军入侵希腊，在温泉关惨胜，洗劫并焚毁雅典城。他的海军在萨拉米斯被击败。
公元前 464—公元前 425 年	阿塔薛西斯一世统治时期。公元前 459 年平息埃及叛乱。
公元前 448—公元前 447 年	阿塔薛西斯一世与提洛同盟签订《卡利亚斯和约》。
公元前 431—公元前 404 年	伯罗奔尼撒战争。
公元前 404—公元前 359 年	阿塔薛西斯二世统治时期。公元前 401 年在库纳克萨平定他弟弟发起的叛乱。
公元前 400—公元前 387 年	与斯巴达交战。
公元前 382—公元前 336 年	马其顿的腓力二世统治时期。
公元前 373 年	埃及脱离帝国。
公元前 368—公元前 367 年	诸总督叛乱。

公元前 359—公元前 338 年	阿塔薛西斯三世统治时期。公元前 342 年，埃及再次被征服，所有叛乱均被镇压。
公元前 336—公元前 330 年	末代阿契美尼德国王大流士三世统治时期。
公元前 334—公元前 330 年	亚历山大大帝征服了阿契美尼德波斯。
公元前 322—公元前 301 年	继业者战争。"胜利者"塞琉古（公元前 312—公元前 281 年在位）攫取了美索不达米亚、米底、伊朗高原、伊朗的东部和东北部、今阿富汗、安纳托利亚东部的大部、叙利亚以及中亚。
公元前 300—公元前 200 年	来自达赫联盟的帕尼人从中亚进入伊朗东北部的帕提亚。
公元前 261—公元前 246 年	"神祇"安条克二世统治时期。 希腊-巴克特里亚独立。
公元前 247—公元前 245 年	塞琉古帝国的帕提亚总督安德拉戈拉斯叛乱。
公元前 241 年	阿什克赶走安德拉戈拉斯，统治帕提亚。
公元前 209—公元前 206 年	安条克三世（公元前 223—公元前 187 年在位）进攻帕提亚，迫使阿什克二世臣服于塞琉古帝国。
公元前 191 年	安条克三世在希腊的温泉关战败。
公元前 189 年	安条克三世在安纳托利亚的马格内西亚战败。
公元前 171—公元前 138 年	迈赫达德一世统治时期。攻占塞琉西亚并俘虏国王德米特里二世（公元前 146—公元前 141 年在位）。
公元前 129 年	法尔哈德二世（公元前 138—公元前 127 年在位）在埃克巴坦那之战中击败安条克七世（公元前 138—公元前 129 年在位）。
公元前 123—公元前 88 年	迈赫达德二世统治时期。

公元前 2 世纪末—公元 3 世纪初	贵霜人崛起。印度-伊朗-希腊的佛教艺术发展与佛教传播。
公元前 2 世纪 20 年代	建立泰西封。
公元前 100—公元 100 年	塞种人从中亚到来。其中许多人定居在伊朗的东南部和东北部。
公元前 53 年	马库斯·李锡尼乌斯·克拉苏的军队在卡莱被苏雷纳率领的帕提亚人消灭。
公元前 51—公元前 39 年	帕科罗斯对罗马人发起了一系列远征。公元前 40/39 年，昆图斯·阿提乌斯·拉埃比努斯参战。拉埃比努斯和帕科罗斯均于公元前 38 年^① 阵亡。
公元前 36 年	马克·安东尼入侵帕提亚失败，并在米底-阿特罗帕特尼王国战败。
公元前 20 年	法尔哈德四世（公元前 38—公元前 2 年在位）与奥古斯都和谈。
63 年	瓦拉科什一世（51—80 年在位）与罗马皇帝尼禄就亚美尼亚问题达成和解。
75 年	北伊朗语族的阿兰人入侵伊朗西北部。
115 年	皇帝图拉真对帕提亚王朝发动毁灭性的入侵。
117 年	皇帝哈德良与帕提亚王朝和谈。
162 年	瓦拉科什四世（147—191 年在位）进攻亚美尼亚与罗马的美索不达米亚。路奇乌斯·维鲁斯成功发动反击，并在 164 年攻占泰西封。

---

① 译注：原文此处为公元前 26 年，根据下文应为公元前 38 年。

198 年	瓦拉科什五世（191—208 年在位）反对罗马帝国的行动，激起塞普提米乌斯·塞维鲁的反击。罗马人第三次攻占泰西封。
217 年	罗马帝国对帕提亚王朝的进攻，随着不分胜负的尼西比斯之战而结束。
224 年	波西斯当地的国王阿尔达希尔一世（224—241 年在位），统一了米底人和库尔德人，并在霍尔木兹甘推翻了帕提亚王朝。
233 年	亚历山大·塞维鲁皇帝试图毁灭新兴的萨珊帝国，却在泰西封惨败于阿尔达希尔。
241—272 年	沙普尔一世统治时期。于 244 年在马西切之战中击败戈尔狄安三世。
约 256 年	沙普尔一世在巴巴利索之战中击败"阿拉伯人"菲利普。
约 260 年	沙普尔一世在卡莱和埃德萨击败瓦勒里安。瓦勒里安及其 7 万人的部队一同被俘。沙普尔攻占叙利亚和卡帕多西亚。
260—261 年	帕尔米拉国王奥迪纳图斯将萨珊军队赶出国境。他对泰西封的进攻并未成功，随后退回叙利亚。
296 年	纳尔西斯（293—301 年在位）在亚美尼亚被伽列琉斯击败。
337 年—4 世纪 50 年代	沙普尔二世（309—379 年在位）在 4 世纪 20 年代击败了阿拉伯入侵者，随后进攻尼西比斯，却于 357 年被迫转往中亚迎击匈尼特人。沙普尔于 350 年再次回到尼西比斯，并于 359 年攻占了阿米达（迪亚巴克尔）。

363 年	尤里安皇帝发起对波斯的大规模入侵,并在马兰加取胜。同年的 6 月 26 日,尤里安死于一场骑兵袭击。
421 年	巴赫拉姆五世(420—438 年在位)在梅尔夫之战中彻底击败中亚的嚈哒人。
438—457 年	雅兹德吉尔德二世统治时期。
449 年	雅兹德吉尔德命令亚美尼亚人放弃基督教,由此激起了大规模叛乱,叛军于 451 年 6 月 2 日在亚美尼亚的阿瓦拉伊尔平原被萨珊军队击败,然而抵抗仍持续了数十年。
484 年	卑路斯一世(459—484 年在位)被嚈哒人击败并身亡。萨珊帝国被迫向嚈哒人支付岁贡。"共产"的马兹达克运动出现。巴拉什国王(484—488 年在位)同意亚美尼亚人信仰基督教。
488—496 年	卡瓦德一世的第一次统治。击败从高加索山脉入侵的可萨人。
498—531 年	卡瓦德一世的第二次统治。镇压马兹达克运动。
502—504 年	卡瓦德第一次与拜占庭帝国交战。
527—531 年	卡瓦德第二次与拜占庭帝国交战。
531—579 年	库思老一世统治时期。与突厥结盟击败嚈哒人。持续同拜占庭帝国作战。
588 年	突厥人和嚈哒人从中亚入侵萨珊帝国。巴赫拉姆·楚宾击败了突厥-嚈哒联军,随后又消灭了东突厥可汗和西突厥可汗在中亚的军队。
590 年	巴赫拉姆·楚宾篡位,将霍尔木兹四世(579—590 年在位)推翻。

591 年	霍尔木兹之子库思老二世（591—628 年在位）在莫里斯皇帝的支持下重获王位。
602 年	莫里斯皇帝被暗杀。库思老二世对拜占庭帝国发起全面入侵。
602—621 年	萨珊军队征服了美索不达米亚、叙利亚、犹地亚、黎巴嫩、埃及、安纳托利亚，并围攻君士坦丁堡。
619 年	突厥人和嚈哒人从中亚入侵萨珊帝国。森姆巴特·巴格拉特在中亚击溃了突厥–嚈哒联军。
622—628 年	希拉克略皇帝收复失地。库思老二世在泰西封被杀，萨珊帝国求和。
637—651 年	阿拉伯人在卡迪西亚之战（637 年）中击败萨珊军队，并攻占泰西封（638 年）。末代萨珊国王雅兹德吉尔德三世（632—651 年在位）在贾路拉和尼哈万德都拼命抵抗，但均以惨败告终。萨珊帝国灭亡。哈里发政权吞并了波斯。
651—838 年	波斯北部的代拉姆人发动大规模的反哈里发起义。巴巴克·胡拉米丁在阿塞拜疆领导进行了二十余年的抵抗（816—837 年）。

Part I

阿契美尼德王朝

　　这个最早的"世界帝国"在鼎盛时期，疆域西起色雷斯和爱琴海，东至中亚地区和印度。阿契美尼德王朝的成就包括王室大路、最早的邮驿系统以及中央集权的货币经济。不过，对人类而言，这个帝国最大的贡献也许是居鲁士的"人权宣言"，以及他对帝国境内宗教、文化、语言多样性的尊重。

◎　上图：帕拉德拉亚塞种人战士形象的黄金饰板，公元前 4 世纪，来自乌克兰的库尔奥巴墓葬。这类骑手是定居在伊朗高原、扎格罗斯山脉、美索不达米亚北部、安纳托利亚东部的雅利安部落的先锋部队。（Werner Forman Archive/Hermitage Museum, St. Petersburg）

第一章

阿契美尼德王朝之前

库尔干战士文化的兴起：最早的古印欧人

历史学家通常认为，印欧语系的起源地是约公元前 5000—公元前 4000 年的乌克兰。然而近年考古学、语言学和遗传学的分析结果显示，情况实际上更为复杂。[1] 虽然乌克兰地区在印欧语系的整体扩散中至关重要，但一种支持者与日俱增的新观点认为，印欧语系使用者最初来自今伊拉克北部、亚美尼亚南部、伊朗西北部、安纳托利亚东部、伊朗阿塞拜疆这些地区，或许还包括古代的阿尔巴尼亚。[2] 遗传学分析[3] 已经发现，农业在新月沃地出现，以及传播到近东以外地区，靠的是至少 3 个在基因和语言上有显著不同的族群，即古闪含语族使用者、古埃达语族使用者以及古印欧语族使用者。[4] 大多数欧洲人、伊朗人和印度人所使用的语言，都源自这些古印欧农民。[5] 在新月沃地的东部地区，完全依靠农耕生产维持的哈拉夫（Halaf）文化，或许在大约一万两千年前就已经出现。[6] 近东地区的这种农业生产活动，大致覆盖了一片弧形区域：从伊朗西部的库尔德山区到美索不达米亚平原，穿过叙利亚、约旦的一部分，进入黎巴嫩和巴勒斯坦。[7] 考古学调查也在伊拉克的北部与东部，以及伊朗西部发现了一些人类最早驯养的动物的证据，以及世界上最早的农具和谷物加工设备。[8]

到公元前 8000 年时，印欧农民已经逐渐从安纳托利亚向西，横渡爱琴海进入欧洲。典型的早期狩猎采集经济，需要 10 平方公里（3.9 平方英里）的土地才能供养一个人，而相比之下，农耕经济可以维持的人口密度增长了 50 倍。

◎ 约公元前 10—公元前 7 世纪，铁器时代早期，配有装饰颊片的青铜马嚼子，出土于伊朗西部的洛雷斯坦。装饰这一马嚼子的复合生物是的洛雷斯坦青铜器的突出特点。上面的佩戴痕迹证明这一物品并不仅仅是个陪葬品。（© The British Museum/HIP/Topfoto）

目前的研究者们认为，古印欧农民以平均每年 1 公里（0.6 英里）的速度向欧洲各地扩散。[9]到公元前 5000—公元前 4000 年，农业经济传入了乌克兰。这些新石器时代的农民逐渐同化了乌克兰当地中石器时代的非农业人口，而就在这里，一次技术革命将会给人类历史带来深远的影响。

马术革命：乌克兰的骑手

驯化马匹以及骑乘马匹技术的出现，深刻地影响了人类的历史进程和语言演变。伊斯兰化之前的波斯帝国，即米底王朝、阿契美尼德王朝、帕提亚王朝和萨珊王朝，其起源都可以追溯至这些早年的骑手。骑兵传统正是在乌克兰诞生的，而如今所谓的印欧语系向欧洲、中亚，波斯和印度的传播，也正是以乌克兰为起点的。

◎ 公元前 11 世纪的青铜剑，出土于洛雷斯坦。（R. Sheridan, Ancient Art and Architecture）

　　在驯化马匹以及骑乘马匹的技术出现之前，大群的野马自由地漫步在从乌克兰平原到天山山脉和蒙古高原之间的辽阔草原上。由于牧草往往稀疏或出现短缺，为了最大限度地采食，马的口部逐渐进化为如今的形状，而且在马的前门齿和臼齿之间出现了一个空隙。人类巧妙的发明——马嚼子，就是插入这个空隙中的。

近年的研究认为，马匹骑乘技术的出现可以追溯到公元前 4000 年，这比传统的假设提前了两千五百年。[10] 这一发现也暗示了马匹骑乘技术在乌克兰出现的时间，要早于古代苏美尔人（分布在今伊拉克东南部和科威特）发明轮子的时间。能证明马嚼子这一使用马匹的开创性发明出现的证据，是于杰列夫卡（Dereivka）出土的约六千年前的成年公马的牙齿。[11] 杰列夫卡公马的牙齿上有斜面划痕，而且外侧有裂缝，这表明这匹马配备了马嚼子。

目前还不清楚古代的乌克兰人是如何抓捕和训练野马的，或许他们利用了原始的绳索或套索。但无论过程如何，结果都是马匹被驯化，为人类劳作，拖拽两轮车、四轮车和战车，并且被人类骑乘。实际上，马匹被迫适应了人类添加的种种器具，例如金属或骨质的马嚼子，以及笼头，而这都意味着骑马是人类的重大成就。

驯化和骑乘马匹，让马匹的主人获得了几个好处。[12] 马提供了稳定的奶肉来源，而且骑马让人类得以聚集并控制更大规模的"未驯化"马匹作为食物来源。此外，骑马也使得野外狩猎更容易且更安全。而作为交通工具，马匹将潜在的可开拓土地范围扩大了 6 倍，让人类可以到更远的地方贸易，或者向更远的地方移民。马术在军事方面的影响也许最为重大，骑在马上，战士的速度、机动性和冲击力都有很大提升，而且在面对没有马匹的邻近部族时，骑马战士拥有决定性的军事优势。经济繁荣的人口定居点此时很容易遭到骑马战士的快速劫掠，却又几乎无法进行反击和报复。

库尔干印欧人：战士社会

马术革命是库尔干文化得以向外扩张的关键因素，而它对古印欧人的语言和社会扩展意义重大。[13] 古伊朗语族使用者保存了许多原本的乌克兰马术文化，这一特征反复地出现在阿契美尼德王朝、帕提亚王朝和萨珊王朝关于骑马狩猎和骑兵作战的艺术作品中。

库尔干战士向东进入了中亚地区，这些"东方库尔干人"就是雅利安人的祖先。库尔干人的成功要归因于他们以骑马为基础的军事技术。英语的"马术"（equestrian）一词就来源于古印欧语的"马"（ekuo）。

雅利安人的诞生：安德罗诺沃文明

到公元前 3000 年，库尔干人向东的扩张促使乌拉尔地区出现了青铜时代的安德罗诺沃（Andronovo）文明，这里与里海北部相接，东面与中亚北部相邻。[14] 安德罗诺沃，特别是位于乌拉尔河的辛塔什塔–彼得罗夫卡（Sintasha-Petrovka）地区，正是古雅利安人和古雅利安语最早出现的地方。[15] 他们以从阿尔泰山脉中开采铜矿、生活在原木制成的房屋中而闻名。[16]

雅利安一词在古伊朗语族中意为"贵族""领主"或者"自由人"，与鼓吹种族优越论的欧洲中心学说几乎没有任何关系，那些学说最初是在 19 世纪由张伯伦等种族主义哲学家提出的。考古学家 J. P. 马洛里（Mallory）声称："作为一个种族名称，'雅利安'一词仅适用于印度–伊朗人，而且更适合指代后者，因为他们依然称自己的国家为伊朗……伟大的波斯国王大流士大帝就自称为雅利安人。"[17] 尽管印度人曾使用雅利安一词称呼印度的贵族，但他们将自己的国家称为"婆罗多"（Bharat），而且这一称呼也延续至今。在欧洲，与伊朗人一样使用雅利安一词自称的古代民族，似乎只有凯尔特人以及他们的爱尔兰人后裔。

"伊朗"（意为"雅利安人的土地"）这个地名来自"雅利安纳姆"（Aryanam，阿维斯陀语中的复数形式），这个词后来演变成"伊兰 / 伊勒安"（Eran/Eirean）和"伊朗"。[18] 在格鲁吉亚共和国和俄罗斯境内的使用伊朗语族的古阿兰人后裔中，能够找到这种演变的现代证据。这些人被称为"奥塞梯人"（Ossetians）[19]，他们自称"伊尔昂人"（Ir-On），口语变体则是"伊利斯顿"（Ir-iston）。奥塞梯语中的"斯顿"是波斯语中"斯坦"[例如，库尔德斯坦、洛雷斯坦（Luristan）] 的伊朗语变形，代指行省、地区、区域等等。出现在安德罗诺沃地区的雅利安文化，被西方学者称为"印度–雅利安人"或"古伊朗人"。这是因为印度雅利安人此后从雅利安人主体分离出来，而雅利安人的主体发展成了使用伊朗语族的诸民族，包括波斯人、米底人、塞种人 / 斯基泰人、阿兰人等。

雅利安文化的早期元素，体现在一系列考古发现中。陪葬战车和马匹是典型的雅利安丧葬习俗之一。战车是后来印度的雅利安人不可或缺的装备，对波斯的阿契美尼德帝国而言也是如此。[20] 之后的《亚什特》（*Yasht*，波斯颂歌合集）多次提到了马的神圣地位。[21] 相似的传统也出现在中亚地区新兴的伊朗语族使用者（例如马萨格泰人）[22] 和高加索的亚美尼亚人中。[23] 雅利安英雄，在波斯往往被描述为"骑马"投入战斗，或者"骑马"登上神圣祭坛。[24] 这些传统为阿契美尼德王朝、帕提亚王朝和萨珊王朝提供了雅利安式基础。[25] 伊朗西部的卢尔人也许是印欧民族中最后一支至今依然在举行赞颂马的仪式，以及其他古老的雅利安仪式的民族。[26] 在伊朗西北部，特别是阿塞拜疆，依旧能找到库尔干战士（男性或女性）的墓葬，里面时常有陪葬的马匹。

雅利安人在军事技术上的优势

自从文明出现以来，近东地区和辽阔的欧亚大草原之间就存在着广泛的联系。商贸交流与军事冲突，让两个地区的创新得以互相传播。公元前3000年，今伊拉克南部和科威特的苏美尔人制造了一种榫卯结构的木板平台，配有4个原始轮子。[27] 这种四轮马车由野驴（中亚野驴）拖拽，以一种相对简陋的挽具系住它们的头部和颈部，但这会阻碍它们的呼吸。由于技术原始，而且车辆沉重，其速度最大只可以达到每小时12—15公里（每小时7.5—9.3英里）。苏美尔人的车轮技术迅速传播到了近东、印度次大陆和欧洲。

苏美尔人一直同早期的库尔干人有接触，双方很可能存在间接的贸易关系。[28] 库尔干人将轮子引入了乌克兰，[29] 后来很快就传播到了后库尔干时代的安德罗诺沃文明区。到公元前2000年，雅利安人在此基础上发明了辐轮和战车。[30, 31] 近年，在今哈萨克斯坦的辛塔什塔-彼得罗夫卡出土了数量众多的战车，[32] 这些文物证明了战车最早源自雅利安人。[33] 一般认为，来自伊朗高原的印度-雅利安人、来自安纳托利亚的赫梯人和来自地中海地区的喜克索斯人（Hyksos）入侵者，将战车引入了近东地区。[34] 雅利安人的战车最初是一种狩猎武器，由硬轻木制成，其上的平台由加固的皮革网搭建，足以承担一名驭手和一名弓箭手。这种车辆的重量不超过27公斤（60磅），而且流线型的圆车头有助于减少空气阻力。马匹的速度和轻巧的车辆结合，形成了相当大的动力。这使战车比苏美尔人使用的马车快得多，而且更灵活。战车在对抗步兵时，拥有3个显著的战场优势：速度、投射高台和机动性。战车的机动性和弓箭手的杀伤力结合，使得战车成了一种革命性的致命武器。

青铜的冶炼则意味着库尔干战士的盔甲、刀剑和箭头比敌人的更耐用，而他们也将在从乌克兰向外扩张时征服这些对手。很可能正是在青铜时代早期，匕首演变出了更长的版本，"剑"就此出现。在伊朗西部的洛雷斯坦就出土了许多这类匕首式的剑。

作为武器的弓和箭可以追溯到五万年前的旧石器时代早期——佩里戈尔（Perigordiem）文化或奥瑞纳（Aurignacien）文化。弓是第一种能储存肌肉力量，将弹性势能转化为射出箭矢的动能的机械装置。早期的原始弓由狭长木板或柔性材料制造，并用一根绳子将它的两端连接起来。复合弓的起源则存在不同的假说，比如来自中亚或埃及。认为复合弓来自埃及的理论一直没有足够准确的证据支撑，主要是因为雅利安战士在抵达伊朗和印度时已经在使用复合弓了。而在库尔干人抵达中亚地区之前，当地是否已经存在这一技术，我们就不得而知了。现在几乎可以肯定的是，弓箭为乌克兰的库尔干人所熟知，而现代英语中的箭矢"arrow"，其词根就可以追溯到印欧语的"arkw"（意为"弓"）。[35]

青铜时代的复合弓，相比旧石器时代的单体弓，是革命性的进步，其性能优异的原因是使用了不同的材料，而非单一材料。[36]复合弓射出的箭矢拥有

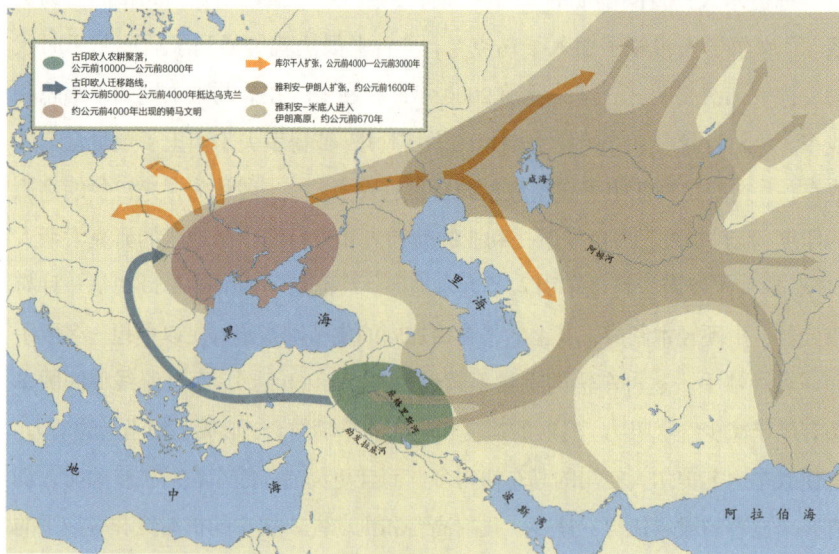

◎ 库尔干人与雅利安人（公元前 10000—公元前 670 年）。

更快的速度、更强的穿透力和更远的射程，其有效射程可能达到了 91—183 米（100—200 码）。复合弓的出现也促进了一系列不同类型的箭矢产生。尽管复合弓在战场上的效率毋庸置疑，但相比传统的单体木弓，其制造时间久得多，而且造价高昂。即使如此，复合弓与战车的组合，对于雅利安人向伊朗高原、近东地区和印度次大陆的扩张可谓至关重要。

快速机动和箭矢投射能力，并不足以保证战斗胜利与战士存活，战士们还需要盔甲来抵御刀剑和箭矢。第一种真正的护甲就出现在早期的雅利安人中，特别是那些已经抵达近东地区的部族，这些护甲本质上是将青铜片或赤铜片缝在皮革基底上。不过，考虑到那个时代的武器装备生产技术，大量制造这种鳞甲费时费力且价格高昂。即使到了公元前 333 年，阿契美尼德王朝面对亚历山大大帝时，这种情况也未能改变。直到帕提亚王朝时期，伊朗人才能快速派出大量重甲骑兵参战。

雅利安人在伊朗高原的扩张

乌克兰东部附近的安德罗诺沃地区、黑海-里海地区（Pontic-Caspian region）以及哈萨克斯坦大部，成了雅利安人大规模扩张的枢纽。雅利安人先是向东进入中亚地区，而后从那里向南进入伊朗高原，主要途经伊朗东北的呼罗珊（Khorassan）地区。雅利安人从呼罗珊向西进入西亚，抵达了胡里安人（Hurrian）和闪米特人（Semitic）的世界。雅利安人部族向西亚的大规模迁徙，分为明显不同的两次。

第一批从中亚地区进入西亚的雅利安人是先行者，并不具有大规模人口迁徙的特征。这时，印度人或许尚未与雅利安人主支分离，因此，他们被称为印度-雅利安人。这些移民进入了美索不达米亚和叙利亚，他们中最重要的是"马里雅努"（Mariyannu，意为"战士"）。到公元前 1500 年，"马里雅努"定居在今叙利亚北部、伊拉克和土耳其东南部，当时这些地区大多为胡里安王国的统治区。胡里安人和雅利安人或者所谓的印度-雅利安战士融合，建立了米坦尼（Mitanni）王国。马里雅努贵族接受了胡里安人统治阶层的语言。和最初的雅利安人一样，他们使用弓箭作战，穿着重型鳞甲，驾驶战车，并且写下了最早的论述马匹和战车的文章——《基库里》（*Kikkuli Treatises*）。"基库里"文本来自中亚地区的雅利安人,也正是他们完成了伊朗语的《阿维斯陀》(*Avesta*)。和《阿维斯陀》一样,《基库里》详细讲解了骑术与战车的使用。"基库里"手册意义重大,因此被翻译为阿卡德语(Akkadian)——巴比伦人和亚述人共用的闪米特语分支。

第二批迁徙的雅利安人,深刻地改变了古美索不达米亚以东到阿富汗之间的全部地区的民族特征。在铁器时代第二期的公元前 1000—公元前 800 年,在伊朗高原定居的第一批带来决定性变化的移民,正是来自中亚。这些雅利安人进入西亚,并抵达了扎格罗斯(Zagros)山脉,而后又从那里进入今伊朗库尔德斯坦、伊拉克北部、伊朗西北方向的阿塞拜疆和古希尔卡尼亚(Hyrcania,伊朗北部)。到公元前 9 世纪中叶时,亚述文献中提到了米底人和波斯人。[37]其他伊朗语族使用者,例如帕萨瓦人(Parthava,即帕提亚人)、索格底亚那人和巴克特里亚人,出现在伊朗高原的东北部。[38]这些雅利安人奠定了阿契美尼德王朝、帕提亚王朝和萨珊王朝的语言、文化、神话和军事传统。中亚将继续与波斯保持共生关系,相互影响,并最终孕育出最早的、真正意义上的重装骑兵。

雅利安人在伊朗的遗存

就如同波斯地毯的纺织一般,雅利安人进入之后,阿拉伯人、突厥人和蒙古人也相继入侵,使得如今的伊朗人融合了众多的语言、基因和民族。现代伊朗人中,白肤金发、地中海式、西亚式或南亚式的体貌特征都很常见。几乎没有人会严肃地宣称伊朗人是一个"纯血"种族,毕竟这个概念本身在学术上就是一个悖论。这些移民到"埃兰"的雅利安人显然要同当地原住民通婚,一个例证是,阿契美尼德王朝的"不死军"(Anausha)出现在苏萨时,他们中的许多士兵拥有和雅利安人迁入之前的印度的埃兰-达罗毗荼人一样的深黑肤色。

尽管伊朗人具有典型的民族多样性,却一直存在浓烈的雅利安元素。这种情况在伊朗高原(如科克鲁波伊尔-艾哈迈德地区)、伊朗北部(塔里什、吉兰、马赞德兰、戈尔甘)、伊朗西北的突厥语地区(阿塞拜疆)以及伊朗西部(库尔德斯坦和洛雷斯坦)等地的村庄和游牧群体中尤为明显。一项出色但受关注甚少的近东地区的基因研究，最终为语言学家、历史学家、人类学家和考古学家一个多世纪的怀疑提供了证据：许多伊朗人和亚美尼亚人共享欧洲类型基因库。[39] 马丁·理查兹教授带领的研究团队发现，库尔德人、阿塞拜疆人和亚美尼亚人的基因图谱中，有"来自欧洲与北高加索类型"的基因。[40] 欧洲类型基因库在阿拉伯人中极为罕见，甚至完全不存在。[41] 研究人员认为，这些发现"在历史学和语言学上都称不上完全出人意料"。[42] 英国与伊朗的研究人员在最近的基因研究中，也发现了一个可以追溯到一万年前的独特基因遗传，这一新证据进一步说明，尽管当代的阿塞拜疆人主要说突厥语，但他们和古代突厥语族使用者并没有基因联系。[43] 由于理查兹的研究并没有着重分析俾路支人、波斯人和伊朗北部居民，因此依然需要进行后续研究。[44] 不过，在 20 世纪六七十年代，对伊朗北部以及伊朗境内的游牧群体进行了一系列古人类学研究，其结果与理查兹的基因研究大体类似。[45] 研究人员也发现，中东地区的基因要比欧洲的更具多样性，鉴于这一地区和欧洲、非洲以及亚洲其他地区相邻，这一结论也是理所当然。而"中东"一词，是 20 世纪初的英帝国为了殖民利益，基于地缘政治需要而人为制造的概念，并非学术名词。"中东"一词也给伊朗和伊朗人的身份带来了极大迷惑性，特别是在北美，那里近 90% 的人，包括学者和政治家在内，并不清楚伊朗的雅利安人血统。[46]

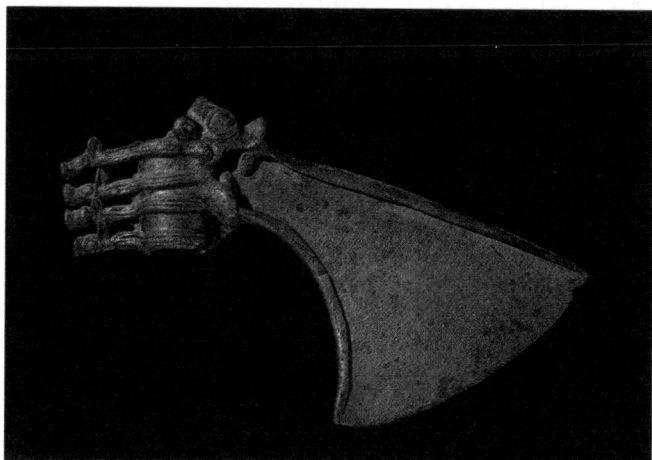

◎ 公元前 10—公元前 7 世纪的洛雷斯坦斧头。斧刃从某种不明动物的嘴里延伸出来。动物图案（特别是猎人和猎物）在波斯波利斯十分常见。欧洲的斯基泰人也经常应用动物图案，他们还将这些图案与希腊工艺结合到一起。3 世纪至 7 世纪，这种动物图案依然出现在萨珊王朝的纹章和战旗上。（© The British Museum/ HIP/Topfoto）

雅利安人向印度、蒙古和中国的扩张

随着雅利安人入侵印度，第二次雅利安人大分化出现了，雅利安贵族统治在印度建立起来，特别是在印度北部（如旁遮普）。希思（Heath）指出："好战的雅利安人部落发动了（对印度的）第一次大入侵，带来了来自伊朗的马匹、战车以及复合弓。"[47]

这些雅利安人从伊朗高原的东部闯入了印度次大陆，而另一批雅利安人也通过中亚的兴都库什山脉前来。雅利安时代之前的旁遮普、信德、克什米尔地区以及印度河谷地，存在更加先进的摩亨朱-达罗（Mohenjo-Daro）堡垒城邦政权，然而他们没有做好迎接雅利安人挑战的军事准备。原本的印度居民根本没有相应的军事手段来对抗雅利安人的战车、青铜武器、鳞甲和复合弓。摩亨朱-达罗和哈拉帕（Harrapa）的埃兰-达罗毗茶文明被击败并被吞并。这次成功入侵的结果是，雅利安人的语言、文化和神话几乎彻底统治了印度。和在近东地区、希腊及欧洲大陆一样，雅利安人也将他们的技术传给了被征服者。

雅利安人的入侵极为野蛮，破坏性极大，印度旧有的城市生活在接下来近两个世纪里完全中断。绝非巧合的是，和这些征服有关的雅利安神祇是因陀罗，他驾驶神力战车摧毁要塞。在波斯，先知琐罗亚斯德后来将改名为因达尔的因陀罗归入了恶魔行列。

雅利安人也深入阿尔泰山脉以东，他们最远抵达了蒙古西部和中国西北部。带有高加索人种特征的干尸在 20 世纪晚期出土，而这正是这些迁徙的证据。最值得注意的是，与干尸一同出土的还有琐罗亚斯德教风格的服装——"女巫式"尖帽，这与此后波西斯和米底的琐罗亚斯德祭司的服饰十分相似。[48]阿契美尼德王朝记载的"尖帽"塞种人，使用的是这种帽子的变体。[49]后来发现，干尸穿戴的一些服饰，此后在波斯是权威与贵族身份的象征。[50]

塞种人（斯基泰人）的崛起

安德罗诺沃地区的雅利安人，在公元前 1600—公元前 1200 年不断地向东迁徙进入中亚地区。他们的语言是古伊朗语，即阿维斯陀语的各种变种。[51]这些人在历史上被称为塞种人（Saka）或斯基泰人（Scythians）。"Saka"一词源自古伊朗语的"箭矢"。[52]塞种人在中亚地区主要有三个大部族，分别是提

格拉豪达塞种人、索格达姆塞种人、豪麻瓦尔加塞种人。提格拉豪达塞种人（Saka Tigrakhauda，意为头戴"尖帽"的塞种人）这个名称源自他们的高皮帽，这种帽子与古凯尔特人的威尔士帽类似。索格达姆塞种人（Saka Sugdam）则是对那些生活在索格底亚那之外的塞种人的称呼。豪麻瓦尔加塞种人（Saka Haumavarga，意为饮豪麻汁的塞种人）的名称，则源于他们喜好饮用琐罗亚斯德教的神圣饮品——豪麻草汁 [haoma，雅利安印度人称之为索麻（soma）]。

公元前 9 世纪，另有一支雅利安人从安德罗诺沃地区的西部 [斯鲁布纳（Srubna）地区] 向西迁移到了黑海和乌克兰。[53] 第一批移民——辛梅里安人（Cimmerians，古伊朗语中的"海上民族"），是铁器时代第一批统治了黑海–里海大草原的使用伊朗语族的游牧民。另一支追随他们而来的塞种人在伊朗语族世界中被称为帕拉德拉亚塞种人（Saka Paradraya），意即"海对岸的塞种人"，因为他们居住在黑海对面。在希腊人和欧洲人的世界中，帕拉德拉亚塞种人被称为斯基泰人。[54] 出现在古希腊东北方向的色雷斯人，或许也和这个使用伊朗语族的群体有关联，[55] 不过，他们的印欧语似乎更接近于古伊利里亚语（今欧洲的阿尔巴尼亚）和古达契亚语（今罗马尼亚），而非伊朗语。斯基泰人的遗

◎ 佩带阿金纳克斯短剑的斯基泰战士在波斯波利斯为诺鲁兹节庆祝活动献礼。塞种人（斯基泰）对阿契美尼德王朝的骑兵部队意义重大。（© Livius.org）

27

存从东欧大河的伊朗语名称中可见一斑：顿河（水）、顿涅茨河、第聂伯河（河流上游）以及德涅斯特河（河边）。

那些向东或向北迁移进入中亚的塞种人，被称为萨罗马提亚人（Sauromatians），后又被称为萨尔马提亚（Sarmatians）、阿兰人（Alan）和马萨格泰人（Massagetae）。他们最初的家园位于伏尔加河及顿河以东的草原地区。[56] 他们在青铜时代末期和铁器时代早期就已经出现了，并且被语言学家和人类学家归入北伊朗语族使用者，[57] 因为他们一直在使用并发展阿维斯陀语，[58] 直到4世纪时使用突厥语的部族将他们消灭。[59] 阿维斯陀语在西亚经历了千年的连续变化，最终形成了现代的西伊朗语，比如波斯语、库尔德语、俾路支语和卢里语。使用北伊朗语的孑遗——高加索地区的奥塞梯人，依然在使用延续下来的迪戈尔（Digor）方言和伊伦方言，这是古老的阿维斯陀语仅存的变体。[60] 普什图语使用者也被归为北伊朗语族使用者的后裔。

斯基泰人与欧洲的护甲和金属加工技术的发展

最早的大规模护甲遗存，出土于西伯利亚的使用北伊朗语族的斯基泰人/塞种人的墓葬，其时间可以追溯到公元前5世纪到公元前2世纪。[61] 这些坟墓中存在三种不同类型的护甲，主要是札甲、鳞甲和链甲，说明在欧洲的骑兵与其他作战部队开始装备这些护甲时，它们已经出现并发展数个世纪了。乌克兰和中亚使用伊朗语族的塞种人继续改进马用鳞甲，他们的技术给他们未来的波斯远亲带来了深远影响。护甲制造技术向西传播到了今俄罗斯和乌克兰境内，[62] 这一进程给欧洲的技术进步带来了深远的影响。正如洛津斯基（Lozinski）所说，"对武器和盔甲的深入研究显示，披甲的习惯是在公元第一个千年中从亚洲传入欧洲的"。[63] 正是因为有使用阿维斯陀语的北伊朗人，这种技术才得以传播。他们当时统治着从西伯利亚到欧洲的广大土地，但乌拉尔-阿尔泰文化的匈奴人及几个世纪后的匈奴人后裔——匈人与突厥人，将摧毁他们的统治。在20世纪早期出土的一些文物，为这些技术在欧亚大草原上的传播提供了证据。[64] 上述几个类型的护甲最初出现在"海对岸的塞种人"中，其活动范围今属俄罗斯和乌克兰，随后传播到了中欧和斯堪的纳维亚。[65] 至少到10世纪时，制造这些护甲的基本技术似乎都没有变过。[66]

尽管在印欧人抵达之前，欧洲就已经有了非常古老的冶金和武器制造的传统，但是"东方"影响的重要性已经得到西方主流史学界的更广泛的认可。比如，铁犁往往被误认为是"欧洲"发明，实际上早在几个世纪之前，伊朗语各民族就在使用了。[67]

米底人与波斯人

雅利安部族，特别是米底人，到公元前9世纪已经统治了伊朗高原。我们可以认为，若没有米底人，则自阿契美尼德王朝开始的一系列帝国直到现代的伊朗，都将不存在。虽然当代伊朗的许多民族可以自称是米底人的后裔，但人们普遍认为米底人的直系后代是当代伊朗的库尔德人与阿塞拜疆人。米底人是到达伊朗高原的雅利安诸部中，实力最强大的一支，他们很快就会率领他们的骑兵对抗亚述人。米底人并不是独自来到西亚的，跟他们关系很近的雅利安部族，即所谓的"帕尔苏"部（Parsua）——"波斯人"，与他们同行。来到这里之后，这两个使用伊朗语族的主要部族——米底人和波斯人，开始与从高加索到伊朗南部的各民族频繁接触。

在雅利安人到达之前，伊朗西部居住着高加索人、西亚人和埃兰-达罗毗荼人等民族。米底人遇到了胡里安人、曼内亚人、乌拉尔图人（Urartians）、古提人（Quti）、卢卢比人（Lullubi）、加喜特人（Kassite）和卡都西亚人（Cadusian），而波斯人（此后迁徙到了西南部）吸纳了埃兰人及其先进的文明。[68] 到了公元前7世纪末（600s BC），由于亚述帝国不断扩张，这些地区的军事实力、政治影响力和人口都遭受了极大损失。伊朗高原的米底人和波斯人在亚述时代末期，人口已有大幅增长，部分原因是坎儿井（qanat）灌溉技术的发明，坎儿井使伊朗高原的干旱内陆得以开垦耕种，雅利安人得以向这些地区扩张，同化了残存的西亚人和埃兰人。

马达人（Mada，米底人）首次出现在历史记录中，是亚述国王沙尔马那塞尔三世（Shalmaneser Ⅲ，公元前858—公元前824年在位）写下的。希罗多德于公元前5世纪写下的记述中提到，在伊朗高原内陆和伊朗西部分布着6个不同的米底人部落。[69] 帕尔苏人最初和米底人一同定居在今伊朗西部，主要聚集在今伊朗的库尔德斯坦的克尔曼沙阿。帕尔苏人在克尔曼沙阿的最后记录来自亚述国王萨尔贡二世（Sargon Ⅱ）。[70] 令人诧异的是，在后来辛那赫瑞布（Sennacherib，公元前 705—公元前 681 年在位）的记述中，帕尔苏人居住在南部，与安善人（Anshan）毗邻，安善人是反亚述的埃兰人的盟友，居住在今伊朗西南部 [胡齐斯坦（Khuzistan）和法尔斯（Fars）]。从伊朗的西北部向西南部的这次迁移，具体情况并不清楚。一种可能是，在帕尔苏人和米底人一同向伊朗西部移动的过程中，一部分人分离出来并且向西南部的埃兰前进。[71] 而一种更有趣的可能则是，"帕尔苏""帕尔萨"和"帕提亚"这几个词都来自古伊朗语的"帕拉萨瓦"（parasava，意为"边疆、侧面、肋骨"）。[72] 按照这一假设，波斯人就是米底人的边疆居民。居住在米底的帕尔苏人、邻近埃兰的帕尔萨人和紧邻中亚的帕提亚人，都位于米底帝国的边境地区。这有点类似于"乌克兰"这个地名的起源——一个原本指代"边疆"的斯拉夫语词汇。如此解读"帕拉萨瓦"的这种语言学假说，还未得到普遍的接受，然而学界一致认同米底人和波斯人在文化和语言上非常接近，正如斯特拉波记述的那样，"波斯人和米底人……说着大致相同的语言，仅存在不大的差异"[73]。

亚述人的征战

亚述帝国（公元前 1813—公元前 612 年）是那个时代的超级军事强权，在建筑、艺术、技术和军事等方面都影响了近东地区的文明，特别是巴比伦人。其中相当一部分，将被米底-波斯的阿契美尼德帝国吸收，地中海世界和西亚之间持续数千年的文化交流也就此开始。亚述人向埃及、小亚细亚和高加索地区发动远征，掳走当地的居民，抢走其财产。亚述人的铭文中记述了在公元前 750—公元前 620 年之间，有超过 450 万人被逐出他们的家园，这些人被迫迁居并散布到西亚各地。尽管数字明显存在夸大，这一记述却足以解释在居鲁士大帝进行征服的时代，为何在巴比伦会有一个充满活力的犹太人社区。亚述人将犹太人放逐到米底，这一举措在萨尔贡二世和辛那赫瑞布统治时期尤为

◎ *右图：纳拉姆辛（Naram-sin）的记功石碑，描绘了阿卡德国王进攻伊朗西部的山地战士，这些山地战士也许是库尔德人或米底人。这块玫瑰色石灰岩碑（公元前 2230 年）最初来自美索不达米亚，出土于伊朗的苏萨。（akg-image/Erich Lessing）*

◎ 公元前 8 世纪的萨尔贡二世宫殿里的亚述弓箭手浮雕，位于今科拉萨巴德（Khorasabad）。后来米底-波斯的阿契美尼德帝国将各自独立的亚述弓箭手部队和步兵部队整合为同一支部队，然而他们与希腊重步兵交战的结果并不让人满意。（Silvio Fiore, Topham Picturepoint, Topfoto）

频繁，[74] 这些行为的影响在几千年之后依然能看到：伊朗境内，特别是哈马丹，至今仍存在犹太人社区。

亚述国王沙尔马那塞尔三世曾对伊朗高原进行远征，遭遇了米底人和波斯人。亚述王后塞米拉米斯（Semiramis）和她儿子阿达德尼拉瑞三世（Adad–Nerari Ⅲ，公元前 811—公元前 783 年在位），组织了对伊朗的大规模掠夺。此后掠夺停止，直到提格拉帕拉萨三世（Tiglath–Pileser Ⅲ，公元前 745—公元前 727 年在位）登基之后又再次开始。此时的雅利安部族已经在伊朗高原积蓄了力量，而伊朗西南部的埃兰王国也遭受了亚述人的军事入侵。在公元前 743 年与公元前 730 年之间，提格拉帕拉萨组织了大规模的骑兵掠夺，这些骑兵深入伊朗西北部的内陆，抵达了今大不里士（Tabriz）附近。[75]

亚述人对伊朗发起远征往往是因为经济。尼姆鲁德（Nimrud）的墙壁浮雕上，米底人进贡者将马匹作为贡品献给亚述人，这些马匹很可能是高大有力的尼萨马。翻越伊朗高原向东的那条利润丰厚的贸易路线，是亚述人和乌拉尔图人不和的原因之一。[76]

伊朗人对亚述骑兵的影响

早期的近东骑兵不得不两人同骑一匹马，一人抓握缰绳，一人投射，类似于战车的战士–驭手组合。有趣的是，亚述人遭遇的早年阿拉伯骆驼骑兵——此后阿契美尼德王朝的附庸部队，也使用双人配合的战士–骑手模式。雅利安人早在铁器时代早期（或者更早）就掌握了骑射技术。骑手在控制马匹的同时射箭。骑射技术出现后，便大约在公元前 500 年之后，在中亚、乌克兰和伊朗高原的雅利安诸民族中传播开来。也许最早反映米底骑兵施展"帕提亚箭术"的图像，出现在尼姆鲁德的亚述宫殿中，而"帕提亚箭术"就是一种骑马全速奔驰的同时向后射箭的技巧。[77]

◎ 公元前 7 世纪的尼尼微石雕，其中亚述帝国强大的八辐轮重型战车，最终被米底人的骑兵击败。（Roger-Viollet/Topfoto）

战车此时已经过时了。雅利安骑兵的投射能力和双人双马的战车相同，而骑兵要比战车更灵活敏捷，并且机动性更强，特别是在崎岖的地形中。雅利安人骑射的优势，在公元前 704 年与亚述人的战斗中展露无遗。此战中，亚述人的国王萨尔贡二世于北方边境对抗辛梅里安人时战死。学界通常认为，"亚述军队以步兵为主"[78]，而伊朗人在同一时期（公元前 500 年之前）已经能够组织大规模的骑兵部队，并"击败机动性较差的亚述战车部队"[79]。直到公元前 679 年，亚述人才终于得以阻止辛梅里安人对亚述的进攻。机敏的亚述军官们意识到，他们需要组织自己的骑兵来阻止雅利安人。他们首先招募辛梅里安人作为雇佣骑兵为他们作战。[80] 到了公元前 7 世纪初，亚述骑兵已经掌握了骑马作战的技能。早期的亚述骑兵使用复合弓、匕首，也许还有钉头骨朵，而他们的护具只有青铜头盔以及手中的圆盾，没有其他护甲。随着提格拉帕拉萨三世引入青铜札甲和长枪，亚述骑兵得到了进一步发展，成了更为老练、更难以阻挡的部队。据说，萨尔贡二世投入了 1000 名晚期亚述风格的骑兵。公元前 655 年，在埃兰的晚期亚述骑兵配备重甲和鞋子，使用骑枪以及复合弓。

至少在亚述人的记述中，米底人部署有早期的骑马弓箭手，采取攻击后迅速撤退的战术。米底人使用骑马弓箭手，或许是促使晚期的亚述骑兵配备织物甲的原因之一。米底人也将塞种人风格的重装骑兵派上战场，这些战士配备板状护甲。[81] 然而，亚述人并没有进一步发展将骑兵作为军队基础这一理念。

米底王国

迪奥塞斯（Deioces）是米底人形成有组织的政权以来，第一位独立国王，尽管在建立米底王国一事上他的重要性有多大，还存在较多争议。当然他并没有统治伊朗高原的全部米底人和波斯人，而是仅限于伊朗西北部附近的一个地区。[82] 迪奥塞斯在萨尔贡的记述中被称为"米西（Misi，曼内亚的行省之一）的王公（Dahyuka）"，萨尔贡二世于公元前 715 年将他和他的家人放逐到了叙利亚。[83] 萨尔贡二世在公元前 715—公元前 713 年，将亚述帝国扩展到了"遥远的比克尼山（Bikni）"——德黑兰附近的达马万德山（Demavand），并建立了一系列的前哨站，其中一个被称为"塔赫阿兰"（Tah-a-Ran），是今德黑兰（阿拉姆语中意为"我将返回的地方"）的前身。他也在米底人统治的伊朗，组建了亚述帝国的行省。然而这些胜利未能征服伊朗高原上的米底人和波斯人的弓骑兵，亚述骑兵在西亚大部地区的绝对军事权威，从未在他们的对手雅利安人的土地上建立起来过。亚述人也无法弹压在今阿塞拜疆和库尔德斯坦坚定地进行游击战的米底人山地步兵，他们是当代"自由斗士"（Peshmerga，意为"献身者、敢死队"）游击战士的前辈。

到了公元前7世纪中叶，米底人不仅得以重建他们的王国，还在弗拉奥尔特斯（Phraortes/Fravartish，公元前674—公元前653年在位）的统治下，实现了首次向外扩张，尽管他未能征服波西斯。[84] 他的成就之一是兴建了米底的首都埃克巴坦那（Ecbatana，今哈马丹）。即使有许多米底遗迹还需要考古学的发掘与研究，但人们大多认为米底人拥有相当高的工程技术水平，努舍詹（Nush-e-Jan）的遗址以及其他地点的米底遗迹——伊朗库尔德斯坦的坎加瓦尔（Kangavar）、哈马丹省的马拉耶尔（Malayir）、洛雷斯坦的博鲁杰尔德（Borujerd），都能够证明这一点。[85]

斯基泰人到来（公元前652—公元前625年）

斯基泰人（即"海对岸的塞种人"）在公元前8世纪80年代至50年代，入侵克里米亚半岛，包围并消灭了乌克兰的辛梅里安人大部。[86] 幸存的辛梅里安人在斯基泰人的紧追下，逃往高加索地区，他们在公元前710年击败了乌拉尔图（Urartu）王国。辛梅里安人从乌拉尔图进入近东地区，但依然遭到斯基泰人的持续骚扰，如此三十年之后，他们被赶到了强大的亚述王国的边境。辛梅里安人最终定居在安纳托利亚，主要是卡帕多西亚和弗里吉亚地区。乌克兰南部的黑海沿岸地区，即所谓的"克里米亚"，就是"辛梅里安人"的遗存。

斯基泰人追击着逃亡的辛梅里安人，翻越高加索山地进入了近东地区，在亚美尼亚的古乌拉尔图王国的卡尔米尔-布鲁尔宫（Karmir Blur palace）①，出土了他们的箭头残片。[87] 斯基泰人通过杰尔宾特山口，出现在阿塞拜疆的奥鲁米耶湖（Lake Urmia）的岸边。他们似乎在公元前7世纪50年代末或者40年

---

① 译注：意为"红色堡垒"。

◎ 公元前10—公元前7世纪的青铜马挽具环，来自洛雷斯坦。(© The British Museum/HIP/ Topfoto)

代初抵达亚述帝国的边境。由于无法征服伊朗高原上的米底人，亚述人和斯基泰人组成了反米底人的军事同盟。[88] 斯基泰国王普洛托杜阿斯（Protothyes）的儿子马迪耶斯（Madyes）率领的斯基泰人，在伊朗阿塞拜疆击败了米底国王弗拉奥尔特斯的军队。[89] 传说中，斯基泰人的统治终得颇具戏剧性，米底国王基亚克萨雷斯（弗拉奥尔特斯之子）在约公元前625年宴请斯基泰贵族们，并当场将他们全部杀死。[90] 基亚克萨雷斯选择的政变时机极佳，由于亚述人在伊朗高原上的统治力量也在减弱，他们留下的权力真空很快将被一个强大的雅利安部落联盟掌控。

绝大多数学者都同意，斯基泰人拥有伊朗语族使用者特征，他们在语言和种族上与米底人和波斯人存在亲缘关系。[91] 正如科特雷尔（Cotterell）所说，"斯基泰人（塞种人）和波斯人之间的紧密关系，最明确的例证或许是……斯基泰人和波斯人使用的语言，事实上高度近似，不需要翻译便能够彼此理解"。[92] 在阿契美尼德王朝，斯基泰人成为米底人和波斯人的合作者，而之后

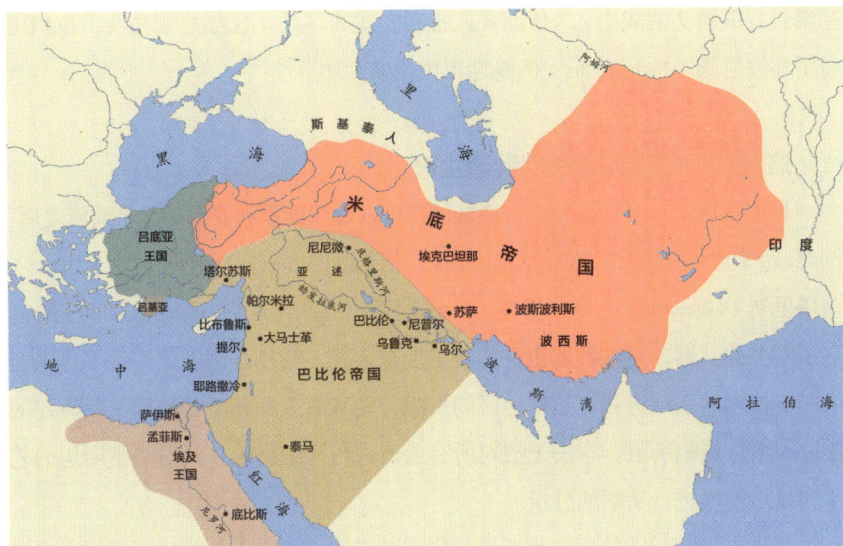

◎ 公元前550年的米底帝国。

的帕提亚王朝（公元前247—公元前224年）则拥有斯基泰人血统。米底-波斯人与斯基泰人及其他相近民族，在物质、语言和知识文化上存在密切关系，这一点得到了希腊-罗马资料的证实。[93] 对那些西亚的非雅利安人邻居而言，米底人和斯基泰人也许难以区分。[94]

到这个时代，高加索、伊朗和乌克兰的雅利安人，在马具、武器和文化上都高度相似。考古文物显示斯基泰人使用三叶箭头，在乌克兰的库尔干遗迹，以及伊朗阿塞拜疆和伊朗西部均有类似文物出土。这种类型的箭头也出现在之后的波斯阿契美尼德王朝的军队中。伊朗人或雅利安人对亚述以及巴比伦骑兵的影响，体现在一种独特的斯基泰尖帽上，这种尖帽被巴比伦人称为"卡尔巴拉图"（karballatu）。卡尔巴拉图尖帽也成了米底-波斯人的阿契美尼德骑兵的一个常规特征。[95] 希罗多德声称斯基泰人部族"奥索科里班提奥伊"（Orthokorybantioi）定居在米底，他们的名称是伊朗语词汇"提格拉豪达"（tigrakhauda，意为"尖帽"）的希腊语直译。[96] 季亚科诺夫（Diakonov）已经确定，他们不仅居住在米底，也居住在小亚细亚，并延续到了拜占庭时代。[97] 同乌拉尔图人作战的亚述人，也在乌拉尔图人的北方遭遇了和自己一样使用斯基泰式青铜箭头的战士。[98]伊朗式或雅利安式的马具（比如皮制笼头）也出现在了那波尼德（Nabonidus）的晚期巴比伦骑兵中。[99]

洛雷斯坦的青铜与铁制武器生产

目前发现的一系列重要考古遗址，都可以追溯到雅利安人到达之前或之后，例如，哈桑卢（Hasanlu）、锡亚尔克（Sialk）、胡尔温（Khurvin）、卡卢拉兹（Kaluraz）、盖塔里赫（Gheitarieh）、马尔里克（Marlek）和洛雷斯坦。[100]这些地方的工匠制造了精美的武器，这些武器也许影响了近东地区，特别是邻近的美索不达米亚的军事技术的发展进程。这些地区的贡献，是米底人和阿契美尼德王朝崛起的重要因素。篇幅所限，本书无法对所有遗迹进行详细讨论，只对洛雷斯坦的艺术和技术发展进行简明的分析。

居住在当代伊朗的库尔德斯坦与洛雷斯坦的卢卢比人，西边紧邻闪米特族群，南方紧邻加喜特人。尽管我们尚不清楚卢卢比人使用的语言，但通常认为他们与闪米特语族使用者和胡里安人并不相同。在卢卢比人的北方，是里海周边的里海-卡都西亚人、高加索的乌拉尔图人，以及伊拉克北部的胡里安人。[101]鼎盛时期的卢卢比人曾经挑战过古时的阿卡德帝国，特别是在公元前2300—公元前2200年，此时米底-波斯人还未抵达这一地区。但卢卢比人在公元前7世纪末期被米底帝国吞并，他们的遗迹存留于西伊朗人中，主要是各种名字中带有"Lur""Lur-istan"字样的事物，以及库尔德人中的卢卢（Lullu）部落。[102]洛雷斯坦成了雅利安人最重要的中心之一，促进了米底人和波斯人帝国的诞生。洛雷斯坦也成为对雅利安人的神话、艺术和武器生产技术影响重大的主要文化中心。

洛雷斯坦、米底和库尔德斯坦都开始出现一系列成熟的铁器作坊，这些作坊似乎采用了许多"现代"技术（如手风琴式风箱）。在波斯西部，特别是洛雷斯坦，有一种新式熔炉，能够产生熔化金属所必需的高温。采矿业在波斯西部和北部的富矿区迅速开展起来。洛雷斯坦的剑刃使用了高水平的制造工艺，对一把洛雷斯坦剑刃的检查显示，其中几乎没有炉渣（铁氧化物低于4%），而且碳含量相对均匀。考虑到现代之前的传统冶金方法，洛雷斯坦的工匠是如何保证一定时间的高温（比如维持1400°C的高温40小时以上），以生产质量如此之高的剑刃的，我们依然无从得知。公元前 1000 年时，伊朗北部的雅利安部族中，就开始出现高质量的短剑了。而到公元前 900 年时，波斯人的前身——雅利安部族已经能够生产更坚实的剑柄，以在近身肉搏中实现更稳定的刺击了。在古希腊、叙利亚和乌克兰（基斯洛沃茨克），也都发现了同样水平的作坊。在近一千年之后，萨珊王朝的刀剑依然延续着洛雷斯坦精良剑刃的传统。洛雷斯坦的斧头和抛光剑刃，都装饰有斯基泰人的动物图案。[103] 最终，美索不达米亚和亚述帝国早期的许多形制的弓，都可以追溯到洛雷斯坦的斯基泰人定居者，[104] 这个地区出土了大量的高质量青铜箭头。[105]

统一雅利安人

古典时代的历史学家已经注意到，近东、阿富汗以及中亚的雅利安人之间，在文化与语言上存在紧密的联系。斯特拉波的记述：

> 阿里亚纳（Ariana）这个名称，进一步延伸到了波斯和米底的部分土地，以及北面的巴克特里亚人和索格底亚那人中，因为这些人使用仅有略微差异的同类语言。[106]

到了基亚克萨雷斯（公元前 624—公元前 585 年在位）的时代，米底、波西斯、伊朗高原以及中亚的雅利安人各部，仅仅存在语言和文化上的联系，联盟或者政治统一还没有出现。这一情况类似于欧洲和安纳托利亚的希腊城邦，即使它们有共同的希腊传统，在最终合并为一个政权之前的数个世纪中，它们都保持独立。

尽管希罗多德将伊朗各部族的统一归功于弗拉奥尔特斯，这或许更可能是由他的儿子基亚克萨雷斯完成的。米底人将雅利安人的广泛而宽松的文化与语言一致地区——"伊勒安"（Eire-an，即此后的"Iran"，意为"雅利安人的土地"），转变为由同一君主统治的雅利安人的政治、经济和军事联盟。斯基泰人也被他们在米底的使用伊朗语的远亲们同化，支持他们对抗亚述帝国。波斯人的王国也接受了米底人的统治，基亚克萨雷斯在公元前 625 年让他们臣服于自己的权威下。[107]

此时，统治范围大致为今法尔斯和胡齐斯坦的埃兰人政权，大多已被亚述人消灭。古埃兰王国（公元前2700—公元前539年）在鼎盛时期控制了伊朗西南部的大部分地区。埃兰人是埃兰–达罗毗荼人种，具有独特的文化与文明。[108]即使埃兰人竭尽所能地抵御崛起的亚述帝国，亚述人还是占据了上风，并且在公元前640年毁灭了他们的首都苏萨（Susa）。[109]尽管埃兰人保留了他们的文化与民族认同，他们在政治和军事上的影响力却再未恢复。这些战争和伊朗语族使用者的到来发生在同一时期，这些人包括萨加泰人（Sagarthians）、米底人和波斯人，他们当时已经进入伊朗高原。波斯人和埃兰人通婚，到公元前600年时，两者已经形成了有力的共生关系。埃兰人接受了米底国王基亚克萨雷斯的王权，埃兰成了一个半独立的边境王国。[110]在公元前539年，埃兰政权正式并入波斯帝国，埃兰人的建筑和艺术传统传给了波斯人，而埃兰人的众神与神职人员，也得到了琐罗亚斯德教祭司的尊重。值得注意的是，埃兰语成了波斯帝国的官方语言之一，在波西斯是行政管理者使用的语言。[111]

基亚克萨雷斯也在公元前616年征服了反对米底人的曼内亚人，并将他们同化吸纳到了伊朗人的王国中。乌拉尔图此时羸弱不堪，无力威胁亚述人或米底人。就军事而言，这样的局势对亚述帝国绝非有利，因为它的东方被统一的雅利安联盟统治，而且他们开始组织名为"斯帕达"（Spada）的职业部队，侵略性与日俱增。

"斯帕达"的建立

米底人的"斯帕达"或"塔克斯马斯帕达"（Taxmaspada），即"军队"，已经正式改组，[112]而且很有可能采用了一些亚述军队中常见的组织特征，这些元素被之后的阿契美尼德王朝沿袭。专业化的"斯帕达"源自"卡拉"（Kara），即"族人""族人的军队"，居鲁士大帝的早期军队就采用了这个称呼。阿契美尼德王朝继承了米底人的军事传统和军事术语。[113]到公元前7世纪末，基亚克萨雷斯国王的米底军队派出了训练有素且组织严密的骑兵部队——"阿萨巴里"（asabari，意为"骑马者"）。[114]阿萨巴里部队与巴比伦人、斯基泰人一同推翻亚述帝国，并在其中起到了关键作用。在骑兵之外，基亚克萨雷斯也组建了独立的弓箭手部队（anuvaniya）、长枪手部队（rsika），还有至少一支攻城器械部队。[115] 从伊朗的定居农业人口中招募的步兵（pasti），则仿照亚述人的模式组织。米底人的武器也发生了变化。[116]

考古发现的米底人马具，包括马嚼子残片，以及青铜或铁制的挽具。最名贵的米底马种是来自哈马丹南部的著名的尼萨马，体型最大的良马在站立时约有 1.36 米高。正是尼萨马让帕提亚和萨珊的重骑兵得以异军突起。在之后的波斯波利斯浮雕中，米底贵族的服饰是长袖短袍（tunic）、皮夹克／皮束腰外衣、紧身裤和中筒软靴（或许是皮质）。这种类型的服饰，在当时定居在安纳托利亚东部、伊朗高原、中亚和东欧的伊朗语民族中十分流行。米底人也将带有护颊和护颈的头盔带入了大伊朗中。波斯马具装饰艺术的规范化也要归功于米底人。波斯波利斯的浮雕中，米底使节的马匹尾巴打结，鬃毛也经过精心修饰。这也许代表着等级、声望或地位。

米底人军事力量崛起的一个关键因素，是基亚克萨雷斯吞并了当时定居在伊朗西部和北部的斯基泰人。当时，大批辛梅里安人和斯基泰人，被重建的吕底亚王国赶出了安纳托利亚，来到伊朗西北部居住。这转而为"斯帕达"提供了更多的骑兵。事实证明，这些斯基泰人对米底人，以及之后的阿契美尼德帝国的马术和箭术的进步，起到了至关重要的作用。比如，希罗多德记述称，基亚克萨雷斯指定斯基泰人来训练他的儿子们射箭。[117] 米底人成了出色的弓箭手，希腊诗人西蒙尼德斯（Simonides）证实了这一点，他将他们称为"最好的弓箭手"。斯基泰骑兵传统进一步巩固了伊朗高原与中亚草原之间的伊朗南北轴线，这种联系使文化和军事的发展得以在广阔的欧亚大陆上传播。

亚述和乌拉尔图的灭亡

此时的巴比伦，尽管没有被亚述征服，军事上也已经受限，无法独自对亚述构成威胁。然而基亚克萨雷斯的伊朗联盟与巴比伦国王尼布波拉撒（Nabopolassar）的盟约，改变了对抗亚述的战略态势，亚述人在东方和南方两面受敌。由于亚述的高层决定放弃安纳托利亚，帝国的北方边境已经薄弱，辛梅里安人于公元前 8 世纪末抵达后，加剧了亚述在这一方向上的困境。公元前 626 年，巴比伦宣布完全脱离亚述独立。尼布波拉撒国王进军亚述，并在公元前 615 年围攻古城亚述（Assur），但未能攻破该城。同年，米底人从东方进攻

◎ 亚述帝国的军队，受到米底人、辛梅里安人和帕拉德拉亚塞种人的骑兵影响。亚述骑兵随后在萨尔贡二世统治期间成为一支高度职业化的部队，向东对米底-雅利安政权的掠夺，远及今德黑兰。（*R. Sheridan, Ancient Art and Architecture*）

亚述，并洗劫了基尔库克，以支持巴比伦人。基亚克萨雷斯在公元前 614 年再次发动进攻，向南经过尼尼微并攻陷亚述城。亚述帝国的丧钟已经敲响。公元前 612 年，巴比伦-伊朗（米底-斯基泰[118]）联军抵达尼尼微城下，并在三个月的围攻之后攻陷了该城。在埃及的支持下，亚述人仅存的据点——哈兰，坚持到了公元前 610 年。[119]亚述帝国霸权的残余，在这个世纪结束时被尽数抹去。亚述人的土地被巴比伦人和米底人瓜分。人类有史以来最强大的军事机器和最高效国家机器，就此从历史舞台上消失了。

仍是部落联盟的乌拉尔图人，最早于公元前 13 世纪 70 年代出现在亚述人的记录中。[120]虽然乌拉尔图人来自高加索地区，并且和胡里安人有着相同的语言起源，两者却存在明显的差异。乌拉尔图这个名字来自阿卡德语，意为"山地国家"。原住民们称自己的民族为"比埃里尼"[Biailini，凡湖（Lake Van）的原名]。在鼎盛时期，乌拉尔图人控制了格鲁吉亚大部、亚美尼亚、伊朗阿塞拜疆和美索不达米亚的北部，影响力或许抵达了黑海沿岸。[121] 米底人抵达时，乌拉尔图人的边界已经大幅退缩，基本局限于塞凡湖（Lake Sevan）、奥鲁米耶湖和凡湖三个湖泊之间的区域。同亚述人的长期战争[122] 消耗了他们的国力。公元前 714 年，乌拉尔图被亚述的萨尔贡二世彻底击败，但乌拉尔图政权的最终灭亡是在基亚克萨雷斯统治期间，他们的首都图斯帕（Tuspa，今凡城）在公元前 609 年被米底人征服。[123] 乌拉尔图的灭亡不完全是米底人军事行动的结果，前文已经提及，这个王国由于在公元前 590 年[①] 遭受了斯基泰人的入侵，已经十分虚弱。[124]

乌拉尔图人在伊朗的手工业、金属器物和建筑中，留下了深刻印记。[125] 然而乌拉尔图人的真正后继者是亚美尼亚人。亚美尼亚人同化了高加索的原住民，即乌拉尔图人和胡里安人，以及使用印欧语（赫梯语）的鲁伊安人（Luwians）和北伊朗语族的斯基泰人。这些民族很快被亚美尼亚化，共享了同样的文化、历史和语言，这个民族也将在接下来的无数个世纪中与波斯纠缠在一起。[126] 亚拉腊（Ararat）山的名字或许就来自"乌拉尔图"。当代的格鲁吉亚也是乌拉尔图的丰富遗产的继承人，而且直到 18 世纪初，这里都和波斯保持着频繁的文化交流。[127]

基亚克萨雷斯向安纳托利亚进军

《耶利米书》明确记载，当时的乌拉尔图人和曼内亚人处于米底人的统治下。[128] 与此同时，一个斯基泰人的小王国在伊朗阿塞拜疆幸存下来。基亚克萨雷斯决定终结这个小王国的独立。公元前 590 年，米底-斯基泰联军冲进这个小王国，迫使这些斯基泰人向西去投奔阿律阿铁斯国王（Alyattes，公元前 619—公元前 560 年在位）的吕底亚王国。基亚克萨雷斯要求阿律阿铁斯交出这些斯基泰人，吕底亚人拒绝，战争爆发。基亚克萨雷斯的"斯帕达"征

---

① 译注：原书如此。但这个时间应该有问题，因为本书开头的年表里说公元前 612 年乌拉尔图政权被灭。

服了安纳托利亚东部的卡帕多西亚，迫使吕底亚的边界退到了安纳托利亚西部。然而基亚克萨雷斯无法征服吕底亚，无法消灭吕底亚王国著名的枪骑兵。与亚述和高加索的长期战争已经令"斯帕达"筋疲力尽。军事僵局一直持续到公元前585年5月28日，那天出现了日食，被交战双方视为某种征兆。战斗暂停了，巴比伦国王和奇里乞亚国王提出的调停建议被双方接受。哈利斯河（Halys River，今"Qizil Irmaq"）① 被定为米底与吕底亚的边界，大致位于安纳托利亚西部和东部的中央。基亚克萨雷斯的儿子阿斯提阿格斯（Astyages）和阿律阿铁斯的女儿阿里埃尼斯（Aryenis）联姻，巩固了这一和约。尼布甲尼撒二世国王则和阿斯提阿格斯的女儿埃米提斯（Amytis）结婚，巴比伦、米底、吕底亚三方的权力平衡就此得以建立，并维持到了居鲁士大帝崛起时期。

阿斯提阿格斯（公元前584—549年在位）是米底的末代国王，在他统治时期，帝国达到极盛状态。基亚克萨雷斯专注于将帝国向非伊朗的西方延伸，阿斯提阿格斯则成功向东方进行扩张。在今呼罗珊、阿富汗、德拉吉亚尼亚（Dragiania，伊朗西南部的俾路支）以及中亚大部的东伊朗语族使用者，都处于米底人的统治下，而巴克特里亚人和大部分塞种人则成为自治的附庸。[129]在北方，与高加索（今阿塞拜疆共和国境内）的阿兰人相邻的希尔卡尼亚人和卡都西亚人，接受了米底人的宗主权，尽管这也可能发生在基亚克萨雷斯统治期间。在南方，波斯湾沿岸现在也处于米底人的权威下，特别是波西斯和埃兰。

---

① 译注：意为"红色的河"。

注释

1. C. Renfrew, *Archaeology and Language: The Puzzle of Indo-European Origins* (New York: Cambridge University Press, 1990)，是该地相关考古学研究的出色概述。语言学研究，见T. V. Gamkrelidze & V. V. Ivanov, "The early history of Indo-European languages", *Scientific American* (March 1990), pp.110–116; Gray & Atkinson, "Language-tree divergence times support the Anatolian theory of Indo-European origin", *Nature* (2003, Vol.426), pp.435–438。基因学研究，见L. L. Cavalli-Sforza, *Genes, Peoples and Languages* (New York: North Point Press, 2000)，以及M. Richards et al, "Tracing European founder lineages in the Near Eastern mtDNA pool", *American Journal of Human Genetics* (2000, Vol.67), pp.1251–1276。

2. Gamkrelidze & Ivanov, "The early history of Indo-European languages"; Gray & Atkinson, "Language-tree divergence".

3. Cavalli-Sforza, *Genes*, pp.104–113.

4. A. J. Ammerman & L. L. Cavalli-Sforza, *The Neolithic Transition and the Genetics of Populations in Europe* (Princeton, New Jersey: Princeton University Press, 1984), pp.221–223.

5. Gamkrelidze & Ivanov, "The early history of Indo-European languages"; Gray & Atkinson, "Language-tree divergence".

6. M. Roaf, *Mesopotamia and the Ancient Near East* (Oxford: Andromeda, 2000), pp.39, 42.

7. R. J. Braidwood & L. S. Braidwood, *Excavations in the Plain of Antioch I: The Earlier Assemblages Phases A–J* (Chicago: University of Chicago Press, 1960).

8. Roaf, *Mesopotamia*, pp.30–35.

9. Cavalli-Sforza, *Genes*; C. Renfrew, "The origins of Indo-European languages", *Scientific American* (October 1989), pp.106–114.

10. D. Antony, D. Y. Telegin, & D. Brown, "The origin of horsebackriding", *Scientific American* (December 1991), pp.94–99; pp.94–96.

11. 同上，p.97。

12. 同上，pp.98, 100。

13. Cavalli-Sforza, *Genes*, pp.117–118, 162.

14. 包含至少四个子集，详见K. Jones-Bley & D. G. Zdanovich, *Complex Societies of Central Eurasia from the 3rd to the 1st millennium BC* (Washington DC: Institute for the Study of Man, 2002)。

15. J. P. Mallory, "Andronovo culture", J. P. Mallory & D. Q. Murray, *Encyclopedia of Indo-European Culture* (London: Fitzroy Dearborn, 1997), pp.125–126.

16. Jones-Bley & Zdanovich, *Complex Societies*.

17. Mallory, "Andronovo culture".

18. 其他拼写如"Aria-An/Ary-an/Eire-An/Ir-An"。

19. "奥塞梯"并非源自伊朗，而是格鲁吉亚人对格鲁吉亚北部的北伊朗语族居民的称呼。

20. 神灵克什纳[Krshna，意为"神选者"，与希腊语的"基督"（Kristos）同源]与雅利安英雄阿周那（Arjuna）之间那段流传后世的对话，便是证据之一。

21. K. F. Geldner (trans.), *Avesta, the Sacred Books of the Parsis* (Stuttgart, 1896), Yasht, 17.12; 8.18; 14.9.

22. 雅利安人献祭马匹的相关描述，见Herodotus (tr. R. Waterfield), *The Histories* (Oxford: Oxford University Press, 1998), I, 216。

23. Arrian (trans. A. de Sélincourt), *The Campaigns of Alexander* (London: Penguin Classics, 1976),

IV, 5.35.

24. Geldner, *Avesta*, Yasht 5.51; Yasna 11.

25. 雅利安人的与马相关的仪式，在阿契美尼德时代的情况见Herodotus, *The Histories*, III, 90；在帕提亚时代的情况见Philostratus, *The Life of Apollonius of Tyana* 1.31；在萨珊时代的情况见 *Bundahishn*, pp.120, 12–13。

26. M. Poursarteeb, *Tarikhchey-e Saka dar Lorestan* [The History of the Scythians/Saka in Luristan] (Unpublished manuscript, 2006), ch 1.

27. 乌尔徽号（The Standard of Ur）以及伦纳德·伍利（Leonard Wooley）在伊拉克南部的一个古墓里发现的四轮车，说明苏美尔人的交通主要依靠畜力车辆。

28. J. P. Mallory, *In Search of the Indo-Europeans: Language, Archaeology and Myth* (London: Thames & Hudson Ltd, 1989), p.121.

29. 同上。

30. 一些不了解安德罗诺沃文明的研究者坚持认为辐条轮源自近东。见A. Cotterell, *The Chariot: The Astounding Rise and Fall of the World's First War Machine* (London: Pimlico, 2004), introduction and chs 1 & 2。

31. N. Di Cosmo, "The northern frontier in pre-imperial China", in M. Loewe, & E. L. Shaughnessey (eds.), *Cambridge History of Ancient China* (Cambridge: Cambridge University Press, 1999) pp.885–966: p.903.

32. D. W. Anthony, & N. B. Vinogradov, "Birth of the chariot", *Archaeology* (March/April 1995), pp.36–41.

33. 同上。

34. Cotterell, *The Chariot*.

35. Mallory, *In Search of the Indo-Europeans*.

36. A. Karasulas, *Mounted Archers of the Steppe 600 BC–AD 1300* (Oxford: Osprey Publishing, 2004), pp.18–21.

37. 在亚述的记载中，早在公元前836年就提到了米底人，而"帕尔苏什"人（Parsuash，即波斯人）曾经向亚述国王沙尔马那塞尔三世纳贡。

38. Mallory, *In Search of the Indo-Europeans*, p.31.

39. 研究结果见Richards, "Tracing European founder lineages"。

40. 同上，p.1263。

41. 同上，p.1259。

42. 同上，p.1264。

43. 近年英国对伊朗人基因图谱的研究发现，伊朗的阿塞拜疆人的基因与安纳托利亚的突厥人（很可能是土库曼人）以及欧洲的突厥系居民存在差异，却与伊朗的波斯人相同。尽管这一研究存在缺陷，却足以支持历史记述中的观点，即伊朗阿塞拜疆人是在11世纪初在突厥系的塞尔柱人影响下语言突厥化的伊朗民族。更多信息见Cambridge Genetic Study of Iran refer to ISNA (Iranian Students News Agency), June 12 2006, with news-code: 8503-06068。

44. 理查兹的研究将伊朗学者完全排除在外，并将阿塞拜疆人、库尔德人与奥塞梯人视为"非伊朗人"。结果是样本仅仅选取了12名"伊朗人"（至少应有30人），无法得出科学意义上可信的结论。

45. 对这些研究的完整概述见M. Price, *Iran's Diverse Peoples: A Reference Sourcebook* (Santa Barbara: ABC-CLIO, Incorporated, 2005)。

46. J. Shaheen, *The TV Arab. Bowling Green* (Kentucky: Popular Press, 1984)提到，早在1984年，

超过85%的北美受调查者认为伊朗人属于阿拉伯人。

47. E. G. Heath, *Archery: A Military History* (London: Osprey Publishing, 1980), p.96.

48. V. H. Mair, "Mummies of the Tarim Basin", *Archaeology* (March/April 1995) pp.28–35: p.29; E. W. Barber, *The Mummies of Ürümchi* (London: Macmillan, 1999), p.200.

49. 有趣的是，希罗多德也提到了塞种人使用尖帽。Herodotus, *The Histories*, VII, 64.

50. 其范例包括一件深紫色的长外套与长裤，与阿契美尼德伊朗的萨加泰人服饰、后来的帕提亚贵族服饰类似。N. Sekunda, *The Persian Army 560–330 BC* (London, Osprey Publishing, 1992), p.20. 另见伊朗考古学博物馆收藏的帕提亚贵族立像。

51. T. Sulimirski, *The Sarmatians* (London: Thames & Hudson, 1970); Mallory, *In Search of the Indo-Europeans*, pp.51–53.

52. V. I. Abaev, *Skifo-EvropeiskieIzoglossy* (Moscow, 1965), p.25.

53. T. Sulimirski, "The Scyths", in I. Gershevitch (ed.), *The Cambridge History of Iran: Vol.2, The Median and Achaemenean Periods* (Cambridge, Cambridge University Press, 1985), pp.149–199: p.149; Jones-Bley & Zdanovich, *Complex Societies*; Mallory, "Andronovo culture".

54. R. Rolle (tr. F. G. Walls), *The World of the Scythians* (Berkeley, Calif.: University of California Press, 1989).

55. R. N. Frye, *The History of Ancient Iran* (Munich: C. H. Becksche Verlagsbuchhanndlung, 1984), p.70.

56. Sulimirski, "The Scyths", p.153.

57. Mallory, *In Search of the Indo-Europeans*, pp.48–56, 58, 78; R. Brzezinski & M. Mielczarek, *The Sarmatians: 600 BC–AD 450* (Oxford: Osprey Publishing, 2002), p.3; J. Channon & R. Hudson, *The Penguin Historical Atlas of Russia* (London: Penguin Books, 1995), p.18.

58. Sulimirski, *The Sarmatians*, p.22.

59. T. Newark, *The Barbarians: Warriors and Wars of the Dark Ages* (Poole: Blandford Press, 1985), p.6.

60. V. I. Abaev (tr. S. Hill), "A Grammatical Sketch of Ossetic", *The American Journal of Linguistics* (1964, Vol.4), p.30.

61. W. Radloff, *Aus Sibirien, lose Blätter aus dem Tagebuche eines reisenden Linguisten* (Liepzig: T. O. Weigel, 1884), pp.112, 126.

62. B. Khanenko, *Drevnosti Pridnieproviia* (Kiev, Ukraine, 1899), II.

63. B. P. Lozinski, *The Original Homeland of the Parthians* (New Haven: Mouton & Co, 1959), p.23.

64. Radloff, *Aus Sibirien*, pp.99, 112, 126, 130.

65. Khanenko, *Drevnosti Pridnieproviia*, II; M. Ebert, *Realexikon der Vorgeschichte* (Berlin: De Groyter, 1924–29) pp.66–97; B. Thordeman, *Armour from the Battle of Wisby 1361* (Stockholm: Vitterhets Historie och Antikvitets Akademien, 1939), pp.282–284, 245–281.

66. Lozinski, *The Original Homeland*, p.23.

67. L. White, "Technology and invention in the Middle Ages", *Speculum* (1940, Vol.X), p.151.

68. 对雅利安人迁入之前的伊朗居民的全面研究，见Price, *Iran's Diverse Peoples*, introduction and chs 1 & 2。

69. Herodotus, *The Histories*, I, 101.

70. D. D. Luckenbill, *The Annals of Sennacherib* (Chicago: University of Chicago Press, 1924), p.143.

71. Frye, *The History of Ancient Iran*, p.66.

72. M. M. Diakonov, *Istoriya Midii* [The History of the Medes] (Leningrad, 1936), p.69.

73. Strabo (trans. H. L. Jones), *Geographica* (Cambridge, Mass.: Harvard University Press, 1924), 15.8.

74. 2 Kings, 17: 6, 18: 11.

75. A. Ferrill, *The Fall of the Roman Empire: The Military Explanation* (London: Thames & Hudson, 1988), p.77.

76. L. Levine, "East–west trade in the late Iron Age: a view from the Zagros", in M. J. Deshayes (org.), *Le Plateau Iranien et L'Asie Centrale des Origines a la Conquete Islamique* (Paris: Colloques Internationaux du CNRS, No. 367, 1977), pp.171–179.

77. 近五百年后，卡莱之战的罗马人看见的"帕提亚箭术"就是如此。

78. D. Dawson, *The First Armies* (London: Cassell & Co, 2001), p.190.

79. M. A. Dandamaev & V. G. Lukonin, *The Culture and Social Institutions of Ancient Iran* (New York: Cambridge University Press, 1989), p.224; W. Tarn, *Hellenistic Naval and Military Developments* (Cambridge: Cambridge University Press, 1930), p.51.

80. M. M. Diakonov, "Assiro-Vavilonskie istochniki po istorii Urartu", *Vestnik Drevnej Istorii* (1951, No.2–4), p.213.

81. 参见1971年的波斯帝国建国两千五百年庆典中对米底帝国武器装备的复原，*2,500 Year Celebrations for the Founding of the Persian Empire* (Tehran: Imperial Iranian Army, 1971)。

82. 塞菲德河（Sefid-Rud，"白河"）谷地，位于今吉兰的拉什特附近。见M. M. Diakonov, "Media", in Gershevitch, *The Cambridge History of Iran: Vol.2*, pp.36–148; p.114。

83. Diakonov, "Media", pp.83, 90.

84. Herodotus, *The Histories*, I, 102.

85. See D. Stronach, "Tepe Nush-i-Jan: The Median settlement", in Gershevitch, *The Cambridge History of Iran: Vol.2*, pp.832–837.

86. Herodotus, *The Histories*, I, 103–104.

87. 斯基泰人使用皮基底的铁鳞甲以及青铜锥形头盔。斯基泰人的青铜箭头甚至在波兰的古代丘陵堡垒也有出土。

88. Frye, *The History of Ancient Iran*, pp.70–72.

89. 普洛托杜阿斯与马迪耶斯的父子关系见Herodotus, *The Histories*, I, 103。

90. Herodotus, *The Histories*, I, 106; IV, 12.

91. Channon & Hudson,*The Penguin Historical Atlas of Russia*, p.18; Mallory, *In Search of the Indo-Europeans*, pp.48, 53; Newark, *The Barbarians*, p.6; R. Rolle (trans. F. G. Walls), *The World of the Scythians* (Berkeley, Calif.: University of California Press, 1989).

92. Cotterell, *The Chariot*, p.61; also corroborated by Dandamaev & Lukonin, *The Culture and Social Institutions of Ancient Iran*, pp.50, 223; A. A. Freiman, "Plenennyi Vrag Dariya – Skif Skunha", *Izvestiya Akademii Nauk Otdelenie Literatury i Jazyka* (1948, vol.7/3), pp.235–240: p.239.

93. Strabo, *Geographica*, 15.2, 15.8.

94. Frye, *The History of Ancient Iran*, p.77.

95. H. F. Lutz, *An Agreement between a Babylonian Feudal Lord and his Retainer in the reign of Darius II* (Berkeley, Calif.: University of California, Publications in Semitic Philology, 1928, Vol.9/3).

96. Herodotus, *The Histories*, III, 92; M. M. Diakonov, *Ocherk Istorii Drevnego Irana* [An outline history of ancient Iran] (Moscow: Izd-vo Vostochnoi Lit-ry, 1961), p.248; M. H. Kiessling, *Zur Geschichte der Ersten Regierungsjahre des Darius Hystaspes* (Leipzig, 1901), p.17.

97. Diakonov, *Ocherk Istorii*, pp.248–250, 252–253.

98. B. B. Piotrovsky, *Vanskoe Tsarsivo* (Moscow, 1959), p.241.

99. F. Thureau-Dangin, *Textes Cuneiforms; Vol 6:, Tablettes d'Ururk a l'usages des pretres du temple d'Anu au temps des Seleucides* (Paris: Musée de Louvre: Departments des Antiquites Orientales, 1922).

100. Dandamaev & Lukonin, *The Culture and Social Institutions of Ancient Iran*; Manouchehr Moshtagh Khorasani, *Arms and Armor from Iran: The Bronze Age to the End of the Qajar Period* (Tübingen: Legat Verlag, 2006).

101. Diakonov, "Media", p.39.

102. See Poursarteeb, *Tarikhchey-e Saka*.

103. A. Godard, *Le Tresor de Ziwiye* [The Treasure of Ziwiye] (Haarlem: J. Enschedé, 1950).

104. Heath, *Archery*, pp.95–96.

105. Piotrovsky, *Vanskoe Tasrsivo*, p.238.

106. Strabo, *Geographica*, 15.8.

107. 另见Herodotus, *The Histories*, I, 102。

108. A. Motofi, *Tarikh-e-Chahar Hezar Sal-e Artesh-e Iran: Az Tamadon-e Elam ta 1320 Khorsheedi, Jang-e-Iran va Araqh* [The 4,000 Year History of the Army of Iran: From the Elamite Civilization to 1941, the Iran-Iraq War] (Entesharat-e Iman, Tehran, 1999), pp.15–16.

109. 亚述巴尼拔（Ashurbanipal）自夸道：“我毁灭了苏萨……我破坏了埃兰人的土地，在他们的耕地上撒盐。”见A. H. Layard & J. C. Derby, *A Popular Account of Discoveries at Nineveh* (London: Elibron Classics, 1854 reprinted 2000), pp.7–8。

110. I. M. Diakonov, "Elam", in Gershevitch, *The Cambridge History of Iran: Vol.2*, pp.1–24: p.24.

111. 同上。

112. Herodotus, *The Histories*, I, 103.

113. J. Wiesehofer (tr. A. Azodi), *Ancient Persia: From 550 BC to 650 AD* (London: I.B. Tauris, 1996), pp.89–90.

114. Diakonov, *Istoriya Midii*, p.136; Herodotus, *The Histories*, I, 103.

115. Diakonov, *Istoriya Midii*, p.295.

116. Khorasani, *Arms and Armor*.

117. Herodotus, *The Histories*, I, 73.

118. T. Newark, *Ancient Armies* (UK: Concord, 2000), pp.18–19.

119. Frye, *The History of Ancient Iran*, p.76.

120. 亚述人的沙尔马那塞尔一世铭文提到，今土耳其东部、邻近亚美尼亚的凡湖周边地区，存在称为奈里（Nairi）或乌拉尔特里（Uruartri）的部落联盟。见M. Salvini, *Geschichte und Kultur der Urartäer* [The culture and History of the Urartians] (Germany, 1995)。

121. R. B. Wartke, *Urartu, das Reich am Ararat* [Urartu the Kingdom in Ararat] (Mainz: Zabern, 1993).

122. M. Healy, *The Ancient Assyrians* (London: Osprey Publishing, 1991).

123. V. V. Diakonov, "Poslednie gody Urartsogo Gosudarstva", *Vestnik Drevnej Istorii* (1951, Vol.2), pp.29–39.

124. B. B. Piotrovsky, *Karmir Blur* (Leningrad, 1970), p.334.

125. P. R. S. Moorey, "Metalwork and Glyptic", in Gershevitch, *The Cambridge History of Iran: Vol.2*, pp.856–869: p.858; M. Chahin, "Ararat the ancient kingdom of Armenia", *History Today* (1975, Vol. XXV/6), pp.418–427; W. Kleiss, *Topographische Karte von Urartu* (Berlin: Reimer, 1976).

126. M. Chahin, *The Kingdom of Armenia: A History* (London: Routledge, 2001).

127. B. B. Piotrovsky, (tr. J. Hogarth), *The Ancient Civilization of Urartu* (New York: Cowles Book Company, 1969).

128. Jeremiah 25: 25, 50: 41–43, 51: 27–28.

129. Diakonov, "Media", pp.132–133.

第二章

居鲁士大帝和
阿契美尼德王朝早期

居鲁士大帝的崛起

到公元前 559 年，近东地区由四个强权统治：米底帝国、巴比伦帝国、安纳托利亚的吕底亚王国和埃及。自从亚述在公元前 612 年毁灭之后，这些政权都保持着和睦的关系。米底人似乎满足于维持现状，但这一战略局势随着居鲁士大帝的即位而骤然改变。

◎ 表现阿契美尼德王室战车的岩石浮雕，原本是波斯波利斯的阿帕达纳宫北段、东侧的楼梯上的装饰。(© The British Museum/HIP/Topfoto）

◎ 这些插图出自一本关于波斯军事的十分罕见的图书，于1971年为纪念阿契美尼德帝国建立两千五百周年而出版，书中包含古波斯军队的一系列复原图，以及为纪念这一历史时刻而在波斯波利斯举行的庆典的照片。从左至右：携带弓匣和米底短剑的骑马米底军官、手持骑枪的米底骑兵、戴头巾的米底士兵、手持盾牌的披甲米底骑兵。（出自《波斯帝国建国两千五百年庆典》）

阿契美尼德王朝的建立，可以追溯到公元前7世纪统治波西斯的雅利安部族的哈卡玛尼什（Hakhamanesh），即阿契美尼斯（Achaemenes），那时的亚述正处于巅峰时期。阿契美尼斯的儿子泰斯帕斯（Teispes）此后将波西斯分给了他的两个儿子：阿里阿拉姆涅斯（Ariaramnes）和居鲁士一世（Cyrus Ⅰ）。[1] 阿里阿拉姆涅斯统治东部，而居鲁士一世统治西部，即安善地区。居鲁士一世的长子冈比西斯一世（Cambysis/Kambujiya Ⅰ），[2] 继承了他的安善王位。冈比西斯一世的儿子居鲁士二世 [又名库鲁什（Kourosh）]，大约出生于公元前575年。

关于居鲁士二世的出身，众说纷纭，其中一些甚至认为他不是王室血脉，不过，历史学家都同意冈比西斯一世是居鲁士二世的父亲，而他的母亲是米底国王阿斯提阿格斯的女儿——公主曼达娜（Mandana）[3]。传说中，米底国王因为一场梦而决定将他的女儿嫁给波西斯当地的小君主。[4] 而他下令杀死曼达娜的儿子——仍是婴儿的居鲁士二世，也是因为一场梦，他在梦中听到一个声音说这个男孩有一天会推翻他。[5] 米底军官哈尔帕哥斯（Harpagus）奉命前去杀死居鲁士二世，他却将这个婴儿隐藏起来，送给了一个牧羊人和他的妻子抚养。得知哈尔帕哥斯抗命不遵，阿斯提阿格斯立即下令将他的儿子斩首，并逼迫他在王室宴会上吃下了儿子的肉。怒火中烧的哈尔帕哥斯隐忍到了居鲁士二世成年。那时，他前去拜访居鲁士二世，告知了他的王室血脉，并支持他组织叛乱，推翻阿斯提阿格斯的统治。

居鲁士二世（公元前575—公元前530年）于公元前559年登上了安善的王位。他很快征服了波西斯东部的阿契美尼斯家族的阿里阿拉姆涅斯分支，将整个波西斯团结到了他的统治下。阿斯提阿格斯最初对波西斯的内斗并不在意。然而当居鲁士二世拒绝承认阿斯提阿格斯的权威时，他不能再坐视不管了。居鲁士二世还成功获取了伊朗高原的雅利安人部落的忠诚，改变了他和阿斯提阿格斯之间的实力对比。这迫使阿斯提阿格斯在公元前550/549年，率军对抗居鲁士二世。

在米底首都埃克巴坦那以南约650公里（400英里）的穆尔加布（Murghab），阿斯提阿格斯率军对阵他的外孙。不过，居鲁士二世已经胜券在握，因为阿斯提阿格斯并不受他率领的米底军队的支持。米勒指出了这一点，[6]他声称，阿斯提阿格斯是靠着"武力和阴谋统治米底"的。他试图在米底帝国建立中央集权，这或许已经让他疏远了许多米底贵族，他们在战场上倒戈，并且率领部队向居鲁士二世效忠。[7]这在一定程度上解释了这场战争为什么极少出现长时间的战斗——希罗多德就只记述了两场战斗。[8]米底首都埃克巴坦那，不久之后便在公元前550年被居鲁士二世攻陷。居鲁士二世并没有报复阿斯提阿格斯，反而以荣誉和尊重对待被他击败的外祖父。[9]因为米底人是波斯人的近亲，他们在政府和军队中的地位得以保留。毫不夸张地说，穆尔加布之战并不是米底帝国的崩溃，而是统治阶层的改变。伊朗东北部（中亚附近）的帕提亚人和伊朗北部（里海南岸）的希尔卡尼亚人，很快承认了居鲁士二世的新权威。[10]伊朗人王国的领导阶层成了米底–波斯人，而不久之后，使用北伊朗语族的塞种人也参与到了帝国的管理中。[11]米底人和波斯人在文化和民族上的紧密联系，在《圣经》中永存，《以斯帖书》和《但以理书》中都记述了米底人和波斯人共用法律。[12]

米底人为居鲁士二世留下了他们治国理政的宝贵经验、精良的军队以及王室礼仪。然而阿契美尼德王朝的中央集权程度，不如之前的米底王国，[13]特别是帝国向西扩张，统治了非伊朗人的土地时。到了大流士一世时，米底人的影响也使得波斯人放弃了埃兰长袍，改穿米底人的骑马服装。

"卡拉"：居鲁士大帝的早期军队

我们对阿契美尼德王朝军队的了解主要来自各种艺术作品，例如波斯波利斯和苏萨的浮雕、西顿的亚历山大石棺、庞贝的大流士三世和亚历山大大帝对战的壁画、[14] 阿姆河的珍宝以及其他艺术品。[15] 希罗多德、色诺芬和库尔提乌斯·鲁弗斯（Curtius Rufus）以及之后的希腊-罗马历史学家的记述，在现代历史学家重构阿契美尼德军队之时，同样具有不可估量的价值。

"卡拉"（kara）在古波斯语中代指"国王征召军"[16]"军队"或者"战争"，这个伊朗语族词汇与立陶宛语词汇"karis/karias"（意为"战争、军队"）、古日耳曼语词汇"harjis"（意为"军队"，其衍生词包括当代高地德语的"Heer"），本属同源。[17] 在居鲁士二世开始征服战争的时候，他并没有真正的职业部队可用。"卡拉"指的是自己部族的亲友们。直到基亚克萨雷斯王朝被推翻，米底人和波斯人统一起来后，米底的"斯帕达"体系才成为阿契美尼德帝国军队的基础。[18]

阿契美尼德王朝也通过米底人继承了亚述的强大遗产。阿契美尼德王朝和早年亚述的组织体系大体相似。[19] 将土地分配给职业士兵的方法，也是从亚述时代流传下来的；阿契美尼德王朝为他们的精锐骑兵和弓箭手分配了地产，这种做法也留到了萨珊时代末期，并在伊斯兰时代被继续沿用。阿契美尼德王朝也许还学习了亚述人的攻城技术，包括攻城锤和攻城战术，比如挖掘地道，使用云梯，搭建攻城塔，以及让众多弓箭手和投石兵登上塔楼，使守军无法有效抵御城下的攻城部队。

被希腊人称为"千夫长"（chiliarch）的军官"哈扎尔帕提什"（hazarpatish），其职能并不明确。人们一般认为哈扎尔帕提什是国王的亲信，[20] 负责参与国王在宫中接待客人的典礼并监管王室的府库。[21] 哈扎尔帕提什负责指挥三种存在明显差异的部队：行省总督（satraps）的部队、精锐的王室卫队以及阿契美尼德王朝附庸国派来的仆从军。哈扎尔帕提什和其部下一同战斗，经常战死沙场。[22] 到王朝的末期，哈扎尔帕提什的重要性有所提升，地位类似于现代的首相。[23] 国王身边也有一群精心挑选的"朋友"，[24] 他们地位各不相同，[25] 在和平时期或战争时期作为他最亲密的顾问。大概更让人感兴趣的是被称为国王"耳目"的一群间谍，[26] 他们的任务是在国内各行省以及到外国去收集情报。

希腊资料中记述，帝国会对整个国境中的驻军进行一年一度的检阅。[27]波斯波利斯附近地区以及其他的王室居所，由国王本人检阅，而那些相对偏远的地区，比如中亚周边或安纳托利亚，则由阿契美尼德王朝的王室成员进行检阅。接到年度检阅的命令时，部队将奉命前往预定的集结地点。[28]检阅的主要目的是检查部队的纪律、装备和战备。行省总督、基层军官乃至哈扎尔帕提什也要同他们的士兵一起接受检阅。那些在检阅中表现出色的部队和将领将得到相应的奖励，而那些不达标的部队将受到惩罚。[29]

早期的作战操典

早年的阿契美尼德军队只在白天战斗，[30]并在诺鲁孜节（Nowruz，伊朗新年，即春分日）之后的春季开启他们的远征。[31]阿契美尼德军队的战术涉及各部队协同与联合作战的理念，其核心为大规模弓箭投射和突袭。位于中间的弓箭手们不断射箭，投掷石弹或铅弹的投石手紧随其后。理论上，投射会打乱敌人的阵线，使得居鲁士的骑兵——往往位于军队侧翼——能够进行包抄或者追击。早期的阿契美尼德骑兵更像"突击队"而非近战部队，他们使用长枪、标枪和弓箭作战。即使这些骑兵和他们的前辈——米底人、塞种人和辛梅里安人的弓骑兵之间存在很多共同点，但他们此时还不是主要的"突破"力量。达赫人、萨加泰人和阿马尔迪人（Amardi/Mardian）等游牧民族，很可能为居鲁士二世提供没有着甲的轻骑兵。

弓箭手的旁边就是常备步兵，装备有阿金纳克斯（akenakes）短剑和长枪。他们将在最后阶段冲向敌人的军阵，其主要任务就是消灭所有残存的抵抗者。参与战斗的指挥官留在他们指挥的部队的中心。[32]早期的阿契美尼德军队中，许多"步兵"是训练有素的弓箭手，也同时承担近战的任务。但这些步兵和弓手在大型的防御藤条盾之后列阵，和之前亚述帝国的弓箭手类似。这些近战步兵使用阿金纳克斯短剑和长枪来搏杀。阿契美尼德王朝的战术在居鲁士二世对吕底亚和巴比伦的征服中，以及之后薛西斯对埃及的征服中，都取得了相当大的成功。阿契美尼德王朝早年那些迅速而决定性的胜利，也许带来了一种虚假的军事优越感，这种幻象将在对希腊的灾难性远征中被彻底粉碎。

征服吕底亚

吕底亚国王克洛伊索斯（Croesus）对波斯发动战争的理由是，居鲁士二世推翻了他的姐夫阿斯提阿格斯的统治，不过事实上他或许也想向东扩张其王国的领土。也或者，克洛伊索斯一直想要进攻东方这个日渐崛起（且难以预测）的新兴政权，"先发制人"。然而，与居鲁士二世的战争将让克洛伊索斯失去自己的王国。[33]

吕底亚的军队主要由重装步兵组成，其中就有来自爱琴海沿岸的爱奥尼亚希腊人。[34]骑兵是吕底亚军队的中坚力量，其出众之处便是在马上熟练地使用骑枪。这些部队是居鲁士二世所率军队的最大威胁。[35]在公元前547年，克洛伊索斯入侵卡帕多西亚，那里自米底王国时代便被伊朗人统治。占据卡帕多西亚后，克洛伊索斯就可以威胁伊朗高原和阿塞拜疆了。居鲁士二世和他的军队在阿贝拉（Arbela）城下渡过底格里斯河，而后在卡帕多西亚的普特里亚（Pteria）地区与克洛伊索斯决战。最初的交锋显然没有决出胜负，克洛伊索斯认为自己未能取胜是因为居鲁士二世的军队人数更多，并于次日率领他基本未受损的部队向首都萨迪斯（Sardis）撤退了。到达萨迪斯之后，克洛伊索斯军队中的辅助部队就解散了，因为他们以为居鲁士二世的军队要在几个月之后才会抵达。到那时，克洛伊索斯将能够轻易地再次集结起他的辅助部队，并获得斯巴达、埃及和巴比伦盟友的支持，共同对抗居鲁士二世。然而，克洛伊索斯严重低估了居鲁士二世的大胆和主动。居鲁士二世知道吕底亚人在萨迪斯解散了辅助部队，因为他在普特里亚之战后就率部紧随克洛伊索斯行动。他出人意料地迅速抵达，让吕底亚人完全无法准备抵抗，克洛伊索斯此时被迫以人数大为减少的军队，在萨迪斯与居鲁士二世正面交锋。

为了让吕底亚骑兵失去作用，哈尔帕哥斯为居鲁士二世提供了一个巧妙的计策，原本用来驮运物资的骆驼被送上了战场。居鲁士将他的步兵放置在骆驼部队的后面，骑兵则在步兵之后。哈尔帕哥斯的骆驼计策的关键，在于他相信吕底亚人的马匹会因为这种陌生生物的样貌、气味和声音而畏惧后退。这一计策成功了，吕底亚人的马匹无法保持纪律，因骆驼的样貌和气味而退却。吕底亚的骑兵们被迫下马步行作战。在弓箭手——也许还有投石手——的"削弱打击"下，吕底亚人的阵线无法抵御居鲁士二世骑兵的进攻，而紧随其后的步兵，就此得以肃清或许已经崩溃的吕底亚人阵线。

尽管战败，还是有不少吕底亚部队退入了萨迪斯城中，居鲁士二世随即开始围攻。陷入绝境的克洛伊索斯加急向斯巴达人求援，但这徒劳无益，在 14 天的围攻后，萨迪斯陷落了。[36] 吕底亚王国就此被并入了新兴的阿契美尼德帝国。居鲁士对克洛伊索斯以礼相待，让他在宫廷中担任要职。在居鲁士和克洛伊索斯一同返回埃克巴坦那时，他派将军马扎雷斯（Mazares）率军继续征服爱琴海沿岸的爱奥尼亚希腊人以及弗里吉亚人（Phrygians）、卡里亚人（Carians）和吕基亚人（Lycians），此后他又派哈尔帕哥斯前去协助。[37] 征服吕底亚不仅为居鲁士二世带来了安纳托利亚西部的领土，也为他提供了一个从北侧进攻巴比伦帝国的阵地——巴比伦帝国现在时日无多了。

征服巴比伦

当巴比伦国王那波尼德（Nabonidus）在公元前 556 年登上巴比伦的王位时，他的王国已经同伊朗人结盟近七十五年了。然而居鲁士二世对吕底亚的征服，极大地改变了伊朗和巴比伦之间的军事平衡。公元前 539 年，居鲁士二世入侵巴比伦。

促使居鲁士二世征服巴比伦的一个主要因素是，那波尼德并不受他的臣

◎ 公元前 5—公元前 4 世纪的阿契美尼德战车的黄金模型，来自"阿姆河的珍宝"。（© The British Museum/HIP/Topfoto）

民，特别是祭司阶层的支持。那波尼德崇拜美索不达米亚北部哈兰（Harran）的月神西恩（Sen），并且他没有对巴比伦神马杜克（Marduk）尽到必要的职责，因此疏远了巴比伦的神职人员。那波尼德在公元前540年前往阿拉伯西北部的沙漠地区，在当地的绿洲城镇泰马（Taima）生活。居鲁士二世入侵巴比伦时，发现人们并不愿意支持他们的国王。居鲁士二世的外交，还让心怀不满的古蒂乌姆（Gutium）总督古巴鲁（Gubaru/Ugbaru）倒向了阿契美尼德王朝。古巴鲁曾经为前任巴比伦国王尼布甲尼撒二世（公元前605—公元前562年在位）服役，展现了出色的军事能力。而此时他的军事支持，对居鲁士二世征服巴比伦起到了决定性的作用。

　　"巴比伦之墙"，实际上并不是环绕巴比伦城的城墙，而是尼布甲尼撒二世在底格里斯河与幼发拉底河之间建造的"米底之墙"，以阻挡巴比伦西北方向的米底人带来的潜在威胁。这道城墙的右端（位于底格里斯河河畔）得到要塞城市奥普西斯（Opis）的支持，左端（位于幼发拉底河河畔）则由西帕尔（Sippar）护卫。底格里斯河护卫着从东面通往巴比伦城的大部分道路，是任何从东方进攻的军队都难以突破的天然屏障。公元前539年的米底之墙，在战略意义上与1940年法国的马其诺防线类似。两者建造的前提都是认定敌人将沿着预计的路线入侵，进攻已经建造完成的防御工事，却又没有为敌人可能绕过防线进军做好准备。居鲁士并不想沿着阿卡德平原前进并强攻米底之墙，他的计划是从北面绕过这段城墙。靠着之前的外交行动，居鲁士二世的军队将和古巴鲁的巴比伦部队组成联军，进攻奥普西斯并横渡底格里斯河，从而绕过米底之墙，向西南方进军。在进攻奥普西斯之前，居鲁士大帝必须先强渡底格里斯河并攻克一座要塞。希罗多德记述称，居鲁士的工程师花了几个月的时间，将底格里斯河的支流基纳德斯河（Gynades）的水，分散到了一系列孤立的运河中。[38]

　　随着底格里斯河的水位渐渐下降，居鲁士二世得以在10月进攻奥普西斯。这次战斗几乎没有留下有关军事细节的记录，但居鲁士击败的军队似乎是那波尼德的正规军和阿卡德人部队的混编部队。攻占奥普西斯并渡过底格里斯河，事实上绕过了米底之墙。渡过底格里斯河之后，居鲁士二世将他的军队一分为二。他让古巴鲁的部队和波斯军队一同向南进军巴比伦城，而他本人则向西南

◎ 装扮成阿契美尼德步兵的伊朗王国军队士兵。1971年10月13日，在波斯波利斯举行了阅兵，这是阿契美尼德帝国建立两千五百年庆典的一部分。庆典全程录像，由奥森·韦尔斯（Orson Welles）解说。（出自《波斯帝国建国两千五百年庆典》）

方进军西帕尔。西帕尔也被攻占了——巴比伦军队现在无计可施了。

几乎没有平民反抗居鲁士，于是居鲁士的军队迅速进入了巴比伦城。此前向南逃亡的那波尼德试图躲藏在他的首都中，但很快就被抓获了。据记载，巴比伦城的陷落是兵不血刃、和平而有序地完成的，居鲁士二世被视作这个大都市的解放者。"那波尼德编年史"证实了这一点："居鲁士二世进入巴比伦……整个城市处于一片祥和中，居鲁士二世向所有的巴比伦人致意。"[39] 当然，或许是亲居鲁士二世的巴比伦人帮助他占领了城市。居鲁士二世进入了贝尔-马杜克神庙，向巴比伦的神祇致敬。[40] 那波尼德的结局则难以确定，一种说法是居鲁士二世仁慈地对待他的俘虏，允许他体面地退隐，到吉尔曼（German，即今克尔曼）度过晚年。色诺芬（公元前431—公元前350年）的说法则有所不同，他声称那波尼德在巴比伦巨大的国王大厅（throne-room）中被居鲁士的贵族们刺杀。[41] 如果这种说法属实，那或许是因为居鲁士二世想要借此安抚巴比伦的祭司和民众。

在所有与巴比伦帝国接壤的古代文明中，只有埃及幸存。巴比伦本身就是居鲁士获得的最大战利品，美索不达米亚以及那里历史悠久的城市、商业和学术传统，就此和伊朗高原以及与之相连的中亚和高加索，建立起了长达数个世纪的共生关系。叙利亚、巴勒斯坦和腓尼基的沿海城市，也在那波尼德倒台后纷纷向居鲁士二世宣誓效忠。之前巴比伦王国的腓尼基臣民尤为重要，他们的全部舰队此时归阿契美尼德帝国调遣了。大流士大帝正是以这支舰队为基础，建立了世界上第一支帝国海军。居鲁士二世对巴比伦的征服，终结了闪米特民族对美索不达米亚的千年统治。而一千多年后的阿拉伯战士，又反过来终结了印欧人对美索不达米亚的统治。

居鲁士圆柱

居鲁士二世并没有对巴比伦和吕底亚的地方政府做出重大改动。他的一个创新是使用米底人的方式来组织行省，即国王任命总督管理总督行省（satrapy）。居鲁士在治国上的天赋，体现在他尊重所有臣民的语言、宗教和人权。色诺芬在《居鲁士的教育》（Cyropaedia）中高度评价了居鲁士二世，将他描述为一个远离欺骗、傲慢、诡计和自私的人。希罗多德将居鲁士二世描写为父亲一般的人物，他唯一关心的是人民的福祉。居鲁士二世是历史上第一个"一世界英雄"，即试图将各民族统一到一个帝国中，同时尊重所有臣民的语言、信仰和宗教习俗的统治者。亚历山大大帝十分仰慕居鲁士二世，他显然在征服波斯之后继承了他"世界英雄"的衣钵。

◎ 居鲁士圆柱，历史上第一个超越种族、语言和宗教概念的真正的人权宣言。居鲁士圆柱的复制品如今矗立在纽约联合国大厦的入口。（© The British Museum/HIP/Topfoto）

居鲁士大帝的政府体系通过居鲁士圆柱永远流传下去。它是一个写有法令的黏土圆柱，上面的法令是居鲁士在征服巴比伦后不久的公元前 538 年颁布的。这个圆柱被视为人类历史上第一篇人权宣言。泥版法典这种形式最早由巴比伦国王汉谟拉比创立。居鲁士圆柱上的法令带有三个主要信息：政治上正式确认种族、语言和宗教的平等；所有被驱逐的民族都可以回到家园；所有被摧毁的神庙都将重建。这意味着巴比伦人可以重建他们的本地神庙，而祭司阶层厌恶的那些"伪神"将被毁灭。居鲁士衷心关注普通民众的福祉，当地的贫民窟很快被清理出来，建设新的住房。居鲁士大帝的政策也对犹太人产生了深远的影响，影响了犹太教的发展。

居鲁士与犹太人的解放

公元前 597 年，犹太王国反叛巴比伦帝国，巴比伦国王尼布甲尼撒二世击败了犹太人叛军，洗劫了耶路撒冷并拆毁了耶和华殿。大量的犹太人和他们的领袖被流放到巴比伦。在更早之前，公元前 8 世纪末期，亚述人就将犹太人放逐到伊朗，这意味着伊朗的犹太人是最早在犹地亚之外的地区定居的希伯来人，他们主要分布在埃克巴坦那、米底和苏萨。犹太人的宗教著作预言了巴比伦的毁灭。[42] 居鲁士大帝击败了巴比伦的那波尼德后，他正式宣布犹太人从巴比伦的奴役中获得自由。这是历史上第一次由一个世界强权宣布保证犹太人的

◎ 以斯帖与末底改之墓，位于伊朗西北部的哈马丹。或许这个遗址中埋葬的是萨珊波斯的犹太人王后的遗骸。犹太人得到了波斯的阿契美尼德王朝统治者的充分尊重。（Roger-Viollet/Topfoto）

宗教、习俗和文化的存续。犹太人在古代伊朗的贸易和商业中意义重大，并且享有完全的文化自由。

一般认为，有多达 4 万名美索不达米亚犹太人返回了以色列。居鲁士大帝允许他们重建自己的圣殿，并且从国库中出资支持。波斯帝国此后继续出资支持神庙建设，大流士大帝在公元前 519—公元前 518 年颁布的一份法令即证实了这一点。[43] 国王还下令将尼布甲尼撒之前没收的希伯来圣物归还给犹太人。居鲁士大帝的慷慨在《以赛亚书》中得到记载，他在其中被称为"耶和华的受膏者"[44]。居鲁士的希伯来名字叫"Koresh"，他被犹太人尊奉为弥赛亚。以赛亚写道："他（居鲁士大帝）是我的牧人，他将实现我所有的目标。"[45] 并非所有的犹太人都选择回到耶路撒冷，毕竟，此时他们个人以及他们的商业，已经在美索不达米亚生根发芽。居鲁士大帝的到来给他们带来的改变是，他们获得了信仰自由。这些犹太人的许多后裔将继续在美索不达米亚延续超过两千年。鲜为人知的一个事实是，第一次世界大战之后的巴格达，有近三分之一的居民是犹太人。[46]《圣经》人物以斯拉、但以理、以斯帖和末底改则在波斯宫廷中扮演了重要的历史角色。即使在叙利亚和埃及多次反叛期间，犹太人也依然是帝国的忠实臣民。[47]

琐罗亚斯德教：波斯统治的神学基础

琐罗亚斯德先知的生平，目前仍不清楚，不过，他的五个基本教义现在依旧为人所知。第一，存在全能的唯一神阿胡拉·玛兹达（Ahura Mazda，"至高天使"）；第二，阿胡拉·玛兹达代表一切的善；第三，阿里曼（Ahriman）是反对阿胡拉·玛兹达及其所造之物的最强大的邪恶实体；第四，个人的善，通过善言、善行、善念实现；第五，善恶全凭个人选择，因此人要为自己的行为承担责任。认可阿胡拉·玛兹达也是个人选择。这或许就是在被征服的土地上没有强制改教，而其他民族的神祇也得到完全尊重的原因，居鲁士大帝跪拜巴比伦神马杜克就是例证。正如格拉夫（Graf）、希尔施（Hirsch）、格利森（Gleason）和克雷夫特尔（Krefter）指出的那样，"善良者在死后进入天堂，恶人则要受无尽折磨。这也许是阿契美尼德王朝的君主们在统治附庸民族时，维持道德原则的原因之一"。[48]

尽管到薛西斯的时代，国王和许多贵族已经改信琐罗亚斯德教，但其他雅利安信仰的影响力依旧强大，例如密特拉和阿娜西塔（Anahita）崇拜。[49] 在大流士的时代，宫殿城市波斯波利斯的一所正规学校，已经在教授《阿维斯陀》的圣言。[50] 在亚历山大大帝于公元前 4 世纪 30 年代入侵波斯时，琐罗亚斯德教的祭司们已经成为宗教仪式完整、组织完善的神职阶层。

琐罗亚斯德教的二元论和犹太教的神学之间有着许多相似之处。琐罗亚斯德教中有关于善恶的个人选择，而类似的，在犹太教中也有"善良倾向"（yetzer tov）和"邪恶倾向"（yetzer hara）的概念。[51] 死海古卷中，希伯来文的艾赛尼派（Essene）"戒律"里出现了"真理"（arta）与"谎言"（druj）的概念。琐罗亚斯德教的万神殿中的"天使"（yazata）与"恶魔"（daeva），也在犹太–基督教的天使与恶魔论中得到体现。同样特别值得注意的是，琐罗亚斯德教中，也存在天启、复活和最终审判的概念。古伊朗语中代指天堂的词汇"Paridaeza"，也体现在犹太–基督教的传统中，天堂和地狱的存在理念也相似。此外，琐罗亚斯德教中"苏什扬特"（Saoshyant）的概念，也与犹太人的"弥赛亚"类似。如前文所述，在《以斯拉记》和《以赛亚书》中，居鲁士被视为犹太人的拯救者。这些相似之处让学界就这些理念的起源与传播

◎ 象征阿胡拉·玛兹达的双翼图案，位于中心的是先知琐罗亚斯德，这一墙壁浮雕位于波斯波利斯的宫殿中。（Topfoto/HIP）

问题，进行了激烈的学术辩论。目前存在两种流派：一派认为这些相似之处纯属巧合，并不相关；另一派认为犹太教受到了琐罗亚斯德教的影响，尤其是在居鲁士征服巴比伦之后。

居鲁士与第一个世界帝国

到了大流士大帝的时代，波斯帝国已经横跨三大洲：非洲、欧洲和亚洲。这是历史上第一个横跨三大洲的帝国。而琐罗亚斯德教的实用主义，在统治这样一个庞大而多样的帝国时，发挥了重要作用。阿契美尼德王朝必然清楚，亚述人对被征服民族采取苛刻政策，最终自取灭亡，因为这种政策只会让亚述人的敌人联合起来，共同反抗他们。居鲁士大帝意识到他绝对无法凭借武力来维持帝国，然而，他的继承者们却偏离了他的统治哲学——他们很快就要面对必须依靠武力镇压的叛乱了。

"伊勒安"，即波斯，已经不只是一个"雅利安人"的帝国了。雅利安移民之前已经同化了伊朗的许多非雅利安民族，如埃兰人和曼内亚人。伊朗的主流文化则欣然接受了曾经强盛的亚述和巴比伦的、使用闪米特语的贵族们。最重要的或许还是帝国承认境内的臣民可以使用多种语言。帝国的公告往往由几种语言写成，包括埃兰语、阿拉姆语、巴比伦语和古波斯语。尽管亚述已经灭亡，但其语言遗产在伊朗世界中大多得以幸存。阿契美尼德帝国的官方语言和商业语言是阿拉姆语，而非古波斯语。居鲁士大帝的遗产一直延续到了现在，现代的伊朗依旧是一个多民族国家，包括伊朗语族使用者（库尔德人、波斯人、俾路支人、吉兰人等）、突厥语族使用者（阿塞拜疆人、卡什卡伊人、土库曼人等）以及胡齐斯坦的阿拉伯人。

居鲁士的悲惨结局：托米丽司女王和马萨格泰人

居鲁士大帝在早期征服中，并没有将之前米底王国的边境线向伊朗东部和东北部推进。在西面的吕底亚和巴比伦战役后，居鲁士大帝想要在这一地区进行一次大规模决战，特别是与塞种人和巴克特里亚人。[52] 东南方的帕米尔高原和兴都库什山脉仍旧没有被居鲁士征服，不过，也存在居鲁士曾计划入侵这些地区的可能。居鲁士确实在锡尔河上建立了一个名为库尔塔克／居鲁波利斯

（Kurtakh/Cyropolis，意为"居鲁士之城"）的基地，该城市一直存留到伊斯兰征服时期。

居鲁士大帝的注意力集中到了今中亚突厥斯坦的马萨格泰人身上。他最初向托米丽司（Tomyris）女王送信，请求和她结婚，希望兵不血刃地获得她的王国。被托米丽司拒绝之后，居鲁士在公元前530年开始准备远征，并在锡尔河上建造桥梁，进入马萨格泰人的领地。[53] 据说，就在此时，托米丽司给居鲁士大帝送去了一封信，请求他停止入侵。如果居鲁士大帝仍然打算战斗，这封信中也给了他两个选择：托米丽司撤退到距离居鲁士大帝的大军行军三天的路程之外，让居鲁士大帝安然率军过桥与之决战；或者居鲁士大帝向南撤退行军三天的路程，等待托米丽司渡河前来。[54] 将领们都赞成第二个选择——允许托米丽司进入阿契美尼德王朝的领土。不过，随行的克洛伊索斯却提出了相反的建议，而居鲁士大帝接受了这一建议。居鲁士大帝将自己的决定告知了托米丽司，她也遵守了她的承诺。阿契美尼德军队就此进入马萨格泰人的领地。居鲁士大帝在出发之前，将他的儿子，也是他的继承人——冈比西斯二世送回了波斯。

大军在渡河之后，再一次采用了克洛伊索斯之前提出的建议。在行军一天之后，居鲁士大帝停了下来，挑选出部队中战斗力较差的士兵去建立营地，并在营地中堆满了美食与财物，以诱使缺少物资的马萨格泰人进攻。随后，居鲁士和他的主力军队从营地撤退了一段距离。马萨格泰人立刻以他们三分之一的军队发动进攻，消灭了营地的羸弱守军。根据记载，在杀戮之后，马萨格泰人以营地中诱人的物资设宴庆祝。而就在此时，居鲁士大帝出人意料地率领他的主力军队发动进攻，消灭了马萨格泰掠夺者，并抓获了许多俘虏，其中包括托米丽司女王的儿子斯帕尔迦皮西斯（Spargapises）。女王要求居鲁士大帝立刻释放她的儿子，否则将让他面临毁灭。[55] 但斯帕尔迦皮西斯在囚禁期间自杀了。

托米丽司随即率领她的全部军队前来，与居鲁士进行最终决战。两支大军相对而立。希罗多德没能对托米丽司的军队进行具体的分析，不过，他说他们"和斯基泰人（'海对岸的塞种人'）一样……一些人骑马，一些人步行，因为他们采用步兵和骑兵配合的战法"[56]。总的来说，双方军队看上去可能颇为类似。这次交战以激烈的弓箭对射开始，双方的箭矢都消耗一空。[57] 或许在对射时，步弓手和弓骑兵都在放箭。随后，双方军队向前开进，进行残酷的肉搏战，最典型的是使用"长枪和匕首（也许是指阿金纳克斯短剑）"。托米丽司也许还特意让她最好的弓骑兵在战斗中"狙击"居鲁士大帝，但这一点无法确认。

战斗似乎一度难分难解，直到"马萨格泰人占据了上风……波斯人的军队被摧毁了……而居鲁士本人被杀"。[58] 希罗多德没有解释马萨格泰人是怎样"占据上风"的，不过，我们可以推知，他们的骑兵起到了决定性的作用。托米丽司也许在这次决战中特别准备了一种新型骑兵，即波斯着甲骑兵的先驱。这些"骑士"使用整套鳞甲和头盔全面地防护身体，他们也许还装备了骑枪，[59] 马萨格泰人在当时正处于这一军事技术的最前沿。[60] 马萨格泰人的重骑兵事实上是具装骑兵，因为"他们的马匹拥有青铜胸甲"。[61] 马萨格泰人的重骑兵也许突破了居鲁士大帝的步兵，这些步兵没有做好准备，也没有可以应对如此攻击的装备。他们能力出众且魅力非凡的统帅阵亡，必定极大地打击了阿契美尼德军队的士气，他们在战斗结束之后找回了居鲁士大帝的遗体，并将他安葬在专门于帕萨尔加德（Pasargadae）建造的陵墓中。

冈比西斯二世的短暂统治

冈比西斯二世（公元前530—公元前522年在位），是居鲁士二世和王后卡桑达涅（Cassandane）的儿子，[62] 他在父亲于中亚地区逝世之后登基为王。居鲁士二世在死亡之前，已经将他指定为继承人——阿契美尼德王朝并没有长子继承制的传统。冈比西斯二世之前是巴比伦的摄政王，居住在乌鲁克（Uruk），至少一直住到公元前528年秋季。在古典历史的记述中，冈比西斯二世被塑造成了一个精神错乱、偏执狭隘且军事无能的统治者。[63] 现代史料学研究显示，希罗多德采信的资料存在偏见，冈比西斯二世实际上是一个出色的军事指挥官，而且和他的父亲一样尊重被征服民族以及他们的文化习俗。[64] 对冈比西斯二世不利的叙述，比如杀死阿匹斯圣牛和嘲笑埃及人，或许来自埃及的祭司们，冈比西斯二世的改革打破了他们的垄断地位，他们因此心怀不满。

尽管惨败于马萨格泰人，冈比西斯二世却并未在中亚地区停留太久。或许他至少试图稳定东北部的边境。然而，公元前525年，冈比西斯二世试图完成

◎ 位于帕萨尔加德的居鲁士大帝陵墓。居鲁士的伟大遗产和仁慈体现在犹太教、基督教的宗教典籍中，以及世界上第一篇真正的人权法典中。（*Topfoto/HIP*）

他父亲的未竟之业：征服埃及。近东的主要强权中，埃及是此时唯一独立于阿契美尼德王朝统治的政权。阿契美尼德军队为即将到来的埃及远征做了充分的准备，并且征召了非伊朗人的军队，如爱奥尼亚人和伊奥利亚人（Aeolians）。[65] 而腓尼基王公们则提供了海军，他们是在居鲁士大帝征服了巴比伦后向他臣服的。巴勒斯坦海岸的南部还建立了一个补给基地。即使如此，这次远征也要冒很大的风险，因为环境恶劣的西奈沙漠不仅缺少水源，还居住着同样好战的掠夺者——贝都因阿拉伯人。埃及也拥有一支强大的舰队，足以将部队运送到入侵的阿契美尼德军队的后方。

冈比西斯二世得到了埃及军队中的叛徒法涅斯（Phanes）的帮助，他是埃及军队中的希腊雇佣兵指挥官。法涅斯受到了冈比西斯二世的接见，他提供了埃及内部的情况，特别是有关其军队情况的重要信息。[66] 为了解决通过西奈半岛的难题，法涅斯建议冈比西斯二世与加沙和西奈半岛当地的阿拉伯人的族长们联络，保证大军安全通行。阿拉伯人不仅答应了冈比西斯的请求，还同意为他的军队提供淡水。当他们横跨干旱的西奈沙漠进入埃及时，这些淡水被储存在骆驼皮囊中。[67] 埃及海军内部的"第五纵队",进一步恶化了埃及已经很恶劣的军事态势。埃及的海军将领乌扎霍里瑟内特（Uzahor-Resenet），承诺在冈比西斯二世入侵期间将整个舰队留在港口中。

公元前 525 年，冈比西斯二世穿过了西奈半岛。刚刚逝世的法老阿马西斯（Amasis）的儿子普萨梅尼托斯（Psammenitos），决定在尼罗河河口的佩鲁修姆（Pelusium）迎战敌人。冈比西斯二世率军抵达，双方展开了决战——佩鲁修姆之战，这次战斗以埃及军队彻底战败告终。这次决战的战术细节几乎没有流传下来，相关的内容仅有："随后是一场极为激烈的战斗……埃及人最终战败逃跑。"[68] 肉搏战中很可能使用了短剑、长枪和标枪，不过埃及人也训练有素，而且装备了近战武器，他们还拥有精锐的希腊雇佣兵。在同埃及人的战斗中，打破平衡的或许是冈比西斯二世的步弓手和弓骑兵的高超箭术。尽管几代人之前的埃及人在同亚述骑兵作战时遭遇过类似的部队，但弓骑兵对他们而言或许依然可谓新奇。

在佩鲁修姆溃败之后，埃及人撤退到了孟菲斯，这座城市此后也被阿契

◎ 两端为狮鹫形状的阿契美尼德王朝黄金臂环，来自"阿姆河的珍宝"。（Werner Forman Archive）

美尼德王朝攻陷。然而埃及人的抵抗仍旧顽强，迫使冈比西斯二世在那里停留了三年。对阿蒙（Ammon，今锡瓦）的进攻由于沙尘暴而失败，有关这一说法的争议直到近期才休止。[69] 战略要地哈里杰绿洲（Kharga Oasis）被波斯人夺取，接着是昔兰尼（Cyrene）和更西方的巴尔卡（Barca）。利比亚人似乎没有抵抗就直接臣服于冈比西斯二世了。[70] 向迦太基发动远征的计划无法实现，因为在冈比西斯二世的海军中服役的腓尼基水手，拒绝同他们在北非的远亲作战。此时，来自塞浦路斯的部队抵达，加入了阿契美尼德王朝的军队。在希罗多德的记述中，冈比西斯二世进军努比亚是一场彻底的灾难。[71] 不过，细致研究波斯文献后，得出的结论与之相反，[72] 更何况一个确定的事实是，到大流士大帝的时代，努比亚已经是波斯帝国的一部分了。更有可能的情况是，冈比西斯二世入侵了努比亚的领土且至少占领了部分地区，[73] 但也可能像希罗多德记述的那样，他损失了大量部队，其中一个原因是缺粮。

冈比西斯二世已经完成将埃及变为帝国的总督行省这一目标。他对埃及的征服最终将除了希腊、印度和中国之外的整个文明世界，都统一到了同一个帝国的统治下，建立起了前所未有的庞大而多元的帝国。冈比西斯二世自立为埃及第二十七王朝的法老，并认真对待与尊重埃及的宗教仪式和世俗文化。[74] 他还完整地保留了当地的行政机构。[75] 当他准备返回波斯时，却因一次匆忙上马而被自己的宝剑误伤，伤势迅速恶化，最终导致他在公元前 522 年逝世，结束了他七年的统治。[76] 弥留之际，冈比西斯二世才得知，他的兄弟巴尔迪亚 [Bardiya，希腊人称之斯梅尔迪斯（Smerdis）] 在苏萨掀起了大规模叛乱。巴尔迪亚的叛乱带来了一片混乱，而冈比西斯没有儿子，也没有指定继承人，这意味着波斯必然走向内战。

注释

1. M. Mallowan, "Cyrus the Great", in Gershevitch, *The Cambridge History of Iran: Vol.2*, pp.392–419: pp.396–397, 认为两个家族之间存在对立。大流士大帝或许来自阿里阿拉姆涅斯家族的旁支。

2. Herodotus, *The Histories*, I, 107.

3. 同上，I, 108.

4. 同上，I, 107。阿斯提阿格斯梦到亚洲被曼达娜的尿液淹没。

5. 同上，I, 108。梦中，曼达娜的子宫长出巨大的藤蔓，笼罩了整个亚洲。

6. Xenophon, (trans. W. Miller), *Cyropaedia*, bks 1–4 (Cambridge, Mass.: Harvard University Press, Loeb Library, 1914), pp.ix–x.

7. Frye, *The History of Ancient Iran*, p.91.

8. Herodotus, *The Histories*, I, 127–128.

9. H. Tadmor, "The inscriptions of Nabunaid: historical arrangement", *Assyriological Studies* (1965, Vol.16), p.351.

10. Herodotus, *The Histories*, I, 130, 153, 177.

11. Dandamaev & Lukonin, *The Culture and Social Institutions of Ancient Iran*, p.223.

12. Esther 1: 19; Daniel 6: 8, 15.

13. J. Harmatta, "The rise of the Old Persian Empire", *Acta Antiqua Academiae Scientiarum Hungaricae* (1971, Vol.19), pp.14–15.

14. Wiesehofer, *Ancient Persia*, p.89.

15. J. Curtis, *Ancient Persia* (London: Trustees of the British Museum, 1989).

16. Wiesehofer, *Ancient Persia*, p.89.

17. W. Brandenstein & M. Mayrhofer, *Handbuch des Altpersischen* (Wiesbaden: Harrassowitz, 1966).

18. "卡拉"一词在当代波斯语中发展为"Kar-zar"，意即"战争/战役"以及俗语中的"Kas-o-Kar"，意即"亲友"。

19. Dawson, *The First Armies*, p.186; Ferrill, *The Fall of the Roman Empire*, pp.67–85.

20. P. J. Junge, "Satrapie und Nation [Satrapy and Nation]", *Klio* (1951, Vol.34), pp.1–55: p.16.

21. Dandamaev & Lukonin, *The Culture and Social Institutions of Ancient Iran*, p.228.

22. Wiesehofer, *Ancient Persia*, p.91.

23. Frye, *The History of Ancient Iran*, p.108.

24. Daniel 3: 3.

25. Diodorus Siculus (trans. C. Oldfather, C. Sherman, C. Bradford Welles, R. Geer, F. Walton), *Library of History*, 12 volumes (Cambridge, Mass.: Harvard University Press; 1933–1967), Vol. VI, 15.10.3.

26. Xenophon, *Cyropaedia*, VIII, 2, 10–12.

27. Xenophon (trans. E. C. Marchant), *Memorabilia and Oeconomicus. Symposium and Apologia* (Cambridge, Mass.: Harvard University Press, 1923) Oeconomicus IV, 6–8.

28. Xenophon, *Cyropaedia*, VI, 2, 11，提到吕底亚的哈利斯河畔就有这样一处部队集结地。

29. Dandamaev & Lukonin, *The Culture and Social Institutions of Ancient Iran*, pp.222–223.

30. Quintus Curtius Rufus (trans. J. Yardley), *The History of Alexander* (London: Penguin Classics, 1984), II, 3, 8–28.

31. Wisehofer, *Ancient Persia*, p.93.

32. Xenophon, *Cyropaedia*, I, 2,15.

33. 居鲁士征服吕底亚，详见Herodotus, *The Histories*, I, 76–77。

34. A. R. Burn, *Persia and the Greeks: The Defense of the West, c.546–478 BC* (Stanford, Calif.: Stanford University Press, 1984) p.40.

35. J. M. Cook, "The rise of the Achaemenids and the establishment of their empire", in Gershevitch, *The Cambridge History of Iran: Vol.2*, pp.200–291: p.211.

36. 同上，p.212。

37. 哈尔帕哥斯在马扎雷斯去世后指挥军队。

38. Herodotus, *The Histories*, I, 189–190.

39. A. L. Oppenheim (trans.), "Nabonidus Chronicle" in J. B. Pritchard (ed.), *Ancient Near Eastern Texts Relating to the Old Testament* (Princeton: Princeton University Press, 1950), III, 12–22, p.306.

40. 同上，p.306。

41. Xenophon, *Cyropaedia*, VII, V, 29, 30.

42. Isaiah 13, 14; Jeremiah 1, 51.

43. Ezra 6: 1–12.

44. Isaiah 45: 1.

45. Isaiah 44: 28, 45: 1.

46. S. al-Khalil, *Republic of Fear*: Po

47. Frye, *The History of Ancient Iran*, p.114.

48. D. F. Graf, S. W. Hirsch, K. Gleason & F. Krefter, "Persia at the Crest", *A Soaring Spirit* (Amsterdam: Time-Life Books, 1988), pp.9–49: p.38.

49. Frye, *The History of Ancient Iran*, p.122.

50. K. Hoffman, "Das Avesta in der Persis [The Avesta in Persis]", in J. Harmatta (ed.), *Prologomena to the sources on the history of Pre-Islamic Central Asia* (Budapest: Akadémiai Kiadó, 1979) pp.89–93.

51. Deutoronomy 31: 15–19.

52. Herodotus, *The Histories*, I, 153.

53. Cook, "The rise of the Achaemenids", p.213. 这一战的地理情况存在争议，详细分析见I. V. P'yankov, "K voprosu o marshrute pokhoda Kira II na Massagetov", *Vestnik Drevnej Istorii* (1964, Vol.2), pp.115–130。

54. Herodotus, *The Histories*, I, 209.

55. 同上，I, 215。

56. 同上，I, 215。

57. 同上，I, 215。

58. 同上，I, 215。

59. N. Sekunda, *The Persian Army 560–330 BC*, p.29; Brzezinski & Mielczarek, *The Sarmatians*, pp.6, 74.

60. Farrokh, *Sassanian Elite Cavalry*, p.3.

61. Herodotus, *The Histories*, I, 216.

62. 同上，I, 107。

63. 同上，III, 27–35。

64. T. C. Young, "The Achaemenids", in A. Cotterell, *The Penguin Encyclopedia of Classical Civilizations* (England: Penguin Books, 1993), pp.149–162: p.151.

65. Herodotus, *The Histories*, II, 1.

66. 同上，III, 4。

67. 同上，III, 9。

68. 同上，III, 11。

69. 近年的研究中，在阿蒙发现了冈比西斯二世的一支军队的遗骸，为这一时期的服装与武器装备研究提供了价值极高的信息。

70. Herodotus, *The Histories*, III, 13.

71. 同上，III, 20–26。

72. Motofi, *Tarikh-e-Chahar Hezar Sal-e Artesh-e Iran*, pp.66–67.

73. Cook, "The rise of the Achaemenids", p.214.

74. Frye, *The History of Ancient Iran*, p.97; Young, "The Achaemenids", pp.151–152.

75. K. M. T. Atkinson, "The legitimacy of Cambysis and Darius as kings of Egypt", *Journal of the American Oriental Society* (1956, Vol.76), pp.167–170.

76. Herodotus, *The Histories*, III, 64.

第三章

大流士大帝

冈比西斯二世进入埃及时，大流士（古波斯语称"Darayavahush"，公元前521—公元前486年在位）最初只是这支大军中的"持枪者"（arshti-bara）。大流士实际上很可能担任高级官职，因为他是阿契美尼德王朝统治家族的成员。不过大流士的家族，只是一个来自阿契美尼德王朝的阿里阿拉姆涅斯支系的家族。[1]

大流士和其他六个密谋者[2]觊觎波斯王位，然而谁将成为国王，依然是个疑问。按希罗多德的说法，这七个人同意在黎明时分带着他们的马匹到指定地点会面。谁的马第一个嘶叫，就由谁来统治波斯帝国。传说中，大流士的马第一个嘶叫，这一问题就此解决。然而，此时大流士的"登基"仅是形式上的，因为他正面临一项十分艰巨的任务：帝国被僭称者、叛军以及独立运动撕裂，大流士在成为帝国政府的真正统治者之前，必须要解决这些问题。

大流士击败叛军

冈比西斯二世在死前得知，他的弟弟巴尔迪亚发动了叛乱。[3]巴尔迪亚在公元前522年3月11日自立为王，波斯人和米底人大多表示支持。[4]巴比伦在4月14日正式接受了他，7月1日，巴尔迪亚已经成为公认的帝国君主。他免除了三年的税收和兵役，这让他得到了平民的极大支持。然而，尽管巴尔迪亚借这些政策收买了民心，他与琐罗亚斯德教祭司阶层以及雅利安封建领主的关系却并不融洽。祭司们显然不满巴尔迪亚支持雅利安信仰的政策，而统治阶层

◎ 贝希斯敦浮雕。在有翼的雅利安神祇阿胡拉·玛兹达的注视下，大流士大帝抬手站立，庆祝击败叛军之后的凯旋。最右侧站立的是叛乱者、"尖帽"塞种人斯昆哈。浮雕下是以古波斯语、巴比伦语和埃兰语讲述国王征服故事的铭文。（© Livius.org）

的贵族们，或许将新的税收与征兵政策，视作对他们权威、财富和权力的直接挑战。

　　僭称者巴尔迪亚的身份，存在一系列重要的疑问。一种说法是，真正的巴尔迪亚在"巴尔迪亚叛乱"之前就已经被杀。希罗多德将真正的巴尔迪亚称为"斯梅尔迪斯"，声称他已经被冈比西斯二世的首席幕僚普列克萨斯佩斯（Prexaspes）杀死，而这次谋杀长期对帝国的民众保密。如果这个说法属实，那么宣称自己是巴尔迪亚的僭称者又是谁呢？大流士显然清楚，真正的巴尔迪亚在公元前525年的埃及远征之前，就已经被他的兄长冈比西斯二世杀死了。这个冒名顶替的叛乱者是高墨达（Gaumâta），一名琐罗亚斯德教的祭司。他成功让波斯人和米底人相信了他就是真正的巴尔迪亚。不过，奥姆斯特德（Olmstead）不认同这一说法，他认为大流士是从真正的巴尔迪亚手中篡夺了王位，并捏造了种种说法来保证自己的统治合法。[5] 无论真相如何，历史学家们都一致同意，大流士于公元前522年的9月29日在米底的西卡亚瓦提什（Sikayauvatish）堡垒杀死了巴尔迪亚／高墨达。

　　结束巴尔迪亚／高墨达为时八个月的统治，仅仅是大流士迈向权力的第一步。巴尔迪亚／高墨达的政变已经成为整个帝国爆发大规模叛乱的催化剂。现存文献中提到，公元前 522 年 10 月初，埃兰出现了一个"国王"，巴比伦也有了"尼布甲尼撒三世"。记载中声称，大流士的军队很少，却是一支训练有素的职业军队，由那些参与了埃及远征的米底和波斯战士组成。

大流士首先在公元前 522 年进军埃兰，那里的小规模叛乱很快便瓦解了，秩序暂时得到恢复。到公元前 522 年 12 月，大流士和他的军队渡过底格里斯河，进入了巴比伦。在两场战斗之后，巴比伦的叛军投降，尼布甲尼撒三世被处决。此后埃兰又爆发了几次叛乱，在公元前 519 年被再度镇压，[6] 而亚述依然臣服于大流士。不过，与大流士为敌的伊朗人才是他最大的威胁。贝希斯敦（Behistun）的铭文清楚地记载了，波西斯和米底存在反大流士的叛乱。[7] 波西斯的瓦希亚兹达塔（Vahyazdata）[8] 宣称要夺取阿契美尼德王朝的王位；弗拉奥尔特斯则率领米底人发动叛乱，试图恢复基亚克萨雷斯王朝的权威。与此同时，亚美尼亚爆发了反阿契美尼德王朝的大规模叛乱。伊朗东部也爆发了公开叛乱：在马尔吉亚那（Margiana），一个名为弗拉达（Frada）的人发动了一场叛乱。为了扫除这些威胁，大流士将他的军队派往波西斯、帕提亚、马尔吉亚

◎ 波斯波利斯的阿帕达纳宫北段楼梯上的贵族人物浮雕。其中两个男子携带的弓匣类似于北伊朗人（塞种人／斯基泰人）的弓箭袋（gorytos）。右数第二个人穿着米底服装，而右数第三个人则穿着波西斯的传统服装。最左边的人穿着一件有袖披风——坎迪斯披风，而日耳曼战士与东欧地区的北伊朗语族使用者接触之后，于 3/4 世纪开始穿这种披风。几名贵族还携带了阿金纳克斯短剑。（© Livius.org）

那和亚美尼亚作战。大流士军队的将领们都来自他最信任的核心圈子，例如，他的父亲在帕提亚指挥战斗，而他最初的同谋者之一维达尔那（Vidarna），则率部在扎格罗斯山脉征战。大流士亲自率部深入米底北部，来到了今德黑兰附近的雷吉 [Rhagae，今拉伊（Rayy）]。他又从那里转向西北，穿过了米底-阿特罗帕特尼（Media Atropatene，即伊朗阿塞拜疆）。或许在这次行动中，他取得了昆都卢什（Kundurush）之战的胜利。巩固了米底-阿特罗帕特尼后，支持大流士的军队得以向北进入高加索地区的亚美尼亚。而在米底、波西斯和亚美尼亚纷纷臣服后，大流士得以集中他的全部力量进攻帕提亚的叛军，并最终结束了他们顽强的抵抗。这些战斗都格外激烈，贝希斯敦的铭文足以证明这一点。在帕提亚、亚美尼亚和波斯的征战中，约有3.6万名叛军被杀或被俘，而仅在米底，伤亡就至少有2万人。

值得注意的是，小亚细亚的总督们在这一时期保持中立，或许是等着看波斯王位到底归谁。叛乱结束之后，大流士在安纳托利亚做出的唯一惩罚，是处决了吕底亚总督奥里昂特斯（Oriontes），他利用波斯内乱的机会，掌控了阿契美德王朝在小亚细亚的大部分土地。埃及也出现了叛乱，不过，这极有可能是"埃及当地人"的叛乱，大流士在公元前518年将它镇压了。

到公元前521年8月，大流士已经完成稳定帝国的艰巨任务，并牢牢掌握了大权。在东北部，巴克特里亚和马尔吉亚那也已经处于大流士的权威下，不过，"尖帽"塞种人和马萨格泰人依然未被征服。此时仍处于帝国统治之外的塞种人，为叛军提供了军事援助。[9]这些塞种人在未来发动侵袭的潜在威胁，将促使大流士在不久之后与他们交战。

大流士重建贵族统治

伊朗西部的贝希斯敦铭文记载了大流士将巴尔迪亚/高墨达没收的财产——农田、牧场、奴隶和牧群——"还给了人民"。巴尔迪亚/高墨达之前毁坏的神殿也得到重建。贝希斯敦铭文中描述的这些"人民"，只能是那些之前损失了财产的统治阶层的贵族。这场叛乱在争夺政权之外，显然也涵盖了少数富人和大多数"无产者"之间的斗争。这也许解释了为什么波斯农民和米底人会支持巴尔迪亚/高墨达。大流士的胜利当然对雅利安封建领主们有利，因

为这让他们的社会地位和权力得以维持，他们与阿契美尼德王室之间的联系此时也更为紧密。这次叛乱也许还有神学上的因素，因为某些雅利安教派站在了巴尔迪亚／高墨达一方，而其他人则同大流士和他的支持者站在一起。有观点认为，巴尔迪亚／高墨达也许冒犯了密特拉信仰的追随者，这确有一定道理。[10]巴尔迪亚／高墨达还毁坏了一些埃兰人的非雅利安神殿，大流士则恢复了这些神殿。[11]

大流士将他的成功归功于他组织严密的随从们、对巴尔迪亚／高墨达心怀不满的贵族们，[12] 以及作为军队核心的米底–波斯职业士兵的忠诚。[13] 大流士成功的另一因素，是他的敌人们无法联合起来对抗他，结果他们都孤立无援，只能被各个击破。大流士作为领袖和军事指挥，都展现了他的天赋：一年之内，大流士击败了无数敌人，重建了帝国的权威，并自立为皇帝。他也将证明，他是人类历史中最伟大的政治家之一。

大流士恢复古代贵族政体，是此后宫廷中腐败堕落和裙带关系成风的原因之一，这反过来又影响了帝国的管理与军事能力。伴随着这一趋势的，是雅利安人的行为准则越发刻板僵化，特别是在宫廷中。和居鲁士大帝不同，阿契美尼德王朝的国王们与民众越发疏远。即使是国王最亲近的幕僚，和国王沟通的形式也要受限。所有这些因素带来了许多消极的结果，比如背叛和追求短期利益。另外一个结果就是宫廷中满是阿谀奉承之徒，以至于公元前490年，薛西斯入侵希腊期间，他甚至无法从幕僚那里得到准确的军情。

大流士对"尖帽"塞种人的征战

平定叛乱后，大流士的第一次出征是前往中亚边境地区。[14] 这一地区意义重大，因为帝国东北方的塞种人在大流士平定叛乱期间曾与大流士交战。大流士或许也想要重新树立帝国在中亚地区的权威，特别是在居鲁士大帝被托米丽司女王杀死仅仅十余年后。

公元前519年，大流士派出他的军队进攻位于里海以东、今突厥斯坦地区的"尖帽"塞种人。尽管战场上的具体战术细节几乎没有留下记载，但可以确定战斗十分艰苦。面对敌人的顽强抵抗，大流士使用了一个格外新奇的计谋。他让他的军队登上停泊在波斯北部里海沿岸的舰船，而后舰队驶入里海并向东航行，在今突厥斯坦的西部沿海地区登陆。大流士利用海军，[15] 出现在了"尖帽"塞种人的后方，出其不意地抓获了他们的领袖斯昆哈（Skunkha）。在接下来的战斗中，大流士取得了压倒性的胜利，他在贝希斯敦的铭文中，将被捆绑的斯昆哈的形象补充到他近期击败的诸多叛军形象中。这也许意味着阿契美尼德王朝将斯昆哈视作反对国王的"叛乱者"，这也并不算意外，因为"尖帽"塞种人之前为反对大流士的叛军提供了支持。

大流士在中亚地区的成功扩张意义重大，其影响力一直持续到了今天。首先，伊朗高原和中亚之间建立起了正式的商业联系。这条贸易路线首次在同一帝国境内接受统一的管辖。随着大流克（daric）钱币的应用，这一辽阔的地区很快就在经济上与安纳托利亚、巴比伦、亚述、埃及和印度成了一个整体。

其次，波斯在骑射与重装骑兵方面获得了塞种人在军事上的最新发展与最新技术。

"重装"骑兵最早出现在中亚、俄罗斯和乌克兰的广阔草原上，至少比阿契美尼德王朝的诞生要早一个世纪。[16]特别是在霍拉桑地区（大约是今突厥斯坦）的马萨格泰塞种人中，已经出现了组织真正的重装骑兵的尝试，并且开始使用骑枪战斗。北伊朗语族使用者的重装骑兵概念被引入波斯帝国，最有可能是在大流士征服了这一地区之后。不过也有可能在更早的时候就受到了影响。到公元前5世纪末期，伊朗北部和东部的骑兵技术与装备，已经传播到了阿契美尼德帝国各地。[17]为阿契美尼德军队效力的东伊朗人和塞种人的骑兵，据载，穿戴整套鳞甲、胸甲和头盔，而且配备了大量适宜近战和肉搏的武器。[18]这些进步使得阿契美尼德王朝的军队越发接近王朝中期和末期的"装甲拳头"作战理念。

大流士向印度扩张

在波斯的文献中，印度被列为阿契美尼德王朝控制的地区之一，但是没有具体记述对印度的征服战争，或者所用战术的信息。希腊-罗马的文献也没有提供这样的信息。当代史学界一般认为，米底帝国或者居鲁士大帝就已经征服了被称为犍陀罗（Ghandara）和泰塔古什（Thatagush）的地区，希罗多德称当地的定居者是萨塔吉底亚人（Sattagydian）。不过，居鲁士从未深入印度，阿里安证实了这一点，他声称"（除亚历山大外）没有人入侵过印度，即使是居鲁士大帝也不例外"。尼尔乔斯（Nearchos）甚至宣称，[19]居鲁士大帝在试图通过俾路支斯坦（Baluchistan）入侵印度时损失了大部分军队。然而在大流士登基之后，帝国最终成功征服了印度西北部。

贝希斯敦铭文明确记述，泰塔古什地区也参与了对抗帝国的叛乱。但这一地区如何被帝国掌控，没有留下明确记载。或许在大流士于公元前520—公元前513年对印度进行新一轮远征之前，这里就已经处于大流士的统治下了，也有可能他在向东南方深入印度之时，再度征服了这个地方。在这些军事行动中，大流士的军队征服了信德地区，并且一路推进到了今旁遮普地区。希罗多德证实了这些内容，他记述称"大流士征服了印度人"。[20]征战印度的时间，与大流士远征埃及在一定程度上有所重叠，这意味着对埃及的征服虽然相对迅

◎ 来自乌克兰的库尔·奥巴墓葬的黄金水瓶。其上的图案清晰展现了一个帕拉德拉亚塞种人（斯基泰人）正在上弓弦。波斯人和米底人的箭术，深受他们使用北伊朗语族的远亲的影响。（© Charles O'Rear/Corbis）

速，但印度对大流士进行了时间更久的抵抗。

　　信德和旁遮普对帝国具有十分重要的经济和军事意义。大流士现在已经抵达了印度河，这意味着经济的繁荣以及商业的发展、国库的充盈。这一地区的金矿与其他金属矿也十分丰富。印度人还提供兵员，参与此后与希腊人的战争——值得注意的是，伊朗人和印度人此时或许依然可以在没有翻译的情况下，进行一定程度的交流，因为他们的雅利安语言中包含了数以百计的同源词汇。然而到了 3 世纪 20 年代的萨珊王朝早期，印度语言和伊朗语言已经出现了极大的差异。

大流士对斯基泰人的征战

　　居住在欧洲的"海对岸的塞种人"，即斯基泰人，还没有被大流士征服，大流士为接下来向乌克兰发动进攻寻找的借口是，报复早年斯基泰人对米底的灾难性掠夺。阿契美尼德的王室成员们提出，对欧洲的塞种人的远征应当慎重考虑。大流士的兄弟阿塔巴努斯（Artabanus）指出，远征乌克兰不仅要冒巨大的风险，而且即使获胜，也几乎无法给帝国带来经济效益。大流士礼貌地认同了他兄弟的劝告，然而他还是决定入侵，并在公元前 512 年出征了。[21] 大流士的军队在苏萨集结，很可能沿着王室大路（苏萨—萨迪斯）迅速进军至查尔西顿（Chalcedon）。尽管大流士在小亚细亚和博斯普鲁斯集结的部队，必然在人数上远超斯基泰人，但希罗多德说阿契美尼德军队多达 70 万人，[22] 还是遭到了世人的强烈质疑。[23] 整个帝国的人口规模最多允许 7 万—15 万人出征，不过就古典时代的标准而言，这依然是一支庞大的军队。

将入侵军队从小亚细亚运送到欧洲是一项艰巨的任务。他们被迫在查尔西顿横渡赫勒斯滂海峡（博斯普鲁斯海峡），在色雷斯登陆。大流士从那里再向东北进军渡过多瑙河，来到黑海北岸的罗马尼亚东部–乌克兰西部地区。修建桥梁的任务交给了来自萨摩斯岛的希腊工程师曼德罗克勒斯（Mandrocles）。根据希腊文献的记载，伊朗的历史学家已经推断出所造桥梁的跨度——22200 米（72833 英尺）。大流士横渡海峡进入色雷斯，当地人向他投降。[24]

有一支爱奥尼亚希腊人的海军伴随大流士的陆地部队行动，他们建造了600 艘桨帆船，而后沿着黑海北岸航行，向北进入多瑙河后，在指定地点将船只捆绑在一起，创造出一座巨大的浮桥，等待大流士的抵达。[25] 国王的军队秩序井然地到来，然后渡河进入斯基泰人的土地。至此，他们没有遭遇任何军事抵抗。斯基泰人向邻近部族求援，但基本没有得到回应。爱奥尼亚人接到了命令，要求他们拆毁舰船，加入阿契美尼德入侵军队，然而一名爱奥尼亚将军向大流士提议，保留舰队并允许爱奥尼亚人驻守，以备不时之需。大流士明智地听取了这一建议。[26] 爱奥尼亚人要在此地驻守两个月，而后若无国王的其他指令，就可以自行起航返回家乡了。

斯基泰人的三个主要部族的首领分别是斯科帕西斯（Scopasis）、塔克萨西斯（Taxasis）和伊丹提尔苏斯（Idanthyrsus），伊丹提尔苏斯是斯基泰联军的总指挥。斯基泰人力求避免决战，因为"他们在阵地战中无法独自击退大流士的军队"。[27] 伊丹提尔苏斯实施了焦土策略，带不走的食物、住所和水井都被销毁，[28] 前进中的阿契美尼德大军因而无法获得这些东西。斯基泰人兵分两路行动，伊丹提尔苏斯与大流士大军平行行进，而他的盟友斯科帕西斯则保持领先一天的行军路程，切尔年科（Cernenko）估计这一距离为 30—35 公里（近 28 英里）。[29] 斯科帕西斯和伊丹提尔苏斯"引领"大流士的军队进入一片广阔的地域，那里几乎没有任何物资可用。他们的目的是让大流士越发深入，让他的军队越发疲惫窘困，而后发动"打了就跑"的骑兵袭扰。[30]

随着斯科帕西斯和伊丹提尔苏斯向东撤退，越来越多的斯基泰人加入他们的旗帜下，他们的军力得到了增强。斯基泰人和阿契美尼德军队的骑兵装备了类似的马具和弓箭，[31] 但前者在骑射上拥有优势。[32] 继续向东行军追击难以捕捉的敌人依旧会徒劳无功，大流士最终决定从斯基泰草原撤退。于是他和他的残余部队抛下伤病者，迅速退向多瑙河。对大流士而言幸运的是，斯科帕西斯的两批使节都未能说服爱奥尼亚人背叛阿契美尼德王朝，他们依然按照承诺坚守在岗位上。[33]

以希罗多德的相关记述为准的历史学家，坚持认为大流士的远征是一次彻底的失败。[34] 不过，即使大流士被迫撤退，可能还是有一些毗邻色雷斯的斯基泰人被纳入了帝国的统治中。在罗马尼亚的盖尔拉（Gherla）出土的那块刻有铭文的阿契美尼德王朝泥版，无疑增加了阿契美尼德王朝的影响力深入巴尔干半岛的可能性。[35] 如果大流士之前从领土的东部地区征召更多的塞种人和东伊朗人参战，抵消斯基泰人的军事优势，他成功的可能性也许会更高。此外，阿契美尼德军队中的大量步兵以及笨重的辎重车，极大地削弱了大流士部队的速度和机动性，这或许也是造成其失败的重要因素。在斯基泰人的土地上遇到的挫折，和即将到来的希腊战争中的惨败相比，也不算什么了。

大流士与政府

居鲁士大帝提倡人权的理念远远超前于他的时代，而大流士大帝在行政和商业上也拥有惊人的天赋。帝国现在被重组为 20 个大型总督行省，以便管理和征税。[36] 大流士大帝建立了强大而高效的中央集权政府，这一政府体系一直维持到了帝国灭亡。正是在他统治期间，帝国从雅利安帝国转变成了"东方帝国"。大流士大帝

◎ 公元前 5 世纪的饰金银碗，外侧装饰有弓箭手，他们也许是不死军卫队的成员。这一图案让人联想起波斯波利斯的不死军卫队浮雕。（akg-images/Erich Lessing）

当时试图建立一套适用于所有臣服民族的法律体系。即使在希波战争中遭遇了灾难性的军事失败，帝国仍维持了较长时间，这些改革或许就是原因之一。大流士的法律改革得到了柏拉图的称赞，[37] 他称这位国王为"立法者"。和居鲁士大帝一样，大流士也在《圣经》中留下了正面的形象。[38] 大流士法律改革的遗产，在潜移默化中给希腊-罗马世界带来了深远的影响，特别是对未来的罗马帝国。阿契美尼德王朝统治下的许多地区（如巴比伦）已经自行建立起先进的文明与法律体系。大流士推动编纂了应用于整个帝国的法律，这一过程促进了埃及等地的法律发展。来自爱奥尼亚、埃及和巴比伦等地区的地方法律、特权和规定，被正式地抄录下来，分发给各总督行省司法系统的官员们。

存在两套独立的司法体系。一套处理家庭冲突、继承问题以及财产纠纷；另一套处理"帝国事务"，例如，背叛国王、违逆政府、冒犯政府官员、破坏或盗窃公共财物以及逃税。法院由"执法者"（databdara）管理，他们或许综合了现代的法官、检察官和治安官的职能。"国王法"的概念是阿契美尼德王朝的创新，[39] 之后的罗马帝国沿用了这个概念。[40]

阿契美尼德王朝的军队安排米底-波斯部队定居在最近征服的领土上，包括小亚细亚、埃及和巴比伦。定居通过授予成片的土地来实现，这和罗马系统中的边境地区军事殖民制度并无不同。驻军往往采用他们指挥官的名字命名，例如，阿斯帕达斯塔（Aspadasta）的儿子巴加达塔（Bagadata）就和他的驻军一起屯驻在巴比伦。[41] 由此形成了一个伊朗人社区的核心——巴加达塔（巴列维语：Bogu-Dad），这个社区在阿拉伯入侵中存留下来，在之后的阿拔斯哈里发时代，其名称被阿拉伯语化为"巴格达"（Al-Baghdad）。伊朗驻军部队也可能是塞种人和霍拉桑人的后裔，另还有非伊朗部队——亚述人、巴比伦人、腓尼基人、吕底亚人、弗里吉亚人、印度人、埃及人和犹太人。

世界上最早的宫殿城市：波斯波利斯

阿契美尼德王朝延续最久的遗产是宫殿城市帕尔萨（Parsa），[42] 希腊人以及此后的西方人称之为波斯波利斯（Persepolis），即希腊语中的"波斯人的城市"。现代的库尔德人、阿塞拜疆人、卢尔人和波斯人往往将这个地方称为"塔赫特贾姆希德"（Takht-e-Jamshid，意为"贾姆希德的王座"）。一个常见的误解是，以为波斯波利斯是帝国唯一的宫殿，而事实上古典时代的文献中记述了许多这样的宫殿。[43] 一个例证是，最近官方确认在博拉吉（Bolaghi）出土的大型阿契美尼德宫殿可以追溯到大流士大帝时代。[44] 苏萨的大型宫殿用于冬季居住，埃克巴坦那和巴比伦的其他宫殿也是如此，历史学者们对此一清二楚。大部分人的共识是，大流士大帝将首都从帕萨尔加德迁到了今设拉子附近，建造了帕尔萨，即波斯波利斯。大流士大帝于公元前 520 年开始在当地兴建一系列宏伟而相互连接的宫殿，到薛西斯统治时期，整个工程仍在继续。波斯波利斯的主要建筑有 "阿帕达纳"（Apadana，"庭院"）、"塔哈拉"（Tachara，"夏宫"）和 "哈迪什"（Hadish，"座位、王位、君主居所"），综合了众多的艺术风格和表现形式。[45] 在波斯波利斯被亚历山大大帝毁灭之后，那里所有的建筑工程也终止了。[46]

几乎不为人所知的一个事实是，"举行对帝国意义重大的波斯新年庆典"，是波斯波利斯最重要的功能之一。[47] 诺鲁孜节（意为 "新年"）意味着和谐、尊重、多元、团结、复苏和交换礼物。庆典的语言和文化多样性，从波斯波利斯的艺术品中得到了体现。正如道森（Dawson）指出的，"波斯人的官方艺术不再反映亚述人的野蛮庆典"。[48] 实际上亚述人的浮雕中，生动地描绘了阿拉伯人、犹太人和埃兰人等被征服的民族被践踏、刺穿、囚禁与羞辱的场景。阿契美尼德王朝的艺术品或建筑中几乎没有反映这样的场景，唯一的例外只有贝希斯敦浮雕中，大流士大帝看着那些被绳捆索绑的、挑战他的王位和权威的战败者。不过，那并没有直白地描绘一个民族残忍地消灭另一个民族，反映的只是政治对手之间的对决，而非族群之间的残杀。在波斯波利斯的浮雕中，刻着非洲人、阿拉伯人、埃及人和吕底亚人等臣服的民族向国王献礼，这象征着诺鲁孜节的开始。

在波斯波利斯这个建筑与艺术的综合体中，融合了埃及、巴比伦、亚述和吕底亚的建筑风格和艺术风格。催生了名为 "波斯波利斯风格" 的新艺术流派。最生动的例证就是新式立柱的出现，这种立柱与上古时代其他地方的立柱都不相同。[49] 虽然埃及、希腊、巴比伦与亚述的工匠确实参与了波斯波利斯的建造，但雇用这些人，是为了从技术上实现米底-波斯人工程师和建筑师设计好的艺术图案和建筑计划。[50] 这些建筑师的根本目标，或许是表达琐罗亚斯德教的主题，比如种族和谐，以及更为古老的伊朗风格的动物图案。

波斯波利斯：艺术、建筑和文化的无声遗产

希腊的建筑与艺术传统，对欧洲文化的发展起到了至关重要的作用，这一点是公认的。然而，希腊和波斯之间存在共生关系一事较少为人所知，或较少被承认，尤其是在欧洲的学术界中。正如亚瑟·厄珀姆·波普（Arthur Upham Pope）教授所说，"伊朗的艺术是伊朗人对世界历史的永久赠礼"。[51] 许多波斯波利斯的艺术通过帝国与外界广泛的商业、文化和政治交流，传播到了安纳托利亚、高加索、欧洲、中亚和西亚。阿契美尼德王朝的艺术设计抵达欧洲的实例，包括配有带翼狮子图案的圆盘、碗、碟、长勺、广口瓶、壶和银香炉，以及在各种金属制品，包括角状杯（rhytons）[52] 上添加的狮鹫之类的野兽形象，而这种风格将在数百年后的萨珊王朝统治时期最终定型。[53]

欧洲斯基泰人的文化和艺术，正是诞生于伊朗西北部和洛雷斯坦。[54] 文化和艺术从伊朗高原通过高加索地区向乌克兰传播，其关键节点是位于伊朗西北部奥鲁米耶湖以南的兹维耶（Ziwiyeh）地区。[55] 到这一时期，米底人已经将他们自己的艺术传统，与美索不达米亚和乌拉尔图的传统风格融合。在兹维耶出土的盾牌、刀剑与剑鞘等物品上，都出现了用金银制成的鸟喙大眼的鸟神、狮子与其他食肉动物杀死猎物，以及各种"动物风格"的伊朗神话图案。米底人于公元前625年建立起统治之后，有一些斯基泰人离开伊朗，他们将兹维耶墓葬的图案与艺术从伊朗北部带到了高加索和乌克兰。[56] 这些斯基泰"难民"带着米底人的伊朗遗产返回了乌克兰。

这种艺术风格在宫殿城市波斯波利斯中成为不朽，与此同时，乌克兰的博斯普鲁斯艺术也正在勃兴。乌克兰和伊朗高原通过高加索和本都地区保持文化上的联系，直到4世纪时，使用突厥语族的马扎尔人（Magyar）或匈人抵达，毁灭了博斯普鲁斯地区（乌克兰南部）。伊朗与希腊的艺术和建筑元素，在乌克兰的博斯普鲁斯地区以独特的方式融合。希腊殖民地当时已经在黑海沿岸建立起来。希腊殖民者和当地众多使用伊朗语族的土著定居者混居，创造出一种独特的艺术和建筑风格。"萨尔马提亚"风格将华美、细致且优雅的希腊风格同波斯波利斯的图案结合到一起。米底/波斯波利斯–希腊的混合风格将向西进

◎ 帕拉德拉亚塞种人（斯基泰人）的黄金胸饰。注意其上展现了真实动物与神话动物之间的战斗。这些图案不仅融入了波斯波利斯的艺术中，也是数个世纪后的萨珊王朝岩石浮雕与金属工艺品中的重要内容。（© Charles O'Rear/Corbis）

入今罗马尼亚境内，并从那里传播给凯尔特人，后者受到了伊朗图案的深刻影响。[57] 英格兰的萨顿胡（Sutton Hoo）墓葬中出土的鸟神图案和各种华贵器物，就是生动的实例。[58]

欧洲的文化和文明，或者说罗马与西方文化，在很大程度上受惠于古典时代的希腊。地中海东部也与"东方"紧密地联系在一起，特别是阿契美尼德帝国。地中海和安纳托利亚相邻，而安纳托利亚与美索不达米亚、叙利亚-巴勒斯坦、伊朗高原相邻。斯帕塔里（Spatari）已经指出，波斯帝国让文化、艺术、建筑以及科学与工程，在中亚、伊朗高原、美索不达米亚、叙利亚-巴勒斯坦、安纳托利亚和埃及之间，实现了前所未有的高度融合。斯帕塔里将这种文化体系称为"阿斯提特"（Asittite），这一体系通过爱琴海将波斯的阿契美尼德帝国与希腊、埃及以及意大利南部，特别是卡拉布里亚（Calabria），连接到了一起。希腊殖民地在意大利南部，尤其是卡拉布里亚海岸出现，此事已经被西方历史学家详细地记录下来。较少为人所知的是，在意大利南部存在一个可以追溯到公元前500—公元前450年的米底-波斯人社区。[59] 这已经被视作严重忽视伊朗高原—安纳托利亚—地中海轴线的后果之一，这个轴线也让"东方"

文化和建筑的影响力得以进入。例如，波斯波利斯府库中的大流士大帝形象（见第四章第 106 页插图）和柏林州立博物馆收藏的珀尔塞福涅女神（Goddess Persephone，意为"说波斯语的女子"）的雕像高度类似；[60] 波斯波利斯的立柱和卡拉布里亚的杰拉切大教堂（Cattedrale di Gerace）的立柱之间，也有惊人的相似之处。[61] 阿斯提特文化对古希腊主流艺术和建筑的影响，一个标志性的范例可以在雅典卫城南坡上的伯里克利音乐厅（Odeon of Pericles）里找到。西方研究者比较了伯里克利音乐厅 [68.5 米 × 62.4 米（225 英尺 × 204 英尺），90 个立柱] 和更古老的波斯波利斯的百柱大厅 [68.5 米 × 68.5 米（225 英尺 × 225 英尺），100 个立柱] 的规模，认为两者几乎相同。这种相似性也许源自薛西斯入侵希腊时携带了一个可移动的百柱大厅。

巴比伦天文学的发展

大流士大帝不仅是出色的帝国管理者和商业支持者，他也积极赞助学术，特别是巴比伦的学术。在阿契美尼德帝国建立之前，巴比伦已经拥有两千年的数学与天文学传统。巴比伦的学术水平和埃及或希腊不相上下，而巴比伦天文学家的计算，为数学的进步奠定了基础。大流士大帝完全清楚巴比伦的学术水平，他将最优秀的学者们召集到他的宫廷中，让他们完善历法，并计算伊朗新年，伊朗新年其实起源于更古老的巴比伦的尼桑努节（Nisannu）。在大流士大帝之后，巴比伦的学者们继续在王室宫廷中任职。一个实例就是阿塔薛西斯（Artaxerxes）二世统治期间、公元前 375 年的基丁努（Kidinnu/Cidenas）[①]。基丁努的计算之精确，与当代的时钟、望远镜乃至计算机输出的数据，也相差无几。

大流士大帝与交通系统的发展

大流士的庞大帝国，如今迫切需要一个更先进的通信系统。这就是王室大路和邮驿系统得以建立的主要原因之一。王室大路也使得手工业品贸易和人

---

① 译注：他编纂了太阳历，并计算出一个月、一年有多长时间。

员往来在伊朗高原和安纳托利亚之间顺畅进行。王室大路的起止点是波斯西南部的苏萨和安纳托利亚西部的萨迪斯，全长约 2700 公里（1678 英里）。[62] 修建这条大路的目的是促进爱琴海和伊朗高原之间的商业、文化、军事交流。[63] 希罗多德称王室大路是"绝佳"的创造。[64] 到大流士大帝统治的末期，或许更早，帝国修建了间隔 4 "帕勒桑"（parsang）[65]（约 24 公里 /15 英里）的一系列驿站。这些驿站为商界、政府和军队的显赫人物，以及普通的旅行者提供住宿。每个驿站都在营地之外配有围墙，为马匹和驮畜提供庇护。

尽管几十年来，西方学者往往都专注于苏萨—萨迪斯大路，但帝国境内还有其他的大路存在。向中亚和印度东部的通行，对于帝国而言与向西部总督行省的通行一样重要。哈洛克（Hallock）已经发现了一篇铭文，其中详细记述了一个公主的旅行，从苏萨到坎大哈，行程全长近 1000 公里（600 英里）。[66] 阿契美尼德王朝也在各条河流上建造了一系列桥梁，以促进交通和贸易发展。[67] 帝国大路体系也有助于帝国迅速向关键战场调动部队。在战争时期，阿契美尼德军队（除了从辎重队获取补给以外）将得到有组织的仓库系统的后勤支持，这些仓库就位于主要大路的沿线。[68]

王室大路对西方文明的影响程度存在争议，特别是在亚历山大到达后。希腊人自然了解王室大路及其效率，一些伊朗学者已经提出，罗马大路体系至少在一定程度上受到了阿契美尼德王朝王室大路的启发。不过也有充分的证据显示，罗马大路体系是欧洲独立发展的一部分，和之前凯尔特人的道路网络一样。罗马人或许了解波斯人的驿站体系，但这种可能性还需要进一步的考据研究。

阿契美尼德王朝最伟大的成就之一，也许就是在帝国全境建立了一套传递信件的"驿马系统"。帝国政府为了训练骑手投入了大量的资源，而驿马也是特别选育的快马。帝国布置的驿站间隔一个骑行日的距离，每一天都有一位全新的骑手和马匹接手信件，向下一个驿站传递。这个系统使信息传递能力得到了惊人的提升。在此之前，在苏萨和萨迪斯之间传递信件要花费三个月的时间，而伊朗新建立的"驿马系统"传递同样的信件只需要七天。烽燧系统也在各站之间传递自己版本的"莫尔斯电码"。[69] 这个系统的效率高低可以从其漫长的使用时间中确定——它在伊朗一直应用到 19 世纪，电报的出现最终让烽燧过时。马扎里诺（Mazzarino）[70] 已经指出，希腊人将波斯通信技术中的关键要素吸纳到了他们的文明中，此后又为罗马人所继承。

在亚历山大大帝征服了波斯之后，他接受了波斯的驿站系统，并将这一体系带给了希腊世界和之后的罗马世界。罗马帝国实施的帝国通信体系，在很大程度上仿照了古阿契美尼德帝国的驿站。罗马人将驿站系统带到了欧洲，这个体系一直延续到了电子时代。希罗多德对波斯驿站系统效率的描述，也许最为经典，他记述称："世上没有任何事物能比这些波斯信使更迅速地行进……没有任何东西可以阻止这些信使以最快的速度完成他们的任务……无论是雪、雨、风，还是黑暗……"[71]

大流士的通用货币：大流克

大流士大帝的统治影响最为持久的一个方面，或许就是启用了一种通用货币——大流克。希罗多德将大流士描绘为一个决心要"从万事万物中获利"的国王。[72]他创立了历史上第一种标准化的货币，不同大陆、不同语言、不同民族和不同习俗的人之间的贸易，得以标准化。

居鲁士吞并巴比伦、亚述和吕底亚，使帝国的财力得到了迅速而大幅的增加。[73]人力、牲畜、木材、金属和其他贵重商品也同样在增加。居鲁士对吕底亚的征服还为帝国带来了一个关键创新：铸币。吕底亚的克洛伊索斯是首位将金币和银币作为国家货币的君主。[74]马洛温（Mallowan）认为是居鲁士首先将吕底亚的发明引入了帝国。[75]这或许是事实，然而大流士才是第一个正式以铸币体系作为跨地区货币的人。[76]

大流克金币能在整个帝国境内购买商品和服务。说大流克是那个时代最重要的货币，或许并非夸张。它在帝国境外也得到了认可，影响远达中欧的凯尔特人。大流克金币只有国王才

◎ 大流士大帝采用的大流克金币，让整个帝国中的商贸活动使用同一货币。东欧出土的大流克金币，证明了欧洲塞种人（斯基泰人）是欧洲与波斯之间的贸易中介。（Topfoto）

◎ 饰板，来自"阿姆河的珍宝"。中间的黄金饰板上展现了一个穿着米底服装并携带阿金纳克斯短剑的人。（*Ann Ronan Picture Library/HIP/Topfoto*）

能发行，行省总督和重要将领可以发行大流克银币，将军们时常用大流克银币在安纳托利亚西部招募希腊雇佣兵部队。

大流克币是国际贸易的重要推动力。王室大路、驿站系统和腓尼基人的商业航运已经为这种货币建立起了流通网络。国际贸易的兴起促进了私营生产，特别是手工业生产的发展。纺织品、地毯、干果、服装、金属制品、工具和其他一系列商品，就此开始在亚洲、近东、非洲和欧洲之间流动。[77] 这又带动了世界上最初的"自由贸易"和"共同市场"经济模式的兴起。通过保证商品和服务处于"共同的货币基准"中，[78] 大流士不仅改革了文明世界的商业模式，也为现代的货币制度奠定了重要的基础。

在应用大流克之前，帝国的税收系统已经在征收财产税和地方税了。大流克的出现又引入了"关税"的新概念。针对土地、牧群、市场等的税收也纷纷出现。这一切让政府收入大为增加。而这一系列税收的资金又将返回经济系统，维持并改进现有的基础设施。增加的税收使干旱地区得以兴建灌溉项目，从而促进公共农业的发展。土地也被正式登记、测量和征税。

复杂的税收系统很快促成了国家信贷体系的正式建立。巴比伦人之前已经建立了类似的体系，而大流士大帝接受了这个概念，以之管理整个帝国的财政事务。一家著名的信贷钱庄是位于尼普尔（Nippur）的"穆拉舒（Murashu）与儿子们"。这个钱庄和其他的许多类似的商行的存在，说明大流士的钱庄能够如同现代银行一般，为客户提供借款和信贷服务。整个帝国也采用了标准的度量衡系统。[79]

在大流士的统治下建立起来的通信与交通网络，带来了许多积极的文化成果，如希腊、巴比伦和埃及学术界之间的交流与进步。爱奥尼亚的萨摩斯岛的毕达哥拉斯（Pythagoras，公元前 582—公元前 500 年），就是一个享受了阿契美尼德帝国提供的便利的学者。作为几何学科的奠基人之一，他曾经前往埃及旅行。柏拉图（公元前 4 世纪）和泰勒斯（Thales）也在那里研究埃及科学。柏拉图的《小亚西比德篇》（Alcibiades II），显然说明他非常了解波斯人的风俗、宗教和教育。考虑到柏拉图对波斯思想的理解如此深入，此后他的二元论倾向或许在一定程度上受到了琐罗亚斯德教的影响。泰勒斯（公元前 624—公元前 546 年）也来自爱奥尼亚，研究古埃及和古巴比伦。阿契美尼德王朝治下的爱奥尼亚，还有另一位著名的居民——阿布德拉（Abdera）的德谟克利特（Democritus，公元前 460—公元前 370 年），他因提出原子假说而闻名。他学习巴比伦科学，并将自己从巴比伦导师那里学到的许多知识介绍到了希腊。尽管巴比伦的天文学影响了希腊，以及此后的整个欧洲，然而公元前 5 世纪，雅典以渎神为由禁止研究天文学。一个典型的例子就是克拉佐美奈（Clazomenae，在爱奥尼亚）的阿那克萨戈拉（Anaxagoras），他因为提出了对太阳的假说而被逐出雅典。

大流士和海上贸易

由于紧邻阿拉伯海和印度洋，波斯湾的意义极其重要。在被居鲁士大帝击败之前，巴比伦的末代统治者那波尼德就试图控制波斯湾的贸易路线。[80] 到了大流士的时代，阿契美尼德王朝已经完全控制了波斯湾的海上贸易，将阿曼、阿拉伯海、印度和伊朗南部的海岸线连接到一起，形成了广大的海上贸易区。不过，完全规范这些贸易路线，要在数个世纪之后的萨珊王朝统治时期才能完成。来自苏萨的一些资料，记述了运输船将建筑材料从美索不达米亚的河

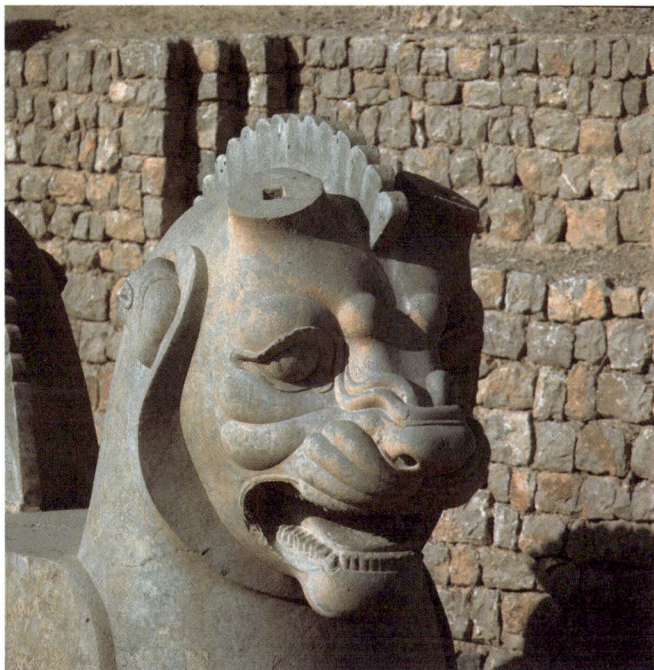

◎ 波斯波利斯的
阿帕达纳宫立柱上
的狮形神，类似于
之后的萨珊王朝的
"西牟鸟"。(© Paul
Almasy/Corbis)

流中运送到波斯湾。这说明对美索不达米亚与伊朗高原各地以及波斯湾的全面
整合，在大流士统治时期已经开始。

希罗多德记述称，在远征印度之前，大流士命令卡里安达（Caryanda，今
土耳其西南部）的西拉克斯（Scylax）去执行海上侦查任务。根据记载，西拉
克斯沿着印度河航行并且从那里到达了埃及的苏伊士，这是印度和红海之间有
记载的首次通航。大流士的目的之一就是促进红海和地中海之间的近海航运和
海军调动。埃及法老尼科（Necho，公元前 610—公元前 595 年在位）也曾试
图进行这一计划，却没有成功。西拉克斯发现了埃及与西奈半岛之间的一片土
地，那里是红海和地中海之间的障碍。很显然，公元前 498 年，大流士的工程
师们成功地修建了一条运河（现代的苏伊士运河的前身），沟通了红海和地中
海。[81] 这条运河的宽度足够两艘船通行。运河落成的纪念碑上记述了有 24 艘
甚至更多的船只在使用这条运河。由于担心洪水涌入埃及平原，将运河进一步
扩宽的计划被放弃了。[82]

◎ 入侵希腊时的阿契美尼德步兵。从左至右：携带弓箭袋的波斯军官、携带藤条盾牌的步兵、开弓的步弓手、手持鞭子的士兵。（出自《波斯帝国建国两千五百年庆典》）

阿契美尼德王朝的海军与造船业

自被居鲁士大帝建立以来，阿契美尼德帝国就是一个"陆地"帝国，不过，在大流士的时代，这一点已经改变了。到了公元前 5 世纪，阿契美尼德王朝已经掌握了黑海、爱琴海、波斯湾以及巴勒斯坦—腓尼基—埃及的地中海沿岸地区。大流士致力于创建一个海上力量和陆上力量同样强大的帝国。他面临的主要挑战在于，帝国并没有自己的舰队。即使战斗舰船是地中海原有的传统，上古世界还没有真正的"帝国海军"出现。大流士的一个惊人成就，就是他成功地开创并部署了世界上第一支常备帝国海军。不过，这支海军中的水手和最初的舰船并非来自伊朗。大流士的海军中，人员主要是腓尼基人、埃及人、塞浦路斯人和爱琴海周边的希腊人等地中海民族。阿契美尼德海军的水手主要是来自西顿（Sidon）的腓尼基人。[83] 他们奠定了伊朗人造船业的基础并支持了帝国海上贸易的扩展。

阿契美尼德海军的舰船，由腓尼基工匠在腓尼基的船厂建造。其第一批海军舰船大约长 40 米、宽 6 米，最多能运输 300 名士兵。[84] 不久之后，帝国在腓尼基船厂外又兴建了一系列的国家兵工厂，专门用于建造新舰船，以及修复和改装旧舰船。这类舰船的范例可以追溯到公元前 5 世纪的孟菲斯。[85] 类似的兵工厂也出现在波斯湾地区，奠定了波斯人在这一地区的海上强权，直到

19 世纪中叶，英国东印度公司和皇家海军抵达之时。

运载 100—200 名士兵的较小舰船，在阿拉伯河（Shatt al-Arab）和波斯湾、埃及的尼罗河、印度的印度河以及幼发拉底河上巡逻。阿契美尼德舰船在船首装了用来撞毁敌舰船体的金属撞角，以及用来抓住并截停敌军舰船的抓钩。船上的两台投石机则用来发射重石块或易燃物，攻击敌军舰船或者海岸防御。阿契美尼德海军也开始将舰船连接起来，以沟通河流的两岸。[86] 色诺芬就记述了一个这样的实例，[87] 他发现底格里斯河上建起了一座由 37 艘舰船固定在一起形成的军用桥梁。另一个范例则是 7 艘舰船组成的横跨米安德河（Maeander）的小型桥梁。最巧妙的渡河手段，或许就是充气皮筏。[88] 在伊拉克，这些皮筏被称为"卡拉克"（kalak），这个词或许源自亚述人的水上突击队。

帝国的最高统帅部建立了三个主要的海军基地。第一个海军总部位于从伊朗的胡齐斯坦省流入波斯湾的阿拉伯河边上。阿契美尼德舰船在水路上往来巡逻，并进入波斯湾，到帝国南部海岸线上的定居点以及巴林（Bahrain）等岛屿巡逻。定居点不久后也开始在也门和阿曼等地区出现，而海上交通也已经不再局限于波斯湾，现在印度成了主要目的地。第二个海军总部要保卫地中海地区的东部和南部，特别是巴勒斯坦-犹地亚、腓尼基和埃及。此前这一地区的商业航运已经十分活跃，特别是在埃及、黎凡特海岸、爱琴海和意大利南部——尤其是卡拉布里亚和西西里岛——之间。阿契美尼德海军的主要任务，或许是守卫地中海东部已有的、利润丰厚的贸易路线，以及帝国统治下的沿海城市。第三个主要海军基地将极大地影响希腊人的历史发展，连带影响西方历史的进程，特别是西方同波斯的关系。这个阿契美尼德王朝的最初的海军基地位于奇里乞亚，而且长期处于战备状态，可以随时向地中海投入军力。[89] 这是对爱琴海上的希腊人海军强权和商业霸权的直接挑战。

大流士入侵希腊：兵败马拉松

早在公元前 517 年，即使大流士正忙于向印度扩张疆土，阿契美尼德王朝也控制了今土耳其西部的爱奥尼亚希腊人。正是这些爱奥尼亚人，在公元前 512 年大流士对斯基泰人的失败远征中，为他提供了海军运输。而大流士深入色雷斯与斯基泰的征战换来的和平，很快就要被打破了。

西方历史学家的主要历史观点认定，爱奥尼亚人的暴动与希波战争是希腊代表的民主与"波斯暴政"之间的史诗般的对抗。弗赖伊告诫道："（将之）解读为希腊人捍卫自由，是将当代概念强加给过去的范例，并且扭曲了我们的理解。"[90] 尽管战争爆发的主要原因之一是爱奥尼亚人想要脱离阿契美尼德王朝的统治，取得独立，但经济竞争的影响也同样重要。

西方史料学研究已经开始承认，阿契美尼德王朝和希腊人都有称雄海上的野心。希腊殖民地已经在卡拉布里亚和更西面的今法国南部海岸线——特别是尼西亚（即今尼斯）和马赛利亚（Massilia，即今马赛）——建立起来。希腊人的航海能力允许他们在高加索地区建立殖民地，其中之一存留至今，位于格鲁吉亚共和国境内。人们一般认为在公元前 513 年，大流士已经派出了一支海军舰队，在希腊人向导和医师德摩斯底斯（Democedes）的陪同下，对希腊和意大利南部的沿海地区进行了勘测，而在意大利南部已经出现了一个小型的米底–波斯人定居点。阿契美尼德王朝在爱琴海的实力逐渐增长，希腊人对此甚为忧虑，并将那里驻扎的阿契美尼德海军视作直接挑战与威胁，因为阿契美尼德王朝可能在不久后就会控制乌克兰向爱琴海和地中海的粮食出口。[91] 阿契美尼德王朝已经控制了埃及，以及埃及在地中海南部的贸易航线。[92] 如果阿契美尼德王朝推翻了希腊人在爱琴海的统治地位，就再也没有任何对手能够阻止帝国向地中海地区进行制海权、政权和军事的进一步扩张了。然而波斯人与希腊人即将展开的战争，其影响持续至今：正是在爱琴海战场上，第一次出现了所谓的"东方"与"西方"对决的描述。

安纳托利亚西部的爱琴海沿岸地区的爱奥尼亚人属于希腊民族，是雅典人的近亲。拥有民主思想的爱奥尼亚人，从他们在希腊的远亲那里汲取政治理念和文化，在公元前 499 年发动了对抗帝国的叛乱。卡里亚人和塞浦路斯希腊人很快也加入到爱奥尼亚人的叛乱中，导致阿契美尼德王朝的统治被彻底清除出这一地区，以及萨迪斯在公元前 498 年被焚毁。来自欧洲希腊的雅典人，在公元前 497 年开始援助爱奥尼亚人；埃雷特里亚人（Eretrian）也为叛乱者提供支持。大流士采取了双管齐下的策略平息叛乱：首先，他试图通过同一些爱

◎ 左图：大流士与邪恶怪兽之间的生死决斗。位于波斯波利斯的塔哈拉宫的入口门廊内侧。

◎ 这个公元前 4 世纪末的阿普利亚花瓶，描绘了端坐在王位上的大流士大帝正在讨论如何在马拉松迎战希腊战士。他的顾问则站在他身旁的圆形讲台上。（akg-images/Nimitallah）

奥尼亚城邦谈判来分化敌人；其次，他准备了一次与外交行动同时进行的强力反击，以收复失去的领土。不过，阿契美尼德王朝的进攻未能平息叛乱。到了公元前 495 年，爱奥尼亚人已经完全独立于阿契美尼德帝国之外了。

尽管前一年失败了，阿契美尼德帝国仍重新组织了军队，并成功地在公元前 494 年击败了爱奥尼亚希腊人。阿契美尼德军队集中进攻，在米利都（Miletus）击败了爱奥尼亚人的海军，随后这支大军又逐一攻陷了爱奥尼亚人的城邦。不过，大流士似乎也对爱奥尼亚人进行了一定程度的安抚。国王的女婿马多尼乌斯（Mardonius）奉命前往这一地区担任最高行政长官，他废黜了当地的僭主们，支持民主统治。色雷斯和马其顿也在五年的爱奥尼亚叛乱中脱离了阿契美尼德王朝的控制，需要再次进行征服。而马多尼乌斯成功地让这些地区回到了阿契美尼德王朝的统治下。[93]

大流士此时开始向西关注希腊本土，那里之前支持了爱奥尼亚人的叛乱。从波斯帝国的角度看，希腊人在爱奥尼亚人叛乱期间的行为，必须加以惩戒。大流士要求所有的希腊城邦完全臣服。虽然许多城邦同意了大流士的要求，但雅典和斯巴达拒绝了。亚洲政权首次入侵欧洲的契机就此到来。

陆海军指挥官——米底人达提斯（Datis）率军进攻欧洲的希腊人，即雅典人和斯巴达人。运输这支入侵军队的海军中还有专门的马匹运输船，这些舰船从安纳托利亚南部海岸出发。达提斯似乎利用诡计让希腊人误解了他的真实意图。他最初沿着爱琴海海岸向北航行，让希腊人相信入侵舰队在进攻希腊之前，会沿着爱琴海继续向北。实际上，达提斯已经在爱琴海上转向西面航行，这一行动让希腊人意外不已。埃维亚岛（Euboea）及岛上的城邦埃雷特里亚（Eretria）和纳克索斯岛（Naxos）很快就被占领。对希腊人而言，威胁更大的是，达提斯已经率领由步兵、弓箭手和骑兵混编的 2 万人的部队在马拉松湾登陆了。这支军队向德拉康内拉山（Drakonera）以西的大沼泽进军，那里就在雅典城的东北方向。

马拉松之战

达提斯的军队从滩头向西行进，迎战雅典军队。雅典人的斯巴达盟友并没有参与这次战役，因为他们正忙于宗教仪式，当他们最终到达时，战斗已经结束了，仅有普拉提亚（Plataea）的 1000 名希腊重步兵为雅典人提供了支援。雅典人的希腊重步兵巧妙地在阿格莱里基山（Agrieliki）和斯塔夫洛科拉基山（Stavrokoraki）之间的高地上布阵。这有效地削弱了大流士的骑兵率先冲锋的主动权。阿契美尼德军队在即将接触雅典人时突然停驻不前，双方都小心翼翼地观察着对方，这种僵局持续了至少 9 天。最终雅典人在公元前 490 年 8 月12 日或 9 月 9 日，采取了行动。

雅典人的希腊重步兵在阿契美尼德军队步弓手和弓骑兵的射程之外有序列阵。他们接受的训练，足以让他们结成真正的同一战斗单位行动，而每个人都坚守自己在方阵中的位置和职责。整个方阵共 8 排，后排的士兵可以及时补充前排的损失。从大概 1450 米（1600 码）的距离之外，雅典人向山下发动冲锋，直扑阿契美尼德军阵。希腊重步兵通过减少中央的阵列深度，延长了他们的阵线。这一策略使得阿契美尼德骑兵没有任何机会包抄雅典人的战线。这次进攻实际上完全出乎阿契美尼德军队的预料，因为在希腊人发动攻击时，他们的骑兵正在给马匹喂水和草料。

从阿契美尼德军队的视角看，雅典人的冲锋十分鲁莽，形同自杀，因为他们的行动没有弓箭手和骑兵的支援。希罗多德描述了阿契美尼德士兵的惊

◎ 描绘战士决斗的希腊花瓶，一个濒死的重步兵已经倒地。当阿契美尼德军队登陆马拉松时，他们要面对拥有几个世纪的格斗传统的老练战士。希腊的花瓶以及其他艺术品显示，希腊战士以格外"现代"的方式进行训练：出拳、踢腿和摔跤，由参与了之前战争的老兵作为指导者。古希腊的运动训练是希腊精神不可或缺的组成部分，这个强调肉体和精神健康的地方正是奥林匹克运动会的起源地。伊朗世界认为射箭是最高级的文化与军事活动，古典时代的希腊却几乎完全相反，弓箭在那里被视作次等武器，古希腊的文学作品中明确表示了这一点。（akg-image/Erich Lessing）

讶，他们认为希腊人一定是"失去了理智，决定要自我毁灭"。[94] 即使在斯基泰失败，阿契美尼德王朝依然相信他们的军队不可战胜。大流士和他的指挥官们几乎完全没有想到，他们的军事霸权将随着希腊重步兵的接近而粉碎。阿契美尼德军队平静地等待雅典人进入弓箭手的射程内，随后开始放箭投射。一轮又一轮的箭矢射向了雅典人。然而这一次，阿契美尼德军队的箭矢失效了，希腊人互相交错重叠的盾牌，挡住了波斯弓箭手的致命打击。而且每个希腊重步兵都拥有精良的青铜头盔、护胫和坚固的躯干护甲，米底-波斯人的弓箭无法给他们造成致命伤。让阿契美尼德军队震惊的是，无畏的希腊重步兵几乎完好无损地接近他们的阵线，并展开近战肉搏。这种战斗方式正是希腊人所擅长的，而阿契美尼德军队非常不适宜肉搏，他们格外缺少盔甲防护、相关训练和肉搏武器。希腊重步兵开始消灭阿契美尼德军队的弓箭手和步兵。

此时，阿契美尼德骑兵已经与主力部队会合，他们立即向前迎战，营救陷入苦战的战友。尽管损失惨重，波斯人和塞种人的骑兵还是成功地迫使雅典人的中军后退了。[95] 然而这种成功的幻象转瞬即逝，因为希腊重步兵已经让他们的对手落入了致命的陷阱中。他们现在竭尽所能挤压阿契美尼德军阵的左翼和右翼。阿契美尼德骑兵拼命不让两翼溃败，却无力回天。随着两翼的溃败，他们陷入了包围中，而希腊人也毫不犹豫地开始消灭他们。这支战败军队的幸存者向南撤退到海岸，在那里登上前来解救的舰船，逃出生天。希腊人紧随而至，杀死了大量未及登船的败兵。[96] 另外还有大批逃跑的士兵溺死在附近的沼泽中。根据记载，在马拉松之战中，希腊人总共损失了192人，而阿契美尼德军队的损失为6400人。[97]

马拉松之战事实上成了一系列军事和政治冲击的起始，阿契美尼德帝国最终也因这一系列冲击而灭亡。马拉松之战粗暴地揭示了阿契美尼德王朝军事体系的致命弱点，而帝国直到最终灭亡时，也未能充分理解这一教训，或者完成修正。然而，此时希腊人的力量还不足以将阿契美尼德王朝的统治力量逐出爱琴海或者色雷斯。尽管大流士希望再次入侵希腊，埃及爆发的大规模叛乱阻止了他实现这一想法。大流士在马拉松之战后仅仅四年，即公元前486年就逝世了，王位由他的儿子薛西斯继承。

注释

1. 另见*The Cambridge History of Iran: Vol.2*, Appendix II.

2. 贝希斯敦铭文(IV, 80–88)列出了同谋者的名字（Vindafarna, Utana, Gaubaruva, Vidarna, Bagabukhsha, Ardumanish）。

3. 解读这些事件的主要资料分别是希罗多德的记述与贝希斯敦的第一组石柱铭文。两份资料都偏颇严重，史学家通常两者都参考以实现平衡。

4. Frye, *The History of Ancient Iran*, p.98.

5. A. T. Olmstead, *History of the Persian Empire* (Chicago and London: University of Chicago Press, 1963), pp.92–93.

6. Diakonov, "Elam", p.24.

7. Behistun inscription, II, 16; III, 26.

8. Frye, *The History of Ancient Iran*, p.109.

9. Cook, "The Rise of the Achaemenids", p.219.

10. Frye, *The History of Ancient Iran*, p.101.

11. Olmstead, *History of the Persian Empire*, p.93.

12. R. N. Frye, "The Rise of the Achaemenids and the establishment of their empire", in Gershevitch, *The Cambridge History of Iran: Vol.2*, pp.200–291: p.216.

13. Frye, *The History of Ancient Iran*, p.100. 许多被剥夺土地的贵族都是军官。

14. The Behistun inscription, V, 20–30.

15. 有关这支舰队的现存信息很少，它究竟是专为这一战而组建，还是已有的"里海舰队"的一部分，也不得而知。

16. K. Farrokh, *Sassanian Elite Cavalry AD 224–642* (Oxford: Osprey Publishing, 2005), pp.3–4.

17. Litvinsky & P'yankov, "Voennoe delo u narodov Srednej Azii v.VI–IV vv. Do n.e". *Vestnik Drevnej Istorii* (1966, Vol.3), pp.36–52:p.44.

18. Dandamaev & Lukonin, *The Culture and Social Institutions of Ancient Iran*, p.234.

19. Arrian, *The Campaigns of Alexander*, VI, 24; VIII (Indica).

20. Herodotus, *The Histories*, IV, 44.

21. 对大流士的征战的分析，请查阅 J. M. Baleer "Thedate of Herodotus IV, I, Darius' Scythian expedition", *Harvard Studies in Classical Philology* (1972, Vol.76), pp.99–132; G. C.Cameron, "Darius the Great and his Scythian (Saka) campaign", *Acta Iranica* (1975, Vol.4), pp.77–78。

22. Herodotus, *The Histories*, IV, 87.

23. Graf, Hirsch, Gleason, & Krefter, "Persia at the Crest",p.23. 这些作者估计动用的人力（大概包括后勤人员在内）最多为10万人，这仅是古典文献记载的数字的七分之一。

24. 附近格泰人（Getae）试图抵抗，但被阿契美德军队轻易击溃。见Herodotus, *The Histories*, IV, 93。

25. 同上，IV, 89。

26. 同上，IV, 97。

27. 同上，IV, 102。

28. 老幼坐着篷车，带着牛马向北撤退。

29. E. V. Cernenko, *The Scythians 700–300 BC* (London: Osprey Publishing, 1983), p.25.

30. Motofi, *Tarikh-e-Chahar Hezar Sal-e Artesh-e Iran*, p.69.

31. Dandamaev & Lukonin, *The Culture and Social Institutions of Ancient Iran*, pp.223, 226.

32. Cernenko, *The Scythians*, p.27.

33. Motofi, *Tarikh-e-Chahar Hezar Sal-e Artesh-e Iran*, p.69.

34. Cernenko, *The Scythians*.

35. J. Harmatta, "A recently discovered Old Persian inscription", *Acta Antiqua Academiae Scientiarum Hungaricae* (1954, Vol.2), pp.1–14.

36. Frye, *The History of Ancient Iran*, p.110; W. Hinz, "Achamenidische Hofverwaltung", *Zeitschrift fur Assyriologie* (1971, Vol.61), pp.260–311.

37. Plato (trans. R. G. Bury), *Timaeus, Critias, Cleitophon, Menexenus, Epistles* (Cambridge, Mass.: Harvard University Press, 1929), Epistles, VII, 332B.

38. Daniel 6: 8; Esther 1: 19.

39. Frye, *The History of Ancient Iran*, p.135.

40. Josephus (trans. H. St. J. Thackeray), *Contra Apion II* (Cambridge, Mass.: Harvard University Press, 1926), 270–271.

41. D. B. Weisberg, *Guild structure and political allegiance in Early Achaemenid Babylonia* (New Haven: Yale University Press, 1967), pp.96–104.

42. E. Porada, "Classic Achaemenean architecture and sculpture",in Gershevitch, *The Cambridge History of Iran: Vol.2*, pp.793–827: p.793.

43. Strabo, *Geographica*, XV, 3.

44. 最早由古伊朗研究会（CAIS）发布在其网站上："Remains of Achaemenid Palace Unearthed in Bolaghi Valley", http://www.caissoas.com/News/2006/May2006/26-05.htm May 16, 2006。

45. M. Bahar & N. Kasraian, *Persepolis* (Tehran, Iran: Paksh-e-Ketab Cheshme, 1993).

46. Sh. Shahbazi, "New aspects of Persopolitan studies", *Gymnasium* (1978, Vol.85), pp.487–500.

47. W. Culican, *The Medes and the Persians* (London: Thames & Hudson, 1965), p.89.

48. Dawson, *The First Armies*, p.208.

49. Culican, *The Medes and the Persians*, pp.90–93; Porada, "Classic Achaemenean architecture and sculpture", pp.798–799.

50. Olmstead, *History of the Persian Empire*, p.290.

51. 亚瑟·厄珀姆·波普教授是伊朗艺术的专家，于1925—1960年担任伊朗政府的艺术顾问，并在纽约建立了美国波斯艺术与考古研究所，并成为国际伊朗艺术协会的会长。这个说法来自波普1925年的一次演讲。T. Grigor, "Re-Framing Rapid Modernities: American *Historians* of Iranian Architecture, Phyllis Ackerman and Arthur Pope", *Arris* (2004, Vol.15), pp.39–55: pp.41–42.

52. J. Hicks, *The Persians* (New York: Time-Life Books, 1975), pp.86–88; Moorey, "Metalwork and Glyptic", pp.859–861.

53. 相关照片见 R. Ghirshman, *Iran: Parthians and Sassanians* (London: Thames & Hudson, 1962), pp.214, 219。

54. 引述自Sulimirski, "The Scyths", p.161。伊朗的斯基泰艺术风格起源，详见该书 pp.161–165。

55. 详细研究见Porada, "Classic Achaemenean architecture and sculpture".

56. Sulimirski, "The Scyths", pp.171–173.

57. P. Jacobsthal, *Early Celtic Art* (Oxford: The Clarendon Press, 1944), p.156; J. Boardman, M. A. Brown & T. G. E. Powell (eds.), *The European Community in Later Pre-History* (London: Routledge and Kegan Paul, 1971), p.183.

58. Sulimirski, "*The Sarmatians*"，讨论了博斯普鲁斯艺术的发展、希腊–波斯风格的共存以及这些艺术形式向西欧的转移。Anke还提到波罗的海—斯堪的纳维亚地区的发现，比如某个头盔残片上的装饰图案中，跳舞的战士身穿萨珊风格的服饰，与瓦尔斯加尔德（Valsgaerde）和桑顿胡出土文物几乎一致。这一发现，加深了我们对北伊朗语族使用者、东哥特人和匈人向西欧迁移的认识。B. Anke, *Studien zur reiternomadischen Kultur des 4.–6. Jh. n.Chr* (Weissbach: AntikMakler, 1998).

59. N. Spatari, *L'enigma Delle Arti Asittite: Nella Calabria UltraMediterranea* (Mammolo, Italy: Santa Barbara Art Foundation, 2002), p.321.

60. 同上，p.186。

61. 同上，pp.306, 311–313。

62. Herodotus, *The Histories*, V, 52.

63. M. Y. Mostafavi, "The Achaemenid Royal Road", in A. Upham Pope (ed.), *A Survey of Persian Art* (Oxford/Tokyo: Oxford University Press and Meiji Shoho, 1967), p.14.

64. Herodotus, *The Histories*, V, 52.

65. 同上，VII, 98。

66. R. T. Hallock, *Persepolis Fortification Tablets* (Chicago: University of Chicago Press, 1969), pp.1440, 1550.

67. S. Mazzarino, "Le vie di communicazione fra imperio Achemenide e mondo Greco [The manner of communications in the Achaemenid Empire and the Greek world]", in *La Persia et il Mondo Greco-Romano* [Persia and the Greco-Roman World] (Rome: Acc. Naz. Di Lincei, 1966), pp.75–83.

68. Wiesehofer, *Ancient Persia*, p.93.

69. Mazzarino, "Le vie di communicazione", pp.75–83.

70. 同上。

71. Herodotus, *The Histories*, VIII, 98.

72. 同上，III, 89。

73. Mallowan, "Cyrus the Great", p.399.

74. Herodotus, *The Histories*, I, 94.

75. Mallowan, "Cyrus the Great", p.415.

76. Hicks, *The Persians*, pp.72–73.

77. Frye, *The History of Ancient Iran*, p.116.

78. 同上，p.132。

79. A. T. Clay, *Business Documents of Murashu Sons of Nippur Dated in the Regin of Darius II* (Pennsylvania: The Babylonian Expedition of the University of Pennsylvania, 1904).

80. Mallowan, "Cyrus the Great", pp.405, 408.

81. W. Hinz, "Darius und der Suezcanal [Darius and the Suez Canal]", *Archaeologische Mittelungen aus Iran* (1975, Vol.8), pp.115–121.

82. Motofi, *Tarikh-e-Chahar Hezar Sal-e Artesh-e Iran*, p.52.

83. Herodotus, *The Histories*, VII, 89–96.

84. Motofi, *Tarikh-e-Chahar Hezar Sal-e Artesh-e Iran*, p.71.

85. N. Aimé-Giron, *Textes Araméens d'Egypte*, (Cairo, 1931), p.61.

86. Dandamaev & Lukonin, *The Culture and Social Institutions of Ancient Iran*, p.236.

87. Xenophon, *Anabasis*, I, 2, 5; II, 4, 13, 24.

88. Xenophon, *Anabasis*, III, 5, 9.

89. Wiesehofer, *Ancient Persia*, p.93.

90. Frye, *The History of Ancient Iran*, p.93.

91. J. M. Cook, *The Greeks in Ionia and the East* (London: 1962), pp.98–120, 132–133.

92. 同上。

93. Herodotus, *The Histories*, VI, 44.

94. 同上，VI, 112。

95. 同上，VI, 113。

96. 同上，VI, 113。

97. 同上，VI, 117。

第四章

薛西斯与帝国的极限

公元前486年11月，大流士大帝逝世后，薛西斯（公元前486—公元前465年在位）安然继承了王位。值得注意的是，薛西斯的母亲——王后阿托莎（Atoosa）劝说大流士大帝将薛西斯指定为继承人，尽管实际上他并不是长子。刚刚掌权，薛西斯就要面对埃及和巴比伦的凶险叛乱。

在大流士大帝逝世前4个月，病重的他已经得知埃及爆发了大规模叛乱，他并没有采取什么大动作，而埃及事实上也脱离了帝国。当薛西斯登基时，埃及已经独立。薛西斯花了相当长的时间来筹备一场准备周全的远征，他要进军埃及并再次征服这里。公元前484年埃及被再次征服，随后，薛西斯对当地人实行了苛刻的统治，[1]取消了前任君主们实施的开明政策，比如停止补贴修建神庙，甚至立即没收了一批属于现有神庙的土地。[2]

在埃及的征战于公元前484年刚一结束，巴比伦又爆发了大规模叛乱。记载中，薛西斯十分严酷地镇压了叛乱，他甚至熔化了马杜克的神像。[3]巴比伦人和埃及人被迫接受帝国更严苛的统治，这标志着居鲁士大帝和大流士大帝的统治体系发生了根本性的转变。苛刻的统治让阿契美尼德王朝与他们统治的民众越发疏远，这也成为他们仅仅一百五十年之后便灭亡的一个原因。

组织入侵希腊的军队

虽然薛西斯能够征服埃及和巴比伦，保证帝国在那里的统治，但希腊人的情况完全不同。薛西斯开始对帝国进行彻底的重整，以组织第二次入侵希腊的

◎ 所谓的亚历山大石椁上，描绘了希腊人与阿契美尼德军队之间的一场战斗。（akg-image/Erich Lessing）

大军。阿契美尼德帝国现在在行政上划分了一系列"附庸国"（toparchy），负责监督各自管辖范围内数量不一的总督行省。[4] 比如在西部，安纳托利亚和亚美尼亚就由同一个附庸国管理。到公元前 5 世纪末，这一地区由小居鲁士掌管，[5] 他麾下除了陆军，还拥有一支强大的海军。[6] 在东部，文献中提到索格底亚那人、巴克特里亚人与霍拉桑人都被统合到了一个行政区（或军事区）内。[7] 据希罗多德记述，有 6 名主要指挥官参与对希腊的入侵，[8] 而在其他记述中，薛西斯总共有 7 名附庸国指挥官。[9] 在阿塔薛西斯二世统治时期，附庸国的数量已经被减少为 4 个。[10] 阿契美尼德王朝以十进制来组织他们的野战军队，[11] 古代希腊人似乎并没有使用这个体系。阿契美尼德军队被划分为军、团以及规模更小的部队，这些军事单位的人数全都是十的倍数。[12]

关于阿契美尼德王朝的全部军事单位，以及他们使用的各种武器，因本书篇幅有限，无法详述。然而本章还是会总体介绍一下参与征战的部队的情况，以及阿契美尼德军队对抗希腊人时的军事缺陷。[13]

阿契美尼德军队相当重视在战场上挑选最有利的位置。如果被迫在不适合他们行动的战场上作战，那么工程人员将尽力对地形进行改造。阿索斯运河（Athos Canal）实际上就是薛西斯入侵希腊期间，为了方便帝国舰队通过，而在阿索斯地峡上开凿出来的。此外，大流士三世也在高加米拉（Gaugamela）下令平整地面，以保证他的骑兵和战车拥有最大的机动性与行动自由。[14] 进攻往往是由将领率领的，不过也有例外——小居鲁士在库纳克萨（Cunaxa）就

◎ 波斯波利斯府库庭院中的浮雕，描绘了端坐的大流士与站立在王位之后的王储薛西斯。（*Topham Picturepoint, Topfoto*）

亲自率军冲向阿塔薛西斯二世。决战时，国王往往处于军队的中心，在那里指挥全军。当然，他身边围绕着精锐的王室卫队——"不死军"。据色诺芬记载，居鲁士大帝下令将他最出色的 1 万名战士组成一支精锐部队，称为不死军。[15] 希罗多德的记载中也提到，这 1 万人的人数永久不变，战死者将由选拔的新战士替代。[16] 仔细观察波斯波利斯的浮雕以及其他阿契美尼德遗迹，可以看出这些卫兵携带弓、箭袋、盾牌和阿金纳克斯短剑。不死军还装备了典礼用的长枪，其末端带有金石榴或金苹果之类的装饰。[17] 这种"两用"的典礼-格斗长枪，于数百年之后再度被萨珊王朝的精锐骑兵——"萨瓦兰"使用。希腊文献如此记述苏萨浮雕中描绘的人物形象：

> 他们在军中服役，作为步兵或骑兵，服役期为 20 岁到 50 岁……他们使用菱形藤条盾，在箭袋旁还佩有刀剑，头上有塔状的帽子，他们的胸甲则是铁片制成的……所有人都携带弓与投石索……[18]

盾牌手（sparabara）手持大型藤条盾牌，为队列的其他人提供保护。10 个盾牌手组成前排，其后 9 排均为 10 名步弓手，这些人装备短剑和弓箭。盾牌手有时配备 1.8 米（6 英尺）的长枪，以抵御贴近他们阵线的敌军步兵。

非米底-波斯人的伊朗部队主要由塞种人 / 斯基泰人、帕萨瓦人（帕提亚人）、霍拉桑人、阿里亚纳人、巴克特里亚人和索格底亚那人组成。这些人是阿契美尼德军事机器的重要组成部分，[19] 塞种人是波斯骑兵的主要组成部分，主要作为骑马弓箭手作战。埃斯库罗斯笔下的"波斯盟军之花"——巴克特里亚人，据说为阿契美尼德王朝提供了至少 3 万人的骑兵部队。[20] 来自伊朗高原的萨加泰人也骑马作战，在骑马时的装束几乎和米底-波斯人以及塞种人完全一致。他们的主要武器是末端有圈套的套索，[21] 用来在战斗中俘虏敌人的骑手或者套住马匹。萨加泰人仅有的防身武器是匕首，也许还有战斧。[22]

据希罗多德记载，阿契美尼德军队中的重步兵部队主要由吕底亚人和亚述人组成。[23] 吕底亚人邻近希腊世界，而他们的大部分军事理念似乎也借鉴了希腊人。[24] 和吕底亚人一样，亚述步兵专注于肉搏战的训练，而不练习射箭。亚述弓箭手是历史悠久的弓箭传统的继承者，然而在阿契美尼德王朝治下，他们的功能逐渐和亚述重步兵混在一起。将亚述肉搏步兵的训练与组织跟弓箭手混合在一起，无疑明显削弱了为阿契美尼德王朝服役的亚述士兵的战斗力。巴比伦的弓箭手也许和亚述人的长枪手及步兵混编在一起。薛西斯时代的亚述人和巴比伦人也许都装备有伊朗式亚麻胸甲。[25]

卡里亚人手持匕首和镰型剑（drepana）。根据记载，直到高加米拉之战时，他们还在为阿契美尼德王朝效力。[26] 埃及人则装备有双曲弓。[27] 肉搏战中，埃及人使用标枪、剑、战斧和长枪。他们穿戴亚麻胸甲和青铜头盔防护身体，[28] 而且使用大型木盾。利比亚人拥有"淬火"标枪[29] 以及驷马战车，希腊人此后也采用了这种战法。[30] 埃塞俄比亚人装备长枪（枪头为羚羊角制成），以及原始的弓箭。[31] 阿拉伯部队则将剑挂在背上，而且许多士兵是骆驼弓箭手。腓尼基人为阿契美尼德王朝提供海上力量，据称他们拥有"希腊式头盔……亚麻胸甲……无箍盾牌和标枪"。[32] 印度人则装备有铁头箭，[33] 以及 80—100 厘米（31.5—39.5 英寸）长、10—12 厘米（4—4.75 英寸）宽的大型宽刃剑。

参与了薛西斯入侵希腊之战的阿契美尼德骑兵，似乎穿着鳞甲，外面往往配有统一的罩袍。他们还使用长枪、弓箭和头盔。但这一时期，并不是所有阿契美尼德骑兵都会得到鳞甲和头盔的保护，主要原因是这些装备难以批量生产。他们可能也使用希腊式亚麻护具。事实上，斯基泰人就使用了希腊式的护胫和头盔。根据记载，阿契美尼德骑兵在肉搏战中使用双刃曲剑（kopis）——一种劈砍武器。来自安纳托利亚内陆的帕夫拉戈尼亚人（Paphlagonian），直到公元前 4 世纪早期，都在为阿契美尼德王朝提供优秀的骑兵。[34]

阿契美尼德王朝主要依靠腓尼基水手来负责船只的航运，以及部队的海上运输。每艘船都有一个 30 人的伊朗裔（波斯人、米底人或塞种人）指挥团。[35] 舰船的指挥官被称为"纳乌帕提"（navpati/naupati，意为"海军军官"）。应当注意的是，非伊朗人也可以晋升为船长，比如来自埃及的"纳乌帕提"普萨姆西内斯（Psamsineith）。入侵希腊之后，这种情况依然得以延续。据希罗多德记载，总共有 1207 艘战船参与了薛西斯对希腊的不成功入侵。其中包括 300 艘腓尼基-叙利亚舰船、150 艘塞浦路斯舰船、100 艘奇里乞亚舰船、200 艘埃及舰船、100 艘爱奥尼亚舰船、50 艘吕基亚舰船和 70 艘卡里亚舰船。阿契美尼德海军船只的性能和动力也在不断提升，在大流士大帝入侵希腊前，阿契美尼德王朝的桨帆船已经能够运输 500 名士兵了。有记载称，阿契美尼德王朝运送物资和马匹的运输船多达 3000 艘。[36]

薛西斯入侵希腊：帝国的极限

从西方的视角看，薛西斯影响最久的遗产，也许就是他对希腊的大规模入侵。薛西斯的入侵给希腊-罗马及整个西方文明都带来了深远的影响。在薛西斯看来，入侵希腊是他父亲——大流士大帝"未竟之业"。而在阿契美尼德王朝看来，希腊人冒犯了国王的权威，必须要迫使他们屈服。若是无法成功报复希腊人的冒犯，王朝的威望，乃至帝国的权威，将遭受进一步的打击。薛西斯决定在马拉松之战整整十年之后，再度与希腊开战。[37] 希罗多德记载称薛西斯的入侵大军有 500 万人，但从当时帝国的实际人口与军力情况看来，这个数据完全不可能属实。近年，杨（Young）的估计认为入侵军有 12 万人，而奥姆斯特德认为约有 18 万人。[38]

薛西斯麾下十余万人的部队，通过在赫勒斯滂海峡上建起的巨型桥梁，进入欧洲。这道桥梁是用绳索联结起来的 670 艘舰船形成的两组浮桥。[39] 入侵大军的补给计划周详，在薛西斯行军的必经之处，一系列补给站储备了充足的补给品，而帝国在欧洲的主要补给基地——多里斯库斯（Dorsicus），同样储备了大量物资。

鉴于大流士大帝入侵希腊期间，马多尼乌斯的舰队在阿索斯地峡惨败，薛西斯命令他的工匠们设法让他的舰队通过地峡：波斯人集结了大批劳工开凿一条大型运河，长度达 2.4 公里（1.5 英里），宽度足以让两艘舰船并排航行。研究者和地质学家最近已经确定，古典时代规模最大的工程之一——阿索斯运河，是由薛西斯在公元前 480 年主持开凿的。[40]

温泉关之战

薛西斯的入侵部队顺利地通过了色雷斯、马其顿和色萨利。不久之后，薛西斯在公元前 480 年 9 月 17 日抵达狭窄的关隘——温泉关，情况随之发生了变化。米底人部队前去进攻温泉关的希腊守军，却被击退并且损失惨重。失败的主要原因有两个：第一，狭窄的道路让阿契美尼德军队的人数优势无法有效发挥；第二，守卫这个关口的驻军或许是那个时代最优秀的肉搏战战士。在十年前的马拉松之战中，阿契美尼德王朝的高级指挥官就见识了希腊重步兵的强大实力，而此时的他们依然缺少能够在近战中击败希腊人的部队。和马拉松之战时一样，向希腊人进行一轮又一轮的箭矢齐射事实上收效甚微。正当陷入僵局时，希腊一方的叛徒来到薛西斯的营帐告密，指出了一条能够让他的军队包围希腊人的隐秘小路。在阿契美尼德大军完成机动后，意识到境况已经无望的希腊人决定撤退。然而其中一批守军，最著名的就是由国王利奥尼达斯率领的 300 个斯巴达人，决定坚守阵地，并战斗到了最后一人。根据记载，希腊人损失了 4000 人，然而确定无疑的是，他们也让阿契美尼德军队蒙受了相当惨

◎ 公元前 5—公元前 4 世纪的金礼器阿金纳克斯剑，来自"阿姆河的珍宝"。其上装饰有狩猎狮子场景的浮雕。（© The British Museum/HIP/Topfoto）

色雷斯

色萨利

埃托利亚

德尔斐

科林斯

伯罗奔尼撒

阿尔戈斯

温泉关之战
公元前480年

福基斯

贝奥提亚

普拉提亚之战
公元前480年

萨拉米斯之战
公元前480年

埃维亚岛

埃雷特里亚

雅典

阿提卡

马拉松之战
公元前490年

塞尔迈

马其顿

爱琴海

拜占庭

密细亚

弗基亚

萨迪斯

吕底亚

以弗所

萨摩斯岛

米利都

卡里亚

哈利卡纳苏斯

纳克索斯岛

赫勒斯滂海峡

- → 公元前492年，波斯陆军与海军进军路线
- → 公元前490年，达提斯所率波斯海军进军路线
- → 公元前480年，薛西斯陆军进军路线
- → 公元前480年，波斯海军进军路线
- × 战场

◎ 希波战争，公元前492—公元前480年。

重的损失。希腊人此时尽可能在科林斯地峡建立防御阵地。

在突破温泉关之后，薛西斯的军队冲进了阿提卡（Attica），并开始在塞斯皮埃（Thespiai）和普拉提亚等城镇进行系统性的破坏。[41] 入侵军队很快就接近了雅典。城区已经基本被遗弃，仅有以木栅栏环绕的卫城例外。[42] 薛西斯的部队攻占了面向卫城的高地（阿瑞斯山），并且向刚刚搭建的木制防御设施发射火箭。阿契美尼德军队试图攀登卫城时，守军进行了英勇抵抗，并向他们投掷大石块。薛西斯一直未能攻占卫城，直到发现了"（卫城）城门后面……一处无人守卫的地方"。[43] 入侵者利用这一入口冲进卫城，而希腊人再度战至最后一人。随后，在 9 月 27 日，雅典遭到洗劫和焚毁。军事意义上，这样的行动只会让希腊人更加坚定抵抗帝国入侵的决心。

◎ 从左至右：阿契美尼德长枪兵、准备作战的长枪兵、"不死军"士兵、手持阿契美尼德龙鸟狮神兽战旗的掌旗官。（出自《波斯帝国建国两千五百年庆典》）

萨拉米斯海战

薛西斯规模庞大的陆上入侵，还拥有以 1207 艘船只组成的大规模海军协同支援。[44] 海军的主要目的是保护面向爱琴海的薛西斯的左翼。一场大风暴损坏了一些船只，然而舰队还在继续前进，并于公元前 480 年 9 月，与希腊人在阿提密西安（Artemisium）进行了一次海战，薛西斯在这一战中损失了 30 艘战船。这次战斗在战术意义上可谓平局。而在阿提密西安之战后，9 月 17 日—18 日，薛西斯的舰队又在另一次风暴中损失了 200 艘舰船。尽管损失惨重，舰队还是在 9 月 19 日再次同希腊舰队正面交锋，并给希腊人造成了巨大损失。此时，薛西斯的海军开始实施最后一步——控制希腊附近水域，因为只要希腊的海军力量依然存在，薛西斯的陆上入侵军队就有危险。雅典政治家和海军将领地米斯托克利（Themistocles）意识到，在开阔海域作战有利于数量占优的薛西斯的海军。他劝说其他希腊人驶向狭窄的萨拉米斯海峡，并引诱薛西斯前来追击。

薛西斯的盟友——哈利卡纳苏斯（Halicarnassus）的女王阿尔忒密西亚（Artemisia），极力建议薛西斯不要追击地米斯托克利。她明智地指出，腓尼基人的大型船只在狭窄的（大约 1.6 公里/1 英里宽）海峡中难以应付希腊人较小的灵活的船只。阿尔忒密西亚还认为，薛西斯拥有一个决定性的优势：他强大的舰队已经挡住了萨拉米斯的东部出口。他只需要保持封锁，就可以让希腊舰队因断粮而投降。[45] 然而薛西斯和马多尼乌斯将军倾向于直接进攻，也许他们想要实现戏剧性的"大获全胜"。舰队向西进入萨罗尼科斯湾（Saronic），而后转向北面，经过比雷埃夫斯港（Piraeus）。薛西斯或许相信，此时的他只需要追击希腊人的舰队，并在狭窄的萨拉米斯海峡毁灭他们即可。而且一支精锐部队已经在普塞塔利亚岛（Psyttaleia）登陆，可以为舰队的进攻提供支持。

和马拉松之战一样，希腊人已经设下了一个致命的陷阱。就在萨拉米斯港之外，地米斯托克利将希腊舰队的一部分舰船拖上了岸。既然决定进入萨拉米斯的瓶颈地带，薛西斯便失去了通过封锁打败希腊人的机会。他的舰队被迫排成狭窄的长队航行，他们的数量优势无从发挥。就在薛西斯舰队的先头部队进入海峡的时候，地米斯托克利的致命计谋便开始实施了。希腊的三列桨帆船冲向阿契美尼德舰船的船体和船桨，重创了这些舰船并迫使它们停下来。随后，三列桨帆船接近那些船只，希腊士兵得以跳上敌人的战船展开肉搏。薛西斯舰队的船员和士兵惨遭屠杀，海面上布满了薛西斯已死和将死的水手，漂浮着被击毁的船只的残骸。然而，薛西斯庞大舰队的惯性让更多后续船只盲目地进入陷阱，遭遇和战友同样的厄运，并与那些漂浮在水面上的损毁船只撞在一起。此时，地米斯托克利的第二支舰队从萨拉米斯港出发，包围了海峡中的阿契美

◎ 搭载弓箭手的双马战车和镰刀战车。希腊的色诺芬在巴比伦见到了第一辆阿契美尼德王朝的镰刀战车。阿契美尼德帝国是最后一个将战车投入战场的大帝国。他们改进了战车，在车轴的两端装上镰刀，作为杀伤步兵的致命武器。阿契美尼德王朝的镰刀战车用于突破敌人的战线，而后冲向敌人的后方。马匹被蒙上了眼睛，而且只有一名可能身穿鳞甲的驭手。身处绝境的大流士三世曾用镰刀战车对抗亚历山大大帝。（出自《波斯帝国建国两千五百年庆典》）

尼德舰队。萨拉米斯海峡中残存的薛西斯的舰船试图撤退，却和那些仍试图进入海峡参战的己方战船撞在了一起。[46]混战中，薛西斯的兄弟——海军将领阿里阿比涅斯（Ariabignes）被杀。阿里斯提德斯（Aristides）率领的希腊重步兵则登上了普塞塔利亚岛，去消灭岛上的不死军部队，薛西斯的几个侄子也在岛上战死。众多的米底人、波斯人和塞种人落水溺亡，少数活着登岸的人也都被希腊人杀死。在附近的一个小山上，王座上的薛西斯目睹了整个灾难。暴怒的他以"畏战"的罪名，处死了一批腓尼基海军将领。萨拉米斯海战的历史意义同1805年的特拉法尔加海战一样重大。

萨拉米斯海战的惨败迫使薛西斯下令有序地将部队撤回亚洲的萨迪斯。阿契美尼德舰队的残部退往萨摩斯岛，再也无法在海上挑战希腊人了。不过，许多希腊土地，特别是北部地区，依然在阿契美尼德王朝的占领下。根据希罗多德的记述，[47]薛西斯在撤退时，留下了30万人的大军，由将军马多尼乌斯指挥，然而实际的人数也许连这个数字的三分之一都不到。马多尼乌斯在希腊北部的盟友能够提供至少3万名希腊重步兵。尽管如此，马多尼乌斯还是尝试了一次主动攻击，以改善当地关系，却没有取得任何值得一提的胜利。他向雅典人提出停战，然而协助重建雅典的提议被拒绝了。

雅典人一直在请求斯巴达人的支援，双方最终组成联军参与公元前479年8月的普拉提亚之战，此时薛西斯的远征结束仅仅一年。马多尼乌斯当时驻扎在阿索波斯河（Asopos）以北，附近的小城普拉提亚就在雅典西北方约50公里（30英里）处。马多尼乌斯的大军要面对一支4万人的希腊城邦联军（包括雅典人、斯巴达人、来自其他城邦的希腊重步兵和其他支援部队），联军由斯巴达人帕萨尼亚斯（Pausanias）指挥。帕萨尼亚斯的部队（位于阿索波斯河以南）和马多尼乌斯的部队进行了7—10天的侦查和机动。马多尼乌斯让他的骑兵对希腊人进行袭扰与突袭，破坏希腊人的补给点和补给路线，并在水井中下毒。帕萨尼亚斯决定向南撤退到更利于防御的阵地，并且命令趁夜撤退。希腊人的中军有序地撤离了，然而左翼的雅典人和右翼的斯巴达人直到破晓时分才撤退。马多尼乌斯注意到了这些动向，于是迅速率军渡河。阿契美尼德王朝的弓箭手发起凶狠的齐射攻击，迫使斯巴达人结成盾阵抵御。马多尼乌斯集结他的主力部队，进攻1.15万人的斯巴达部队，而他的希腊北部仆从军开始进攻 8000 人的雅典部队。在马拉松的惨败仿佛重演了，阿契美尼德军队再次见识了他们的敌人是如何凭借坚实的护甲以及紧密的盾墙在箭雨中屹立不倒的。和马拉松之战中的雅典人一样，斯巴达人迅速而坚定地冲向阿契美尼德军队的阵线，在他们全无准备的情况下与他们展开肉搏。阿契美尼德士兵被迫扔下弓箭，在绝境中拼死一搏，试图徒手折断斯巴达人的长枪。然而，光靠决心并不足以阻止斯巴达人的方阵。伊朗步兵和弓箭手都损失惨重，而骑兵在战场上几乎没起到任何效果。与此同时，雅典人也在赫拉神庙附近战胜了马多尼乌斯的希腊北部仆从军——底比斯人，迫使他们仓皇撤退了。

马多尼乌斯和他的残存军队现在无力回天，只能退回阿索波斯河对岸。伊朗骑兵能够为撤退提供掩护，不过，希腊人仍在乘胜追击。马多尼乌斯被斯巴达将领阿埃姆涅斯图斯（Aeimnestus）杀死，阿契美尼德士兵试图夺回他的遗体，但都失败了。在这个关头，阿塔巴佐斯（Artabazus）接管了指挥并下令立刻撤退，任由希腊人攻占阿契美尼德军队的营地，马多尼乌斯仅存的部队在那里尽数战死。阿塔巴佐斯和他的部队渡过赫勒斯滂海峡，撤退到了小亚细亚。值得注意的是，阿塔巴佐斯曾经反对马多尼乌斯过于冒险的黎明攻击计划。[48]不过，和萨拉米斯之战时的阿尔忒密西亚一样，阿塔巴佐斯的建议没被重视。

普拉提亚之战是阿契美尼德军队在欧洲的最后一场，也是规模最大的一场陆上决战。马多尼乌斯和他的军队在普拉提亚的毁灭，标志着阿契美尼德帝国在扩张领土上画下句号。不过，就在他们的陆军在普拉提亚惨败后不久，阿契美尼德王朝又将迎来另一场军事灾难。希腊人在萨摩斯岛附近的爱奥尼亚近海，于米卡里（Mycale）之战中，消灭了阿契美尼德海军仅存的核心部队。斯巴达人抵达赫勒斯滂海峡时，发现早在他们到来之前，用来连接两个大陆的桥梁就已经被毁坏了。雅典人进攻了位于赫勒斯滂海峡最窄处的城市塞斯托斯（Sestus）。这个城市在数月后陷落，城中的阿契美尼德王朝行省总督被处死。

到公元前 5 世纪 60 年代末，希腊人见证了雅典帝国和提洛同盟的崛起。这个同盟整合了军事力量，大胆地对阿契美尼德王朝控制下的小亚细亚的潘菲利亚（Pamphylia）发动攻击。双方舰船在攸里梅敦河（Eurymedon）上交战，薛西斯的腓尼基舰队被彻底击败。在获得了决定性的水上胜利后，雅典指挥官西蒙率领他的部队登陆，消灭了在河边驻扎的阿契美尼德陆军。这不仅再次

◎ 波斯波利斯的阿帕达纳宫东侧楼梯上的浮雕，刻着米底和波斯的精锐部队。右侧有两个波斯士兵手持"提琴形"盾牌。阿契美尼德王朝的盾牌无法抵御希腊人的武器，这也是大流士被数量较少但更坚韧的希腊重步兵方阵击败的原因之一。士兵们的左侧是伊朗典型的狩猎野兽主题，帕拉德拉亚塞种人也常应用这一主题。(© *Gianni Dagli Orti/Corbis*)

肯定了希腊人对阿契美尼德军队的军事优势，还粉碎了后者又一次（第三次）入侵希腊的希望。西蒙从米底–波斯人的营地中获得了大量战利品，这些战利品大多被用来重建雅典卫城。希腊人的军事自信逐渐增加，但他们还没有做好征服阿契美尼德帝国的准备。他们对波斯以及阿契美尼德军队的了解非常有限，而这些相关信息很快就会从那些在小居鲁士的叛军中效力的希腊雇佣兵处得知，这批雇佣兵就是历史中所谓的"色诺芬万人队"。

阿契美尼德王朝的威望大受打击，因为大流士大帝在马拉松之战的失利不仅没有得到洗雪，反而又增添了薛西斯和马多尼乌斯的惨败。这些战败必然极大地打击了薛西斯，在远征希腊后，他就很少再出现在历史记述中了。最终，他于公元前 465 年在自己的卧室里被人暗杀。

阿契美尼德军队对抗希腊人时的不足

学者们尚无法充分解释，为什么阿契美尼德王朝从未进行实质性的努力，以弥补军队在对抗希腊重步兵和之后的马其顿方阵时的不足。[49] 阿契美尼德军队在军事意义上的一系列严重缺陷，没能得到有效弥补。对希腊的入侵失败后，阿契美尼德帝国所做的提高训练和装备水平的尝试，对改善军事上的不平衡问题影响甚微。

阿契美尼德步兵的盔甲、肉搏武器和近距离格斗训练，水平都不如希腊人。阿契美尼德的阿金纳克斯短剑，实际上也无法在近战中对抗希腊人。希腊人能够砍伤敌人没有防护的手臂、颈部和面部，而阿契美尼德军队的阿金纳克斯短剑的刃更短，无法对方阵中那些全副武装的希腊人造成同样的伤害。根据希腊历史学家的描述，[50] 波斯步兵的长枪也比他们的希腊对手的长枪要短。在温泉关之战中，阿契美尼德军队的长枪太短，无法对抗斯巴达人2.7米（9英尺）长的铁头长枪。这意味着阿契美尼德军队中的步兵，在面对结成方阵冲击的斯巴达人时，甚为脆弱，且无法用自己的长枪来反击敌人。

阿契美尼德军队对快速行军和弓箭的重视，意味着他们没有为肉搏战开发专门的护甲。那些进入希腊的士兵并没有胸甲或护胫来抵御近战武器。[51] 值得注意的是，即便是塞种人风格的鳞甲，也无法抵御希腊重步兵的长枪突刺。阿契美尼德步兵在盔甲防护上的不足，被视作他们在希波战争中的一个主要弱点。阿契美尼德军队的盾牌也不适合与希腊人作战。木制或皮制的提琴形盾牌和藤条盾牌，无法抵御希腊重步兵的长枪突刺，更无法抵御之后马其顿的萨里沙超长枪的强力突刺。伊朗步兵的头盔不足以保护自己，许多人甚至根本没有头盔。阿契美尼德军队中确实存在高质量的头盔和护甲，但这从未成为整个军队的标配。为了弥补他们在步兵上的不足，帝国开始雇用大量的希腊雇佣兵部队来作战。到亚历山大大帝征服的时代，波斯军队中已经有大量的希腊雇佣兵。与阿契美尼德步兵相比，接受近距离肉搏战训练的希腊步兵，凭借盔甲、大型盾牌和方阵阵形，足以抵御大部分的波斯人投射攻击。阿契美尼德弓箭手和大部分步兵一样缺少合适的肉搏武器，以至于他们在近距离战斗中极为脆弱。[52]

阿契美尼德军队的一个重大缺陷是其多民族性质。虽然使用伊朗语族的部队，比如米底–波斯人和塞种人，能够容易地进行沟通，非雅利安人的部队——

比如埃及人和埃塞俄比亚人，就并非如此了。这可以称为军事意义上的悖论：阿契美尼德王朝有能力将大量外族部队投入战场，却又因此产生了重大的不利因素。语言障碍只是阻碍伊朗语族使用者 / 雅利安人部队和异族军队进行有效军事协同的诸多因素之一。每个民族都使用自己的武器与战术，按照自己的军事传统来作战，这也为战场协调带来了极大的困难。[53] 另外，各民族必须要补充自己需要的独特军事物资，这一因素也在战争期间给后勤系统增加了压力。阿契美尼德王朝确实组织了一个中央指挥系统，试图整合并协调为王朝效力的多民族部队，然而这一机构未能组织起一支团结一心的作战部队。[54] 更何况在帝国入侵欧洲的战争中，外族部队也不可能心甘情愿慷慨赴死。值得注意的是，这些部队中有许多人来自此前被帝国强行吞并的地区。[55] 希罗多德和色诺芬的记述，也生动地展现了非伊朗人部队在战斗时缺乏热情，他们两人声称这些部队是在鞭笞下，被迫追随薛西斯向希腊行军的。[56] 忠诚也显然是个问题。根据记载，阿契美尼德军队中的一些来自小亚细亚的希腊人，在薛西斯入侵期间向他们的希腊人远亲倒戈，而其他心怀不满的民族则可能扮演了"第五纵队"的角色。[57] 这些事件无疑为绝境中的希腊人提供了宝贵的情报。

与入侵者不同，希腊人是在为自己的民族、文明和国家的存续而战斗。大流士大帝和薛西斯的入侵对希腊本土造成了极大的破坏，希腊人伤亡惨重。每个希腊战士都是在为他的家园、家庭和民族而战。这场史诗般的冲突还带有宗教色彩，因为许多希腊神明的塑像被夺走，从希腊运到了波斯。虔诚崇敬众神的希腊人对阿契美尼德王朝的"渎神"行为深感愤怒，特别是阿契美尼德军队焚烧雅典卫城和亵渎阿格劳洛斯（Aglauros）神庙的行为。[58] 当希腊海军起航与薛西斯的舰队作战时，他们高唱"颂歌"（paianas），其歌词包括："希腊的孩子们前进，解放故乡……现在是为一切而战。"希腊人从未忘记这些入侵者给他们的家园、亲人和神庙带来的伤害。这种记忆很快就在复仇的热情中达到高潮，并由亚历山大大帝将之变成了现实的力量。

注释

1. Herodotus, *The Histories*, VI, 7.

2. Frye, *The History of Ancient Iran*, p.126.

3. Olmstead, *History of the Persian Empire*, pp.235–237.

4. A. D. H. Bivar, "A satrap of Cyrus the Younger", *Numismatic Chronicle* (1961, Vol.7/1), pp.119–127: p.123.

5. 小居鲁士是卡帕多西亚、吕底亚和弗里吉亚总督。

6. Dandamaev & Lukonin, *The Culture and Social Institutions of Ancient Iran*, p.222.

7. I. V. P'yankov, "Istoriya Persii Ktesiya I Sredneaziatskie Satrapii Achemenidov vo Konste V.B. do N.E". *Vestnik Drevnej Istorii*, (1965, Vol.2), pp.35–50: p.48.

8. 同上，p.48。

9. Dandamaev & Lukonin, *The Culture and Social Institutions of Ancient Iran*, p.222.

10. 同上，p.222。

11. Herodotus, *The Histories*, VII, 81.

12. E. Benveniste, *Titres et Nom Propres en Iranien Ancien* (Paris: C. Klincksieck, 1966), pp.68–69; T. N. Savel'eva & K. F. Smirnov, "Blizhnevostochnye drevnosti na yuzhnom Urale", *Vestnik Drevnej Istorii* (1972, Vol.3), pp.106–123; Dandamaev & Lukonin, *The Culture and Social Institutions of Ancient Iran*, p.229.

13. 对古伊朗装备的完整概述，参见 Khorasani, *Arms and Armor*。

14. D. Head, *The Achaemenid Persian Army* (Stockport: Montvert Publications, 1992), p.60.

15. Xenophon, *Cyropaedia*, VII, 5, 68.

16. Herodotus, *The Histories*, VII, 83.

17. C. Müller, *Fragmenta Historicorum Graecorum*, 3 volumes (Paris, 1841–70), vol 2, pp.95–96; Diodorus Siculus, *Library of History VII*, 17.59.3.

18. As cited and compiled by Wiesehofer, *Ancient Persia*, p.92.

19. Dandamaev & Lukonin, *The Culture and Social Institutions of Ancient Iran*, p.223.

20. Aeschylus (tr. J. Lembke, & C. J. Herington), *Aeschylus* (Oxford: Oxford University Press, 1981), "Persians", pp.732–733. Quintus Curtius Rufus, *The History of Alexander*, VII, 4, 30. 塞种人和巴克特里亚人在入侵希腊时使用战斧，见 Dandamaev & Lukonin, *The Culture and Social Institutions of Ancient Iran*, p.234。希罗多德提到马多尼乌斯派出巴克特里亚人和塞种人部队，与米底人和波斯人一同战斗，见 *The Histories*, VIII, 113。入侵希腊期间，雅利安人、霍拉桑人、帕提亚人与塞种人一同行动，见 Cook, *The Persian Empire*, p.114。

21. Herodotus, *The Histories*, VII, 85; Dandamaev & Lukonin, *The Culture and Social Institutions of Ancient Iran*, p.234.

22. Herodotus, *The Histories*, VII, 85. N. Sekunda, *The Persian Army 560–330 BC* (London: Osprey Publishing, 1992), p.20, 认为萨加泰人也可能使用战斧。在入侵希腊时使用战斧可谓合理，毕竟希腊重步兵装备精良、组织有序。

23. Herodotus *The Histories*, VII, 61–99.

24. Polyaenus, *Stratagemata*, VII, viii, 1.

25. Head, *The Achaemenid Persian Army*, pp.50–51.

26. 同上，p.55。

27. 同上，p.52。

28. 大都会艺术博物馆，41.2.9。

29. Herodotus, *The Histories*, VII, 71.

30. Head, *The Achaemenid Persian Army*, p. 54.

31. 包括石箭头和棕榈弓。Dandamaev & Lukonin, *The Culture and Social Institutions of Ancient Iran*, p.234.

32. Herodotus, *The Histories*, VII, 89.

33. Dandamaev & Lukonin, *The Culture and Social Institutions of Ancient Iran*, p.234.

34. Xenophon, *Anabasis*, V, 6, 8.

35. Herodotus, *The Histories*, VII, 184.

36. Dandamaev & Lukonin, *The Culture and Social Institutions of Ancient Iran*, p.236.

37. 相关论述见 P. de Souza, *The Greek and Persian Wars 499–386 BC* (Oxford: Osprey Publishing, 2003)。

38. Young, "The Achaemenids", p.151; Olmstead, *History of the Persian Empire*, p.248.

39. Young, "The Achaemenids", p.155.

40. B. S. J. Isserlin, "The Canal of Xerxes on the Mount Athos Peninsula", *Annual of the British School at Athens* (1994, Vol.89), pp.277–284.

41. Herodotus, *The Histories*, VIII, 50.

42. "木栅"是按照德尔斐神谕的指示建造的能够保护他们的"木墙"。Herodotus, *The Histories*, VIII, 51.

43. Herodotus, *The Histories*, VIII, 53.

44. 同上，VII, 184。

45. Olmstead, *History of the Persian Empire*, p.254.

46. Herodotus, *The Histories*, VIII, 89.

47. 同上。

48. 阿塔巴佐斯和他 4 万人的部队没有参战。

49. Dandamaev & Lukonin, *The Culture and Social Institutions of Ancient Iran*, p.96.

50. Herodotus, *The Histories*, VII, 210.

51. J. Cassin-Scott, *The Greek and Persian Wars 500–323 BC* (London: Osprey Publishing, 1977).

52. Diodorus Siculus, *Library of History XI*, 19.21.3.

53. Motofi, *Tarikh-e-Chahar Hezar Sal-e Artesh-e Iran*, p.82.

54. 同上，p.82。

55. 同上，p.82。

56. Herodotus, *The Histories*, VII, 22, 56, 223; Xenophon, *Anabasis*, III, 4, 25.

57. Motofi, *Tarikh-e-Chahar Hezar Sal-e Artesh-e Iran*, p.82.

58. Herodotus, *The Histories*, VIII, 53.

第五章

从阿塔薛西斯一世到马其顿崛起时的阿契美尼德帝国

阿塔薛西斯一世与大流士二世

阿塔薛西斯一世（古波斯语：Artakhshathra）在公元前464年登基。[1]据记载，薛西斯一世被他的儿子之一阿塔巴努斯和一个名为斯比塔姆斯（Spitames）的宦官暗杀。这两人和王储大流士都被阿塔薛西斯一世处死。[2]阿塔薛西斯一世延续了居鲁士大帝对犹太人的政策，他支持重建耶路撒冷神庙就体现了这一点。他对犹太教的支持，使犹太人怀着敬意，将他的名字记载到《尼希米记》和《以斯拉记》中。[3]普鲁塔克对他的描述是，这位国王"温和而精神高尚"。[4]

在阿塔薛西斯一世的统治下，波斯同希腊之间的文化交流也在加强，而希腊文化在爱奥尼亚海岸之外的影响力也有所增加，即进一步向东深入安纳托利亚内陆。之前在萨拉米斯海

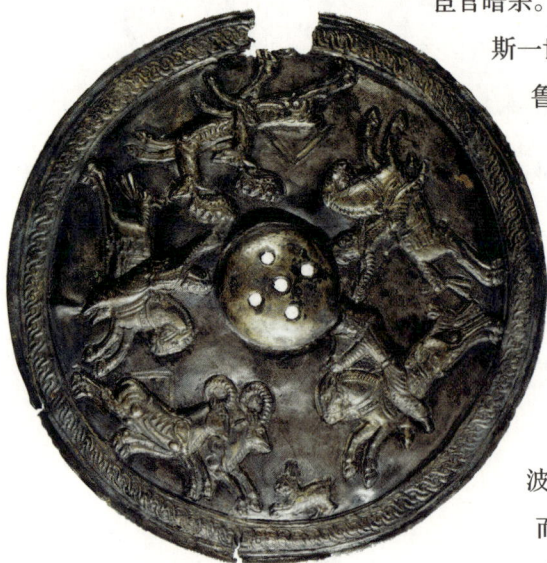

◎ 镀银盾钮，来自"阿姆河的珍宝"。（© *Trustees of the British Museum*）

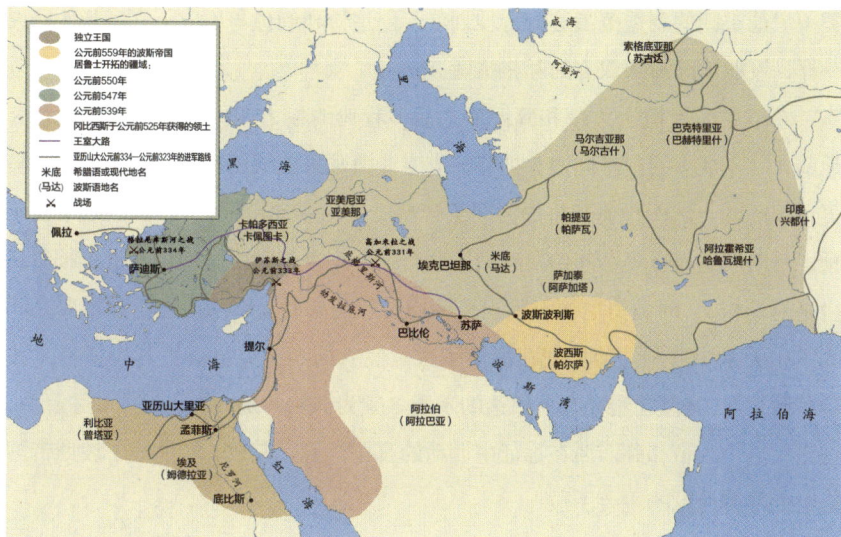

◎ 阿契美尼德帝国。

战中击败阿契美尼德海军的地米斯托克利，此后逃离了那些将他流放的雅典人，到阿塔薛西斯一世的宫廷寻求庇护。根据记载，他屡屡向他的新资助者承诺他们将征服希腊，然而他在兑现自己的诺言之前就去世了。

公元前495年，埃及叛乱者伊纳鲁斯（Inarus）从利比亚出发，意图征服上埃及。阿契美尼德王朝成功守住了孟菲斯，并从陆上和海上发起联合反击。波斯将军迈加比佐斯（Megabyzus）在埃及盟友的帮助下，击败了伊纳鲁斯的陆军。[5]阿契美尼德王朝的埃及总督阿沙玛（Arshama）在海上发起反击，击败了雅典人派来帮助埃及人的舰队。尽管埃及在接下来的六十年中相对安稳，但在帝国行将终结之时，那里依然躁动不安。

在公元前448/公元前447年，阿塔薛西斯一世和以雅典为首的提洛同盟签订了《卡利亚斯和约》。这一协议正式结束了由大流士大帝发动的征服战争。双方各自承认对方的利益范围，并保证不会干涉对方内政。阿契美尼德王朝不再干预爱琴海，而希腊人则承认了波斯人在安纳托利亚的权威，特别是对爱奥尼亚海滨的统治。波斯人也承诺保证其爱奥尼亚臣民的自治权。希腊本土对爱奥尼亚希腊人的支持一直是纠纷的主要源头之一，也是促使大流士大帝入侵的因素之一。虽然《卡利亚斯和约》试图按照地缘政治的现状，对希腊人和阿契美尼德王朝的利益范围进行合理划分，但这份和约也与历史上许多其他协议一样，没能消除缔约双方的互相猜疑。

在战胜了大流士大帝和薛西斯之后，雅典的权力和威望日渐强盛。在公元前478年成立的提洛同盟，拥有一支专业海军，能够迅速集结起来对抗阿契美尼德舰队。然而雅典却将提洛同盟转变成了"雅典帝国"。雅典的政策与干预，是斯巴达得以集结起伯罗奔尼撒联盟的一个主要因素，他们要阻止雅典获得绝对霸权。[6] 阿契美尼德王朝积极地通过贿赂和外交，从斯巴达和雅典之间的紧张关系中获利。他们现在提供了数量惊人的大流克金币（其特征是"波斯弓箭手"）来激化雅典与斯巴达的矛盾。颇为讽刺的是，金币上的"弓箭手"远比大流士大帝和薛西斯在远征中调动的真正弓箭手有效。贿赂成了波斯帝国影响爱琴海地区的主要手段。

到了公元前5世纪20年代，使节们往返于斯巴达人和波斯人之间，不过波斯国王尚不清楚斯巴达人决定站在哪一边。阿塔薛西斯一世派往斯巴达的使节阿塔弗涅斯（Artaphernes），于公元前424年被一艘雅典船只俘获，随后雅典人试图主动向波斯国王提出议案——都用不着派使节了。然而在大流士二世登基之前，双方并未签订任何明确的和平协议，而且这些协议大多维持不了多久。比如，雅典人帮助卡里亚总督比苏提尼（Pissouthnes）对抗阿契美尼德帝国，雅典将领利康（Lykon）又将这位总督出卖给了阿契美尼德王朝，[7] 而比苏提尼的私生子阿摩基斯（Amorges）继续在雅典人的支持下同帝国作战。大流士二世受够了雅典对他领土的干涉，转而支持斯巴达。他命令他在小亚细亚的总督们同斯巴达正式结盟对抗雅典，靠着波斯人的黄金，斯巴达得以供养他们的伯罗奔尼撒舰队。波斯人从财政、海运和军事上给予斯巴达的支持，成为迫使雅典人在公元前404年投降的决定性因素。斯巴达人也通过承认阿契美尼德王朝在爱奥尼亚海岸的霸权，回报他们的支持。公元前5世纪末，希特拉法尔纳（古希腊语：Tissaphernes，古波斯语：Chithrafarna）被任命为爱琴海的全军总指挥，阿契美尼德王朝对爱琴海的重视程度由此可见一斑。

阿塔薛西斯一世于公元前425年安然逝世，留下了两个儿子——薛西斯二世和塞西狄亚努斯（Secydianus）。薛西斯二世登基为王，却在不到两个月之后就被塞西狄亚努斯暗杀。公元前423年，塞西狄亚努斯又被阿塔薛西斯一世的一个私生子——希腊人称之为"诺库斯"（Nochus，意即私生子）——杀死。诺库斯此前担任希尔卡尼亚的总督，登上王位之后他自称"大流士二世"。在挫败了阿希提斯（Arsites）试图杀死他的密谋之后，大流士二世的统治维持到了公元前404年。色诺芬的记述提及，在公元前409年的米底[8]和公元前405年的里海周边（卡都西亚人地区）[9]，都爆发了叛乱。然而这些叛乱的持续时间和波及范围都不大，并未对帝国构成重大威胁。大流士二世还在公元前413年亲自率军镇压吕底亚和叙利亚的叛乱。

阿塔薛西斯二世与小居鲁士

大流士二世和他的妻子帕里莎提斯（Parysatis）生育了两个儿子：阿塔薛西斯二世（公元前404—公元前359年在位），以及也被称为小居鲁士的居鲁士二世（公元前423—公元前401年）。帕里莎提斯王后很喜爱小居鲁士，并利用自己的影响力将他任命为安纳托利亚西部的总督，控制卡帕多西亚、弗里吉亚和吕底亚。小居鲁士在公元前408年成了这一地区阿契美尼德驻军的指挥官。在这个职位上的他颇受欢迎，赢得了总督行省中希腊人和非希腊人的忠诚。

公元前405年，大流士二世将他的儿子们召集到他的病床前。即使帕里莎提斯王后从中干涉，阿塔薛西斯二世还是被宣布为国王。波斯的统治家族对小居鲁士怀有相当大的猜忌，大流士二世刚刚逝世，此前在吕底亚任职的卡里亚总督希特拉法尔纳（公元前395年去世），便指控小居鲁士对他的兄长阿塔薛西斯二世不忠。随后小居鲁士试图暗杀新王，但没能成功。[10]靠着帕里莎提斯王后的调解，小居鲁士得免一死，并获准返回他在安纳托利亚西部的驻地。

小居鲁士一回到他的总督行省，就开始集结军队。小居鲁士对外声称，他准备对居住在塔尔苏斯（Tarsus）山地中的皮西迪亚（Pisidia）部族发动远征。这些说辞自然遭到希特拉法尔纳的驳斥，他对居鲁士的真实意图公开表示怀疑。居鲁士招募希腊战士，特别是那些在伯罗奔尼撒战争中久经战阵的老兵，此举丝毫没有减轻这些怀疑。居鲁士的希腊雇佣兵由斯巴达将领克利尔库斯（Clearchus）指挥，而雅典人色诺芬之后成了后卫部队的指挥官。色诺芬的《远征记》（Anabasis）至今仍是对小居鲁士争夺王位失败及相关事件的宝贵记录。

尽管居鲁士竭尽所能，但他组织的军队的规模（及其动机）依然无法瞒

天过海。希特拉法尔纳向国王汇报，居鲁士的军队规模过于庞大，不可能是为了进攻塔尔苏斯山脉的居民。阿塔薛西斯终于意识到居鲁士的真正意图，此时他开始征召自己的军队。阿里安记载的军队人数十分惊人：居鲁士有 11.4 万人，而阿塔薛西斯有 120 万人。[11] 虽然当代学者估计的人数各不相同，不过都要比阿里安的数据小得多，或许分别为 3 万人和 6 万人。阿里安的描述中，相对具有说服力的是为居鲁士效力的希腊部队（和一些色雷斯部队）的人数，他记载有 1 万到 1.4 万名战士参战。这些部队主要是斯巴达人，此外是 2500 名色雷斯和希腊的轻盾步兵（peltasts），以及 200 名优秀的克里特弓箭手。

库纳克萨之战

居鲁士在公元前 401 年率军东进。有趣的是，居鲁士直到抵达幼发拉底河畔的塔帕萨库斯（Thapsacus），他才宣称要索取王位。随后，他在巴比伦的库纳克萨 [今巴格达附近的泰尔库内塞（Tell Kuneise）] 与阿塔薛西斯决战。

库纳克萨之战是一场苦战，居鲁士若是没有阵亡，他本有机会获胜。居鲁士右翼的希腊部队战胜了阿塔薛西斯的埃及征召兵、弓箭手以及希特拉法尔纳率领的骑兵。阿塔薛西斯试图以自己的右翼包抄敌军，居鲁士则亲自率领自己的左翼迎击他的兄长。然而这让居鲁士的战线出现了一个危险的缺口。希特

◎ 复原的阿契美尼德王朝的移动攻城塔。（出自《波斯帝国建国两千五百年庆典》）

拉法尔纳敏锐地利用了这一点，他取得了突破并抵达居鲁士的指挥部。居鲁士此时正在同阿塔薛西斯决斗，居鲁士以长枪击伤了他的兄长，并让他摔落马下。在接下来的混乱中，居鲁士本人被一枚飞镖击中了太阳穴，随即倒地不起，在被第二支飞镖击中膝盖之后，他被一枚飞石最终击杀。[12]

希腊雇佣兵现在进退两难，他们的指挥官们已被希特拉法尔纳抓为人质。希腊人被迫从巴比伦撤退到安纳托利亚，而后一路向西回到希腊。在没有骑兵支持的情况下撤退，这场史诗般的旅程将在《远征记》中被永久保留下来。随后的五个月中，"万人队"撤向希腊的过程将深远影响希腊的军事哲学，并将在近七十年之后的亚历山大大帝的征战中显示出来。

维泽霍费尔（Wiesehofer）如此描述阿塔薛西斯在库纳克萨之战中使用的战术：

青铜的反光和敌人的枪尖清晰可见。敌人左翼的骑兵身穿白色护甲……紧邻他们的是手持藤条盾牌的士兵，而后是手持长到脚部的木盾的重步兵。据说他们是埃及人。在这之后是更多的骑兵和弓箭手。他们按照各自的部族集结

◎ 苏萨的上釉砖墙，带翼的狮身神上方是琐罗亚斯德教象征的雏形。狮身形象来自巴比伦人，而羽翼则是早年亚述帝国风格的遗存。（akg-images/Erich Lessing）

进军……每个军阵都是人员排布紧密的长方形。在他们前方，与他们相隔一定距离的是镰刀战车。[13]

这一描述生动地展示了阿契美尼德军队对机动性的重视，以及随着镰刀战车出现而产生的快速装甲突击战法。此前的战法中，在骑兵行动之前弓箭手要全力射击。暂且不考虑阿契美尼德军队中"手持藤条盾牌的士兵"，重步兵方面的固有缺陷就迫使阿塔薛西斯依赖埃及重步兵，就像小居鲁士依靠希腊雇佣兵那样。然而，最大的战术转变是骑兵担负的任务越来越重要。

阿塔薛西斯二世与斯巴达的战争

帝国和斯巴达之间的关系逐渐恶化，而公元前 400 年，阿塔薛西斯二世在库纳克萨获胜一年之后，双方爆发了战争。这次战争的起因还是小亚细亚的希腊人。这次战争持续了十三年（公元前 400—公元前 387 年），阿塔薛西斯二世逐渐占据了上风。国王采取金币外交，而靠着波斯人的黄金，雅典复兴，斯巴达人则付出了代价。

与此同时，希腊无休止的内战对帝国甚为有利。接连不断的战争意味着，雅典和斯巴达都无法在希腊地区取得绝对的霸权，阿契美尼德王朝也不必担忧他们会实现大希腊地区的统一。双方打得筋疲力尽，希腊人只得请求波斯国王出面调停，结束他们的战争。"国王和约"就此在公元前 387—公元前 386 年签订，这个和约也被称为《安塔西达斯和约》（Peace of Antalkidas），因阿塔薛西斯派往斯巴达的使节而得名。希腊人一致同意不对帝国统治下的爱奥尼亚–安纳托利亚西部进行任何干涉。波斯金币再次实现了阿契美尼德军队无法达成的目标：控制希腊人——至少在短时间内。即使如此，帝国也无法减轻希腊人在之前的大流士–薛西斯战争中产生的复仇情绪。

阿塔薛西斯二世在埃及战败以及总督们的叛乱

尽管在爱琴海见到了成功的迹象，帝国在政治和军事上都在衰弱。公元前 405 年的埃及叛乱就是有力的证明。阿塔薛西斯二世终于在公元前 373 年开始了对埃及的远征，他的部队中有大批希腊雇佣兵，其中 1.2 万名装备新型的 3.6 米（12 英尺）长枪，另有 8000 名使用传统装备的重步兵。[14] 即使如此，埃及人还是击败了阿契美尼德军队，埃及人实现了完全独立，脱离阿契美尼德帝国。这是对阿塔薛西斯权威的重大打击。

就在阿塔薛西斯于埃及战败时，一些西部总督公开发动叛乱。卡帕多西亚总督达塔姆斯（Datames）于公元前 368—公元前 367 年宣布脱离波斯帝国独立。达西斯基利翁（Daskylion）总督阿里奥巴詹（Ariobarzan）很快宣布支持达塔姆斯，紧随其后的还有亚美尼亚总督阿罗恩达斯（Aroandas）、萨迪斯总督奥托夫拉达提斯（Autophradates）和卡里亚总督摩索拉斯（Mausolos）。这些叛乱总督得到了斯巴达人、埃及人和整个安纳托利亚的支持，使得形势格外危急。[15] 对帝国

◎ 阿契美尼德王朝的圆柱印章，描绘了王室猎狮的场景。铭文为埃兰语、巴比伦语和古波斯语。（© *Topham Picturepoint*）

而言幸运的是，成为叛军领袖的阿罗恩达斯，向阿塔薛西斯出卖了他的战友们。叛乱者之间的内讧为国王的行动提供了极大的便利，阿里奥巴詹和达塔姆斯在内讧中身亡。与此同时，埃及也因为内乱而没能派出部队前来支援叛军。[16] 如果叛军能够保证团结，他们或许能够集结部队进军波斯，乃至推翻阿契美尼德王朝。

在击败了叛军之后，阿塔薛西斯没有进行进一步惩罚，并宽大地赦免了所有阴谋反对他的人。阿塔薛西斯事实上准确地意识到了帝国的羸弱，一旦他下令处决叛乱者，他也许就要面对一场新叛乱了，而羸弱的帝国那时将无法控制局势。平叛战争中，大量希腊雇佣兵参战，也透露出阿契美尼德军队的状况堪忧。此时的帝国正确定无疑地走向衰落，而且越发容易遭受外敌的入侵。

阿塔薛西斯三世

在他的父亲阿塔薛西斯二世于公元前 359 年逝世之后，阿塔薛西斯三世（公元前 359—公元前 338 年在位）立即登基为王。他的继位格外残忍，为了保住自己的王位，他处死了自己的兄弟和其他家庭成员，他也因格外的无情与暴

◎ 右图：波斯波利斯的大厅中的一根立柱顶端的波斯圣牛（gauw）雕像。圣牛在雅利安人，即古波斯人和印度人的仪式中颇为常见，并作为密特拉信仰的某个分支从波斯传播到罗马帝国，短暂地成为基督教的对手。（akg-images/Gérard Degeorge）

◎ 位于波斯波利斯的鸟神或鸟龙雕像，其形象是西牟鸟与狮鹫的艺术基础，也是西牟鸟图案的雏形。这些符号此后再度启用，作为萨珊王朝精锐骑兵萨瓦兰部队的徽号。波斯波利斯的鸟龙形象在斯基泰人和萨尔马提亚人中颇为流行，他们称之为"simurgl"，而这一形象也极大地影响了欧洲的艺术，特别是哥特风格。（Topfoto/HIP）

虐而恶名昭彰。[17] 刚登上王位，阿塔薛西斯三世便要面对一系列叛乱。这位新王下令阿塔巴佐斯（驻弗里吉亚、达西斯基利翁的总督）与阿罗恩达斯（密细亚总督，曾任亚美尼亚总督）解散他们的希腊雇佣兵部队。总督们自然不会听命，并且发动叛乱反抗国王。雅典人成功地进行了干预，支持叛军一方，然而在阿塔薛西斯三世发出威胁之后，他们便撤回了支持。尽管依然得到了底比斯的支持，叛军还是失败了，阿塔巴佐斯被迫在公元前353—公元前352年投奔马其顿的腓力二世。

终于巩固了安纳托利亚之后，阿塔薛西斯三世此时得以继续出征，夺回他父亲之前失去的土地：埃及王国。阿塔薛西斯三世在公元前351—公元前350年做了准备并向埃及发起远征，然而这些军队被法老内克塔内布二世（Nectanebo Ⅱ）彻底击败。这是对帝国权威的又一次打击，此后，公元前345年，在奇里乞亚、腓尼基以及巴勒斯坦的部分地区，爆发了新一轮的叛乱。除了西顿的叛乱，余下的叛乱都在当年平息。然而，埃及仍旧维持独立，让帝国的胜利几乎无益于恢复其军事威望和政府权威。这一情况促使阿塔薛西斯三世再次组织对埃及的远征，并再度招募希腊的职业士兵参战。阿塔薛西斯三世亲自率军，于公元前 343 年进入埃及。西顿在他进军埃及之时臣服。这次征战于公元前 342 年大获全胜，埃及的领袖被迫流亡努比亚。

远征埃及成功或许让阿塔薛西斯忽视了在希腊世界出现的危险变化。雅典演说家伊索克拉底（Isocrates，公元前 436—公元前 338 年）在他的"演说"（Panegyrics）中，号召希腊人团结起来，组成大希腊联军向波斯发动远征。随着马其顿的腓力二世（公元前 382—公元前 336 年）成功地将希腊人统一到他的领导下，这种大联盟就此成型。希腊城邦对腓力二世的反抗，于公元前 338 年的喀罗尼亚（Chaeronea）之战中以失败告终。阿塔薛西斯三世没有试图影响这些变化，自然也没有支持腓力的敌人，而腓力也就此控制了爱琴海。

似乎帝国因为紧盯雅典和斯巴达，而未能认识到希腊北部，特别是马其顿的军事与政治进步的重要意义。那里的军事进步尤其危险，特别是马其顿人发展出了萨里沙方阵体系，并在联合兵种的理念下使用这种阵形。希腊人现在已经被马其顿人统一，接受他们的领导，不久之后，他们就会运用强大的战争机器来入侵波斯。腓力在公元前 336 年被谋杀，但这几乎没有改变希腊世界的新实力平衡。大希腊的领导权安然传给了腓力的儿子亚历山大三世（公元前 356—公元前 323 年）。德摩斯梯尼（Demosthenes，公元前 384—公元前 322 年）强烈反对马其顿的领导权，他认为马其顿对希腊民主的威胁超过了阿契美尼德帝国。随着亚历山大击败了反马其顿的叛乱，并将底比斯夷为平地，这些观点被永远搁置了。波斯已经时日无多了。

注释

1. 他被罗马史学家称为"手长者"（Longimans），当代史学家则称之为"手长者阿尔达希尔/阿塔薛西斯"（Ardashir-e-Deraz-Dast），因为他的右手明显比左手长。

2. 刺杀薛西斯之后，阿塔巴努斯和斯比塔姆斯告知阿塔薛西斯一世，是王储大流士（与阿塔巴努斯一样是阿塔薛西斯的兄弟）阴谋刺杀了他。阿塔薛西斯在处死两人之后，应当也处死了大流士。详细论述，见 Lenfant (trans.) *Ctésias de Cnide. La Perse. L'Inde. Autres fragments* (Paris: Les Belles Lettres, 2004), La Perse 29–30。

3.《以斯拉记》，7–8，提到了巴比伦的犹太人俘虏在阿塔薛西斯执政时期再度返回。《尼希米记》，2，讲了后续的故事，尼希米提到，阿塔薛西斯允许他返回以色列，并修复耶路撒冷城墙。

4. Plutarch (trans. B. Perrin), *Parallel Lives*, 11 volumes (Cambridge, Mass.: Harvard University Press, 1914–26), vol.XI Artaxerxes I, 1.

5. Thucydides (trans. R. Warner), *History of the Peloponnesian Wars* (New York: Penguin Books, 1954), I, 104, 2.

6. 伯罗奔尼撒战争，见 Philip de Souza, *The Peloponnesian War 431–404 BC* (Oxford: Osprey Publishing, 2002), and Thucydides, *History of the Peloponnesian Wars*。

7. De Souza, *The Peloponnesian War*, p.75.

8. Xenophon (trans. C. L. Brownson), *Hellenica Books I–IV* (Cambridge, Mass.: Harvard University Press, 1918), I, 2, 19.

9. Xenophon, *Hellenica Books I–IV*, II, 8, 13.

10. Young, "The Achaemenids", p.136.

11. Arrian, *The Campaigns of Alexander*, 1.2, 1.7, 1.8.

12. Plutarch, *Parallel Lives XI*, Artaxerxes 11.

13. Wiesehofer, *Ancient Persia*, pp.90–91.

14. Sekunda, *The Persian Army 560–330 BC*, p.27.

15. Diodorus Siculus, *Library of History VII*, 15.90.

16. 同上，15.93。

17. 同上，16.50。

第六章
大流士三世与帝国灭亡

大流士三世：风雨飘摇的帝国的继承者

　　狄奥多鲁斯断定阿塔薛西斯三世是被国王的主要幕僚、担任维齐的宦官巴格亚斯（Bagoas）毒杀的。随后，巴格亚斯杀死了阿塔薛西斯的其他儿子，只留下阿塔薛西斯四世（希腊语：Arses），将他扶持上位，而巴格亚斯则掌控王位之后的真正权威。[1]然而这些历史记述远远称不上确定无疑，按照大英博物馆中收藏的一份楔形文字记述的说法，阿塔薛西斯三世是自然死亡。[2]大多数历史学家认为，阿塔薛西斯四世继位两年之后试图毒杀巴格亚斯，却失败了，作为报复，巴格亚斯杀死了国王。在公元前 336 年，巴格亚斯再一次利用自己举足轻重的影响力，将他青睐的人推上王位，即一位名为科多曼努斯（Codomannus）的优秀贵族，他是阿沙姆（Arsham/Arsames）之子，而阿沙姆是阿塔薛西斯二世的兄弟奥斯坦（Ostan/Ostanes）的孙子。在登基之前，科多曼努斯是国王的侍从之一。[3]他是勇敢的战士，在与卡都西亚人作战时战功卓著，[4]而且似乎能够说一口流利的希腊语。[5]登基之后，科多曼努斯自称大流士三世（公元前 336—公元前 330 年在位），而且几乎立刻就宣布自己不做巴格亚斯的傀儡。这个宦官随即密谋毒杀新国王。然而巴格亚斯的阴谋泄露了，大流士逼他喝下了他自己准备的毒药。[6]

　　大流士三世甫一登基，就必须面对埃及的又一次叛乱，这次叛乱在公元前 337 年就已经爆发。卡巴巴希（Khababash）现在控制了埃及的大部分，自立为王的他将孟菲斯作为权力中心。大流士在公元前 336 年，他即位的那一年，击败了卡巴巴希叛军，然而他初期的成功几乎无法掩盖一个事实，即不满的臣民此时很可能发起叛乱。另一个问题是，总督们未必会忠于帝国，贵族和政府官员的财富、地产、[7]贪欲以及腐化，在成指数级增长，而高达40%—50%的极高利率和苛刻税收，让普通百姓的生活极度贫困。到这个时期，帝国的经济已经无法与其辉煌的过去相提并论，主要是因为不断镇压叛乱花费甚巨。另外，从安纳托利亚、印度和埃及沿海地区等地获得的收入减少，也是重大的经济打击。[8]尽管伊朗语族的国民并没有谋求独立的迹象，腓尼基人、叙利亚人、埃及人，当然还有爱奥尼亚希腊人，却并不打算保持忠诚。这些因素加上上文提到的军事缺陷，使得波斯完全无法做好准备，去面对世界历史中最伟大的征服者之一——亚历山大大帝。

希腊政权的崛起

科林斯联盟授权马其顿国王腓力二世发动对波斯的复仇战争。这也是一场"神圣"战争，因为在薛西斯入侵期间众多神庙遭到亵渎。腓力派出麾下将军阿塔罗斯（Attalus）和帕曼纽（Parmenion）前往小亚细亚，解放阿契美尼德王朝统治下的希腊人。他们的行动大获全胜，并在爱奥尼亚境内迅速推进。很快，特洛伊等地区便处于希腊人的统治下了。从军事角度考虑，阿塔罗斯和帕曼纽的远征存在两个重要意义。其一，赫勒斯滂海峡现在长期处于希腊人的

◎ 波斯波利斯的塔哈拉宫大厅。(akg-images/Gérard Degeorge)

控制下，这意味着此时的希腊人在小亚细亚拥有一个"桥头堡"，在即将对波斯发动的入侵中，这里将作为前哨。其二，希腊一方的高级指挥官意识到，阿契美尼德王朝在小亚细亚的军事力量很容易击败——至少在爱奥尼亚是如此。

然而腓力在得以正式对波斯发动入侵之前，于公元前336年被暗杀，这一任务就留给了他的儿子亚历山大三世（公元前336—公元前323年在位）。阿里安记述称，亚历山大发动战争的主要理由，是大流士的细作杀死了他的父亲腓力。[9] 更重要的是，科林斯联盟承认亚历山大的"霸主"地位，授权他对波斯发动"神圣"战争。

亚历山大的军队总共有4万作战部队。[10] 狄奥多鲁斯记述称，总共有3.2万名步兵（其中有1000名弓箭手）和4500名骑兵（包括1800名马其顿骑兵和1800名色萨利骑兵）。[11] 亚历山大已经认识到，使用不同武器的部队在战场上协同行动的重要性，这一创新依然存在于所有成功的当代军队中。马其顿方阵的作用，是将敌军牵制在亚历山大选择的阵地中，而后，方阵右翼的马其顿骑兵和方阵左翼的色萨利骑兵，再发动决定性的主攻。尽管色萨利骑兵的主要作用是防御，他们也许是希腊世界中最强的"重"骑兵。马其顿骑兵以楔形军阵冲锋。盟友色雷斯人提供了额外的枪骑兵部队，他们类似于居鲁士时代的吕底亚人。

骑兵冲锋之后，亚历山大私人的精锐重装步兵持盾卫队（hypaspists）将发起进攻，而后马其顿方阵也转入进攻。亚历山大为所有这些军阵提供弓箭手、附庸重装步兵和阿格里亚人（Agrianian）标枪手组成的支援部队进行辅助。在围攻战中，亚历山大还有专门负责投射机械的部队。亚历山大本人则以精选的骑兵和步兵组成的两支部队，作为亲卫队。

亚历山大击败大流士三世

公元前334年，亚历山大和他的军队正式渡过赫勒斯滂海峡，登陆小亚细亚。正如前文所述，阿契美尼德王朝势力在腓力统治的晚期，已经被赶出了赫勒斯滂海峡周边地区。大流士三世此时被迫采取行动，因为他意识到了威胁的严重性。此处提请读者们注意，英国、法国和德国的历史学家已经对下列事件进行了详尽而彻底的叙述，故下文将着眼于另一方的角度，即阿契美尼德王朝的视角。

格拉尼库斯河之战

亚历山大的军队深入小亚细亚之时，大流士三世和他的军官们正在商议对策。为阿契美尼德王朝效力的希腊人将领门农（Memnon），建议大流士直接撤退，引亚历山大深入阿契美尼德领土。而后，阿契美尼德王朝可以发动大规模的海军进攻，登陆马其顿，迫使亚历山大撤退。门农的建议说明他清楚亚历山大军队的强大实力。然而亚历山大已经在欧洲留下了规模可观的军队，交给安提帕特（Antipater）指挥，或许就是为了防备这样的行动。[12] 大流士的军官们拒绝了门农的提议，决定于公元前334年5月在距离古城特洛伊不远的格拉尼库斯河（Granicus）迎战亚历山大。

大流士的左翼由门农和阿萨曼（Arsaman/Arsamnes）指挥的吕底亚、弗里吉亚和卡帕多西亚骑兵组成。帕夫拉戈尼亚骑兵位于左翼之后。军队右翼则是大流士的女婿斯皮托达特（Spithrodat/Spithrodates）率领的波斯北部的戈尔甘（Gurgan）骑兵。大流士的中军由来自帝国各地的骑兵组成。步兵和弓箭手布置在了骑兵之后，或许波斯人也清楚他们无力与希腊步兵争锋。[13] 古文献对大流士军队规模的记述存在矛盾。狄奥多鲁斯记述称有10万步兵和1万骑兵，而阿里安则宣称是2万步兵和2万骑兵。[14] 皮尔尼亚（Pirnia）估计大流士军队的总数为3.5万人到4万人，规模与亚历山大的军队大致相当。[15] 这些部队包括门农率领的4000至5000人的希腊雇佣兵；在余下的部队中，骑兵与步弓手大致各占一半。希腊雇佣兵对大流士格外重要，因为他们得到了最适宜的训练和装备去应对这些入侵军队。亚历山大在完成精彩绝伦的战役指挥之前，也分析了敌方战士的实际情况。

大流士将他的军队布置在格拉尼库斯河的东岸。亚历山大率部渡河，并下令左翼的骑兵在轻步兵支援下发动进攻。大流士针锋相对，派兵加强斯皮托达特率领的右翼，击退了希腊人。然而亚历山大左翼的进攻只是牵制，是为了吸引大流士的注意力。亚历山大此时亲率他的伙伴骑兵，以楔形阵向波斯人的中军发动骑兵冲锋，彻底击溃了阿契美尼德骑兵。[16] 见阵线被突破，贵族精锐急忙对亚历山大的骑兵发动反击。尽管他们反应迅速，作战奋勇，还是有许多人阵亡，其中一人险些杀死了亚历山大，至少击伤了他。在突破中军阵之后，亚历山大向左卷击，砍杀此时正同马其顿左翼作战的波斯右翼部队——戈尔甘骑兵。这让致命的马其顿方阵得以冲破中央，去消灭阿契美尼德王朝的步弓手，许多步弓手都是被萨里沙超长枪刺死的。如果希腊雇佣兵没被留在最后，他们也许还能够让战事相持，乃至挽救败局。波斯一方此时已经战败。大流士的左翼和其他方向的残余部队撤退了，将战场留给了亚历山大。古典时代的文献往往声称希腊人的损失仅有 115 人，[17] 而记载中，阿契美尼德王朝的伤亡则远高于此。狄奥多鲁斯声称有 1 万名步兵和 2000 名骑兵被杀。[18] 尽管亚历山大的骑兵冲锋以及随后方阵的跟进，必然给阿契美尼德王朝造成了惨重伤亡，但这些资料中记述的数字很可能有所夸大。

大流士遭受重创的军队沿着托罗斯山脉撤退，而掌控萨迪斯和吕底亚的伊朗总督米提里尼（Mithrene），随即向亚历山大投降。随后，麦利蒂尼（Melitene）和哈利卡纳苏斯被攻占，两地都进行了激烈的抵抗。哈利卡纳苏斯的陷落迫使波斯指挥官奥龙托帕特斯（Orontopates）和门农从海上撤退。随后，亚历山大前去征服希腊人的城邦，其中一些与他交战。这些行动令他得以向安纳托利亚内陆进军。波斯帝国就此永久失去了小亚细亚的西部地区。占据这一地区后，亚历山大有两种选择：或者进攻安纳托利亚东部，而后从陆路进军波斯；或者南下进入叙利亚和巴勒斯坦。亚历山大征服爱奥尼亚地区，也切断了波斯舰队与其全部爱琴海基地的联系，这个拥有 400 艘舰船的潜在威胁，事实上被消除了。[19]

大流士和帝国的统帅部就此意识到，亚历山大的军队拥有压倒性的军事优势：亚历山大的步骑协同作战非同寻常。帝国也没有可以应对马其顿方阵的战术。他们对己方的骑兵寄予了很大期望，然而伊朗的骑兵技战术，整体而言，

◎ 出土于哈马丹的礼器金匕首，43厘米（17英尺）长，柄上有狮头装饰。（R. Sheridan, Ancient Art and Architecture）

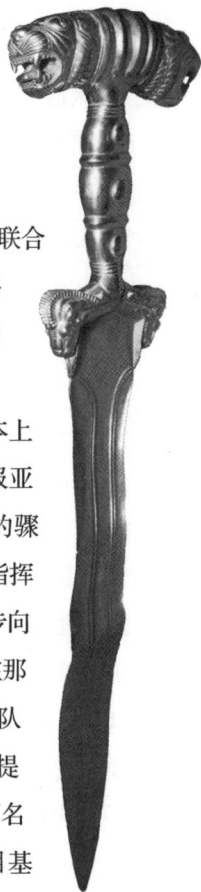

此时依然无法有效抵御使用萨里沙超长枪的方阵，或者希腊人的联合兵种战法。这意味着在即将到来的战斗中，门农的希腊雇佣兵将完全布置到前线。他们的人数也因此增加到了3万人，规模相当可观。

门农享有大流士和雅利安贵族们的至高信任。他的策略基本上和之前一样：迫使亚历山大撤回马其顿，以阻止希腊人继续征服亚洲的土地。[20]阿契美尼德王朝实现这些计划的希望，随着门农的骤然病故而落空。大流士找不到替代门农的合适人选，被迫亲自指挥全军。[21]与此同时，阿契美尼德的最高指挥部将其主要基地进一步向东转移到了巴比伦，大流士为了与亚历山大进行新一轮决战，在那里集结了更大规模的军队。根据狄奥多鲁斯的记述，大流士的军队数量惊人，总共有40万名步兵和10万名骑兵。[22]昆图斯·库尔提乌斯（Quintus Curtius）估计的数目较少——22万名步兵和7.32万名骑兵。[23]至于大流士军队中的希腊雇佣兵，各份记载给出的数目基本一致，即3万名。

伊苏斯之战

亚历山大得知大流士的新军队正在从巴比伦前往叙利亚的索契（Sochi）。随后亚历山大抵达了奇里乞亚的沿海平原，并且很快到达叙利亚关（约拿之柱，伊斯肯德伦以南）。大流士进入奇里乞亚并来到伊苏斯（今土耳其伊斯肯德伦附近）。亚历山大以为大流士将从狭窄的贝伦山口（Belen Pass）通过，计划趁大流士的军队尚在重整时在那里发起攻击。然而大流士从索契向北进军，绕过了阿马努斯（Amanus）山脉，避开了亚历山大的圈套，率领军队抵达亚历山大部队的后方。大流士的部署严重威胁了亚历山大的补给线和联络线。此外，大流士很可能要和伊苏斯湾中强大的阿契美尼德舰队会合。若是如此，大流士就能将部队运输到伊苏斯湾的任何一地。亚历山大别无选择，只能前往伊苏斯，

大流士正在那里以逸待劳。公元前333年10月1日，双雄交锋。

大流士将希腊雇佣兵布置在中军，其左侧由卡拉达克军团（Karadakes，估计有2万至6万人）提供支持。卡拉达克军团似乎是阿契美尼德王朝的近战部队，旨在对抗希腊重步兵。沿阿马努斯山脉列阵的卡拉达克军团，阵线被迫呈"L"形，折角另一边的部队跨过干涸的河床，布置到皮那里斯河（Pinaris）对面。大流士停驻在中军，而阿契美尼德骑兵组成的右翼在海岸附近列阵。大量的步兵和弓箭手部署在重步兵和骑兵之后。

大流士的第一步行动，是派出一支轻步兵进入阿马努斯山脉中。然而亚历山大很快消灭了这支部队。随着阿契美尼德弓箭手射出密集箭雨，战斗正式开始。[24] 作为回应，亚历山大亲自率领他的伙伴骑兵进攻大流士的左翼，冲向那些勇敢但缺乏经验的卡拉达克军团士兵。部分伊朗骑兵部队也必然加入了战局，然而这些人也无力阻止亚历山大的进攻。弓箭手对卡拉达克军团的支援也徒劳无功。

希腊人的中军方阵由左侧的希腊重步兵和右侧的持盾卫队提供支援。尽管方阵和支援步兵竭力与亚历山大和他的骑兵保持联系，他们之间还是出现了缺口。大流士的重步兵抓住了这个机会，给亚历山大的部队带来了最大的损失。

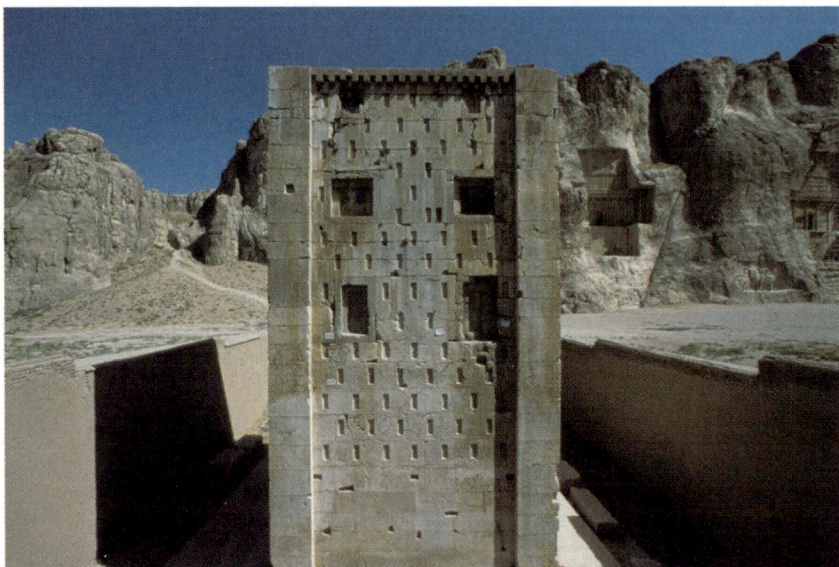

◎ 琐罗亚斯德教方碑，位于距波斯波利斯 8 公里（5 英里）的纳格什-鲁斯泰姆。帕萨尔加德有一座几乎完全一样的方碑，叫作"监牢之碑"（Zendan）。方碑之后是大流士二世的陵墓（照片中被石碑挡住）。阿塔薛西斯一世的墓葬在其右侧，再往右是大流士大帝的墓葬。薛西斯的墓葬不在照片中。后来的萨珊王朝浮雕位于悬崖的底部。（akg-images/Gérard Degeorge）

虽然如此，方阵还是守住了自己的阵地。帕曼纽和色萨利重骑兵也在亚历山大的左翼挡住了大流士的骑兵。亚历山大对大流士左翼的进攻，还得到了投石手和标枪手的支持。一番激战之后，大流士的左翼最终溃败，亚历山大得以向左卷击，冲进大流士率领的中军重步兵中。这一行动有效地破坏了阿契美尼德军队的组织。亚历山大和他的骑兵现在看到了在黄金战车上的大流士，向他发起冲锋。此时，大流士的兄弟奥克西亚特雷斯（Oxyathres）率领一些王室骑兵卫队前来迎战，以免国王被俘。奥克西亚特雷斯在作战中杀死了许多马其顿士兵，[25] 却无法阻止他们前进。大流士从战车上下来，骑马逃离了战场。阿契美尼德军队的损失，通常记述中声称有 10 万名步兵和 1 万名骑兵阵亡，[26] 而马其顿人的损失则是 130 名步兵和 300 名骑兵。[27] 奥克西亚特雷斯后来成为亚历山大的荣誉随从。

大流士在伊苏斯失去的不仅仅是一次胜利。伊苏斯之战让阿契美尼德王朝失去了对美索不达米亚、高加索地区和伊朗高原之外的土地的统治权。许多优秀的指挥官被杀，而他们是不可替代的精英。阿契美尼德王朝在安纳托利亚和叙利亚的统治注定终结，埃及也必然要步其后尘。大马士革以及那里的府库落入了亚历山大手中。腓尼基海岸和叙利亚就此被征服，然而提尔（或译为推罗）在被攻占前坚持抵抗了 7 个月。提尔的战略地位十分重要，因为那里是腓尼基人的重要中心城市，并且是阿契美尼德帝国主要的海军基地。加沙和埃及也向亚历山大臣服，而且埃及人称他为解放者。不过，对于大流士个人而言，或许伊苏斯之战最屈辱的后果，是他的妻子、母亲和许多随从都被亚历山大俘虏，亚历山大对他们以礼相待。

在大流士进行最后的决战之前，他试图求和，承认亚历山大对哈利斯河以西的所有土地拥有宗主权。[28] 亚历山大拒绝了这一提议，大流士随后再退一步，许诺献出幼发拉底河以西的所有土地、3 万银塔兰特，并让自己的女儿与亚历山大联姻，还要让亚历山大与自己共治。[29] 这些提议再次被拒绝，因为亚历山大的目标是征服整个阿契美尼德帝国，乃至更远方的土地。

高加米拉之战

亚历山大花了两年时间征服巴勒斯坦、叙利亚和埃及。之后，他从腓尼基向幼发拉底河与底格里斯河进军，进入美索不达米亚，直扑波斯的心脏地带。此时，波斯帝国已经彻底放弃了收复小亚细亚的希望。大流士的最后决战将于公元前 331 年在高加米拉展开。

希腊军队分为三个部分：左翼、中军和右翼。亚历山大直接指挥由伙伴骑兵、马其顿部队和其他希腊部队组成的右翼。一些骑兵布置在弓箭手的前方，弓箭手的旁边是方阵。方阵分为两条战线。亚历山大决定故技重施，先牵制住阿契美尼德部队，而后由他完成决定性的一击。牵制任务交给帕曼纽率领的左翼，当然还有方阵。左翼由色雷斯人、色萨利人和希腊雇佣兵组成。中军则以方阵为主，他们的后方是辅助方阵部队。其他的支援部队包括克里特弓箭手、亚该亚人和阿格里亚人。

阿契美尼德王朝竭尽所能让军队从格拉尼库斯河及伊苏斯的惨败中恢复过来。他们为部队配备了更大的盾牌[30]以及刃更长的刀剑。[31] 为了对抗亚历山大的战术和军事优势，大流士将镰刀战车加入他的军队，那是一种相对过时的武器。不过，他的主要目的是让这些战车与重骑兵一同在战场上实现突破。或许，这是在战场上使用"装甲拳头"理念的尝试。镰刀战车将直接冲向敌人的阵线，重装骑兵紧随其后，冲入战车打开的缺口中。实战中，面对亚历山大训练有素且纪律严明的部队，镰刀战车的效果微乎其微，况且亚历山大之前在色雷斯已经遭遇过战车。在那次交锋中，只要色雷斯人的战车接近战线，亚历山大便下令部队卧倒并将盾牌靠在一起，让色雷斯人的车辆冲到盾阵的上方，无法造成任何损害，接着让弓箭手解决战车驾驶者。为了应对大流士的镰刀战车，亚历山大命令他的部队在战车的前进路线上留下缺口，任战车无害通过，同时长枪兵和弓箭手可以从侧面进行杀伤。大流士还在他的战线上部署了50头战象，不过，这些巨兽似乎没怎么参与接下来的战斗。

和伊苏斯之战一样，大流士本人和他最精锐的步兵坐镇中军。在他的右侧是王室骑兵、米底–阿马尔迪（Medo-Mardian）弓箭手、精锐卫队不死军、希腊人雇佣部队以及卡里亚和印度的骑兵。大流士的将军马扎埃乌斯（Mazaeus）指挥右翼，其中包括伊朗人（帕提亚人、米底人、希尔卡尼亚人和塞种人）、卡帕多西亚人、亚美尼亚人、叙利亚人、美索不达米亚人、塔普里亚人（Tapurian，来自波斯北部）、阿尔巴尼亚人和萨卡森尼亚人（Sacasenian，塞种人的一支）的骑兵。许多塞种人尽管已经处在阿契美尼德王朝的统治下，却依然以帝国仆从军的身份来支援大流士作战。[32]马萨格泰人骑兵也出现在其中。[33]左翼则由贝苏斯（Bessus）率领，他的手下有让人印象深刻的数量众多的东伊朗人骑兵，他们主要是塞种人 [达赫人（Dahae）[①]]、帕提亚人、阿拉呼罗珊人（Arachrosian）和巴克特里亚人。贝苏斯还有来自伊朗高原和扎格罗斯山脉的波斯人、苏萨人和卡都西亚人骑兵。贝苏斯的阿尔巴尼亚人和萨卡森尼亚人正对着亚历山大的左翼，而马扎埃乌斯的亚美尼亚人和卡帕多西亚人则布置在前方，他们将作为进攻的先锋。镰刀战车位于大流士中军的前方，另外一批战车则分别集中在左翼和右翼的前方。

大流士选择的战场，在今伊拉克库尔德斯坦的埃尔比勒（Irbil，时称阿贝

---

① 译注：中国古称"大益"。

◎ 亚历山大征服波斯的史诗，通过庞贝古城的镶嵌画永久流传。战车上的大流士三世将右手伸向亚历山大，或许手持长枪。画中亚历山大的形象与通常的说法——亚麻色头发——有所不同。亚历山大发色的问题，或许一定程度上源自对希腊语词汇"Xanthenein"的误解，其代指的颜色大致为"淡赭色"。（akg-images/Erich Lessing）

拉）附近，那里被称为高加米拉。工兵们平整了土地，确保战车和骑兵的机动完全不受阻碍。阿契美尼德军队准备进行一场以侧翼进攻和机动为主的决战。阿里安记述称，大流士的军队竟然总共有 100 万步兵和 40 万骑兵，而普鲁塔克记述，阿契美尼德军队的总人数是 100 万。[34] 皮尔尼亚认为昆图斯·库尔提乌斯记述的人数最为准确，即 20 万步兵和 4.5 万骑兵。[35] 就皮尔尼亚的估计而言，阿契美尼德军队依旧在人数上远超希腊人，至少是 5∶1 到 6∶1。人数的差距给马其顿士兵带来了普遍的恐慌，亚历山大依靠他的个人魅力和领导才能平息了这种不安。[36]

亚历山大清楚，大流士的军队可以包抄他人数较少的军队。他计划将这一劣势转为他的优势，这再度展现了他的军事奇才。他的军队按照 45 度角的斜线结阵，向前缓慢推进，诱使大流士的骑兵发动进攻。阵线在前进的同时也在逐渐向右移动。如果大流士不采取行动，方阵将就此离开预设战场，让镰刀战车没有用武之地。大流士并不想主动进攻，然而亚历山大阵线的推进让他别无选择——镰刀战车发动了冲锋，却没有造成什么杀伤。然而波斯骑兵不可能如此轻易地战败。马扎埃乌斯猛攻帕曼纽所部，让帕曼纽处于被击溃的风险中。

贝苏斯则全力进攻亚历山大的右翼。马扎埃乌斯和贝苏斯的骑兵进攻让大流士的中军附近出现了缺口。亚历山大迅速行动起来，利用这一战机，在伙伴骑兵的陪同下结成楔形阵，进攻波斯人的中军。方阵和几支精锐部队为这次进攻提供支援。不死军卫队和希腊雇佣兵作战英勇，却还是被歼灭了，迫使大流士仓皇逃走以免被俘。对阿契美尼德中军的进攻，让亚历山大承担着巨大的风险，而且他清楚自己必须在两翼崩溃之前采取行动。此时的他面临两个选择：要么追击并且俘虏大流士，坐视自己的左翼被歼灭；要么拯救自己的左翼，坐视大流士逃走。马扎埃乌斯对亚历山大左翼的猛攻，已经在帕曼纽和希腊人中军之间打开了一个危险的缺口。波斯和印度的重骑兵立刻冲进了这个缺口，然而他们没有从侧面或者后方进攻帕曼纽，而是冲向了亚历山大的军营，或者是为了掠夺战利品，或者是想要营救大流士被俘虏的亲属。

此时帕曼纽的处境危险至极，然而他还是守住了阵线，等到了亚历山大从大流士溃败的中军处赶来。帕曼纽得救了，马扎埃乌斯的骑兵开始撤退，而

◎ 带有神话中的狮状生物装饰的角状杯，藏于德黑兰博物馆。(akg-images)

色萨利和其他的希腊部队发起追击，令波斯人伤亡惨重。贝苏斯也撤离了战场。阿契美尼德的中军彻底溃败了，大流士也已经离开了战场。他的营地被夺取并遭洗劫。阿里安的记述中，阿契美尼德军队有 30 万人被杀，相比之下，亚历山大的军队仅仅损失了 100 名步兵和 1000 名骑兵；狄奥多鲁斯则记述称，有 9 万名阿契美尼德士兵和 500 名马其顿一方的士兵战死。[37] 高加米拉决战中，阿契美尼德王朝最大的战术失误，或许就是波斯和印度骑兵未能充分利用帕曼纽和中军之间的缺口。只要这些部队转向他们的右侧，决战的结果也许就大不相同，至少马扎埃乌斯的进攻将成功地消灭帕曼纽所部，这会让亚历山大的军队损失惨重。

胜利为亚历山大打开了通向美索不达米亚内陆的道路。他的军队在阿贝拉休整了 1 个月之后，向巴比伦进发。这座城市是拥有成熟农业系统的大型都市，完全可以抵御长期的围攻。[38] 然而巴比伦并没有抵抗亚历山大的军队。帝国的大笔财富成为战利品，被亚历山大的部下瓜分，因这次背井离乡的艰苦远征而越发疲惫烦闷的士兵们，士气大振。征服美索不达米亚之后，亚历山大准备向伊朗的心脏地带进军。

阿契美尼德帝国的灭亡

巴比伦陷落之后，亚历山大的军队开向伊朗的西南部，行进 20 天之后抵达苏萨。西方的史料宣称，城市中的居民并没有抵抗，直接向亚历山大的军队开城投降。自 1982 年以来，米尔·阿贝丁·卡波利（Mir Abedin Kaboli）率领的伊朗考古队，已经在苏萨挖掘出土了 160 枚弩炮石弹和 400 片箭头残片，这对史学界的"无抵抗"说法是一个挑战。卡波利指出：

阿帕达纳宫保存良好……在苏萨的考古发掘显示亚历山大并没有获得王座。壮丽的王座留在了远处，甚至宫殿表面的装饰也未受到影响……[39]

也有一种可能是，正如古典时代文献中描述的那样，这座城市被亚历山大攻破，但此前进行了抵抗。或许苏萨城中巨额的帝国财富储备落入了亚历山大之手，因此这座城市才免于被毁。卡波利团队的考古发现意味着学界有必要重新审视有关苏萨陷落的记述。

阿里奥巴詹在波斯关的最终抵抗

亚历山大有两条路前往波斯波利斯，要么从苏萨出发走王室大路，要么翻越位于波西斯的扎格罗斯山脉。斯佩克（Speck）、科赫（Koch）和皮尔尼亚，都对亚历山大这一阶段的征服行动进行了全面分析。[40] 大军在舒什塔尔（Shushtar）附近渡过帕西提格里斯河（Pasitigris），之后遭遇了一些抵抗。亚历山大很快就到达了今哈夫特盖勒（Haftgil），他在那里决定兵分两路：帕曼纽将沿着王室大路向波斯波利斯进军，而亚历山大选择翻越扎格罗斯山脉这一更危险的路线。在遭遇了乌克西亚人（Uxian）部族的抵抗之后，亚历山大无情地屠杀了他们，此后再没有任何部族胆敢抵抗了。渡过埃兰和波西斯之间的马伦河（Marun）之后，亚历山大被迫于公元前330年1月率领军队通过波斯关——一个位于今亚苏季（Yasuj）的岩石山口，很可能位于吉洛耶（Geeloye）山脉。波斯将军阿里奥巴詹得知亚历山大的动向，率2.5万人在山中布防。[41] 他为了伏击亚历山大，在狭窄的山口中修建了一道城墙。

亚历山大的队列进入了波斯关，沿着狭窄的山谷行进。阿里奥巴詹的城墙刚出现在他们眼前，致命的陷阱就启动了。滚石和箭矢仿佛雨点一般落到山谷中的士兵们身上。一些希腊人试图爬山逃脱，但是岩石上湿滑的冰雪以及不间断的投射火力阻止了他们。希腊人试图结成盾阵抵御，却也以失败告终，因为山上滚落的大石轻易地压垮了他们。[42] 亚历山大别无选择，只能匆忙撤退，并遗弃了战死者。阿里奥巴詹的城墙虽然坚固，却是静止的。亚历山大找到了一条能够绕过山口的小路，而后他手下的一个指挥官菲洛塔斯（Philotas）突袭了在山口扎营的波斯人，亚历山大则冲向阿里奥巴詹的指挥部，阿里奥巴詹的军队被彻底击败。在阿契美尼德王朝最后的有组织抵抗中，伊朗传说记述了女战士尤塔布（Youtab）的英勇事迹，她是阿里奥巴詹的妹妹，她勇猛地战斗直到阵亡。肉搏战非常激烈，甚至手无寸铁的部落难民也前来抵抗亚历山大的部队。阿里奥巴詹向波斯波利斯逃跑，试图在那里坚持抵抗，然而亚历山大已经派出了追击部队。阿里奥巴詹和他幸存的部下很快就被困住了，他们没有选择投降，而是直接冲向马其顿阵线。[43] 有一个版本的记载宣称阿里奥巴詹在最后的抵抗中被杀，另一个版本则声称他逃往北部，他和他的兄弟最终在那里向亚历山大投降。[44]

即使没有准确的数据，历史学家一般认为这次伏击让亚历山大损失惨重。古典文献也证实了亚历山大在波斯关伤亡很大，却没有提供任何数据。按照狄奥多鲁斯的说法，亚历山大最惨重的伤亡就发生在他第一次进攻波斯关的时候。为了纪念这位将军的功绩，如今当地人称波斯关为"阿里奥巴詹的山谷"（Tang-e-Ariobarzan）。

波斯波利斯的毁灭

阿里奥巴詹的军队在波斯关战败之后，亚历山大和波斯波利斯之间再也没有任何军事障碍了。在正式入城之前，亚历山大对他的军队发表了演讲：

希腊从未遭遇比居住在波斯首都的国王们更可恶的敌人……大流士和薛西斯正是从这里发动了进攻欧洲的渎神战争……毁灭这座城市将让我们祖先的灵魂安息。[45]

因这次演讲而激愤，又回忆起薛西斯在希腊的暴行，亚历山大的伙伴骑兵和方阵步兵于公元前330年4月进入了这个城市。

狄奥多鲁斯详细地记述了亚历山大在波斯波利斯的暴行。[46]从巴比伦与苏萨征调的数以千计的驮畜（包括3000头骆驼），运输了超过2500吨黄金。这些财富对波斯帝国而言是一种"储备金"，自居鲁士大帝的时代便开始积攒。房屋和宫殿遭到了洗劫，所有的妇女——包括贵族妇女——都直接被掳为奴隶。大量的囚犯直接被屠杀。[47]如此规模的洗劫，只有数个世纪之后，638年阿拉伯人攻占萨珊波斯帝国首都泰西封（Ctesiphon），可以与之相比。传说中，对这个沦陷帝国的辉煌首都最后的冒犯，是亚历山大和他的部下被一个希腊妓女叫醒，醉酒的他们烧毁了宫殿。[48]波斯波利斯被毁得如此彻底，甚至之后的帕提亚王朝和萨珊王朝都从未试图重建。这个恢宏城市的残垣断壁无声地见证着它辉煌的过去，以及可耻的陷落。

尽管亚历山大毁灭了波斯波利斯，他对居鲁士大帝的赞赏和尊敬却有大量文字记载证实，他将居鲁士视作英雄。他一直想要拜访帕萨尔加德的居鲁士陵墓。阿里安记述称，得知居鲁士的陵墓遭到洗劫，他的遗体也被损毁，亚历山大甚为悲伤。[49]亚历山大下令修复居鲁士的陵墓和棺椁，归还所有的陪葬品，并封住入口。他也保留了最初由居鲁士建立的一个前哨——库尔塔克（Kurtakh），该城被希腊人称为居鲁士波利斯。[50]

大流士三世之死

波斯波利斯毁灭之后，亚历山大需要消灭的阿契美尼德王朝权威象征，仅剩大流士三世本人。在高加米拉之战后，大流士撤退到了古米底首都埃克巴坦那，波斯国王在那里正式发出召集令，呼叫那些尚未抵达的援军。亚历山大得知塞种人和卡都西亚人依旧忠于大流士，遂下令进军米底，然而到那里时大流士已经离开了。[51]进入埃克巴坦那之后，亚历山大立即命令帕曼纽尽可能收集城中的财富。现代的哈马丹市依旧保留着石狮（Shir-e-Sangi）[52]，这是亚历山大为了纪念密友赫费斯提翁（Hephastion）而下令雕刻的。

大流士向东北部转移，企图征召更多的部队，他还与巴克特里亚的总督、参加了高加米拉之战的贝苏斯会合了。由于亚历山大不断追击，此前忠于大流士的一些部队在雷吉（今拉伊）倒戈。在雷吉休息了五天之后，亚历山大继续向东北追击，然而当他接近大流士残部之时，贝苏斯暗杀了国王。大流士弥留之际是否同亚历山大对话，伊朗的记载与其他古典文献中的说法各不相同。昆图斯·库尔提乌斯记述称，在亚历山大到达之前，大流士已经死去；而狄奥多鲁斯宣称大流士那时还活着。[53]伊朗的传说声称，濒死的大流士向亚历山大提出请求：不要任命非伊朗人统治伊朗人，并将谋害他的人绳之以法。杀死大流士的贝苏斯被逮捕并处死。其他记载中，贝苏斯逃到了巴克特里亚并且自称阿塔薛西斯四世，而后亚历山大俘虏了他，并在埃克巴坦那将他吊死。如果这一说法可信，那么贝苏斯也许曾试图重整阿契美尼德王朝的残余抵抗力量，并在伊朗北部招募新的骑兵部队。

◎ 右图：16世纪的波斯《列王纪》插图，描绘了胜利的亚历山大侧耳倾听濒死的大流士三世的遗言。有趣的是，伊斯兰时代的《列王纪》史诗声称大流士和亚历山大是异母兄弟。（The Art Archive/The Bodleian Library, Oxford Elliott 340 folio 32r）

کبو طای پریشان سپا منیق صف
اینکا طیلده بلاریش ه جالینی
فاش

نیشتی خواول حنی نیک قاشیه
پیکنده توسوب کیلدی داریانی

کبه جمع اید دیلار یرشا بنینک بشی
ایشی توسشتی رفی د مدارا یباری
تا یطلمی نیک پرله قان الجراونی

亚历山大的世界构想：雅利安人与希腊人的结合

亚历山大对他新征服的土地的未来，有着非凡的构想：他希望将伊朗人和希腊人统一起来，也就是把波斯与希腊融合成由他统治的帝国。[54] 他在苏萨鼓励马其顿军官和伊朗贵族妇女通婚。[55] 波斯人被任命为马其顿军官，许多伊朗人部队获得了亚历山大的"伙伴"地位，与马其顿人"伙伴"相当。[56] 与波斯人合作也许能够帮助他统治帝国。[57] 显然，这一政策意味着让伊朗人总督和希腊–马其顿部队共同"统治"。年轻的伊朗人士兵按照希腊的军事训练模式整训，学习希腊战术。[58] 根据记载，亚历山大在一次宴会上向哈耳摩尼亚女神（Homonoia，和谐女神）祈祷，希腊人和伊朗人共用酒杯。据说，塞斯塔斯（Peucestas）——马其顿的波西斯总督，学会了波斯语并公开地穿着伊朗服饰，亚历山大因此奖赏了他。[59] 不过，在人生最后的岁月中，亚历山大对伊朗驻军的忠诚越发怀疑，于公元前 324 年年初下令将他们解散。[60]

尽管希望联合，亚历山大还是大力打击雅利安的祭司阶层，特别是琐罗亚斯德教的祭司。琐罗亚斯德教的文献称亚历山大是"大毁灭者"，因为他杀死琐罗亚斯德教祭司，并焚毁了早期雅利安人的文献《阿维斯陀》的原本。[61] 琐罗亚斯德教传说中，亚历山大的暴行包括"杀死琐罗亚斯德教的'麻葛'（magi）……以及许多教师、法官、'赫尔巴特'（Herbats，低阶祭司）、'摩巴德'

◎ 阿契美尼德王朝的银质角状杯，出土于今土耳其埃尔津詹。（akg-images/Erich Lessing）

（Mobad，高阶祭司）"。[62] 许多波斯文献，特别是学术著作和琐罗亚斯德教文献，在亚历山大征服期间遭到销毁。[63] 琐罗亚斯德教的原版典籍有三个版本，分别保存于苏萨、波斯波利斯和马拉坎达（Maracanda，今撒马尔罕）。如今，《阿维斯陀》原本只有一部分存世，《赞德阿维斯陀》（Zend-Avesta，阿维斯陀经注解）直译就是"焚毁的阿维斯陀"，点明亚历山大入侵时的暴行。亚历山大带来了什么程度的破坏，实际上存在争议，因为波斯波利斯的弗拉塔拉卡（Frataraka）神庙的建造时间是在入侵之后，而非之前。[64] 琐罗亚斯德教文献也许夸大了亚历山大造成的破坏，然而琐罗亚斯德教及其祭司在亚历山大治下经历压迫，的确是不可否认的事实。之所以有这些举动，亚历山大或许是在寻找机会报复薛西斯焚毁破坏希腊神庙的行为，也有可能是他将琐罗亚斯德教祭司及雅利安祭司阶层视作希腊人在波斯统治权威的潜在威胁，希望借此巩固他的地位。琐罗亚斯德教祭司和他们的文献，总是能够激励伊朗人民反对外国统治。然而琐罗亚斯德教终究还是在亚历山大的征服，以及随后的塞琉古王朝治下，幸存了下来。

尽管开始得轰轰烈烈，亚历山大的民族联合构想却从未实现。在远征阿拉伯之前，亚历山大在巴比伦，与他的朋友拉里萨（Larisa）的梅迪乌斯（Medius）在一场私人宴会上喝了一杯，之后就高烧不退。大多数当代历史学家认为，亚历山大于公元前323年6月7日死于这一"发热病"，然而也有理论认为他是被毒杀，因为他"过于雅利安"了。确实有一些古典文献的记述显示亚历山大正在"本地化"：他采用了直立的三重冠，这是伊朗人的帝国权威的象征，而且他还穿着"野蛮的"伊朗人的服装。[65] 亚历山大也试图推行阿契美尼德王朝的习俗，要求人们向身为国王的他跪拜。这也可能和亚历山大相信自己拥有神性有关。[66]

随后的事件有力地证明了马其顿人反对亚历山大设想的联合。他逝世后，马其顿人纷纷同他们的伊朗妻子离婚，而卡山德（Cassander）在公元前310年杀死了亚历山大的遗孀罗克珊娜和她的儿子亚历山大。[67] 伊朗人总督也纷纷被解职。马其顿人不仅厌恶同波斯的雅利安人联合，他们自己也未能维持团结。骤逝的亚历山大没有指定继承人，于是在他的将领中引发内战。亚历山大的伟大帝国很快就被许多希腊化的继业者政权取代，其中就有波斯的塞琉古王朝。

注释

1. Diodorus Siculus, *Library of History VII*, 16.50.

2. 大英博物馆, BM 71537。

3. Plutarch, *Parallel Lives XVIII*, Alexander 7–8.

4. Marcus Junianus Justinus (trans. J. S. Watson), *Philippic History of Pompeius Trogus* (London: Henry G. Bohn, 1853), X, 3.

5. Quintus Curtius Rufus, *The History of Alexander*, V, 11, 5.

6. Arrian, *The Campaigns of Alexander*, II, 14.5.

7. 巴比伦的记载提到，阿契美尼德贵族在巴比伦的地产规模大增。

8. Frye, *The History of Ancient Iran*, p.132.

9. Arrian, *The Campaigns of Alexander*, II, 14.5.

10. W. Heckel, *The Wars of Alexander the Great* (Oxford: Osprey Publishing, 2002).

11. Diodorus Siculus, *Library of History VIII*, 17.17.3–5.

12. 同上，17.17.3–5。

13. Motofi, *Tarikh-e-Chahar Hezar Sal-e Artesh-e Iran*, p.88.

14. Diodorus Siculus, *Library of History VIII*, 17.19–20; Arrian, *The Campaigns of Alexander*, I, 4.3.

15. H. Pirnia, *Iran Bastan: Tarikh-e Mofassal-e-Iran-e Ghadeem* [Ancient Iran: A Comprehensive History of Old/Past Iran] (Tehran: Sherkat-e-Matbooat, 1932), p.1251.

16. Sekunda, *The Persian Army 560–323 BC*.

17. Arrian as cited in Pirnia, *Iran Bastan*, p.1257.

18. Diodorus Siculus, *Library of History VIII*, 17.21.

19. Motofi, *Tarikh-e-Chahar Hezar Sal-e Artesh-e Iran*, p.89.

20. 同上，p.89; Pirnia, *Iran Bastan*, p.1282。

21. Diodorus Siculus, *Library of History VIII*, 17.30.

22. 同上，17.31。

23. Quintus Curtius Rufus, *The History of Alexander*, III, 2.

24. Diodorus Siculus, *Library of History VIII*, 17.33.

25. 同上，17.34。

26. 同上。

27. Justinus, *Philippic History of Pompeius Trogus*, XI, 9.

28. Diodorus Siculus, *Library of History VIII*, 17.54.

29. 同上。

30. Head, *The Achaemenid Persian Army*, pp.43, 72.

31. Sekunda, *The Persian Wars 560–330 BC*, p.29.

32. Pirnia, *Iran Bastan*, p.1379.

33. Motofi, *Tarikh-e-Chahar Hezar Sal-e Artesh-e Iran*, p.93.

34. Plutarch, *Parallel Lives VII*, Alexander IV, 31.

35. Pirnia, *Iran Bastan*, p.1381.

36. Quintus Curtius Rufus, *The History of Alexander*, IV, 11.

37. Pirnia, *Iran Bastan*, p.1392.

38. Quintus Curtius Rufus, *The History of Alexander*, V, 1

39. 这段引文出自文章 "Susa Withstood Alexander's Invasion" www.cais-soas.com/News/2006/ April2006/09-04-susa.htm April 9, 2006。

40. H. Speck, "Alexander at the Persian Gates: A Study in Historiography and Topography", *American Journal of Ancient History*, (2002, Vol.1/1), pp.15–234; H. Koch, "Die achämenidische Poststraße von Persepolis nach Susa", *Archäologische Mitteilungen aus Iran* (1986, Vol.19), pp.133–147; Pirnia, *Iran Bastan*.

41. Pirnia, *Iran Bastan*, p.1413.

42. 同上。

43. Arrian, *The Campaigns of Alexander*, III, 6.4; Diodorus Siculus, *Library of History VIII*, 17.68; Quintus Curtius Rufus, *The History of Alexander*, III, 3–4.

44. 同上。对比参考 Frye, *The History of Ancient Iran*, p.140。

45. Pirnia, *Iran Bastan*, p.1420.

46. Diodorus Siculus, *Library of History VIII*, 17.69–72.

47. Plutarch, *Parallel Lives VII*, Alexander 51.

48. Diodorus Siculus, *Library of History VIII*, 17.72.1–2.

49. Arrian, *The Campaigns of Alexander*, XXIX, 1–11.

50. Quintus Curtius Rufus, *The History of Alexander*, VII, 6.20.

51. Arrian, *The Campaigns of Alexander*, III, 7.2.

52. 于 7 世纪被阿拉伯入侵者破坏。

53. Quintus Curtius Rufus, *The History of Alexander*, V, 13; Diodorus Siculus, *Library of History VIII*, 17.73.

54. W. Tarn, *Alexander* (Cambridge, England: Cambridge University Press, 1948), p.146.

55. Plutarch, *Parallel Lives VII* Alexander 70; Arrian, *The Campaigns of Alexander*, VII, 4.4.

56. Arrian, *The Campaigns of Alexander*, VII, 6.4; VII, 11.6.

57. Frye, *The History of Ancient Iran*, p.140.

58. Arrian, *The Campaigns of Alexander*, VII, 11.9; VII, 6.1.

59. 同上，VI, 30.2–3。

60. Frye, *The History of Ancient Iran*, p.144.

61. M. Boyce, *Zoroastrianism* (London: Routledge and Kegan Paul, 1979), p.78; P. Kriwaczek, *In search of Zarathustra: The First Prophet and the Ideas that Changed the World* (London: Weidenfeld & Nicholson, 2002). pp.87, 203.

62. P. W. Roberts, *Journey of the Magi: In Search of the Birth of Jesus* (Toronto, Canada: Stoddart Publishing, 1995), p.355.

63. R. N. Frye, *The Golden Age of Persia* (London: Wiedenfeld & Nicholson, 1988), p.19.

64. Boyce, *Zoroastrianism*, p.78; Frye, *The History of Ancient Iran*, p.139.

65. Arrian, *The Campaigns of Alexander*, IV, 7.4; VII, 8.2.

66. E. Fredricksmeyer, "Alexander and Philip: Emulation and Resentment", *Classical Journal* (1990, Vol.85), pp.300–315.

67. Frye, *The History of Ancient Iran*, p.151.

◎ 哈特拉神庙。这座城市防御坚固，从未被罗马人征服，在 116 年挡住了图拉真，又在 198 年挡住了塞普提米乌斯·塞维鲁。（akg-images/Gérard Degeorge）

第二部分

Part II

帕提亚王朝

　　帕提亚王朝从亚历山大大帝之后的塞琉古诸王手中，恢复了波斯的独立。他们以马术为基础的新战争模式，具体表现为"全骑兵"战术，即重装枪骑兵与灵活且致命的弓骑兵协同行动。凭借这些武器装备，帕提亚王朝将野心勃勃的罗马帝国拒之门外，而他们的统治也见证了世界上第一个真正意义上的"封建"社会的建立，以及伊朗文化、艺术和建筑的复兴。

◎ 上图：帕提亚王朝金搭扣，其上镶嵌绿松石，雕刻有鹰抓住猎物的图案，来自伊朗洛雷斯坦，公元前 1—公元 1 世纪。（© The British Museum/HIP/Topfoto）

第七章

塞琉古王朝和
帕提亚王朝的兴起

继业者战争：亚历山大继承者的对决

在波斯，塞琉古王朝（Seleucids）是亚历山大的直接继承者。亚历山大逝世之后，"继业者"（Diadochoi，即继承者）几乎立即为争夺亚历山大征服的领土而开战。这些战争的宏观结果是，亚历山大此前控制的领土被瓜分。托勒密一世（Ptolemy Ⅰ，公元前367—公元前283年）获得了埃及、巴勒斯坦–腓尼基沿岸、塞浦路斯岛以及安纳托利亚西南部的奇里乞亚。卡山德统治了希腊世界，其势力范围从北部的马其顿向南延伸到斯巴达。伊庇鲁斯（Epirus）统治着希腊西部的一大块飞地。利西马科斯（Lysimachus）成了色雷斯、小亚细亚西部以及整个黑海沿岸的主人。"胜利者"塞琉古（Seleucus Nicator，公元前312—公元前281年在位）攻占了美索不达米亚、米底、伊朗高原、伊朗的东部和东北部（绝大部分与"米底地区"重叠）、今阿富汗、安纳托利亚东部部分地区、叙利亚和中亚——不包括霍拉桑人和达赫人联盟。

攻陷苏萨之后，亚历山大委派塞琉古组织伊朗的贵族骑兵，他聚集了1万人的部队。[1] 塞琉古在巴比伦正式建立对伊朗的统治。公元前305年，他在底格里斯河的西岸建立自己的首都，这座城市此后被称作塞琉西亚（Seleucia）或"底格里斯河畔的塞琉西亚"。河对岸正对着塞琉西亚的，是巴比伦人的城市奥比斯（Opis），那里此后被帕提亚人改名为泰西封。公元前301年的伊普苏斯（Ipsos）之战，让塞琉古获得了叙利亚和安纳托利亚东部，塞琉古王朝的第二个首都——奥龙特斯河（Orontes）河畔的安条克，在古叙利亚北部建成。埃克巴坦那则成为塞琉古王朝的避暑行宫。与此同时，希腊殖民者不断前来，并且定居在之前属于阿契美尼德帝国的叙利亚、美索不达米亚和伊朗，直到公元前3世纪50年代初。

一些伊朗学者将塞琉古王朝视作插曲，与伊朗历史不甚相关，[2] 西方古典时代研究者的观点往往正好相反。西方学界没有充分意识到一个事实，希腊人的权威从未成功渗透进波斯的内陆或部落地区。正如弗赖伊所说，"塞琉古王朝控制了伊朗的主要贸易路线，却几乎仅此而已"。[3] 但希腊的统治与伊朗政治、军事和文化的发展，绝非"不甚相关"。这一章将讨论后亚历山大时期和塞琉古王朝时期，与波斯的发展直接相关的重大事件，直到帕提亚王朝建立。

塞琉古王朝在波斯的缺陷

"胜利者"塞琉古之后的塞琉古王朝君主们，从未能建立起保证伊朗臣民忠诚的稳固统治基础，也未能建立起强有力的中央集权系统。这些缺陷加上帕提亚人的军事行动，终止了希腊人在波斯的统治。

即使失去小亚细亚、近东和埃及，此前的阿契美尼德帝国也是疆域辽阔的国家。塞琉古王朝本质上是异族占领军政权，根本没有足够的希腊–马其顿部队，[4] 无力在包括伊朗东部与部分中亚地区、伊朗高原、波斯北部、米底和米底–阿特罗帕特尼以及美索不达米亚的庞大领土上，完全施行他们的权威。伊朗人部队只能作为辅助部队，因为他们不可信。在西面，伊朗的

◎ "胜利者"塞琉古。（akg-images/Andrea Baguzzi）

塞琉古政权在不断同埃及和安纳托利亚西部的"继业者"政权对抗，耗费了自身的国力。即使塞琉古王国境内的驻军能够镇压叛乱和独立运动，随着王国西部不断增加的军事需求，国内的军力越发减少，终将无力弹压叛乱。伊朗东北部的帕提亚人已经独立，并向整个波斯扩张，尽管安条克三世于公元前209年成功地暂时阻止了这种扩张势头，但罗马人在爱琴海的早期扩张，还是让政权不稳问题越发明显。安条克以西的政局与战事上的变化，分散了塞琉古王朝的注意力，使之无法全力应对中亚和伊朗东北部的独立运动。

本质上，希腊殖民者是广阔的伊朗人地区中的希腊语孤岛。雅利安封建领主体系依然保持完整，并牢固地扎根在曾经的阿契美尼德帝国领土上。希腊-马其顿殖民者几乎没有尝试以他们的希腊文化同化伊朗的雅利安文化，或许希腊-巴克特里亚王国是个例外。这一点值得注意，毕竟在伊朗高原之外，比如卡帕多西亚、科玛吉内（Commagene）、安纳托利亚的本都沿海地区、黑海的北岸以及意大利南部的卡拉布里亚，混居的希腊人和伊朗人都在相互融合。这些地区的希腊-伊朗综合体，在艺术、建筑、文化和技术方面都留下了深远影响，然而在伊朗高原，尽管希腊的影响力的确存在，相关活动的水平与频繁程度，却从未能与希腊和伊朗之外的那些混居地区相比。

伊朗人将希腊殖民者视为异族占领者。塞琉古王朝是后亚历山大时期的占领军，依靠武力统治伊朗人的他们并不能代表伊朗人。虽然历史学家们经常讨论希腊化的利好以及亚历山大实现种族联合的期许，但没有多少现存证据证明，塞琉古王朝考虑过伊朗文化的发展，乃至伊朗普通民众的福祉。塞琉古王朝在食物供应上，或许也采取了歧视性的安排。[5]不满时而爆发，转变为叛乱或武装起义，比如，有一次有3000名战士发起武装叛乱，他们被当地总督西列斯（Selies）引诱到兰达（Randa）的伏击圈中，而后被塞琉古王朝的马其顿人和色雷斯人部队屠杀。[6]塞琉古军队中的伊朗部队也并不忠诚，特别是在同帕提亚人作战时。即使塞琉古王朝暂时能够镇压伊朗人民，他们最终也未能阻止新兴的帕提亚王朝所代表的伊朗政治复兴。

在亚历山大征服后，波斯东部的希腊化插曲只持续了不到一个世纪。公元前3世纪80年代早期，塞琉古王朝已经无力阻止阿富汗南部[古称哈拉胡瓦提（Harahuvati）]和俾路支斯坦[古称格德罗西亚（Gedrosia）]脱离帝国。

然而最危险的变化是公元前238年帕提亚独立，这一地区与中亚的塞种人在军事、文化和技术上有着密切的联系。

希腊文化的传播

关于希腊文化对伊朗人的影响程度，已经存在相当多的思索。塞琉古王朝在伊朗的统治崩溃之后，希腊艺术显然影响了帕提亚王朝的早期艺术。希腊对波斯神话的"影响"这一概念被误读了，因为除了命名法之外，双方的众神和语言都同样源自印欧语系的基础，即库尔干。特定的希腊神祇的遗迹也幸存至今，比如贝希斯敦的赫拉克勒斯石像。

在塞琉古王朝统治期间，希腊语在伊朗和中亚一度无处不在。在阿契美尼德王朝统治末期，希腊语已经在安纳托利亚西部广泛传播，随后的亚历山大征服将它传播到遥远的印度和中亚，这一情况与之后的伊斯兰教的阿拉伯征服者类似。[7]许多雅利安贵族学说希腊语，而之后统治伊朗的帕提亚君主们也十分了解希腊的文化和语言。不过，希腊人似乎没有在学习波斯语上花很大精力。

◎ 贝希斯敦的赫拉克勒斯雕像，这或许是塞琉古王朝艺术在伊朗存留的最生动象征，也是希腊诸神在塞琉古帝国中存留的印记。（© Livius.org）

即使一些古典历史学家和他们的当代拥护者，对亚历山大兴建城市的规模有所夸大，[8]希腊"城邦"的实例确实在各地出现，比如底格里斯河畔的塞琉西亚，以及中亚的阿伊哈努姆（Ay Khanum）。这些城市拥有剧院、公民建筑以及体育场，[9]和希腊的那些城市一样。公民、艺术从业者、手工业者和其他各种类型的专业人员，与职业军人一起居住在这些城市中。[10]不过，这种城邦对伊朗的游牧民和农业人口没有任何影响，与之类似的是，此后的阿拉伯入侵者也主要是影响他们定居的城市中心。意义重大的城市是那些连接伊朗高原与中亚的城市，即埃克巴坦那、雷吉，通往位于中亚的梅尔夫（Merv）和今天的阿富汗。伊朗西南部的苏萨则通往波斯湾，并向东连接印度。

希腊文化从未渗透到伊朗精神的核心，因为希腊人从未迫使平民接受希腊文化或者希腊政治体系，而且没有试图中断伊朗的雅利安信仰。[11]使用伊朗语族的各民族的雅利安遗产也确实拥有很强的韧性，最终让伊朗人的民族认同与文化得到了全面复兴，这一进程在1世纪时得以全面进行。

"拯救者"安条克一世和"神祇"安条克二世

安条克一世（Antiochus Ⅰ，公元前281—公元前261年在位），是亚历山大的希腊人与雅利安人种族联合构想的成果。他的母亲是嫁给塞琉古一世的伊朗贵族妇女阿帕玛（Apama）。考虑到安条克试图对黑海沿岸的安纳托利亚西北部的卡帕多西亚和比提尼亚（Bithynia）的伊朗人小政权施加影响，马其顿和色雷斯显然被他抛弃了。在近东地区，叙利亚是塞琉古王朝与托勒密王朝数次冲突的主要起源，而大马士革等重要城市也擅长朝秦暮楚。安条克对安纳托利亚西部的帕加马（Pergamum）发动了坚定的进攻，却于公元前261年在萨迪斯战败。安条克值得一提的一次重大胜利，是在公元前278年在安纳托利亚击败了肆意破坏的高卢人，他因此获得了"拯救者"（Soter）的称号。

另一个重要变化则出现在伊朗西南部的波西斯。尽管具体的时间表并不明确，但可以确定波西斯早在塞琉古一世统治时期就开始自行铸造钱币，[12]到了安条克一世（或二世，乃至三世）统治时期，那里仅在名义上效忠于塞琉古王朝。显然，只要塞琉古王朝在伊朗高原的权威没有遭到挑战，他们愿意给予别的地区自治权。

公元前 261 年，安条克一世在萨迪斯之战中战死，此后，其子安条克二世（公元前 261—公元前 246 年在位）继位。王位本来要传给安条克一世的长子塞琉古，然而他已经在公元前 262 年被处死，据说是因为背叛了他的父亲。和前任君主们一样，安条克二世将注意力集中到了色雷斯，他因此被米利都人称为"神祇"（Theos）。他也打败了埃及的"恋姊者"（Philadelphus）托勒密二世，在安纳托利亚南部滨海地区取得了胜利。当"美髯的胜利者"（Callinicus Pogon）塞琉古二世（公元前 246—公元前 225 年在位）成为国王时，埃及的托勒密三世（公元前 246—公元前 222 年在位）于公元前 3 世纪 40 年代末发动的进攻取得了胜利，塞琉古二世被赶到了底格里斯河畔，然而他此后还是重新征服了叙利亚。这些"西面"的行动让塞琉古王朝无暇东顾，难以准备应对伊朗高原的北部及中亚地区的威胁。

亚历山大征服波斯后不久，就要面对发生在巴克特里亚和索格底亚那的叛乱，而且这些叛乱很难以武力镇压。[13] 因此派大军驻扎当地，以巩固希腊人的权威，并防卫中亚难缠的塞种人。然而中亚的希腊人很快自行发展出了"分离主义"倾向。这种倾向在安条克二世统治期间显现出来，他无法向中亚的希腊人施行塞琉古王朝的权威。塞琉古王朝在巴克特里亚的地方长官，即总督狄奥多图斯（Diodotus），于公元前 255 年成功获得了独立。[14] 到了公元前 250 年，狄奥多图斯已经建立了一个独立的希腊-巴克特里亚王国，[15] 而此时帕提亚行省也正在脱离塞琉古王朝的统治。希腊-巴克特里亚王国大部分位于今阿富汗境内，并一直延续到公元前 125 年，被从东方迁入中亚地

◎ 到公元前 250 年，独立的希腊-巴克特里亚王国已经建立。这枚四德拉克马（tetradrachm）银币于公元前 2 世纪早期由国王阿加托克勒斯（Agathocles）下令铸造发行。为了展现统治的合法性，阿加托克勒斯将显赫的先王们的形象印在货币上，包括亚历山大大帝、安条克二世以及巴克特里亚的第一位国王狄奥多图斯。这枚银币上，赫拉克勒斯手持狮皮，身边围绕的文字是"公正者阿加托克勒斯国王"。（© The British Museum/HIP/Topfoto）

区的伊朗语族的大月氏人灭亡。国王德米特里（Demetrius，公元前200—公元前180年在位）出兵进攻印度次大陆，并在公元前180年建立了印度-希腊王国。这个王国延续了近两个世纪，直到公元前10年，才被塞种人、贵霜人和帕提亚人瓜分。

帕提亚的崛起

在阿契美尼德王朝统治时期，记载中提及了独立行省帕萨瓦，其首府位于图斯（Tus）。[16] 这一地区似乎是由希尔卡尼亚（今伊朗北部的戈尔甘，位于里海的正南方）代管。帕萨瓦行省之后也许分离出来，由中亚的霍拉桑代管。帕提亚人为阿契美尼德王朝提供骑兵。[17] 帕萨瓦行省的总督也曾派出部队与亚历山大作战。

学者们时常争论的一个问题是，阿契美尼德时代的帕萨瓦人与此后挑战罗马的帕提亚人，是否是同一个民族。可以确定的是，在阿契美尼德帝国灭亡之后，帕萨瓦，或者说帕提亚，转由塞琉古王朝统治。这一地区似乎和今伊朗东部的呼罗珊地区有所重叠。通常认为，曾有一支来自中亚的、使用北伊朗语族的塞种人迁徙至帕提亚地区，他们被称为阿帕尼人（Aparni/Parni），他们是达赫人联盟的掌控者，首领是阿什克（Ashk/Arsaces）。他们是北伊朗语族的塞种人以及更早的马萨格泰人的亲族。[18] 阿帕尼人移民也许早在塞琉古一世时就抵达了。到公元前200年，阿帕尼人已经统治了里海东南方向相当大的一片区域。"帕提亚"一词，此时反映了东伊朗语族群体的一支和北伊朗语族群体的一支实现了民族和政治的统合。帕提亚人和北伊朗语族塞种人之间的文化和政治联系，伴随王朝统治的始终。[19]

帕提亚独立

在希腊-巴克特里亚独立之后不久，就在塞琉古二世的父亲安条克二世逝世之前一年，帕提亚总督安德拉戈拉斯（Andragoras）在公元前247—公元前245年发动叛乱，反对塞琉古二世。阿什克可能在公元前238年杀死了安德拉戈拉斯。[20] 阿里安和辛塞鲁斯（Syncellus）所写的古典时代文献，提供了更多的信息，其中记述了总督"阿加索克勒斯"（Agathocles，即安德拉戈拉斯）

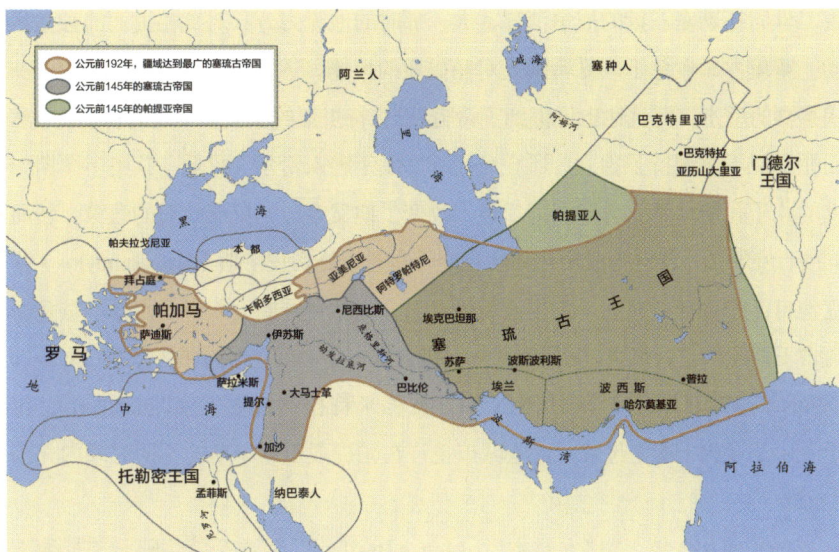

◎ 塞琉古王国与帕提亚帝国，公元前 145 年。

如何羞辱了阿什克。[21] 阿什克和他的兄弟提尔达德，此后和五个同族一起密谋推翻安德拉戈拉斯。这个故事与大流士和他的六个同谋的故事高度相似，难免让我们质疑其真实性。安德拉戈拉斯的叛军随后被阿什克"收编"，一场"分离主义"的叛乱转变成了伊朗人的独立运动。阿什克就此控制了帕提亚。

学界通常认为，在这些混乱期间或者之前，来自里海东岸的北伊朗语族移民或者入侵者，开始进入帕提亚。当时的阿巴沙（Abarshahr/Aparshah），似乎有一大群达赫人联盟的帕尼部的塞种人居住。[22] 中世纪伊朗文献《创世记》（*Bundahishn*）证实了这一点。[23] 沃尔斯基（Wolski）就阿什克控制帕提亚一事，提出了如下的顺序和年表。[24] 首先，帕尼人在公元前 280 年对帕提亚发起了最初的"入侵"。随后，阿什克在公元前 250 年率领帕尼人征服了古昌地区（Quchan/Astauene）。接着，他于公元前 247 年在古昌的首都加冕为国王。同样被普遍承认的是，到公元前 241 年，提尔达德（公元前 247—公元前 211 年在位）已经掌控了整个帕提亚行省，而阿什克和提尔达德共同于公元前 238 年击杀了安德拉戈拉斯，彻底终结了希腊人在帕提亚的统治。

和在希腊-巴克特里亚一样，塞琉古王朝无力阻止帕提亚脱离帝国，塞琉古二世同托勒密三世的战争消耗甚大，那时的他无力分兵对抗帕提亚的独立运动。塞琉古二世急于恢复希腊人对帕提亚的控制，遂在公元前 238 年发起了一次猛烈的反击，而且他也许得到了希腊-巴克特里亚的狄奥多图斯的协助。[25] 然而帕提亚不仅维持了独立，还在公元前 235 年进入希尔卡尼亚。狄奥多图斯一世的儿子和继承者狄奥多图斯二世，改变了他父亲与帕提亚敌对的政策，转而同阿什克联盟。[26] 这些成功让阿什克能够在赫卡托姆皮洛斯（Hecatompylos）建立他自己的首都。建立了帕提亚王朝之后，阿什克开始突入伊朗高原，蚕食塞琉古王朝的领土。很快，帕提亚的第一批大都市中心就在沙赫尔古米斯（Shahr-e Qumis，达姆甘附近）和尼萨 [Nysa，古称米特拉达梯堡（Mithradatkert），位于今中亚境内] 建立起来。这些城市也许在帕提亚王朝早期的不同时间内充当"首都"。

公元前 223 年，"伟大君主"（Megas Basileus，或许是效仿阿契美尼德王朝君主所上称号）安条克三世，在他的兄长"拯救者"塞琉古三世（公元前 225—公元前 223 年在位）被暗杀之后继承了王位。安条克三世在混乱中继承了一个遭受重创的国家。小亚细亚的东部已经丢失，而且希腊-巴克特里亚和帕提亚已经独立。波斯北部，即希尔卡尼亚，已经被帕提亚吞并，这一凶险的态势或许会促使新的泛伊朗人联盟形成，共同对抗塞琉古王朝。塞琉古王朝的波西斯总督亚历山大和米底总督莫伦（Molon）也相继发动叛乱。更西方，塞琉古王朝在犹地亚（Judea）地区的权威也在遭受挑战。

◎ 帕提亚王朝的含铅青铜腰带扣，公元前 3—公元前 2 世纪。搭扣上骑手扎起的头发是帕提亚艺术作品中的典型发型。这一时期的装饰搭扣上常见的图案主题很多，比如夫妇拥抱或者各种动物的图案。在北美索不达米亚，同时代的商队城市哈特拉城中的雕像上，有各种各样的装饰搭扣。（© The British Museum/HIP/Topfoto）

安条克三世平定了米底的阿塔巴扎内斯（Artabazanes）与亚美尼亚的薛西斯发动的"地方"叛乱。[27]巩固了西线之后，安条克三世和他的军队在公元前209年进攻帕提亚。[28]这次进攻成功地突入希尔卡尼亚，并攻占了帕提亚的首都赫卡托姆皮洛斯。到公元前206年，阿什克二世被迫承认安条克三世的宗主权。[29]希腊人权威似乎得以在帕提亚暂时恢复。公元前208年，安条克三世发动远征，进攻巴克特里亚，巴克特里亚国王欧西德莫斯（Euthydemus）的骑兵在哈里河[Hari Rud，希腊语称阿里乌斯河（Arius River）]取胜，[30]挫败了安条克三世突袭巴克特里亚城的企图。安条克在两年之后承认了巴克特里亚的独立，并将他的女儿嫁给了欧西德莫斯。[31]与此同时，他延续了前任君主们的政策，允许波西斯自治，只要求他们名义上效忠。安条克三世或许已经意识到，以他手中的资源不可能无限期地维持武力统治。[32]在帕提亚的胜利就没能维持。公元前191年在温泉关，公元前189年在安纳托利亚的马格内西亚(Magnesia)，安条克三世均被罗马人击败。此后罗马人于公元前188年强行签订了《阿帕梅亚和约》（Peace of Apamea），迫使安条克放弃托罗斯山脉以北的全部塞琉古王朝领土，并且交出他的战象和海军。此外，安条克还要每年向罗马人支付1.5万塔兰特。这些财政负担迫使安条克三世出兵抢夺伊朗西南部的埃兰神庙。这次行动彻底失败了：国王本人在公元前187年7月3日—4日的进攻中战死。[33]阿什克的儿子和继承人普里阿帕提乌斯（Priapatios，公元前191—公元前176年在位），利用这一情况发动反击，就此清除了安条克三世之前在帕提亚取得的所有成果。

法尔哈德一世：帕提亚崛起

在安条克三世的继承者塞琉古四世统治期间（公元前187—公元前175年），帕提亚人再度展开对外扩张。塞琉古四世成功地迫使亚美尼亚国王阿塔什斯/阿尔塔克西亚斯（Artashes/Artaxias）承认他的权威，并重建了塞琉古王朝在波斯湾沿岸城市的霸权，然而他几乎无力阻止帕提亚的发展壮大。[34]在他被暗杀之后，他的弟弟安条克四世（公元前175—公元前163年在位）成为国王。[35]和他的父亲一样，安条克四世未能攻占埃兰神庙，并且不久之后，当地居民起义成功，将他赶出了波斯波利斯。[36]安条克四世统治期间唯一可能的胜利，是梅塞尼（Mesene）总督努梅尼乌斯（Numenius）在霍尔木兹海峡击败了一支波斯海军。[37] 折戟波西斯和埃兰之后，安条克四世撤退到了埃克巴坦那。公元前 163 年，国王摔下战车，在米底南部逝世。

米底和亚美尼亚都再次爆发了叛乱。在法尔哈德一世（Farhad/Phraates，公元前 176—公元前 171 年在位）的统治下，帕提亚的疆域继续扩大，重新征服了之前被安条克夺走的厄尔布尔士山脉（Elburz Mountains）和希尔卡尼亚的大部分。战略意义上，法尔哈德成功地让帕提亚人夺回希尔卡尼亚的统治权，这意味着帕提亚人能够从这里进军米底，并最终让波斯摆脱希腊人的统治。[38] 今马赞德兰（伊朗北部）的阿马尔迪人的驻军营地，很快就在希尔卡尼亚的西端建立起来。[39] 帕提亚人能够从这一地区直接进攻埃克巴坦那。法尔哈德不仅切断了领土日渐萎缩的塞琉古帝国与希腊-巴克特里亚王国之间的联系，打断了希腊人政权的领土连续性，他此时还开始威胁塞琉古王朝在波斯的权威。

高加索：米底-阿特罗帕特尼与阿尔巴尼亚

在亚历山大征服期间，米底行省包括伊朗库尔德斯坦大部、洛雷斯坦、伊拉克库尔德斯坦一部、北达希尔卡尼亚的伊朗高原地区，以及西北方向的伊朗阿塞拜疆。在伊朗阿塞拜疆以北，阿拉克塞斯河（Araxes）的对岸，是阿尔巴尼亚（今阿塞拜疆共和国）。阿尔巴尼亚早在公元前 7 世纪时就被基亚克萨雷斯征服，然而当地的居民主要使用卡尔特维里语（Kartvelian）。伊朗阿塞拜疆（阿拉克塞斯河以南），则被米底人和来自乌克兰的斯基泰入侵者伊朗化了。这一地区使用的语言长期以伊朗语族为主，直到 11 世纪时塞尔柱突厥人入侵。

伊朗西北部的米底地区因为大流士三世的一个将领而被称为阿顿帕特坎（Aturpatekan，意为"圣火守卫者的土地"），希腊-罗马世界则称之为米底-阿特罗帕特尼。到了塞琉古王朝的末期，阿特罗帕特尼有两个首府，冬季位于普拉斯帕 [Praaspa，今马拉盖（Maragheh）附近]，而夏季位于甘扎卡 [Ganzaka，即古伊朗语的"府库"，今米扬道阿卜（Miandoab）附近]。在塞琉古王朝统治期间，阿特罗帕特尼的地位和波西斯很相似："宗主权"仅仅停留在名义上。古典文献证实了阿特罗帕特尼几乎没有被塞琉古王朝直接控制过。[40] 安条克三世在公元前 220 年迫使米底-阿特罗帕特尼的阿塔巴扎内斯臣服，然而安条克并没有试图取代他，或者推翻他的王朝。亚美尼亚国王"伟大者"提格兰（Tigran the Great）成功在公元前 1 世纪前期征服了阿尔巴尼亚，然而罗马人成了最终的胜利者。帕提亚人保留了阿顿帕特坎的称呼，并且将这里与阿尔巴尼亚区分开来，称后者为"阿德汉"（Ardhan）或"阿尔兰"（Arran）。[41]

因此，古时的"伊朗阿塞拜疆"是米底的一部分，而后被特化为"阿顿帕特坎"，而这个词汇在 7 世纪的伊斯兰征服之后，被转写为阿拉伯语，即"阿塞拜疆"。阿塞拜疆至少自阿契美尼德王朝统治之初，就是伊朗文明和文学发展的关键中心之一，而阿尔巴尼亚也在数个世纪中越发伊朗化。在阿尔巴尼亚，伊朗的琐罗亚斯德教文化和当地旧有的高加索文化——后卡尔特维里文化——融合到一起。到萨珊王朝时代，随着伊朗的影响力大大增加，这一进程在高加索的许多地区出现。"外高加索地区最古老的外来影响是波斯……当地众多的居民，包括亚美尼亚人、格鲁吉亚人，以及波斯人、库尔德人；外高加索地区与东方和南方的萨珊波斯的联系，比这里与西方的（希腊–罗马）世界的联系更加紧密"。[42]希腊–罗马文献中清楚地指出，阿尔巴尼亚–阿尔兰和曾经的伊朗阿塞拜疆之间存在明显区别，比如阿里安提到阿拉克塞斯河以北被称为阿尔巴尼亚，以南则是米底–阿特罗帕特尼，而伊斯兰文献也证实了这一点。[43]阿兰人于 75 年入侵之后，伊朗语族在阿尔巴尼亚广泛传播，就如亚美尼亚语和高加索–卡尔特维里语一样普遍。实际上，阿尔巴尼亚–阿尔兰和曾经的伊朗阿塞拜疆，在 11 世纪突厥语族的塞尔柱人到达之前都以伊朗语族为主，而 10 世纪的伊斯兰学者们也证实了这一点。[44]阿尔巴尼亚–阿尔兰在 1918 年之前，一直使用这个历史悠久的旧名词自称，在第一次世界大战之后，亲土耳其和亲土耳其青年党的高加索地区的活跃分子，采用了阿塞拜疆共和国这个国名。[45]曾经的伊朗阿塞拜疆，将在帕提亚帝国与随后的萨珊帝国的历史中，作为重要的枢纽存在。

塞琉古王朝灭亡

迈赫达德/米特拉达梯一世（Mehrdad/Mithradates Ⅰ，公元前 171—公元前 138 年在位），可以说巩固了帕提亚王朝。他首先果断地向东北方出击，进攻欧克拉提德（Eucratides）统治的希腊–巴克特里亚王国。这不仅保证了边境

局势对帕提亚王朝有利，也夺取了原本由巴克特里亚统治的塔普里亚（Tapuria）和特拉克西亚纳（Traxiana）。[46] 稳定了东北方向之后，迈赫达德得以专注于米底。米底的统治者提马尔库斯（Timarchus，欧克拉提德的盟友），已经被"拯救者"德米特里一世驱逐，然而公元前148—公元前147年迈赫达德向埃克巴坦那进军，德米特里却无力阻止。[47] 此时，塞琉古王朝正因内战而分裂，无法有效地集结军队对抗迈赫达德。公元前141—公元前140年，迈赫达德已经进入了塞琉古王朝的首都——底格里斯河畔的塞琉西亚。而后，他于公元前139年俘虏了塞琉古国王德米特里二世（公元前146—公元前141年在位），并自立为国王。占领底格里斯河畔的塞琉西亚，让帕提亚王朝就此掌控了经济繁荣、农业发达的美索不达米亚。迈赫达德也攻占了波西斯、埃兰和米底。到他的统治结束时，他已经将帕提亚的领土扩展到了整个伊朗高原、美索不达米亚的大部（巴比伦）以及部分中亚地区。向东，迈赫达德将帕提亚王朝的领土延伸到了印度的边界。[48] 法尔哈德二世（公元前138—公元前127年在位）继位时，塞琉古王朝最后一次试图征服伊朗人。安条克七世（公元前138—公元前129年在位）在公元前130—公元前129年组建了8万人的庞大军队。[49] 他们多次战胜帕提亚人，进入了美索不达米亚的低地，并攻陷了塞琉西亚和苏萨。随着安条克七世进军米底，塞琉古王朝一时之间仿佛恢复了之前在伊朗的地位。然而，米底的居民不愿接受塞琉古王朝的苛刻统治。法尔哈德二世利用了这一点，于公元前129年率领帕提亚大军在埃克巴坦那突袭了安条克。当地的塞琉古军队被肃清，大批士兵和塞琉古贵族沦为囚犯。[50] 埃克巴坦那之战彻底结束了希腊人在波斯延续一百五十年的统治。

帕提亚人并没有完全消除塞琉古王朝的希腊遗产。希腊文化依然得到尊重，迈赫达德一世发行的货币带有"希腊人之友"（Phil-Hellene）字样便是证明。这一定程度上是为了安抚倾向希腊文化的勤勉的塞琉西亚居民。

塞种人入侵帕提亚

在埃克巴坦那取得决定性胜利之后，法尔哈德二世准备进入叙利亚，彻底消灭那里的塞琉古王朝残余。然而东北方向的新威胁阻止了他的西进。自迈赫达德一世统治的晚期，中亚边境一直动荡不安。由于匈奴人（或为匈人–突厥人的前身）的扩张，最东方的伊朗语族使用者——大月氏人被迫逃离蒙古高原东部的故土。他们通过吐鲁番和今焉耆地区（Karashahr），一路与其他北伊朗语族的部族交战。他们在不久之后入侵了塞种人的土地，这些塞种人早在雅利安人扩张到中亚的时代就居住在这一地区，在法尔哈德二世统治期间，塞种人被迫南迁，进入帕提亚境内。

法尔哈德没有和塞种人正式开战，而是将他们招募到他的军队中，对抗安条克七世。塞种人在塞琉古军队战败之后才到达战场，却还要索取报酬或分走一份战利品才肯离开。法尔哈德既不愿意补偿塞种人，也不愿意让他们参加另一次战斗，无人雇用的塞种人士兵就此开始在伊朗各地抢掠，甚至向西进入美索不达米亚。[51] 与此同时，中亚地区的塞种人大部击败了希腊–巴克特里亚王国，进入伊朗东北部的呼罗珊。法尔哈德和帕提亚军队在今突厥斯坦附近迎战塞种人，然而法尔哈德兵败身死。法尔哈德的希腊重步兵是从不久之前埃克巴坦那之战的俘虏中集结的部队，这支部队的不可靠是他战败的原因之一。[52] 与塞种人的战争让帕提亚军队相信，招募希腊重步兵至少是不可靠的举措，到迈赫达德二世改革时期，希腊重步兵已经从帕提亚的战斗序列中消失了。[53]

法尔哈德二世的儿子和继承者阿尔达班一世（Ardavan/Artabanus I，公元前127—公元前124年在位），恢复了中亚的边境，帕提亚人得以将塞种人安置到伊朗的东南部，他们在那里永久定居并且开始组成一系列的联盟。伊朗东南部的这一地区最初被称为"塞种斯坦"（Saka-istan，即今锡斯坦）。[54] 这让人回想起早期斯基泰人对伊朗西部和近东的入侵，他们被亲族——伊朗语米底人同化，并被称为萨克万德人（Sak-Vand）。塞种人在伊朗定居，某种程度上类似于日耳曼人在罗马帝国境内定居，他们在战争时期接受帝国的动员。这些塞种人中有一些人迁移到印度西北部的边境地区（今巴基斯坦），他们在那里建立了印度-帕提亚王国。阿尔达班一世最终死于和塞种人的战斗，是迈赫达德二世在政治层面上，将"印度-帕提亚"的塞种人整合到帕提亚帝国中的。

迈赫达德二世：波斯的复兴

帕提亚人决心重现米底-波斯人的统一的伊朗人国家。迈赫达德二世三十五年的统治（公元前 123—公元前 88 年），将帕提亚从一个小王国转变为一个强大的帝国，他正式重启了"万王之王"这一米底-波斯人的头衔。古典文献证实了帕提亚人渴望复兴阿契美尼德王朝的旧日辉煌。塔西佗将帕提亚王朝视作阿契美尼德帝国的继承人，而阿里安则宣称，帕提亚王朝统治家族的创立者——阿萨息斯（阿萨息斯），是某位"阿塔薛西斯国王"的后代。[55] 查士丁努斯（Justinus）则提出了一个具有历史讽刺意义的观点，他声称：

> ……在一个名为塔拉（Thara）的帕提亚人村庄里，不朽的众神……宣称波斯人的帝国将会被那些人（帕提亚人）的国家灭亡，并由那些人继承他们的统治……[56]

统一的伊朗人国家的复兴始于帕提亚，那里正是大流士三世殒命之地。

迈赫达德遵循真正的阿契美尼德王朝传统，在伊朗库尔德斯坦的贝希斯敦，将他的功绩雕刻成浅浮雕，这些浮雕就位于数个世纪之前大流士大帝下令雕刻的同类浮雕的下方。这标志着阿契美尼德王朝的旧习俗的复兴，以及波斯旧日的宗教与习俗的恢复，比如琐罗亚斯德教。在塞琉古王朝统治时期，希腊语是波斯唯一的官方语言，而帕提亚重新将伊朗语作为国家的主要语言，这或许同样是一件意义重大的事。

在稳定了东部边界之后，迈赫达德将他的注意力转向西面，首先进攻美索不达米亚北部的希墨罗斯（Himerus，约公元前 124—公元前 123 年在位），他是巴比伦的半独立希腊人统治者，极为严苛地统治着他的臣民。[57] 稳固了巴比伦和塞琉西亚之后，迈赫达德转向进攻美索不达米亚南部的查拉克斯（Charax，今伊拉克南部与科威特）。

塞琉古王朝的查拉克斯总督，其伊朗语名字叫阿斯帕辛（Aspasin/

Hyspaosines，约公元前 127—公元前 125 年在位），大约于公元前 125 年在美索不达米亚南部宣布独立，并开始与希墨罗斯交战。一些历史学家认为阿斯帕辛在公元前 127—公元前 126 年征服了塞琉西亚和巴比伦，然而这一点存在争议。[58] 公元前 124 年，迈赫达德二世进攻查拉克斯，并且在一两年之后攻陷了阿斯帕辛的首都。他下令将阿斯帕辛的钱币熔化重铸，以庆祝他的胜利。迈赫达德将帕提亚王朝的统治延伸到美索不达米亚，并且在公元前 113 年将边界拓展到了幼发拉底河。记载中，迈赫达德统治期间，帕提亚帝国拥有 18 个附庸"王国"，其中就有 7 个在美索不达米亚。[59] 美索不达米亚的重要城市包括泰西封（帝国的首都）、巴比伦、阿贝拉（阿迪亚波纳的首府）、尼西比斯（Nisibis）和之后的哈特拉（Hatra）。哈特拉此后成为一个重要的贸易中心和世界性都市，伊朗人、阿拉姆人和阿拉伯人混居于此。[60] 美索不达米亚对帕提亚王朝以及未来的萨珊王朝意义重大，这里也承受了未来罗马人多次入侵的兵燹。

在征服了美索不达米亚之后，迈赫达德向叙利亚进军并攻占了杜拉-欧罗普斯（Dura Europus）。罗马和帕提亚之间就此进行了第一次正式接触，[61] 即公元前 95—公元前 92 年，帕提亚使节奥罗巴兹 / 奥罗巴泽斯（Orobaz/Orobazes）与罗马的奇里乞亚总督之间的接触。双方并没有达成任何有价值的协议，这也许为此后罗马与帕提亚走向冲突埋下了伏笔。在高加索地区，亚美尼亚国王阿塔瓦塞斯（Artavases）被击败，而他的儿子提尔达德 / 梯里达底（Tirdad/Tiridates）被送往迈赫达德的宫廷中充当人质。后来，亚美尼亚靠交出大片领土才让提尔达德重获自由。随后，他在公元前 95 年成了附庸于帕提亚王朝的亚美尼亚统治者。

泰西封的崛起与丝绸之路

帕提亚最初的首都位于米特拉达梯堡（今尼萨），由于那里临近中亚的塞种人掠夺者，帕提亚王朝被迫将其权力中心向西移动。帕提亚王朝的"第二个"首都位于波斯北部希尔卡尼亚的赫卡托姆皮洛斯（今达姆甘附近）。公元前 139 年，迈赫达德一世击败并且俘虏了德米特里二世之后，他的军队在塞琉西亚对面的底格里斯河东岸建立了一个军营。这里成为泰西封城的起始，城市在公元前 2 世纪 20 年代晚期开始建造。在戈达尔兹一世（Godarz/Gotarzes Ⅰ，公元前 91—公元前 80 年在位）统治时期，泰西封已经成为重要的政治中心，然而直到奥罗德二世（Orod/Orodes Ⅱ）执政时期，公元前 58—公元前 57 年，这里才最终确定为帝国的首都。

在瓦拉科什一世（Valaksh/Vologases Ⅰ，51—80 年在位）统治期间，这座城市似乎再度有所扩张。在萨珊王朝掌权之后，泰西封得到了进一步扩建，并作为伊朗艺术、音乐与文化的主要中心而越发繁荣。这个城市将塞琉西亚和其他邻近的定居点融合，形成一个庞大的都市圈，阿拉伯人称之为迈达因（al-Mada'in，意为"城市群"）。"大泰西封"的许多建筑风格和艺术影响了西方的拜占庭帝国，同样也受拜占庭的影响。于 7 世纪被阿拉伯人攻陷之后，泰西封依然为伊斯兰世界的艺术和建筑留下了影响力极大的遗产。

迈赫达德二世对塞琉西亚颇为宽厚，赐予塞琉西亚的希腊人社区相当大的自治权。这一行为必然是出于实际目的，因为希腊人在帕提亚的经济和贸易中都拥有强大的影响力。运输到泰西封的商品可以渡过底格里斯河运到西岸的塞琉西亚，转往向东方或西方的众多贸易路线继续运输。在最终巩固了对伊朗高原和美索不达米亚的统治之后，帕提亚王朝就此控制了印度和波斯之间，以及从波斯前往西方的主要陆路贸易路线。帕提亚帝国和中国成功在中亚实现了和平，并很快开启了两国贸易的新可能。公元前 115 年，迈赫达德二世的官员们正式与中国的汉王朝签订了贸易协议。贯穿中亚的"丝绸之路"由此开始。

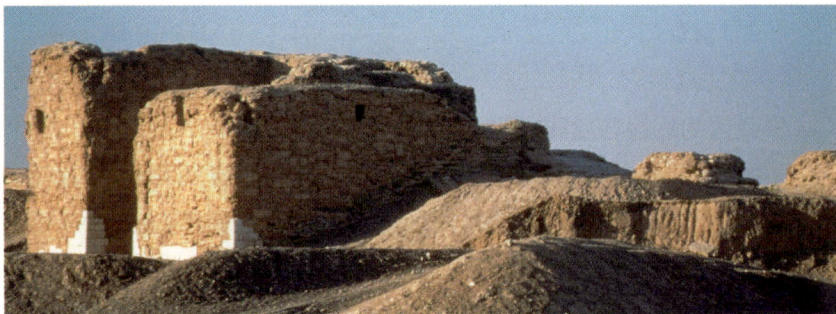

◎ 杜拉-欧罗普斯始建于公元前 303 年，由塞琉古一世的将军尼卡诺尔（Nicanor）主持建造。帕提亚王朝于公元前 113 年攻破此地。在图拉真远征期间，这里曾被短暂占据，而科尔布罗于 165 年的远征长久夺走了这里。此后罗马人的统治基本上没有受到干扰，直到沙普尔一世于 256 年夺回该城。（akg-images/Hedda Eil）

迈赫达德的统治结束三百年之后，帕尔米拉（Palmyra）、哈特拉和梅塞尼（查拉克斯）都发展成了大城市。帕提亚王朝与中国的贸易增加了国家财政收入，也让建筑和艺术得以发展。

迈赫达德将波斯作为"东方（中国）"与"西方（罗马）"之间的贸易中介。通过这一贸易网络，罗马向外出口油、酒、黄金和手工制品，进口印度的象牙与钢铁，进口中国的香辛料与丝绸。中国文献记述，一位名为"满屈复"（Manch'iu）的帕提亚国王，向中国皇帝赠送了包括狮子和鸵鸟在内的礼物。[62]丝绸之路对中国的烹饪艺术影响深远。帕提亚王朝开始向中国出口伊朗饮食中使用的各种调味品，例如，洋葱、黄瓜和藏红花。作为回报，中国人将丝蚕和桑树引入了波斯。一个帝国因丝绸之路而经济繁荣，这很快引来了罗马军界的关注。

亚美尼亚崛起

安条克三世的失败在高加索地区引起了重大变化。亚美尼亚的薛西斯反叛后，安条克派出两名军官分别掌控亚美尼亚的东部和西部，两人的伊朗语名字分别叫阿塔什斯（Artashes/Artaxias）和扎雷赫（Zareh/Zariadris）。在马格内西亚之战后，两人各自开创了独立王国。扎雷赫进攻索菲尼（Sophene）和美索不达米亚北部，而阿塔什斯在高加索山区、今亚美尼亚建立了"大亚美尼亚"。[63]阿塔什斯向南继续扩张，渡过阿拉克塞斯河，进入阿特罗帕特尼。阿塔瓦兹德斯（Artavazdes）继承了父亲阿塔什斯的王位，延续了亚美尼亚人在伊朗西北部的统治。迈赫达德二世很快组织起大规模反击，并击败了阿塔瓦兹德斯。[64]接下来发生了什么并不清晰。此后得到"伟大者"称号的所谓提格兰二世，在帕提亚的宫廷中充当人质，然而他并不是阿塔瓦兹德斯的儿子，而是提格兰一世的儿子。[65]根据弗赖伊的推测，迈赫达德废黜了阿塔瓦兹德斯而将提格兰一世扶持上位，后者可能是前者的叔叔。[66]

这一时期的钱币显示，在迈赫达德二世统治的最后几年以及他死后的一段时期，一群"国王"同时在帕提亚帝国中为争夺权力而战，其中最重要的是西部的戈达尔兹一世和东部的奥罗德一世。[67]公元前96—公元前58年的这一系列继承战争，给提格兰二世可乘之机进攻帕提亚。提格兰重新进入伊朗西北部的阿特罗帕特尼，并且征服了阿德汉/阿尔兰（现代的阿塞拜疆共和国）以及美索不达米亚的部分土地，特别是底格里斯河上游的科尔多内地区（Gordyene）。[68]对帕提亚人权威的最大挑战，或许就是提格兰在古米底的首都埃克巴坦那自称"万王之王"，以这一阿契美尼德王朝的称号宣示对伊朗和亚美尼亚的主权。

然而提格兰高估了自己的实力，他甚至进攻塞琉古王朝的叙利亚。这一情况，促使罗马执政官路奇乌斯·李锡尼乌斯·卢库卢斯（Lucius Licinius Lucullus，公元前118—公元前56年）发动大规模的军事入侵。公元前69年，卢库卢斯率领1.2万名罗马步兵与3000名骑兵，围攻提格拉诺塞塔（Tigranocerta，其具体位置仍存在争议，但应该临近美索不达米亚北部的帕提亚边境）。提格兰纠集了超过20万名步兵和5.5万名骑兵，拥有压倒性的数量优势。开战之前，亚美尼亚军队和罗马军队分别在一条河的两岸。卢库卢斯向左转向欺骗了提格兰，让他以为罗马人正在撤退。提格兰似乎打算让罗马人不受干扰地"撤退"，他的自大让亚美尼亚人付出了沉重的代价。卢库卢斯迅速转向，涉水过河并且在亚美尼亚军队的一侧登陆。随后，罗马人出其不意地进攻了右翼的亚美尼亚重骑兵，即所谓"全身甲骑兵"。卢库卢斯牵制住重骑兵的同时，派两个步兵大队（cohort）[①]去占领位于亚美尼亚人军阵后方的一座小山。这两个大队的士兵拔剑从山丘冲下，进攻那些重骑兵，刺伤他们的坐骑和没有保护的腿部。这次进攻击垮了亚美尼亚骑兵，他们迅速和其他残余部队一同撤退。卢库卢斯在提格拉诺塞塔的胜利，或许也可谓公元前53年罗马军队在卡莱之战惨败的基础。提格拉诺塞塔之战，是罗马首次与塞琉古王朝之后的伊朗式骑兵作战。卢库卢斯的胜利，以及同时代罗马在其他地方的胜利，或许让他们在面对伊朗人时，抱有错误的军事优越感。尽管卢库卢斯凭借巧妙的战术取胜，但罗马人尚没有遭遇帕提亚式重甲骑兵的骑枪冲锋，或者中亚式弓骑兵的致命箭雨。

亚美尼亚的军队被歼灭，首都提格拉诺塞塔被毁，让帕提亚王朝得以收

---

① 译注：每个军团有10个"大队"。

复他们在美索不达米亚、米底–阿特罗帕特尼和阿德汉/阿尔兰的失地。不过，帕提亚人也许在此战之前就已经开始收复失地。年逾八旬的帕提亚国王西纳特鲁克斯（Sinatruces）似乎已经收复了美索不达米亚，以及伊朗的大部分。此后，亚美尼亚将作为重要的缓冲国，在关系纷繁多变的波斯和罗马之间，施加至关重要的军事、文化与政治影响，直到伊斯兰时代。

本都与卡帕多西亚：波斯–希腊混合

随着帕提亚王朝在伊朗高原和美索不达米亚崛起，伊朗文化也在安纳托利亚开始复兴。即使阿契美尼德帝国已经在几百年之前灭亡，伊朗文化的遗产也从未远离安纳托利亚的东部和中部。就在亚历山大大帝去世二十年之后，安纳托利亚便出现了两个独立的伊朗人君主国——本都和卡帕多西亚。值得注意的是，两国的臣民们宣称自己是阿契美尼德王朝的后裔，[69] 而安纳托利亚西部的哈利斯河（Halys）以西的伊朗人，在亚历山大征服之后逐渐希腊化，两者形成了鲜明的对比。卡帕多西亚的伊朗人曾在公元前 331 年的高加米拉之战中与亚历山大作战，并在阿契美尼德帝国灭亡之后继续抵抗希腊人。[70] 斯特拉波认为卡帕多西亚"依然是波斯的一部分"，毕竟卡帕多西亚的伊朗特征一直延

◎ 在胡齐斯坦的沙米（Shami）发现的帕提亚王公青铜像。（© Livius.org）

续到奥古斯都皇帝的时代。[71] 尽管亚历山大毁坏了小亚细亚的琐罗亚斯德–雅利安神庙，在帕提亚王朝开始统治波斯时，卡帕多西亚依然存在许多雅利安神庙以及琐罗亚斯德教祭司。[72]

卡帕多西亚的神庙是本都人和亚美尼亚人的祭祀中心，[73] 正如米底–阿特罗帕特尼的神庙是米底人、波斯人、希尔卡尼亚人以及其他帕提亚王朝治下的伊朗人的祭祀中心一样。即使亚历山大征服以及随后的希腊化时代导致各个地区由不同君主统治，处于政治分裂状态，阿契美尼德帝国此前统治地区的文化统一却得到了延续。伊朗的影响延伸到爱琴海的爱奥尼亚沿岸。普鲁塔克就指出，在以弗所（Ephesus，今土耳其西部伊兹密尔附近）进行的大量文化交流（特别是艺术和建筑方面），导致那里越发"蛮族化"。[74] 在吕基亚，在贵族中间十分流行起伊朗语名字。[75] 不过，这一地区的特征若是仅用"伊朗式"来描述，未免过于简化。

安纳托利亚东部存留着希腊文化以及此后的亚美尼亚文化的鲜明印记。在阿契美尼德王朝时代，当伊朗的琐罗亚斯德教祭司、贵族和定居者来到这一地区时，希腊城邦也开始在黑海沿岸建立起来。伊朗–希腊的融合，几乎与乌克兰地区出现的融合完全一致，乌克兰地区的希腊城邦建立在当地伊朗语族的斯基泰人中间，使得双方形成了深刻的文化共生关系。

卡帕多西亚的希腊化进程则是在相当一段时间之后，即亚历山大征服一个世纪之后，才缓慢开始的。然而到公元前 1 世纪时，科玛吉内的安条克一世公开将希腊和波斯的神话和文化结合在一起。他的家谱中，既有来自阿契美尼德王朝的伊朗血统，也有来自亚历山大的希腊血统。[76] 安条克说希腊语，不过他穿着伊朗服饰，并要求琐罗亚斯德教祭司们像波斯人那样穿着。尼姆鲁德山（Nimrud–Dagh）存留至今的雕像与建筑，生动地显示了希腊与波斯的艺术和建筑的融合。[77] 同样值得注意的是，卡帕多西亚和本都吸引的希腊移民的规模，小于更东南方向的伊朗和美索不达米亚。正如拉迪察（Raditsa）指出的那样，"本都和卡帕多西亚这些地区的希腊化，意味着当地原住民的希腊化"。[78]

在迈赫达德二世统治期间，另一个伊朗人政权在安纳托利亚异军突起。这就是"出身高贵者"（Eupator）迈赫达德（米特拉达梯）六世的本都王国。迈赫达德的王国十分特别，在那里，鲜明的希腊思想主题与其隐含的阿契美尼德伊朗文化特征，得以融为一体。迈赫达德六世代表了化为现实的亚历山大的构想：一位以自己的希腊人和雅利安人血统为荣的国王。迈赫达德六世在希腊语环境中长大，还学习了波斯语和本都的当地语言。[79] 按照普鲁塔克的说法，迈赫达德六世有一个女卫士西匹斯克拉泰亚（Hypiscrateia），她是个"展现出男人精神的女人……随时准备着经历任何危险……穿着波斯人的服装"。[80]

罗马在小亚细亚和亚美尼亚的成功：分而治之

"出身高贵者"迈赫达德，与科玛吉内和卡帕多西亚的国王们结盟。他的政权在安纳托利亚迅速地扩张，并且很快在爱琴海对面的希腊找到了盟友。迈赫达德六世修复了阿契美尼德王朝在安纳托利亚和爱琴海留下的遗产，并且成功得到了乌克兰南部，即克里米亚地区的效忠。不过，迈赫达德六世的军事扩张阻碍了野心勃勃的罗马人。罗马人耗费了三十年时间，在小亚细亚进行了一系列坚定的军事远征。迈赫达德六世向帕提亚人请求军事援助。[81] 帕提亚人也许同情本都的伊朗统治者以及提格兰统治的亚美尼亚人，然而他们并没有付诸行动。[82] 随后，迈赫达德六世与亚美尼亚的"伟大者"提格兰结成了同盟。若是亚美尼亚和帕提亚的统治者放下他们之间的分歧，共同支持迈赫达德六世，三国组成的强大联军足以威胁罗马人。事实上，亚美尼亚与帕提亚的对立，让罗马人得以在公元前 62 年最终毁灭了本都帝国。

提比略皇帝（公元前 42—公元 37 年）以科玛吉内与帕提亚王朝秘密结盟为由，在 14 年进攻科玛吉内。罗马很快吞并了这些希腊–波斯王国（64 年吞并本都东部，72 年吞并科玛吉内）。从这个时期开始，这一地区成为罗马帝国的一部分，并且越发"罗马化"了。[83] 然而这一地区的伊朗文化遗产从未消失，即使在伊斯兰时代，阿拉伯人和突厥人先后到达之后，也依然如此。[84] 土耳其东部是当代的近东各地区中，使用伊朗语族的库尔德人最多的地区。

安纳托利亚中部和东部的大部分地区已经落入罗马之手，他们在亚美尼亚的影响力也有所增加。帕提亚人西北方的侧翼越发危险。罗马吞并叙利亚之后，也开始从西面威胁帕提亚王朝的美索不达米亚。罗马军界的决策层难免会希望对帕提亚王朝治下的波斯，进行一次亚历山大式的入侵。为此，罗马人已经在外交层面上和帕提亚王朝展开对抗了。

◎ 从左至右：手持密特拉徽号的帕提亚骑兵、手持太阳徽号的骑兵、手持白马徽号的帕提亚重骑兵、手持龙旗的帕提亚骑兵。（出自《波斯帝国建国两千五百年庆典》）

　　对罗马人而言幸运的是，法尔哈德三世听从了卢库卢斯的建议，无视"伟大者"提格兰与"出身高贵者"迈赫达德的求援。[85] 然而唇亡齿寒，帕提亚王朝很快就成了经典的罗马格言"分而治之"的牺牲品。公元前 66 年，罗马委任庞培替代卢库卢斯，担任在小亚细亚和亚美尼亚的军事行动指挥官，就任之后，庞培几乎立即向法尔哈德三世表示友好，并且明确承诺尊重他的领土主权。庞培不仅没有信守承诺，还许诺将科尔多内交给提格兰，而这一地区正由帕提亚王朝控制。科尔多内的帕提亚驻军被赶走，法尔哈德向罗马人提出的抗议则被无视了。罗马人没有按照对国家元首的尊称来称呼帕提亚人的国王——也许是故意如此，这反映了他们对帕提亚王朝的蔑视。即使如此，帕提亚王朝还是同苏拉签订了正式的和约。毫无疑问的是，他们对罗马政权保持着理智的谨慎，也并不希望草率地与一个世界级强权进行军事对抗。

　　庞培的副手加比尼乌斯（Gabinius），对帕提亚王朝的态度更为激进。即使法尔哈德明确要求将幼发拉底河作为边界，加比尼乌斯还是公然无视了国王的权威，向东发起远征，抵达底格里斯河。罗马高层的肆意妄为，以及他们对帕提亚王朝统治合法性的蔑视，已经显而易见了。据说庞培本人也已经在筹划入侵帕提亚王朝。[86] 有趣的是，当提格兰和法尔哈德决定就领土争端谈判时，庞培主动提出在双方之间斡旋。双方的边界定为阿迪亚波纳（Adiabene，今伊拉克库尔德斯坦）的北部边境和尼西比斯要塞，而罗马共和国占领了叙利亚。

注释

1. 伊朗军史研究（Motofi, *Tarikh-e-Chahar Hezar Sal-e Artesh-e Iran*），确认这些骑兵来自雅利安人贵族。这支部队也是伊朗人骑兵的中坚力量，直到7世纪50年代。

2. Motofi, *Tarikh-e-Chahar Hezar Sal-e Artesh-e Iran*, p.129.

3. R. N. Frye, *The Heritage of Persia* (London: Weidenfeld & Nicholson, 1962) figure 40.

4. Paper by Colonel Hedayat Behzadi, *Artesh* [lit. Army] (June 1976).

5. Motofi, *Tarikh-e-Chahar Hezar Sal-e Artesh-e Iran*, p.132.

6. 同上，p.132；还可参考Polyaenus, *Strategemata*, VII, 39–40。

7. Frye, *The History of Ancient Iran*, p.145.

8. 伦敦的苏达瓦尔基金会会长的文章指出了这一倾向。Fatema Soudavar Farmanfarmain, "The Other Terror", www.iranian.com/FSFF/2005/February/Terror/index.html.

9. P. Bernard, "An ancient Greek city in Central Asia", *Scientific American* (1994, Special Issue-Ancient Cities), pp.66–75.

10. P. Bernard, "Campaigne de fouilles 1976–1977 a Ay Khanum", *Comptes Rendu de l'Academie des Inscriptions et Belles Lettres* (April–June 1977), pp.458–460.

11. Frye, *The History of Ancient Iran*, p.165.

12. E. T. Newell, *The Coinage of the Eastern Seleucid Mints* (New York: American Numismatic Society, 1938), pp.159–160.

13. Arrian, *The Campaigns of Alexander*, IV, 1.5; Quintus Curtius Rufus, *The History of Alexander*, 1, 14.

14. Justinus, *Philippic History of Pompeius Trogus*, XLI, 4.

15. 同上，Prologi, 41; Strabo, *Geographica*, XI, 515。

16. 见贝希斯敦铭文中的大流士大帝部分；A. D. H. Bivar, "The political history of Iran under the Arsacids", in E. Yarshater (ed.), *The Cambridge History of Iran: Vol.3(1) The Seleucid, Parthian and Sassanian Periods* (Cambridge: Cambridge University Press, 1983), pp.21–99: p.27。

17. Strabo, *Geographica*, XI, 514.

18. Sulimirski, "*The Sarmatians*", Introduction and chapter 1；这些内容明确描绘了帕提亚人与北伊朗语亲族、塞种人和马萨格泰人之间的民族与文化联系。

19. P. Wilcox, *Rome's Enemies (3) Parthians and Sassanid Persians* (London: Osprey Publishing, 1986), p.6.

20. Justinus, *Philippic History of Pompeius Trogus*, XII, 4; Bivar, "The Political History of Iran under the Arsacids", p.29. Frye, *The History of Ancient Iran*, p.207，指出"安德拉戈拉斯"并不是一个伊朗人名的对应希腊语版本。

21. Syncellus (ed. W. Dindorf), *Corpus scriptorum historiae Byzantinae XIII* (Bonn, 1829), p.539; F. Jacoby (ed.), *Die Fragemente der Griechischen Historiker* [The Fragments/Writings Greek Historians] (Berlin: Leiden, 1986) 156, 858–859. See J. Wolski, "Andragoras etait-il Iranien ou Grec? [Andragoras was he Iranian or Greek?]" *Studia Iranica* (1975, Vol.4), pp.166–169.

22. Strabo, *Geographica*, XI, 515，认为阿什克原本是希腊-巴克特里亚国王狄奥多图斯（约公元前250—约公元前238年在位）的官员。依据他的叙述，阿什克先是反叛狄奥多图斯，再向南逃窜，进入伊朗的帕萨瓦省。

23. Behramgore Tehmuras Anklesaria (trans.), *Bundahishn* (Bombay: Rahnumae Mazdayasnan Sabha, 1956), XXXV, 43–44.

24. Wolski, "Andragoras etait-il Iranien ou Grec?" pp.166–169.

25. Justinus, *Philippic History of Pompeius Trogus*, XLI, 4.

26. 同上。

27. Polybius (trans. W. R. Paton), *Histories*, 6 volumes (Cambridge, Mass.: Harvard University Press, 1922–27), Vol.III, V, 55.2, VIII, 23.

28. 这一战的军饷是在征服米底之后，靠劫掠埃克巴坦那的阿娜西塔神庙获得的。Polybius, *Histories* Vol.IV, X, 27.13.

29. 这位国王的身份存在争议，相关分析见 Bivar, "The Political History of Iran under the Arsacids", pp.29–30。

30. Frye, *The History of Ancient Iran*, p.170.

31. Polybius, *Histories* Vol.IV, XI, 39.

32. Frye, *The History of Ancient Iran*, p.171.

33. E. Will, *Histoire politique du monde Hellénistique (323–30 av. J.C.)* [Political History of the Hellenistic World] (Nancy: l'Université de Nancy, 1979–1982), pp.200–202.

34. Bivar, "The Political History of Iran under the Arsacids", p.32.

35. 一些学者认为安条克四世打算两路进军征讨帕提亚，然而任何计划最终都未能施行，见 Tarn, *The Greeks in Bactria and India* (Cambridge: Cambridge University Press, 1951), p.187–191。

36. Bivar, "The Political History of Iran under the Arsacids", p.32.

37. Pliny the Elder (trans. H. Rackham et al.), *Natural History* (Cambridge, Mass.: Harvard University Press, 1938–62), Vol.II, VI, 152.

38. Isidore of Charax (trans. W. H. Schoff), *Parthian Stations* (Chicago: Area, 1989), p.7.

39. Bivar, "The Political History of Iran under the Arsacids", p.31.

40. Strabo, *Geographica*, XIII, 523.

41. "阿尔兰"也可能是传说中的阿尔巴尼亚创始者。

42. M. Whittow, *The Making of Byzantium: 600–1025* (Berkeley, Calif.: University of California Press, 1996) pp.203–205.

43. 伊斯兰资料包括 *Hodud-ol-Alam*, Ibn-Hawqal, al-Muqaddasi, Yaqut al-Hamavi, and the *Borhan-e-Qate*。

44. Al-Masudi as cited by T. Atabaki, *Azerbaijan: Ethnicity and the Struggle for Power in Iran* (London: I. B. Tauris, 2000), pp.8–9.

45. J. Matini, "Azerbaijan Koja Ast? [Where is Azerbaijan?]", *Iranshenasi* (1989, Vol.I/3), p.445; C. Chaqueri, *Origins of Social Democracy in Modern Iran*, (Seattle: University of Washington Press, 2001), p.209.

46. Bivar, "The Political History of Iran under the Arsacids", p.33.

47. A. Hakimi, "Mujassame-ye Herkul dar Bisitun [The statue of Hercules in Behistun]", *Majalle-ye Bastanshenasi* (1959–60, vols.III & IV), pp.3–12.

48. P. Daffina, *L'immigrazione dei Saka nella Drangiana* [The immigration of the Saka in Drangiana] (Rome: Is.M.E.O, 1967), pp.41–43.

49. Justinus, *Philippic History of Pompeius Trogus*, XXXVIII, 10.2.

50. Bivar, "The political history of Iran under the Arsacids", pp.37–38.

51. 同上，p.38。

52. 同上。

53. Motofi, *Tarikh-e-Chahar Hezar Sal-e Artesh-e Iran*, p.151.

54. 今阿富汗境内的普什图人使用源自塞种人的伊朗东北部方言。

55. Tacitus (trans. J. Jackson), *Annals, Books IV–VI, XI–XII* (Cambridge, Mass.: Harvard

University Press, 1979), VI, 31.

56. Justinus, *Philippic History of Pompeius Trogus*, XI, 15.

57. 同上，XLII, 1；Diodorus Siculus, *Library of History XI*, 24.18。

58. 详细讨论见 Frye, *The History of Ancient Iran*, p.213。

59. Pliny the Elder, *Natural History Vol.II*, VI, 112.

60. Bivar, "The Political History of Iran under the Arsacids", p.91.

61. J. Dobras, "Les premiers rapports des Romains avec les Parthes et l'occupation de la Syrie [The first contacts of the Romans with the Parthians and the occupation of Syria]", *Archiv Orientalni*(1931, Vol.3), pp.218–221.

62. M. A. R. Colledge, *The Parthians* (London: Thames & Hudson, 1967), p.53.

63. Strabo, *Geographica*, XI, 528. 塞琉古王朝确实进攻了阿塔什斯，但没能守住战果。

64. Bivar, "The Political History of Iran under the Arsacids", p.41.

65. Appian (trans. H. White), *Roman History* (Cambridge, Mass.:Harvard University Press, 1912) The Syrian Wars, 48.

66. Frye, *The History of Ancient Iran*, p.214.

67. Bivar, "The Political History of Iran under the Arsacids", p.42.

68. Strabo, *Geographica*, XI, 532.

69. L. Raditsa, "Iranians in Asia Minor", in Yarshater, *The Cambridge History of Iran: Vol.3(1)*, pp.100–115: p.106.

70. 同上，p.107。

71. Strabo, *Geographica*, XV, 3.15；引述自 Raditsa, "Iranians inAsia Minor", p.107。

72. Strabo, *Geographica*, XI, 14.16, XV, 733.

73. Raditsa, "Iranians in Asia Minor", p.107.

74. Plutarch, *Parallel Lives IV*, Lysander 3.

75. Dandamaev & Lukonin, *The Culture and Social Institutions of Ancient Iran*, p.300.

76. 同上，p.113。

77. R. Ghirshman, *Iran: Parthians and Sassanians*, pp.65–67.

78. Raditsa, "Iranians in Asia Minor", p.112.

79. B. Bickerman, "The Seleucid Period", in Yarshater, *The Cambridge History of Iran: Vol.3(1)*, pp.3–20, p.103; Raditsa, "Iranians in Asia Minor", p.110.

80. Plutarch, *Parallel Lives IV*, Sulla 32. 普鲁塔克在 Sulla 16 中声称，迈赫达德的战士们的装束与此前阿契美尼德王朝的士兵，以及同时代的帕提亚人类似。他们的献祭仪式几乎与阿契美尼德国王在帕萨尔加德举行的仪式相同。Appian (trans. H. White), *Roman History* (Cambridge, Mass.: Harvard University Press, 1912), 66, 70.

81. Bivar, "The political history of Iran under the Arsacids", p.44.

82. Colledge, *The Parthians*, p.36.

83. D. French, "Cappadocia and the Eastern Limes: Aspects of Romanization at Amaseia in Cappadocia", in P. Freeman & D. Kennedy (eds.), *The Defense of the Roman and Byzantine East* (Great Britain: British Institute of Archaeology at Ankara, 1986), pp.277–285: pp.277–281.

84. F. Cumont, "The frontier fortresses of the east", CAH (XI),pp.606–613.

85. Bivar, "The political history of Iran under the Arsacids", p.46.

86. Colledge, *The Parthians*, p.37.

第八章
帕提亚挑战罗马

伊朗军队的复兴

从希波战争中，波斯人吸取的最基本的教训就是，阿契美尼德王朝的步兵和弓箭手无法抵御希腊人的重步兵和方阵。最有效的阿契美尼德部队是源自塞种人-霍拉桑人的重骑兵，他们在高加米拉之战中的表现格外突出。然而当时伊朗骑兵的战术、装备与马术水平依然有限。亚历山大的联合兵种理念，抵消了阿契美尼德重骑兵拥有的任何优势。然而，尽管亚历山大的征服取得了成功，重骑兵的发展依然在伊朗高原、伊朗东部以及中亚的塞种人中进行着。与塞琉古王朝的长期战争，深远地影响了帕提亚军队的组织、战术和装备。由此崛起的战争机器，将在不久之后挑战古典世界中前所未有的超级军事强权——罗马帝国。

帕提亚重骑兵

早在公元前 3 世纪，帕提亚人就因重骑兵而闻名。典型的帕提亚重骑兵拥有坚固的鳞甲、带面罩的头盔，另配有马铠保护马匹。帕提亚全身甲骑兵的主要武器是 3.6 米（12 英尺）长的骑枪，枪尖如同剑型匕首，枪尾配有枪纂。记述中，帕提亚枪骑兵使用"钢尖长枪……其冲击力足以一次刺穿两个人"。[1]在描述帕提亚的重甲枪骑兵时，普鲁塔克注意到：

他们的重甲骑兵的装备，攻击时足以刺穿一切防御，防御时足以抵挡任

何攻击……[2]

他们的头盔和胸甲如同火焰一般闪耀，他们的马尔吉亚那钢（Marginian steel）闪闪发光。他们的战马装备青铜或钢制成的马铠……[3]

早年的斯基泰人以手持骑枪冲锋时的纪律而闻名，即使在突破敌人的阵线之后，他们依然能够维持队形。[4]即使没有直接证据说明帕提亚人的全身甲骑兵拥有同样的纪律，但作为斯基泰人/塞种人的一支，与塞种人亲族保持着紧密军事联系的帕提亚人，很可能也是如此组织的。

帕提亚人的护甲，可以在相当程度上防御同时代的罗马标枪。[5]最值得注意的记述或许是卡西乌斯·狄奥（Cassius Dio）的描述：帕提亚骑兵并不使用盾牌。[6]这合乎逻辑，因为骑兵在冲向敌人时需要双手持骑枪。帕提亚鳞甲据称是在皮革基底上固定钢制或铁制甲片制成的，足以承受强力打击。[7]这种护甲覆盖躯干并且延伸到膝盖。庞培·特罗古斯（Pompeius Trogus）写下了对帕提亚护具的经典描述，他说："他们的护甲以及他们马匹的铠甲都由甲片组成，这些甲片相互层叠，如同鸟类的羽毛一样，将人和马完全覆盖。"[8]另外还有其他类型的护甲，例如，保护手臂和腿部的管状环片甲。沉重的全套盔甲（总重量约达57公斤/125磅[9]），给士兵的肌肉和心血管系统施加了相当的压力，而在持续战斗时，将愈感沉重。

帕提亚骑兵头戴"钢制头盔"。[10]到了帕提亚王朝晚期，帕提亚军队应用了扣片头盔（Spangenhelm helmet）：将扇形的铁片或钢片铆接在一起，并在底部以钢圈固定。全身甲骑兵也装备了适宜近战的武器——骨朵、战斧、匕首和长剑。帕提亚刀剑有来自塞种人和贵霜人的风格，不过所谓贵霜风格，或许是受印度西北部的"阔剑"的影响，阿契美尼德王朝统治期间该地区曾使用这种武器。关于帕提亚骑兵的马术文化，最有意思的描述也许来自查士丁努斯，他记述称：

他们总是骑在马上。他们骑马参加宴会，处理公共和私人事务，往来，停驻和交谈……这是自由人和奴隶之间的区别：奴隶步行，自由人骑马。[11]

帕提亚王朝的国王，以及此后许多萨珊王朝的国王，在战场上往往按照重甲骑兵的模式装备自己，使用质量最好的头盔、铠甲以及武器。[12]

在帕提亚时代，阿契美尼德时代的毛毯马鞍被更先进的马鞍取代，这种新马鞍前后都有凸起。源自帕提亚和帕尔米拉的陶土雕塑（Terracottas），清晰地显示这些马鞍为大腿和尾椎提供了稳固的支撑，让骑手保持平衡，并允许他在手持骑枪和拔剑砍杀时朝两边倾斜身体。此时的帕提亚枪骑兵，相比阿契美尼德王朝的前辈们，拥有一个安全得多的平台，而且能够在骑枪刺入目标时维持自身的稳定，弓骑兵则能够专注地射出迅速而凶狠的箭矢。

马蹄铁的发明极大地提高了帕提亚骑兵的战斗力。在马蹄铁出现之前，地形崎岖和负重过重会损伤马蹄，进而限制了骑兵的使用。马蹄铁事实上消除了这些问题，并显著地改善了骑兵的机动力和战斗力。马蹄铁与高效的道路系统——自阿契美尼德王朝开始建设——结合起来，使得全速前进的骑手跑完560公里（350英里）的路程，仅需3到4天。公元前53年的卡莱之战中，马蹄铁可能已经得到了广泛应用。

帕提亚弓骑兵

弓骑兵为帕提亚重骑兵提供支援，他们征召自小贵族和其他伊朗人部族。他们装备较轻，护具很少乃至完全没有盔甲，有时会携带小型椭圆盾。帕提亚弓骑兵有时也装备长剑、[13]战斧和匕首，然而这些都是次要武器，以防御为主。本质上，他们是"突击弓箭手"，最适合袭扰、突袭和追击。[14]弓骑兵的主要作用就是迅速将尽可能多的箭矢发射出去。骑射技术是帕提亚王朝一直以来的主要作战方式之一，在菲鲁扎巴德（Firuzabad）的骑马决斗浮雕上就能看到，与萨珊叛军作战的帕提亚骑兵携带了箭袋。骑射技术在萨珊王朝继续发展完善。

源自中亚的帕提亚弓，是由多层木料、筋腱和骨骼制成的复合弓。[15]这种设计能够增加弓的张力，并控制箭矢的射出。中亚弓威力强大，射出的箭矢在卡莱之战中穿透了最好的罗马盔甲：

（罗马士兵）遭到大量箭矢的射击……便退回重甲部队中寻求庇护……这

带来了……混乱与恐惧，因为此时他们见识到了箭矢的速度和力量，它们击穿了盔甲，任何坚硬或柔软的护具都无法阻挡它们。[16]

罗马人很快意识到，他们的箭术无法与帕提亚人相比。[17]

单个弓骑兵携带的箭矢数量有限，斯基泰人的"弓箭袋"（gorytos，包括箭袋和弓匣）中配备 30 支箭矢。想消灭像罗马军队这类足够强大的敌人，必须准备大量的箭矢补给。帕提亚弓骑兵平均每分钟能够发射 8—10 支箭矢，[18] 箭术更好且更有经验的弓箭手还能更迅速地开弓放箭。这意味着帕提亚弓骑兵随身携带的箭矢，将在参加战斗 2—3 分钟之后耗尽。假设至少进行 20 分钟的投射打击才能拖垮敌人，那么每个弓骑兵平均要射出 160—200 支箭矢。应用希思（Heath）的计算系统来分析帕提亚人射出的箭矢的数量，卡莱之战中，1 万名弓箭手将在 20 分钟内射出数量惊人的 160 万—200 万支箭矢。[19] 生产并供应弓骑兵所需的如此多的箭矢，对帝国而言是一个重大挑战，阿契美尼德王朝曾经也要面对这个问题。迈赫达德二世最终解决了这一困难，一套精细完备的手工作坊体系，在洛雷斯坦、胡齐斯坦、波西斯、呼罗珊、希尔卡尼亚和米底建立起来。[20] 源自伊朗高原和中亚地区的箭头被大量制造，应用的铸造体系或许可以追溯到早期的伊朗西部。迈赫达德二世的改革也解决了迅速向战场运输大量箭矢的问题，以及在作战时向弓骑兵补给箭矢的问题，这让他们能够在尽可能长的时间内保持速射。在卡莱之战中，骆驼运输队在帕提亚弓箭手耗尽他们携带的箭矢之前，及时运来了补给。

帕提亚弓骑兵如此强大的关键，在于他们将攻击力与机动灵活结合到了一起。他们要在行进间向各个方向射箭，这让他们精准的投射愈显非同寻常。他们左冲右突，前进时射箭攻击敌人，撤退时还能使用"帕提亚箭术"打击敌人——这种箭术或许是人类历史中意义最重大的骑射技术之一，或许也是最著名的一种。[21] 早在亚述时代，就有记载提到米底人使用"帕提亚箭术"，[22] 更不用说北伊朗语族的塞种人了。[23] 即使过了数千年，帕提亚箭术依然是伊朗西部的卢尔人的重要特征。在洛雷斯坦的村庄和部落中，特别是萨克万德人（意为"斯基泰人的种族/部落"）中，在典礼（婚礼、部落结盟等等）[24] 以及体育竞技中，经常还会重现当年的"帕提亚箭术"。帕提亚王朝也会在谈判期间

◎ 帕提亚弓骑兵复原图。(© Dario Wielec, dario@hetlof.com)

使用弓骑兵来恐吓罗马人，他们手持弓箭，向围观者展示他们的威武。[25]

全骑兵战术

帕提亚军队的战术简单而有效。不同部队之间有明确的分工，轻装的弓骑兵"削弱"敌人，而后重装骑兵手持骑枪向敌人发动冲锋。弓骑兵往往在战斗中最先上场，削弱敌军的阵线，之后才是骑枪冲锋。这一战术理念的核心是那句经典格言：进攻敌人最薄弱处，破坏他们最强大处的联系。枪骑兵将进攻那些被弓骑兵的箭雨削弱得最严重的地方。枪骑兵凭借冲锋时的冲击力取胜，而且只在迫不得已或者甚为有利的情况下，才会与顽强而训练有素的罗马步兵进行肉搏缠斗。此外，他们还有预备马匹，替换那些因连续的骑射机动而疲劳的马匹。

全骑兵战术也包含帕提亚箭术，以最大限度发挥弓骑兵和重装枪骑兵配合的效能。弓骑兵往往会使用"佯退"战术，诱使敌人追击。他们的目的是让追击者筋疲力尽，而后再用帕提亚箭术射杀他们。以帕提亚箭术攻击追上来的目标时，箭矢的杀伤力将进一步增加，这不但会给追击者造成伤亡，也会让敌人陷入混乱，并打击他们的士气。弓骑兵用帕提亚箭术摆脱追兵后，着甲骑兵即使用骑枪进攻。[26]而后枪骑兵后退，让弓骑兵继续射箭杀伤敌人，然后再度进行骑枪冲锋。这一次，重甲骑兵或许会拔剑进行近距离格斗，特别是在对方的重步兵队列已经散乱之时。正是弓骑兵和重骑兵的这些进步，淘汰了后亚历山大时代的塞琉古军队。

公元前 53 年的卡莱之战：罗马帝国的惨败

法尔哈德三世的两个儿子——奥罗德二世和迈赫达德三世，在公元前58—公元前57年密谋杀死了他们的父亲。[27]随后，兄弟二人又展开了争夺帝国的内战，奥罗德获胜并残忍地处死了迈赫达德。[28]两人的所作所为奠定了手足相残与弑父的残忍传统，这种恶行将持续到帕提亚王朝的终结。

对帕提亚王朝而言幸运的是，就在罗马帝国对外政策的侵略性与日俱增之时，这次内战相对迅速地平息了。奥罗德二世攻占塞琉西亚仅仅几星期之后，便被迫应对由马库斯·李锡尼乌斯·克拉苏（Marcus Licinius Crassus）率领的大规模罗马入侵军。作为"前三巨头"之一，克拉苏在公元前71年镇压了斯巴达克斯的奴隶起义，此后他似乎越发高估自己的重要性——或许还有军事能力。他决定摧毁帕提亚王朝，将那里化为罗马共和国的行省。

克拉苏在公元前54年4月或5月成为叙利亚总督，此时的他已经60岁了。自上任起，克拉苏便梦想成为新的亚历山大，而且他试图将叙利亚作为入侵波斯的跳板。即使罗马和帕提亚签订了互不侵犯条约，克拉苏仍然进行了消灭帕提亚王朝并攻占波斯的军事准备。这一行动并没有得到罗马元老院的全力支持，毕竟没有正当理由。就帕提亚一方而言，他们在庞培和卢库卢斯征战期间展现了相当的克制，尽一切可能避免走向对抗。帕提亚王朝有意和平的态度，意味着罗马不必在安纳托利亚-美索不达米亚-叙利亚维持大量的军力，这或许也是罗马元老院强烈反对克拉苏的入侵计划的原因。

克拉苏渡过幼发拉底河，开始入侵行动。帕提亚的美索不达米亚总督西拉希斯（Silaces）被轻易地击败。罗马在美索不达米亚安置了几处驻军，而且当地的大多数城市并没有抵抗，仅有泽诺多提亚（Zenodotia）例外。克拉苏随后返回叙利亚越冬，等待他的儿子普布利乌斯（Publius）率领来自高卢（约为如今的法国）的援军前来。在这个冬季余下的时间里，克拉苏继续为全面入侵帕提亚帝国进行准备。公元前 53 年春，克拉苏和他的儿子率领由 7 个罗马军团和众多辅助部队组成的大军，在亚美尼亚和阿拉伯盟友的仆从军的支持下，再次渡过幼发拉底河。亚美尼亚国王阿斯塔瓦德斯（Astavades）承诺向克拉苏提供 1.6 万名骑兵和 3 万名步兵，然而大部分亚美尼亚部队最终未能前来。[29] 阿克巴（Agbar/Akbar）率领的 6000 名阿拉伯人，将作为克拉苏在沙漠中的向导。战斗人员的总数是 4 万—4.2 万人，包括 4000 名骑兵。[30] 骑兵中有四分之一来自高卢，是尤利乌斯·恺撒出于礼貌提供的支援。这支大军中也包括 4000 名轻步兵。

奥罗德二世希望维持和平，他向克拉苏派出使团，询问入侵是否得到了罗马元老院的批准。当克拉苏告诉使团他将在塞琉西亚给出答复时，帕提亚使团中最年长者伸出了他的手，答复道："克拉苏，在你看到塞琉西亚之前，我的手掌上将先长出毛发。"克拉苏没能或不愿严肃对待帕提亚骑兵的战斗力，将在不久之后带给罗马最著名的军事灾难之一。

亚美尼亚国王建议克拉苏避开适宜敌方的重骑兵和弓骑兵驱驰的地形，但克拉苏不听劝告，决定取道今叙利亚境内的开阔平原，向塞琉西亚和泰西封进军。这是他犯的第一个错误。奥罗德二世原以为罗马将会从亚美尼亚进攻，因为伊朗骑兵在亚美尼亚崎岖多山的地形中处于劣势，若是在这里作战，伊朗人将被迫和罗马军团——或许是这个时代最强的步兵部队——进行近距离肉搏。

帕提亚军队兵分两路，奥罗德亲自率领其中一支（或许以步兵为主[31]）进军亚美尼亚，在那里等待克拉苏。这阻止了阿斯塔瓦德斯与克拉苏会合。让克拉苏不安的是，他得知亚美尼亚人此时和帕提亚王朝结盟了。奥罗德和阿斯塔瓦德斯之间缔结了政治同盟，而且奥罗德的儿子帕科罗斯（Pacorus）娶了阿

◎ 带奥罗德二世头像的货币。在他统治期间，苏雷纳与马库斯·李锡尼·克拉苏的部队交锋。（© Trustees of the British Museum）

斯塔瓦德斯的妹妹，进一步巩固了同盟关系。年轻将领苏雷纳（Surena）则率领另一支规模较小的帕提亚部队，包括 1000 名重骑兵和 1 万名弓骑兵。由于克拉苏决定从叙利亚进军，他要面对的正是苏雷纳率领的规模较小的部队。克拉苏的阿拉伯向导们或许已经与苏雷纳勾结，故意将克拉苏引向苏雷纳的骑兵部队，而后他们找了个借口溜走了。若是这些阿拉伯轻骑兵参与了这一战，罗马人至少能少承受一些损失。即使如此，苏雷纳的军队依然处于 1 ：3 的劣势，克拉苏似乎也自以为即将轻松取胜。克拉苏也许认为，自己的远征军与几百年前亚历山大的军队实力相当。从这个角度看，苏雷纳的军队在克拉苏眼中不过是一支无力的骑兵部队。然而在接下来的战斗中，伊朗人的箭矢不会像之前的马拉松之战、温泉关之战和普拉提亚之战时那样，被敌人的盾牌和盔甲弹开。尽管亚历山大的色萨利骑兵与马其顿骑兵在高加米拉之战中，击败了波斯人和塞种人的骑兵部队，事实却将证明，苏雷纳的重骑兵与他们的先辈截然不同。

卡莱之战

克拉苏到达卡莱（Carrhae，今土耳其哈兰附近）周边时，警报传来：罗马军队的一支前锋骑兵部队遭遇了苏雷纳的骑兵，被他们歼灭。接着，克拉苏所部陆续接到令人不安的报告，留在美索不达米亚的驻军屡屡遭到帕提亚骑兵的进攻。一个幸存者声称：

敌人的行动十分迅速……不可能追上他们……他们的箭矢比光还快，而

189

且能射穿任何防护，而他们穿着链甲的骑兵，则拥有能刺穿任何护具的武器，以及能抵御任何武器的护具……[32]

当罗马人最终抵达卡莱时，克拉苏下令让他们组成一个巨大的空心方阵。首席参谋官卡西乌斯（Cassius）建议克拉苏将罗马步兵沿着平原展开，将骑兵置于两翼。然而当罗马士兵开始列阵时，克拉苏改变了主意，下令在方阵的每一侧布置12个大队（每个大队由500人组成），并部署骑兵和轻步兵作为支援。克拉苏、他的私人卫队、他的儿子普布利乌斯以及1000名高卢骑兵，则居于方阵内部。

苏雷纳在等待。他的第一步计划是，以1000名重装骑兵在弓骑兵的支援下冲垮罗马人的阵线。为了误导罗马人，苏雷纳下令重骑兵以兽皮和罩袍遮住他们的护甲。[①]帕提亚军队的主力也隐藏起来。苏雷纳的欺骗似乎奏效了。当罗马士兵最初看到帕提亚军队时，他们完全不以为意，并因为没有看到任何重甲骑兵而意外与欣喜。就在此时，苏雷纳发出信号，重骑兵扯下了伪装，露出耀眼的铠甲。帕提亚军队的战鼓向重骑兵发出指令。伴随着震耳欲聋的鼓声，苏雷纳率领重骑兵直冲罗马人的阵线。尽管骑枪冲锋的威力惊人，罗马阵线的深度依然挡住了苏雷纳的枪骑兵，他们没能取得突破。此时重骑兵有可能被拖进消耗甚大的肉搏战。尽管骑枪冲锋似乎在罗马人的阵线上打开了一些缺口，然而罗马一方的人数优势让克拉苏能够及时封堵缺口。苏雷纳于是下令重骑兵脱离战斗，转而让弓骑兵上前，他们奉命包围罗马人的大型方阵并发起进攻。

克拉苏没有办法对付这些弓骑兵，因为他们能快速地拉近距离或脱离接触，在45—50米（150—165英尺）的距离上迅速向罗马人的队列中射箭。和提格拉诺塞塔之战不同，罗马轻步兵的冲锋毫无效果，帕提亚弓骑兵只需催马撤离即可摆脱。对付罗马骑兵的方法也是一样，弓骑兵完全不同他们缠斗。罗马人的标枪也远不足以改善这一情况：它们的射程太近，根本无法击中帕提亚弓骑兵。试图追击弓骑兵的罗马人则成了"帕提亚箭术"的受害者。

---

① 译注：在光照充足的西亚，士兵往往准备罩袍以备行军时遮挡阳光。利用罩袍来进行战场欺诈的手段也流传了下来，在阿拉伯-拜占庭战争中被双方应用。

罗马人意识到，帕提亚军队的箭矢能轻易地穿透他们的盾牌和盔甲。而罗马人整齐排列的紧密队形，更是让箭雨的杀伤效果倍增。罗马人期待箭雨只是一段让人不悦的插曲，但众多骆驼运输队送来了新的箭矢，罗马人的希望破灭了：

> 若是他们（罗马人）还能期待敌人（帕提亚人）的箭矢耗尽，而后停止进攻或被迫进行近战，罗马人尚能坚持下来；然而当他们发现许多满载着箭矢的骆驼前来，帕提亚人从那里……获得了新的补给……克拉苏才明白箭雨将无休无止，开始失去信心……[33]

由于连续不断的箭雨迫使罗马人坚守不动，苏雷纳现在决定进攻罗马人的后方。

克拉苏"给儿子普布利乌斯送信，命令他在被包围前强行与敌接战"。[34] 普布利乌斯决定以 8 个大队、300 名轻步兵、500 名步弓手和一支高卢骑兵突击队，向弓骑兵发起进攻。眼见弓骑兵撤退，普布利乌斯便发起了追击，完全没有意识到他正在走向陷阱。弓骑兵与一支规模更大的帕提亚军队会合，其中的重甲骑兵发起了反攻。普布利乌斯的高卢骑兵作战十分英勇，然而他们的标枪无法穿透帕提亚重骑兵的坚固盔甲。加上高卢人缺少防护，因此遭受了相当高的伤亡。[35] 只有 500 名高卢人活着被俘。绝望的高卢人徒劳地钻到帕提亚骑兵的马匹下方，试图刺伤它们，363 年，罗马军队面对超重装精锐部队萨瓦兰骑兵时，再度做出这种绝望之举。[36] 值得注意的是，高卢人试图抓住重甲骑兵的骑枪，将他们强行拉下马，就如同数个世纪之前在希腊的普拉提亚之战中，阿契美尼德士兵试图破坏希腊重步兵的长枪那样。这种行为需要很大的勇气，但对步兵而言风险极大，因为冲锋的帕提亚枪骑兵完全有能力用骑枪同时刺穿两个人。在两轮重装骑兵进攻的间隙，灵活的弓骑兵催马上前，向普布利乌斯的军队放箭。这些攻击打垮了普布利乌斯的部队。受伤的普布利乌斯和他的残部退到一个山丘上，他们在那里战死，或者被迫投降。受伤的普布利乌斯和大多数军官，或者自杀，或者下令他们的护卫杀死他们。帕提亚人砍下了普布利乌斯的头颅，挑在骑枪上，而后转身与苏雷纳的主力部队会合。

◎ 帕提亚弓骑兵陶像。(*R. Sheridan, Ancient Art and Architecture*)

克拉苏从信使那里听到他儿子战死的消息后，立即下令将他的军队转移到斜坡上，而后试图向前推进。这一行动收效甚微。帕提亚弓箭手继续射出致命的箭雨，在罗马人的阵线上打开裂隙，随后重装骑兵冲进这些裂隙，制造更大的伤亡。罗马人的职业精神、严格训练和英勇无畏，都无力回天了。

苏雷纳试图进行心理战，他将插着普布利乌斯的头颅的长枪竖立在罗马阵线之前。至此，罗马人败局已定，苏雷纳也承诺，如果克拉苏投降，就留下他的性命。克拉苏得到了一个晚上的时间决定是战是降，并哀悼死去的儿子。意识到自己事实上战败后，克拉苏麾下的高级军官们建议撤退到堡垒城市卡莱。留在原地显然毫无意义，于是罗马人当夜就撤退了，他们清楚帕提亚人并不会进行夜战。帕提亚军队并没有阻挠罗马人，他们于次日早晨攻占了废弃的罗马营地，并杀死了留在那里的罗马伤员。

撤退途中，克拉苏承认他的"亚历山大式冒险"已经失败。然而此时依然存在一线希望：如果克拉苏能够进入卡莱城中，就能够在那里继续抵抗。正常情况下，在城中坚守对克拉苏极为有利，因为帕提亚人没有攻城的能力，也没有适合的装备。然而克拉苏的军队却不想留在卡莱：因为补给短缺，而且亚美尼亚的丘陵地带近在咫尺。最糟糕的是，由于近东的绝大多数军队已经调来参与卡莱之战，他们将不会得到任何增援。

克拉苏和他的高级指挥官——卡西乌斯和奥克塔维乌斯（Octavius），各自逃命。卡西乌斯和500名骑兵逃向幼发拉底河。奥克塔维乌斯带着5000人退往一个山丘，而克拉苏率领大概2000人跟在他后面，两拨人大概相距1600米（1英里）。然而帕提亚人再次发动进攻，奥克塔维乌斯被赶出了他相对安全的阵地。克拉苏和奥克塔维乌斯的部队会合到一起，总共有7000人，多少阻挡了帕提亚人的进攻。罗马人的投石手能够击退帕提亚人的弓骑兵和重骑兵。双方意识到战斗只是暂时停息。主动权现在牢牢地掌控在帕提亚军队的手中，而苏雷纳也并不想让机会从手中溜走。无论如何，这次决战结局已定。

苏雷纳再一次向克拉苏提议体面地投降。克拉苏犹豫了，随后他似乎接受了苏雷纳的提议。克拉苏和他的高级军官们同苏雷纳见面并商议投降条件。然而苏雷纳认为罗马人并不完全可信，因为正是他们撕毁了与帕提亚帝国的和平协议。基于这一事实，苏雷纳说："……你们罗马人记性不好，记不牢协议中的条款。"[37] 战败的克拉苏被迫以书面形式提交他的投降条件。随后由于并不清楚的原因，爆发了一场混战，克拉苏被帕提亚人或他自己的部下杀死。苏雷纳将克拉苏和普布利乌斯的首级带到了亚美尼亚的宫廷，阿斯塔瓦德斯和奥罗德正在那里庆祝他们的结盟。当时宫中正在上演一出希腊戏剧——欧里庇得斯（Euripides）的《酒神的女信徒》（Bacchae），两人的首级被抛到了舞台上。希腊演员伊阿宋将克拉苏的头颅举起来，将这个骇人的战利品加到他的戏剧中。随后，奥罗德下令将黄金熔化后倒入克拉苏的嘴中。记载中，他还向克拉苏的首级吼道："你一生的愿望现在得到满足了！"

幸存的1万名罗马士兵成了阶下囚，并被帕提亚人安置到中亚地区的梅尔夫周边地区。其中一些人有可能进入了中国。中国文献中提及，公元前36年战败的匈奴单于拥有一支"雇佣军"，他们使用的战术与希腊–罗马式战术高度类似。

卡莱之战的后续

卡莱之战的惨败打破了罗马军队战无不胜的神话。罗马人在西班牙、高卢、巴尔干半岛、希腊、迦太基、亚美尼亚和本都取得一系列的大胜之后，竟然在卡莱碰了硬钉子。

尽管塞琉古王朝在之前已经被击败，卡莱之战象征着亚历山大在波斯的事业戏剧性地结束了。苏雷纳击败了一支人数三倍于他的罗马军队。4万名罗马军团步兵中，有2万人被重骑兵和弓骑兵杀死，另有1万人被俘虏。缴获的罗马军旗陈列在波斯的神庙中，直到奥古斯都皇帝通过谈判才索回。此时的罗马人意识到，他们在伊朗的敌人与欧洲的凯尔特战士绝非同类，罗马人也被迫承认幼发拉底河是他们与帕提亚帝国之间的界河。正如比瓦尔（Bivar）指出的那样，罗马在"（卡莱之战）惨败的结果是，帕提亚王朝赢得了平等的、无可置疑的世界大国的地位"。[38] 罗马人无敌的神话也在犹太人心中破灭了，他们不仅同帕提亚王朝交好，而且《圣经》中也证实了他们早年与波斯的紧密关系。罗马人很快发现，东部领土上的犹太人反抗得越发强烈了。

与帕提亚骑兵对抗的经历，对罗马人的军事发展影响深远。罗马人首次试图招募帕提亚骑兵，是在庞培和卡西乌斯内战期间。[39] 公元前42年，帕提亚骑兵的确作为雇佣兵和屋大维作战。[40] 卡莱之战以及此后在阿塞拜疆（公元前37年）的失败，最终让罗马人采用了帕提亚弓骑兵的战术，并开发出自己的版本。罗马人充分意识到帕提亚人的全骑兵战法带来的威胁，便通过招募辅助骑兵（轻骑兵、弓骑兵和重骑兵）以及步弓手，成功重整了他们的军队。这些辅助部队为罗马人的重步兵主力提供支持，而重步兵也自行开发出了对抗帕提亚重装骑兵和弓骑兵的新战术。[41]

卡莱之战的另一深远后果是亚美尼亚的帕提亚化。奥罗德的儿子帕科罗斯同亚美尼亚国王阿斯塔瓦德斯的妹妹联姻，让帕提亚王室与亚美尼亚王室结成了血亲。这将成为亚美尼亚人与伊朗的长期关系中的另一个纽带。事实上，甚至在波斯的帕提亚王朝于226年灭亡之后，拥有帕提亚血统的贵族仍在亚美尼亚实施统治。[42] 许多伊朗的封建文化和战士传统将被亚美尼亚人继承，而许多亚美尼亚人士兵后来又进入了拜占庭帝国的军队。

帕科罗斯的反击：失去的机遇

如果苏雷纳在卡莱之战后对叙利亚发动进攻，罗马在近东地区的统治将遭遇浩劫。罗马人正处于混乱中，也没有足够的部队来阻止帕提亚人的入侵。帕提亚王室内部的血腥政治斗争拯救了罗马人。苏雷纳在卡莱之战取得辉煌胜利之后不久，就被奥罗德二世处死了。奥罗德对苏雷纳的嫉妒和猜疑让帕提亚王朝失去了最佳机遇：帕提亚人的反击直到卡莱之战三年之后才得以实现。

奥罗德决定让他的儿子帕科罗斯一世指挥军队。帕科罗斯在公元前51年同罗马人开战，后续的战争延续了二十五年。他成功入侵叙利亚和安纳托利亚大部，然而这些行动更像是大规模的骑兵劫掠，而非全面入侵。帕提亚人从未发展过围攻战的技战术，而他们将因此付出高昂代价。帕提亚骑兵的恫吓并不足以迫使罗马的堡垒城市向他们投降：卡西乌斯和西塞罗（Cicero）阻止了帕提亚人吞并叙利亚。在一年之后，即公元前 50 年，奥罗德命令他的儿子撤退，帕科罗斯渡过幼发拉底河返回帕提亚。

随后几年中，罗马国内的政治环境持续恶化，而这为军事干预提供了绝佳的机会。如果奥罗德足够明智，他可以通过操纵罗马的政治进程获得更多领土，增强帕提亚王朝在西部边境的安稳与实力。奥罗德决定再次入侵罗马的近东地区，进攻叙利亚和安纳托利亚。这次远征依旧由帕科罗斯指挥，流亡的"共和派"罗马人昆图斯·阿提乌斯·拉比埃努斯（Quintus Atius Labienus）与他同行，以对抗主导罗马对外政策的"帝国派"。

公元前 40 年或公元前 39 年，帕科罗斯和拉比埃努斯率领一支帕提亚骑兵大军渡过幼发拉底河，进攻重点是罗马人的前哨站阿帕梅亚（Apamea），它最初由"胜利者"塞琉古建于公元前 300 年左右。第一次进攻未能决出胜负，因为帕提亚人既没有攻城方面的训练，也没有装备攻城器械。即使如此，还是有许多叙利亚的罗马部队逃走，加入拉比埃努斯一方。德西迪乌斯·萨克萨（Decidius Saxa）所部与得到罗马逃兵支持的拉比埃努斯和帕科罗斯的联军决战，[43] 但他已经毫无胜算。帕提亚骑兵成为这一战中决定性的力量，让罗马人伤亡惨重，并且击溃了萨克萨的军队。此后，向帕提亚军队倒戈的罗马部队越来越多。据说，听闻萨克萨被杀后，阿帕梅亚几乎没有再进行抵抗，便向入侵之敌投降了。[44] 拉比埃努斯率部脱离了帕科罗斯的主力军，前去追击萨克萨。萨克萨成功逃到了奇里乞亚，然而拉比埃努斯在攻破安条克之后，消灭了他和他的军队。随着萨克萨和他的驻军最终被灭，拉比埃努斯不仅攻占了奇里乞亚，还肃清了小亚细亚的所有罗马部队。这次入侵又一次打击了罗马军队的威望，缴获的萨克萨的军旗被送往帕提亚的神庙，与那些在卡莱之战中缴获的军旗陈列在一起。同时，罗马人也再次证明了他们无法在战场上抵御帕提亚骑兵，只能任他们迅速占领叙利亚与巴勒斯坦大部。提尔没有落入帕提亚的手中，因为他们没有进攻提尔所必需的海军。[45]

在巴勒斯坦，帕提亚骑兵受到了犹太人的欢迎，他们被视作解放者，犹太人安提哥那（Antigonus）为了成为帕提亚王朝在巴勒斯坦的代理人，甚至送了帕科罗斯1000塔兰特。犹太人早已被米底帝国和阿契美尼德帝国接纳，并定居波斯已久，而罗马人向来不怎么受犹太人的欢迎，也无法改变他们亲近波斯的态度。[46] 一个不甚为人所知的事实是，美索不达米亚的犹太人是犹太教正统思想的来源，启发了许多西方的犹太人，特别是犹地亚地区的。[47] 帕科罗斯成功进入巴勒斯坦，意味着美索不达米亚和犹地亚地区的犹太人再一次（即使非常短暂）统一在一个新的伊朗帝国中。帕提亚人也得到了法利赛派（Pharisees）的支持，这一教派同罗马人的关系十分冷淡："法利赛派似乎认为帕提亚人比罗马人更能理解他们，因此他们忠实地支持帕提亚王朝。"[48]

罗马从帕提亚的入侵中恢复

就在帕科罗斯和拉比埃努斯仿佛要将罗马人永远逐出近东地区时，局势逆转了。小亚细亚的拉比埃努斯于公元前40年首先崩溃。罗马将领维提迪乌斯（Ventidius）[49] 率部在小亚细亚沿岸（最可能是在今土耳其西部地区）登陆，此举出乎拉比埃努斯的预料。惊慌不已的他立即向帕科罗斯发出求援信。与此同时，维提迪乌斯迅速将拉比埃努斯赶入安纳托利亚的内陆，迫使他躲进塔尔苏斯山地中。当维提迪乌斯到达塔尔苏斯山后，双方并有没有立即开战，而是都在等待增援。拉比埃努斯等待着帕提亚重装骑兵，[50] 维提迪乌斯则耐心地等待他的重步兵到来，而后再发动进攻。维提迪乌斯并没有像克拉苏那样率领步兵在平地列阵，他明智地将军队部署在高地上。让人不解的是，不受拉比埃努斯管辖的帕提亚重骑兵擅自行动，轻率地往山丘上冲，而维提迪乌斯的部队正在顶上以逸待劳。上坡冲锋削弱了骑兵的冲击力，也减弱了他们进攻的整体威力。他们冲进了坚守阵地、布置严密的罗马步兵队列中，被迫与罗马步兵展开肉搏战。维提迪乌斯的部下击败了帕提亚重骑兵，后者被迫撤离战场，退往奇里乞亚，抛下了拉比埃努斯。拉比埃努斯的罗马人军队此后试图在夜间撤退，却中了维提迪乌斯的埋伏，惨遭屠戮。拉比埃努斯确实成功逃到了奇里乞亚，却在不久之后被罗马人逮捕，以叛国罪处死。

维提迪乌斯巩固了罗马对奇里乞亚的控制，罗马人从这里开始了收复近东领土的反击。[51] 庞培迪乌斯·西洛（Pompaedius Silo）奉命率领一支骑兵部

◎ 帕提亚-萨珊王朝金搭扣，来自2—3世纪的伊朗。搭扣中央描绘了骑马的贵族带着猎犬追逐羚羊。这种打猎场景也在数个世纪后出现在欧洲北部的艺术作品中。(© The State Hermitage Museum, St. Petersburg)

队前往叙利亚关，从那里进入叙利亚，与该地帕提亚军队交战。帕科罗斯得知罗马人准备进军叙利亚关，派出了法纳帕特斯（Pharnapates）率领骑兵部队去阻止罗马人的突破。帕科罗斯决定将他的部队转移到叙利亚北部和科玛吉内。在帕提亚骑兵如预期那样返回之前，帕科罗斯的犹太人盟友得自己保卫自己了。对犹太人而言不幸的是，帕科罗斯再未返回。当庞培迪乌斯·西洛到达叙利亚关时，他发现法纳帕特斯率领的帕提亚骑兵正在等着他。罗马骑兵在和帕提亚骑兵对抗之时落了下风，西洛的部队几乎被全歼，[52]然而就在西洛所部濒于崩溃之时，维提迪乌斯率领大批增援部队及时赶到，扭转了局面。法纳帕特斯本人以及许多帕提亚骑兵被杀。随着帕提亚在叙利亚的防御失败，帕科罗斯率领他残存的军队渡过幼发拉底河，退回美索不达米亚境内。他计划在冬季重组他的部队，来年春季再杀回叙利亚。至此，维提迪乌斯成功收复了叙利亚和小亚细亚大部。

帕提亚人或许依然相信他们有能力击败罗马人，因为他们在叙利亚关之战只是功亏一篑。然而后续事件的发展证明，帕提亚人并未从安纳托利亚和叙利亚关的失败中，吸取必要的教训。公元前39年春，帕科罗斯集结他的军队再次进入叙利亚，意图打垮维提迪乌斯。维提迪乌斯则在帕提亚营地中传播谣言，误导他们从幼发拉底河的下游渡河。帕科罗斯或许还被误导以为维提迪乌斯的营地并没有做好抵御的准备。这让帕科罗斯浪费了宝贵的40天时间，而维提迪乌斯的部下充分利用这段时间，完善了他们的战争准备和战术计划。

渡过幼发拉底河之后，帕科罗斯的骑兵们通过叙利亚平原前往赛里斯提卡（Cyrrhesticia）附近的罗马人阵地。维提迪乌斯还是没有在平地上迎战帕提亚重骑兵，再次应用了在塔尔苏斯山地的策略，将他的军队部署在高地上，而塔尔苏斯之战的情形也重演了，重骑兵冲击位于高处的维提迪乌斯阵地，遭遇惨败。[53] 帕科罗斯在战斗中被杀，而为了保护他的遗体免遭抢夺，王室卫队也大多战死。残存的帕提亚军队向幼发拉底河撤退。维提迪乌斯决定阻止幸存者逃离，以免他们再组织一轮进攻。罗马人一路追击，甚至在他们登船时还杀死了许多人。帕科罗斯麾下残存的最后一批骑兵成功逃脱了追击，抵达了安纳托利亚东部的科玛吉内，当地的国王安条克为他们提供了庇护。帕提亚王朝对叙利亚和安纳托利亚的征服就此结束。如此规模的征服行动直到几百年之后，在萨珊王朝的沙普尔一世（Shapur Ⅰ）和库思老二世（Khosrow Ⅱ）治下，才得以再现。

注释

1. Plutarch, *Parallel Lives III*, Crassus 27,2; Dio Cassius (trans. Earnest Cary), *Roman History*, 9 volumes (Cambridge, Mass.: Harvard University Press, 1914–1927), *Vol.III*, XL, 22; Herodian (trans. C. R. Whittaker), *History of the Empire*, 2 volumes (Cambridge, Mass.: Harvard University Press, 1969–71), 4, 30.

2. Plutarch, *Parallel Lives III*, Crassus 18.

3. 同上，24。

4. Cernenko, *The Scythians*, p.32.

5. Motofi, *Tarikh-e-Chahar Hezar Sal-e Artesh-e Iran*, p.152.

6. Cassius Dio, *Roman History, Vol.III*, XL, 15.2.

7. Plutarch, *Parallel Lives III*, Crassus 18, 24, 25.

8. Justinus, *Philippic History of Pompeius Trogus*, 41.2.

9. 伊朗军队在筹备1971年的波斯帝国建国两千五百年庆典时，参考历史记述与考古发现，复原了帕提亚王朝的骑兵盔甲。已故的希达亚特·贝赫扎迪（Hedayat Behzadi）上校，在1994年1月的采访中提到铠甲总重约57公斤（125磅）。

10. Plutarch, *Parallel Lives III*, Crassus 24.

11. Justinus, *Philippic History of Pompeius Trogus*, 41.3.

12. Motofi, *Tarikh-e-Chahar Hezar Sal-e Artesh-e Iran*, pp.150–151.

13. Wilcox, *Rome's Enemies (3)*, pl.B3; Karasulas, *Mounted Archers of the Steppe*, pl.C.

14. Justinus, *Philippic History of Pompeius Trogus*, 41, 2; Plutarch, *Parallel Lives III*, Crassus 24.

15. Farrokh, *Sassanian Elite Cavalry*, pp.25–27.

16. Plutarch, *Parallel Lives III*, Crassus 18, 24.

17. F. E. Brown, "A recently discovered compound bow", *Seminarium kondakovianum* (1937, Vol. IX), pp.1–10.

18. Heath, *Archery*, p.44.

19. 同上，p.44。

20. Motofi, *Tarikh-e-Chahar Hezar Sal-e Artesh-e Iran*, p.151.

21. Justinus, *Philippic History of Pompeius Trogus*, 41.2.

22. T. Wise, *Ancient Armies of the Middle East* (London: Osprey Publishing, 1981), p.38.

23. M. Rostovtzeff, "The Parthian Shot", *American Journal of Archaeology* (1943, Vol.47), pp.174–187.

24. 同上。

25. Motofi, *Tarikh-e-Chahar Hezar Sal-e Artesh-e Iran*, p.153.

26. 同上，p.152。

27. Bivar, "The political history of Iran under the Arsacids", p.48.

28. Justinus, *Philippic History of Pompeius Trogus*, XLII, 4.1

29. Motofi, *Tarikh-e-Chahar Hezar Sal-e Artesh-e Iran*, p.139.

30. Bivar, "The political history of Iran under the Arsacids", p.52.

31. Motofi, *Tarikh-e-Chahar Hezar Sal-e Artesh-e Iran*, pp.139–140; Pirnia, *Iran Bastan*, pp.159–160.

32. As quoted by Rawlinson, *Parthia* (London: T. Fisher Unwin, 1893), p.156.

33. Plutarch, *Parallel Lives III*, Crassus 25.

34. 同上，25。

35. Bivar, "The political history of Iran under the Arsacids", p.53.

36. Farrokh, *Sassanian Elite Cavalry*, p.48.

37. Plutarch, *Parallel Lives III*, Crassus 31.

38. 引述自Bivar, "The political history of Iran under the Arsacids", p.55。

39. Dio Cassius, *Roman History* Vol.IV, XLI, 55; Vol.V, XLVIII, 24.

40. N. C. Debevoise, *A Political History of Parthia* (Chicago: University of Chicago Press, 1938), p.108.

41. E. Gabba, "Sulle influenze reciproche degli ordinamenti militari dei Parti e dei Romani [The mutual influence on military logistics of the Parthians and the Romans]", in *La Persia e il Mondo Greco-Romano* (Rome: Accademia nazionale dei Lincei, 1966), p.51.

42. Bivar, "The political history of Iran Under the Arsacids", p.56

43. Dio Cassius *Roman History* Vol.V, XLVIII, 25.3.

44. Dio Cassius, *Roman History* Vol.V, XLVIII, 25.4.

45. Strabo, *Geographica*, XIV, 2, 24.

46. M. Radin, *Jews among the Greeks and Romans* (Jewish Publication Company of America, 1915), p.370.

47. L. Craven, *Antony's Oriental Policy until the Defeat of the Parthian Expedition* (Columbia, Miss.: University of Missouri, 1920) p.52.

48. 同上，p.53。

49. H. Buchheim, "Die orientpolitik des Triumvirn M. Antonius [The triumvir M. Antony's politics]", *Abh. HeidelbergerAkad. Der Wis.* (1960, Vol.3), pp.75–77, 提供了有关维提乌斯历次征战的精彩论述。

50. Dio Cassius, *Roman History* Vol.V, XLVIII, 39.3–4.

51. 这一系列征战以及帕科罗斯之死，参见A. Gunther, *Betrage zur Geschichte der Kriege Zwischen Romern und Parthien* [Synopsis of the *History of the Wars* between Romans and Parthians] (Berlin, 1922)。

52. Dio Cassius, *Roman History* Vol.V. XLVIII, 41.

53. Bivar, "The political history of Iran under the Arsacids", p.58.

第九章

从马克·安东尼入侵到
阿兰人入侵时的帕提亚王朝

马克·安东尼在米底-阿特罗帕特尼战败

奥罗德二世因为儿子帕科罗斯阵亡而悲伤过度，于公元前 38 年决定逊位，由他另外 30 个儿子中的法尔哈德四世（公元前 38—公元前 2 年在位）继位。然而，继位后一年的时间里，法尔哈德已经杀死了将王位交给他的父亲、自己所有的兄弟，甚至自己的儿子。他还处决了大批帕提亚贵族，一些幸存者逃到罗马境内避难。幸存的帕提亚贵族莫纳伊西斯（Monaeses）与马克·安东尼会面，并说服他率军入侵帕提亚。在莫纳伊西斯和其他帕提亚流亡者描绘的景象中，波斯境内对法尔哈德的不满情绪高涨，入侵完全可能成功。马克·安东尼也许早在公元前 41 年就曾计划入侵帕提亚，不过，他决定先巩固罗马在埃及和叙利亚的统治。随后，他决定从叙利亚进攻波斯，并在叙利亚建立了一系列的罗马补给站，以备对抗伊朗人。亚美尼亚人被迫与罗马建立同盟关系，他们的国王阿斯塔瓦德斯被迫提供骑兵部队。到公元前 38 年时，为进行对波斯的大规模远征，安东尼已经开始在希腊整训部队了。

罗马人准备了一支规模庞大的入侵军队，其人数是失败的克拉苏远征军的两倍。公元前 36 年 3 月，安东尼麾下至少有 10 万人，包括 1 万名伊比利亚（西班牙）骑兵，他们骑乘的也许是年代较早的"原阿拉伯马"，这种马最早是由腓尼基人或者他们的迦太基亲族引入该地区的。然而事实证明，在对抗出自伊朗西部和亚美尼亚的高大的尼萨马种时，这些体型较小的伊比利亚马匹明显处于劣势。法尔哈德得知罗马人的这些准备，召集了 400 名帕提亚"阿扎丹"（azatan/azadan，雅利安封建领主），他们为了阻止安东尼的入侵，总共集结起 5 万名骑兵。[1] 安东尼决定取道米底–阿特罗帕特尼入侵波斯。他听从阿斯塔瓦德斯的建议，进军波斯西北部的森林与山地，他希望借此抵消帕提亚重骑兵和弓骑兵在开阔地形上的战术优势。罗马的指挥官们希望迫使伊朗人以步兵肉搏战的方式与罗马军团对战。然而罗马人却危险地低估了接下来的对手——米底–阿特罗帕特尼的国王阿塔瓦兹德（Artavazd）率领的米底步兵。

罗马人渡过幼发拉底河，从马兰德（Marand）周边地区进军伊朗的西北部，而后沿着奥鲁米耶湖的东岸进军。[2] 他们的目的是进攻位于今马拉盖的帕提亚王室宫殿要塞——普拉斯帕。[3] 安东尼正是在这里犯下了一个重大的战略错误。辎重和攻城器械减慢了安东尼向波斯西北部进军的速度，他因此决定分兵，将两个军团以及辎重和攻城器械交给斯塔提安努斯（Statianus）管辖，并命令他尽可能紧跟主力。然而，虽然安东尼的主力部队能够相对快速地移动，辎重和大型攻城器械终究难以在阿塞拜疆的茂密森林和山地关隘中通行。此后发生的事件表明，对安东尼而言，多花费一些时间，保证率领全部军队一起抵达普拉斯帕，也许更为明智。

帕提亚的指挥官很快意识到出现了宝贵的战机。安东尼的军队明显分为两支之后，帕提亚人将能够全力进攻其中一部，并将其歼灭。帕提亚王朝的指挥者此时要依靠那些坚韧的米底山民，他们的祖先在对抗古老的亚述帝国时已经证明了自己的价值。米底步兵进攻罗马人的辎重部队，并杀死了超过 1 万名军团士兵。他们也毁掉了罗马人的攻城器械，包括用来强攻普拉斯帕城门的、长达 24 米（79 英尺）的巨型攻城锤。滑头的阿斯塔瓦德斯随即率领他的骑兵撤往亚美尼亚。亚美尼亚骑兵脱离罗马人的战斗序列，对罗马人而言，这损失与斯塔提安努斯战败一样严重。

与此同时，安东尼的部队安然前往普拉斯帕，事实上他们在斯塔提安努斯的部队遭到袭击之前，已经抵达城下了。罗马的工程师们开始兴建大土堆以供围攻，尚不知晓他们的攻城器械已经被毁。然而围攻普拉斯帕远比之前预想的困难，因为该地的防御密不透风。得知斯塔提安努斯所部被消灭之后，马克·安东尼立即反击，然而他对帕提亚骑兵的反击仅仅杀死了80人，俘虏了30人。[4]安东尼因他的失败而恼羞成怒，斥责他的部下为"懦夫"，并下令执行"十一律"（decimation），即每十人中抽出一人处决。

安东尼的部队很快就要断粮了。尽管罗马人派出分遣队进入森林中搜寻食物和补给，但这些部队遭到了帕提亚枪骑兵、弓骑兵以及米底步兵的攻击。与罗马人的预期恰恰相反，帕提亚骑兵在伊朗西北部的"欧洲式"地形中依旧能高效作战。米底步兵和罗马步兵也势均力敌。罗马军队对普拉斯帕的围攻越来越弱，罗马主力部队面对米底步兵和帕提亚骑兵的攻击，也越来越脆弱。

此时的安东尼在军事上已经失去了希望，而他的军队又要面对饥饿和疫病。波斯西北部冬季的刺骨寒风夹着雪花吹来，罗马人完全没有在波斯进行冬季作战的准备。安东尼最终被迫承认失败，决定在他和他的军队被全歼之前撤退。他派出使节觐见法尔哈德，而法尔哈德接见使节时正"坐在黄金椅子上拨弄他的弓弦"。[5]帕提亚国王同意和谈，允许罗马人和平地撤退。然而就在安东尼拔寨启程之时，帕提亚人背弃了协议，发动进攻。马克·安东尼损失了他三分之一的军队，[6]其中包括2万名步兵和4000名骑兵，此外，从亚美尼亚前往叙利亚的行军途中又损失了8000人，主要死于恶劣的天气。[7]普拉斯帕远征是比卡莱之战败北更大的灾难，对罗马人的残余部队而言幸运的是，埃及艳后克利奥帕特拉给马克·安东尼抵达叙利亚的残部提供了粮食、薪酬

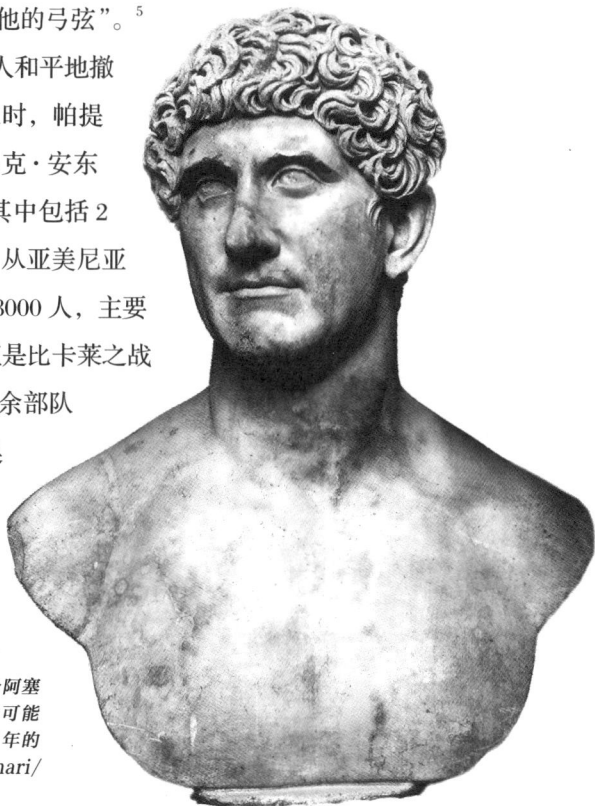

◎ 马克·安东尼向米底-阿特罗帕特尼（今阿塞拜疆）的山区林地发动进攻，试图借此尽可能抵消帕提亚骑兵的冲击力。这次公元前36年的远征，以罗马人惨败告终。（© 2006 Alinari/ Topfoto）

和新军服。法尔哈德把从安东尼的辎重车辆中缴获的钱币熔化重铸，以此来庆祝胜利。罗马人的军事威望在波斯遭受了又一次打击。

安东尼又组织了一支军队，准备进行新一轮的高加索远征，然而这次他没有同帕提亚王朝开战。罗马人在公元前34年进入了阿特罗帕特尼以北的亚美尼亚。安东尼要求阿斯塔瓦德斯与他会面，假意安排他的儿子亚历山大与阿斯塔瓦德斯的女儿联姻。阿斯塔瓦德斯到达安东尼的营帐之后立即被扣押，罪名是与屋大维秘密联系。阿斯塔瓦德斯的儿子阿尔塔克西亚斯（Artaxes）投奔法尔哈德寻求庇护，而罗马开始在亚美尼亚驻军。安东尼和被俘的阿斯塔瓦德斯一同回到埃及，后者随后被处死。

法尔哈德同阿特罗帕特尼国王阿塔瓦兹德之间也爆发了激烈的冲突，这为安东尼提供了进攻波斯的又一次机会。他与阿塔瓦兹德联盟，并结成罗马–阿特罗帕特尼联军。公元前33年，联军遭遇了帕提亚军队以及同行的亚美尼亚的阿尔塔克西亚斯，联军击败了他们。然而安东尼无法在这里长期作战，因为他与屋大维的冲突升级，他不得不率部撤回罗马。这让帕提亚王朝得以全力对付阿塔瓦兹德，并重新控制米底–阿特罗帕特尼。[8]公元前31年，安东尼在亚克兴（Actium，或译为"阿克提姆"）海战中被屋大维击败，与此同时，法尔哈德也面临着对他的统治的一个重大挑战。

即使帕提亚军队近期取得了胜利，法尔哈德的地位依然远称不上稳固。公元前31年，法尔哈德被篡位者提尔达德三世赶下王位。法尔哈德得到了塞种人的庇护，并在不久之后重新占据了帕提亚，迫使提尔达德逃往叙利亚。提尔达德在公元前27年最后一次进入美索不达米亚，希望得到罗马的帮助，最终也没有得到。而法尔哈德则在一年之后永久地驱逐了提尔达德，夺回他的首都塞琉西亚。提尔达德最后一次逃往罗马的叙利亚，再也没有返回。[9]经历了两次罗马入侵，以及一次他勉强取胜的王位内战之后，法尔哈德想要与罗马人和谈了。

奥古斯都的谈判

亚克兴海战的胜利者屋大维（公元前63—公元14年），于公元前27年成为奥古斯都。那时的帕提亚王朝已经牢牢地控制了伊朗高原和美索不达米亚，以及利润丰厚的丝绸之路通过这些地区的部分，帕提亚人也在高加索地区拥有相当大的影响力。奥古斯都放弃了与帕提亚王朝进行军事对抗的政策。罗马与东方对手之间的争议，将依托外交谈判解决。

当提尔达德于公元前 31 年逃到叙利亚时，他绑架了法尔哈德的一个儿子。罗马人以释放他为条件，要求法尔哈德释放众多罗马俘虏，并返还所有在卡莱之战中缴获的军旗。法尔哈德在公元前 20 年 5 月正式接受了这一条件，罗马俘虏获释，而罗马军旗从帕提亚的达尔比迈赫尔神庙（Darb-e-Mehr，密特拉信仰与琐罗亚斯德教的神庙）中取出，移交给奥古斯都皇帝的官员。对于罗马公民而言，这是一次巨大的成功，因为奥古斯都通过外交恢复了罗马的荣誉，罗马帝国在各地兴建了凯旋门并铸造新货币，以庆祝这次和谈成功。这也让之后的罗马皇帝不必为效法亚历山大大帝而被迫尝试征服伊朗，并招致灾难。奥古斯都的政策使罗马帝国得以更专注于经济发展与公民福祉。

法尔哈德五世到戈达尔兹二世

奥古斯都送给法尔哈德的礼物中，最神秘的也许是美丽的女奴西娅·穆萨（Thea Musa）。[10] 穆萨生下了一个儿子，即此后的法尔哈德五世（公元前 2—公元 4 年在位）。法尔哈德四世将除了法尔哈德五世以外的儿子们都送往罗马，接受“罗马式”教育。公元前 2 年，骇人的弑父行为再度重演，法尔哈德四世被他儿子谋杀，这或许是穆萨的阴谋。在法尔哈德五世短暂的统治里，帕提亚人和亚美尼亚人联合起来，赶走了亚美尼亚亲罗马的统治者，推举提格兰取而代之。奥古斯都及时地动员了他的军队，交给他的孙子盖乌斯（Gaius）指挥。盖乌斯和法尔哈德通过谈判，以对罗马有利的条件解决了亚美尼亚问题，从而避免了战争。

在处理了这些问题之后，法尔哈德五世于公元 2 年娶了他的母亲穆萨。如此的乱伦行为在贵族中引发了相当大的骚动，增强了他们对法尔哈德的敌意，他们很快就发起了叛乱。帕提亚人正式废黜了法尔哈德五世，后者在公元 4 年逃往罗马的叙利亚。[11] 奥罗德三世继承了法尔哈德五世的位子，但在公元 7 年或 8 年被谋杀。取代奥罗德的是瓦兰一世（Varan/Vonones Ⅰ，8—12 年在位），他是法尔哈德四世的另一个儿子，曾在罗马城中居住。瓦兰一世的行为举止证明他比法尔哈德五世更加“罗马化”。值得注意的是，瓦兰对骑马、王室狩猎和宫廷宴会并不感兴趣。

瓦兰一世的"罗马式"宫廷，似乎激起了贵族和平民的激烈的"伊朗式"不满。阿尔达班三世（12—38 年在位）成了这种不满的代表，他曾是米底-阿特罗帕特尼的帕提亚人国王。阿尔达班在里海东部与达赫塞种人共同居住了很长时间。他穿着传统的伊朗骑手服饰，这种服饰源自数千年前来到伊朗高原的古伊朗人。阿尔达班三世很快组织起一支军队并且在 12 年将瓦兰一世赶下王位。[12] 阿尔达班不得不尽力维持帕提亚在美索不达米亚的权威。因为在泰西封以北，两个犹太人叛乱者——阿西内乌斯（Asinaeus）与阿尼雷乌斯（Anilaeus），依靠自己的私人军队建立了一个独立小政权。[13] 这次叛乱持续了大约十五年，最终被阿尔达班镇压。随后，阿尔达班得以维持相对和平的统治，直到于公元38 年逝世。

阿尔达班的领土由他的两个儿子——戈达尔兹二世（40—51 年在位）和瓦尔丹一世（Vardan/Vardanes Ⅰ，40—47 年在位）继承，他们各自统治着帝国的不同部分。47 年时，戈达尔兹在一次狩猎活动中谋杀了他的兄弟，就此占据了整个帕提亚。一年之后，戈达尔兹又开始与法尔哈德四世的另一个孙子迈赫达德作战，此人被帕提亚贵族们从罗马召唤回来。戈达尔兹在 50 年战胜了迈赫达德，为了纪念这一胜利，他下令在贝希斯敦凿刻岩石浮雕，这些浮雕存留至今。浮雕中的戈达尔兹是帕提亚枪骑兵形象，而希腊语铭文声称他是伊朗古神话中的战士英雄圭乌（Guiw）的后代。

1 世纪：希腊化退潮，还是伊朗复兴？

艺术、钱币和语言铭文中的伊朗复兴，正是在这一时期开始显现的。阿契美尼德风格已经与希腊风格融合，正如在乌克兰的斯基泰-萨尔马提亚，以及意大利的卡拉布里亚看到的那样。哈特拉的情况也是如此，存留至今的遗址中，伊朗、希腊以及当地原生的艺术与建筑风格，以独特的方式融为一体。在哈特拉，贵族男女似乎穿着帕提亚服装。以阿拉伯人为主的帕尔米拉王国也是同样的情况，那里从帕提亚王朝的服装、军事、艺术和建筑等方面汲取了许多灵感。

反希腊化浪潮的兴起，似乎让底格里斯河畔的塞琉西亚的希腊人遭到排斥。当地的叛乱让那里脱离了帕提亚王朝，维持了至少十年的事实独立。帕提亚王朝重建了对塞琉西亚的控制，因为那里是丝绸之路沿线最繁忙的贸易节点之一。可以确定的是，到了阿尔达班三世统治时期，所有的帕提亚钱币上都不再出现"希腊人之友"的字样。早年的帕提亚王朝君主，比如迈赫达德一世所展现的对希腊化的包容态度，此时已经开始消退。

到萨珊王朝兴起两个世纪之前，即 1 世纪，蓬勃的伊朗复兴进程已经开始。这一点在瓦拉科什一世（Valaksh Ⅰ）统治期间（51—80 年）得到了证实，伊朗文化在这一时期持续壮大。帕提亚钱币上正式出现了巴列维语的阿拉姆字母，替代了希腊字母。阿拉姆语的重现意义重大，阿契美尼德帝国主要使用的语言就此复兴，这也标志着给伊朗世界带来深远影响的希腊语开始消亡。为了进一步地削弱希腊文化的影响，瓦拉科什下令扩建巴比伦城，该城临近文化上以希腊为主的塞琉西亚。之后的先知摩尼正是自巴比伦开始宣讲他的教义，而他的理论深刻地影响了西方与基督教的通神论。其他城市，比如梅尔夫和苏萨（今舒什），也抛弃了希腊语的称呼，改用伊朗的命名法。最重要的变化或许是官方认可琐罗亚斯德教的复兴。圣火祭坛在这一时期开始出现在钱币上。伊朗文献也提到，是瓦拉科什一世主持收集遗失的琐罗亚斯德教的圣歌与《阿维斯陀》的抄本，此时距离亚历山大销毁最初的雅利安语文本，已经过去了数个世纪。《阿维斯陀》的修复为近两个世纪之后波西斯的萨珊王朝的琐罗亚斯德教复兴，奠定了基础。瓦拉科什还建立了沃洛加西斯城（Vologeses），作为塞琉西亚的商业对手，或许是为了降低那里对帝国经济的重要性。[14]

争夺亚美尼亚：瓦拉科什一世对阵尼禄皇帝

瓦拉科什一世靠着他的兄弟提尔达德一世和帕科罗斯的帮助，在 51 年登基为王，结束了他父亲瓦兰二世的短暂统治。为了感谢兄弟们的忠诚和支持，瓦拉科什一世将米底-阿特罗帕特尼分封给帕科罗斯，将亚美尼亚分封给提尔达德，提尔达德于 54 年在那里登基。萨纳巴勒斯（Sanabares，50—65 年在位）于 50 年在帕提亚自立为王，瓦拉科什一世得先解决他。萨纳巴勒斯定都梅尔夫，而帕提亚帝国的王室内斗让他在那里安然统治了十五年。最终，瓦拉科什战胜了萨纳巴勒斯，让梅尔夫回到帕提亚王朝统治下。

罗马皇帝尼禄对高加索地区的境况十分不满，计划对亚美尼亚进行全面入侵，驱逐提尔达德。如果当时帕提亚帝国内部团结，而且没有其他战事分心，很难说尼禄是否还会入侵亚美尼亚。科尔布罗（Corbulo）将军奉命率领罗马军队进入高加索。他仔细地检查了与帕提亚交界的东部地区的罗马军队的战备状况，认定这些部队不适合作战。罗马士兵被迫接受十分严格的训练，这次训练历时两年多。记载中，严酷的训练让科尔布罗的军队减员，一些人在高加索山区中冻伤或晒伤。到 58 年时，科尔布罗终于准备好率领他重新整训的军队进入亚美尼亚。这次入侵取得了压倒性的胜利，提尔达德被迫放弃阿尔塔克萨塔（Artaxata），那里也被科尔布罗摧毁。瓦拉科什并没有提供援军，因为他不仅要面对王位的僭称者，[15] 还要应对波斯北部的希尔卡尼亚（今吉兰与马赞德兰）的独立运动。希尔卡尼亚曾经是最早支持帕提亚重新统一伊朗的地区之一，然而此时这一地区转而对抗帕提亚王室。希尔卡尼亚人甚至向科尔布罗派出使节，宣称这一地区独立于泰西封的统治。[16]

帕提亚的政治动荡，让科尔布罗得以继续在亚美尼亚高歌猛进，并在 59 年围攻提格拉诺塞塔。面对城内的顽强抵抗，科尔布罗将一个亚美尼亚贵族的首级抛入城中，记载中声称，这颗头颅正好落到了军事会议的会场中。提格拉诺塞塔随后屈膝投降。提尔达德迟来的反击直到 60 年才开始，然而他的攻击却以失败告终。此时科尔布罗实际控制着亚美尼亚，他将罗马帝国安排的候选人扶上了亚美尼亚的王位。就在这个时刻，罗马人得到机会进攻波斯的西北部。不过，尼禄的目标只有亚美尼亚，他不愿重蹈马克·安东尼的覆辙。尼禄在亚美尼亚的目的实现之后，科尔布罗就离开了高加索并返回叙利亚。

尼禄的成功是短暂的。瓦拉科什终于解决了希尔卡尼亚的叛乱，消灭了王位的僭称者，他随即组建了一支新军队，反击高加索的罗马军队。帕提亚人发动了一次坚决的进攻，迅速夺回了科尔布罗之前在亚美尼亚占据的领土，并消除他的政治影响。科尔布罗此时负责叙利亚的防务，他被调走后，由另一位指挥官佩图斯（Paetus）指挥亚美尼亚的罗马军队。

西方历史学家声称佩图斯"无能"，[17] 这未免有失偏颇，他们并没有考虑到他在军事上面临的实际问题，特别是同科尔布罗的远征相比。科尔布罗此前的成功是基于一个事实：他并没有面对一流的帕提亚骑兵，因为他们正在其他地方，例如希尔卡尼亚作战。此时的佩图斯则要面对帕提亚军队的全部力量，他们也很快就终结了罗马帝国在亚美尼亚的权威。佩图斯在62年率领罗马军队发起反击，而且罗马人必须要速战速决，因为高加索的寒冬就要到来。佩图斯或许考虑到了安东尼的部下在波斯西北部的冬季吃的苦头，他解散了一些部队并允许他们返回罗马。这一举动确实能够说明问题，毕竟，称职的指挥官决不会在决战之前主动削弱自己的军力。就在罗马军队实力大减的时刻，瓦拉科什发动了他最猛烈的进攻。罗马人被彻底击败，佩图斯和他的残存部队迅速从亚美尼亚撤退。根据记载，他每天至少行军64公里（40英里），一路将伤员纷纷抛弃。尼禄此前取得的收益完全消失了。

尼禄意识到自己无法依靠武力征服亚美尼亚，便在63年正式向瓦拉科什妥协。提尔达德依然作为亚美尼亚的帕提亚人国王，但他要到罗马接受尼禄亲手给他戴上王冠。[18] 尼禄的酬谢则是派出罗马工匠，帮助提尔达德重建他的亚美尼亚首都阿尔塔克萨塔。[19] 这一协议未能永久地解决"亚美尼亚问题"，而直到萨珊王朝的末期，高加索地区依然是双方爆发冲突的导火索，然而帕提亚

◎ 西纳特鲁克斯一世家人的雕像，来自哈特拉。居民以阿拉伯人为主的哈特拉，人们都穿戴帕提亚服饰，使用帕提亚武器装备，并忠于帕提亚王朝，直到王朝于3世纪初衰微。（The Art Archive/ Archeological Museum Bagh-dad/Dagli Orti）

与罗马之间的和平还是持续了五十年。瓦拉科什与皇帝韦斯巴芗（Vespasian，即维斯帕西安努斯，69—79年在位）关系甚好，甚至向他提供4万名弓骑兵，帮助他对抗奥鲁斯·维特里乌斯·日耳曼尼库斯（Aulus Vitellius Germanicus，69年在位）。韦斯巴芗维持了高加索地区的和平，并且承认幼发拉底河是帕提亚的西部边界。一系列缓冲小国被和平地纳入罗马帝国的势力范围，其中最重要的是帕尔米拉。韦斯巴芗不想浪费罗马帝国的资源，向帕提亚王朝发动无用的军事冒险。皇帝运用麾下军力，成功维护了罗马帝国在欧洲大陆的边境。

贵霜人的崛起

通常被西方学界称为贵霜人的大月氏人，此前进入了中亚，吞并了这一地区的伊朗人与希腊人小王国，并在2世纪初完全取代了塞种人。然而他们在面对帕提亚王朝之时，没能取得像以前那样的成功，面对新生的贵霜王国，瓦拉科什一世成功在东方和东北方维持原有边境。贵霜王国在2世纪与3世纪达到鼎盛，掌控了今阿富汗、中亚和印度北部，2世纪时的贵霜帝国已经扩张到了塔里木盆地，领土与中国相接。然而来自蒙古高原东部的匈奴人，不久之后便夺走了伊朗人在塔里木盆地的权力和影响力。中国东汉王朝的皇帝汉明帝（58—75年在位）于75年击败匈奴，将他们赶出了塔里木盆地。这将对波斯以及范围更广的伊朗文化区造成深远影响，特别是在萨珊王朝的时代。

贵霜人、帕提亚人与佛教的兴盛

贵霜帝国在迦腻色迦大帝（Kanishka，78—144年）统治期间达到了鼎盛，他也促成了远东地区的佛教信仰与艺术的保存、发展和传播。贵霜帝国的佛教僧侣是佛教传入中亚与中国的重要媒介，这已是众所周知，然而帕提亚人的关键作用则通常只有学者知道。帕提亚人也许是最初促进佛教传入中国的伊朗民族之一，在迈赫达德二世统治期间，中国和帕提亚王朝之间建立了紧密联系，特别是丝绸之路，极大地促进了这一历程。中国文献中记载，在148—170年，一位名为安世高的帕提亚贵族在当时东汉王朝首都洛阳传播佛教。进入中国的其他帕提亚僧侣包括安玄（约180年）、安法钦（281—306年）和昙谛（约254年）。

帕提亚王朝的美索不达米亚：多元化人口

帕提亚统治的重要结果之一，是影响了美索不达米亚以及邻近的叙利亚的人口结构。帕提亚王朝控制的横穿美索不达米亚的贸易路线，让这一地区建立起利润丰厚的贸易区。经济移民因此涌入美索不达米亚。其中人数最多的就是来自阿拉伯半岛的阿拉伯人，他们成了哈特拉的主要定居者之一。阿拉伯部族也开始到叙利亚定居，他们成了那里的沙漠王国帕尔米拉的主要人口。亚美尼亚人也进入了美索不达米亚北部，在那里定居，并与使用阿拉姆语的当地人以及使用伊朗语的米底人通婚。

耶路撒冷圣殿在70年被洗劫之后，泰西封的北部很快形成了一个强大的犹太人中心，那里被称为尼哈迪亚（Nehardea）。犹太人移民到美索不达米亚是出于特殊的原因，自从居鲁士大帝解放了众多犹太人之后，几个世纪以来那里一直是犹太人的重要家园。经过一代代人的努力，这一地区的犹太人取

◎ 位于杜拉－欧罗普斯的琐罗亚斯德肖像。这座帕提亚王朝在叙利亚的要塞，于165年被罗马人夺取。这幅肖像画是在赶走帕提亚驻军之后绘制的，说明伊朗人信仰，比如琐罗亚斯德教和密特拉信仰，在罗马帝国治下的近东依然兴盛。（akg-images）

得了相当高的地位，并积极参与这一地区的商贸、政治和宗教事务。根据传说，先知摩尼学习或参与了希伯来人的诺斯替教派活动。从以色列迁移到美索不达米亚的犹太人，前来投靠他们富裕的亲族。美索不达米亚也拥有大量的伊朗居民。自从早期雅利安人在公元前1000年到达之后，米底人就生活在美索不达米亚北部和安纳托利亚东部，而他们与这些后来的移民不同，米底人未必曾在这一地区成为主要人口，因为这一地区居住着大批说阿拉姆语的人口，他们是古亚述帝国的后代。这些说阿拉姆语的人被称为伊拉克北部的亚述人，直到第一次世界大战之时，他们都是那里的重要人口组成部分。[20]如今使用伊朗语的库尔德人居住的地区，相当一部分曾经是亚述人的定居地，一个典型的例子就是基尔库克。"基尔库克"这个名词来源于阿拉姆语的"围墙"（Karkha D-Bet Slokh）。

与阿契美尼德王朝一样，在帕提亚王朝统治时期迁移到美索不达米亚的伊朗人，主要是政府官员、行政人员和军事人员，不过也有许多伊朗人从事商业和贸易。美索不达米亚平原和伊朗高原在政治上实现统一，使得大群伊朗人畅通无阻地从东向西迁移。尽管伊朗人在美索不达米亚的聚居区，在阿契美尼德王朝统治期间就已经建立，但这一进程在帕提亚王朝时期加快了，并持续到萨珊王朝以及之后。这就是今伊拉克境内的"波斯"特征能延续至今的原因之一。[21]

亚历山大征服之后和塞琉古王朝统治期间，一系列希腊人殖民地建立起来，美索不达米亚随之成了一个世界性的多元地区，希腊语、巴列维语（中古波斯语）、阿拉姆语、巴比伦语、希伯来语、阿卡德语和阿拉伯语都能在这里听到。帕提亚王朝（以及之后的萨珊王朝）从未试图改变美索不达米亚的人口构成，以实现伊朗人的主流地位。他们的政策给予他们治下的所有民族相当大的自治权，从而形成了一个真正的世界性地区，思想和技术在那里自由分享与交流。考古研究显示，农业活动的兴盛或许也有助于美索不达米亚的人口增加。[22]这一情况也在伊朗出现了，胡齐斯坦的舒什的考古挖掘证明了这一点。与伊朗高原、波斯北部和中亚一样，美索不达米亚也是技术发展的重要中心。美索不达米亚的人口多元化，让许多宗教，比如诺斯替教派和摩尼教，得以兴起。

阿兰人入侵

在瓦拉科什一世统治的末期，72—75 年，阿兰人冲进了高加索，入侵了帕提亚帝国。入侵高加索南部的阿兰人，是北伊朗语族的萨尔马提亚人的远亲，萨尔马提亚人在高加索北部、乌克兰和部分东欧地区建立了统治。亚美尼亚文献记载了他们在高加索南部行动的路线。[23] 阿兰人与波斯北部的希尔卡尼亚君主结盟，他们向来不支持帕提亚王室。希尔卡尼亚的"中立"，让阿兰人得以从高加索北部杀进亚美尼亚和阿尔巴尼亚（阿尔兰或阿德汉）。

阿兰人的入侵势不可挡。当他们闯进亚美尼亚时，不仅消灭了当地的帕提亚–亚美尼亚军队，还险些俘虏了提尔达德国王。[24] 肃清了亚美尼亚和阿尔巴尼亚的帕提亚军队之后，阿兰人渡过阿拉克塞斯河，进入米底–阿特罗帕特尼（伊朗阿塞拜疆），那里的国王帕科罗斯也被击败了。在绝望中，瓦拉科什向韦斯巴芗请求军事援助。[25] 他没有得到援军，因为韦斯巴芗并不想让罗马军队卷入高加索的混乱中。一些伊朗历史学家认为，罗马人也可能乐见帕提亚王朝陷入混乱，甚至可能秘密或间接地支持了阿兰人的入侵。无论这次入侵的动机是什么，公元前 7 世纪末的斯基泰人从高加索通过亚美尼亚进入米底–阿特罗帕特尼的那次入侵，与阿兰人的入侵高度类似。

阿兰人取得了军事胜利，这背后的原因依旧处于争论中。阿兰人和帕提亚人在重甲骑兵和弓骑兵的使用上，风格必然高度相似。有观点认为，阿兰人的成功或许是因为他们使用骑枪战斗的能力胜过了帕提亚人。不过，帕提亚人和阿兰人的枪骑兵所用的武器，没有什么不同，塔西佗声称阿兰人在骑枪决斗中拥有战术优势，这优势究竟如何体现也不得而知。[26] 阿兰人在骑射上存在优势，也不是完全没可能。正如布热津斯基（Brzezinski）和梅尔恰雷克（Mielczarek）指出的那样，"图拉真纪功柱上描绘的阿兰人弓骑兵的盔甲，与（阿兰人）枪骑兵的一样"。[27] 截然不同的是，帕提亚弓骑兵直到 3 世纪时依然穿着十分简陋的防护，包括"尖头毡帽、羊毛'套头'外衣和格子裤……还套上宽松外裤作为保护"。[28] 帕提亚弓骑兵缺少盔甲防护，或许是阿兰人在 1 世纪对帕提亚帝国的入侵中取得全面胜利的原因之一。阿兰人为他们的弓骑兵配备护甲，这或许启发了萨珊王朝，让他们在 3 世纪时组织了类似的部队。

帕提亚的复兴与阿兰人的长期遗产

瓦拉科什二世（77—80年在位）继承了他父亲瓦拉科什一世的王位。此时阿兰人的入侵势头已经大不如前，许多阿兰人带着大批奴隶和战利品向北撤退。帕提亚王朝重新控制了阿拉克塞斯河以南的土地并收复了亚美尼亚。然而阿兰人的入侵显著改变了阿尔巴尼亚的民族平衡。这一地区的西部此前居住着大量的亚美尼亚人和卡尔特维里人（Kartvelian），而阿兰人的涌入就此让北伊朗语族和西伊朗语族（巴列维语）使用者比邻而居。伊朗语族成为这一地区的主要语言，直到11世纪时塞尔柱突厥人到来。[29]

伊朗人逐渐将伊朗西部的阿兰人称为阿德汉阿兰人（Ard-Alan，阿兰王族）。值得注意的是，当时的伊朗库尔德斯坦（时称"Kordestan"）被视作阿德汉阿兰人地区，直到伊斯兰时代也是如此。这让人回想起公元前7世纪末的米底人，他们在击退了远亲斯基泰人的入侵之后，将这些人安置到今洛雷斯坦地区，称之为萨克万德人。和之前的塞种人一样，阿兰人也很快融入了他们的远亲，被吸纳进了波斯的主流文化中。阿兰人的抵达带来的重大影响，至今在伊朗西部仍依稀可辨。库尔德人的史诗《沙拉夫之书》（Sharaf-Nameh），最初就是库尔德亲王沙拉夫丁（Sharraf-e-Din）为波斯的萨法维王朝（Safavid，或称萨菲王朝）的阿巴斯一世（1587—1629年在位）而写，用波斯语生动地描述了阿兰人的传说中，阿兰人迷米和贵妇波坦（Memi-Alan o Zhin-e-Bohtan）的风流韵事。

一些阿兰人也迁移到了法兰西和西哥特人治下的西班牙，他们的各种军事遗产传给了那些地区的军事贵族。当阿兰人在5世纪初，与汪达尔人 [希灵部（Siling）与阿斯丁部（Asding）] 和苏维汇人（Sueves）共同行动之时，伊朗风格的装备已经广泛应用于欧洲的"蛮族战士"中了。阿兰人本身似乎乐于将他们的文化，与印欧语系的日耳曼语族同伴的文化融合到一起。尼克尔（Nickel）指出："伊朗的骑马文化和日耳曼的宣誓效忠体系融合……形成的社会思潮被称为'骑士精神'。"[30] 伊朗高原与中亚、高加索和东欧保持着直接联系，而北伊朗语族则是"南北"文化交流中的重要一环。

北伊朗语族群体也同新来的斯拉夫人融合到了一起，就像他们对待日耳曼东哥特人一样。苏利米尔斯基（Sulimirski）已经发现，有不少欧洲地名和城市

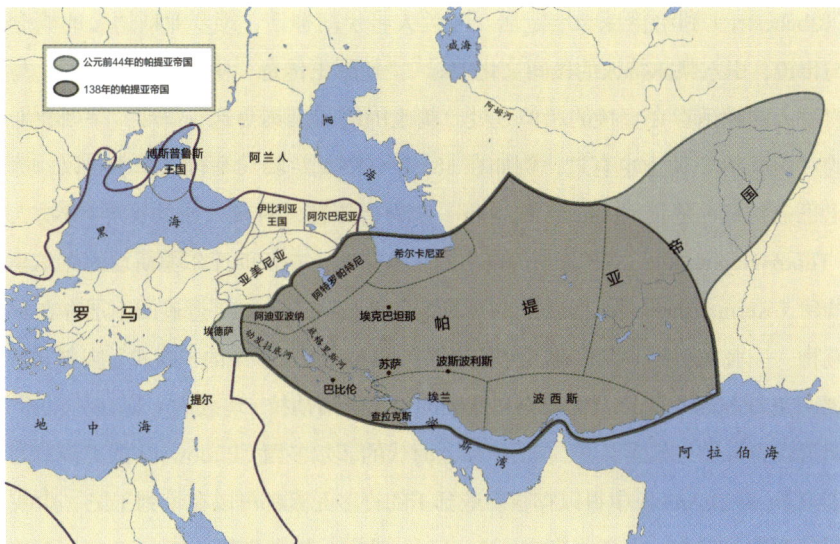

◎ 公元前 44—公元 138 年的帕提亚帝国。

名源自伊朗语。三个欧洲的大民族——塞尔维亚人、索布人（Sorbs）和克罗地亚人，其民族名如今认为源自北伊朗语族的阿兰人。[31] 居住在古波兰的阿兰人部族，给当地的斯拉夫人带来了深远的影响。如今人们意识到，波兰贵族的"镖伽"（tamga）式的纹章，很大程度上受到北伊朗语族群体的影响。[32] 这种源自阿兰人的自豪感，让许多波兰的"贵族"（Szlachta）开始穿着北伊朗式或者"鞑靼式"服饰。正如布热津斯基和梅尔恰雷克所指出的，许多 17 世纪的波兰贵族自称萨尔马提亚人。[33] 波兰人以萨尔马提亚人祖先为骄傲，存在许多可能的原因，而布热津斯基和梅尔恰雷克最近提出，"因为嫉妒能够宣称自己是罗马人后代的西欧民族，波兰人开始使用他们想象中的、萨尔马提亚祖先使用的服饰与装备"。[34] 西欧受到了希腊和罗马的军事传统的影响，与此类似，波兰人受到了北伊朗语族群体的军事传统的影响，他们与帕提亚王朝和萨珊王朝时代的伊朗存在许多共通之处。

罗马皇帝马可·奥勒留（Marcus Aurelius，即马库斯·奥列里乌斯，121—180 年）在潘诺尼亚（今匈牙利）击败了雅济吉斯部（Iazyges）阿兰人，并在 175 年将 5000 名阿兰人骑兵流放到不列颠。这些人在切斯特、里布切斯特

（Ribchester）和哈德良长墙定居。阿兰人将伊朗神话、琐罗亚斯德教的概念与传说，引入凯尔特人的民间文化中。[35]"亚瑟王传奇"中的人物和主题，与阿兰人的神话存在直接的相似之处。骑士围绕圆桌集会这一举动，萨珊波斯的"萨瓦兰"骑士也有过，例如在588年，萨瓦兰骑兵举行了军事会议，选出巴赫拉姆·楚宾（Bahram Chobin）作为指挥官，对抗入侵的突厥-嚈哒人（Turko-Hephthalite）。亚瑟王传奇中的一些主题，在伊朗库尔德斯坦的克尔曼沙阿（Kermanshah）附近的塔吉-博斯坦（Tagh-e Bostan）遗迹的上层存在对应物——水之女神丰饶的阿娜西塔（湖中女神）、国王手中的"欧式"阔剑（圣剑，"Excalibur"），以及穿着祭司服装的至高神阿胡拉·玛兹达（梅林）。北伊朗语族的传说与英雄事迹，在后伊斯兰时代的菲尔多西（Firdowsi）的史诗《列王纪》（*Shahname*）中得以存留。亚瑟王的许多元素都可以在《列王纪》中找到对应物，例如，圭乌与高文（Gawain）对应，凯卡乌斯（Kay-Kavoos）与凯（Kay）对应。剑崇拜则是伊朗文化数千年来不可或缺的一部分。例如，在塔吉-博斯坦遗迹可以看到，一个代表密特拉神或祭司的形象正在"册封"萨珊国王。正如之后的中世纪欧洲王室宫廷一样，萨珊王朝的宫廷中有一个官职名为"沙巴拉兹"（shapsheraz），即"持剑者"。土耳其的迪米利部（Dimili）库尔德人还在延续剑崇拜，而伊朗的卡德里部（Qaderi）库尔德人有匕首和剑的庆典。波斯的"巴列维"在决斗开始之前要将他们的伊朗式匕首（qameh）插入土中。西欧和伊朗的图案之间也存在戏剧性的相似之处。蒙茅斯的杰弗里的《不列颠君主传记》（*Historia Regum Britanniae*）以及托马斯·马洛里爵士的《亚瑟王之死》（*Le Morte d'Arthur*），这两本书的插图中的龙旗，就与北伊朗语族和琐罗亚斯德教的波斯出土的西牟鸟（senmurv/simurgh）和犬神的图像相同。最后，研究者们注意到了日本的大和武尊（或称倭建命）传说与亚瑟王传奇的相似之处。正如利特尔顿（Littleton）指出的那样，"大和武尊故事中……具有魔力的宝剑……与亚瑟王传说有着非凡的相似……这两位英雄……和巴特拉兹（Batraz）①……都来自同一个古老的源头"。[36]

---

① 译注：高加索神话英雄。

注释

1. Justinus, *Philippic History of Pompeius Trogus*, 41, 2.

2. Bivar, "The political history of Iran Under the Arsacids", p.63.

3. V. Minorsky, "Roman and Byzantine campaigns in Atropatene", *Bulletin of the School of Oriental and African Studies* (1944, Vol.11), pp.258–261.

4. Bivar, "The political history of Iran under the Arsacids", p.60.

5. Dio Cassius *Roman History* Vol.V, XLIX, 27.

6. Colledge, *The Parthians*, p.45, 认为帕提亚人损失了 3.5 万人。

7. Bivar, "The political history of Iran under the Arsacids", p.60.

8. Dio Cassius, *Roman History* Vol.VI, LI, 16.

9. 同上，Vol. VI, LI, 18。

10. Josephus (trans. H. St. Thackeray et al), *Jewish Antiquities*, 9 volumes (V–XIII) (Cambridge, Mass.: Harvard University Press, 1930–65) Vol.XII, XVIII, 40.

11. 同上，Vol.XII, XVIII, 42–43.

12. Bivar, "The political history of Iran under the Arsacids", pp.68–69.

13. Joesphus, *Jewish Antiquities*, Vol.XII, XVIII, 9.

14. A. Maricq. "Vologésias, l'emporium de Ctesiphon", [Vologases, Emperor of Ctesiphon] *Syria* (1959, Vol.36), pp.264–276, p.271.

15. Tacitus, *Annals*, XIII, 7, 37.

16. 同上，XV, 2。

17. Colledge, *The Parthians*, p.51.

18. Dio Cassius, *Roman History*, Vol.VIII, LXII; Tacitus, *Annals*, XVI, 23.

19. 这些战争及其后续影响，详情参见W. Schur, "Die Orientpolitik des Kaisers Nero", *Klio* (1923, Vol.15), pp.29–32。

20. al-Khalil, *Republic of Fear*, p.180.

21. F. Halliday, "Arabs and Persians", *Cahiers d'études sur la Mediterranée Orientale et le monde Turco-Iranien* (July–Dec 1996, No.22), p.4.

22. R. J. Wenke, "Imperial investments and agricultural developments in Parthian and Sasanian Khuzestan 150 B.C. to A.D. 640", *Mesopotamia* (1975–76, Vol.10–11), pp.31–221.

23. Movses Khorenat'si (trans. R. W. Thomson), *History of the Armenians* (Cambridge, Mass.: Harvard University Press, 1980) II 50, 85.

24. Movses Khorenat'si, *History of the Armenians*, II 50, 85.

25. K. H. Ziegler, *Die Beziehungen Zwischen Rom und dem Partherriech* [The Relationship between Rome and the Parthian Empire] (Wiesbaden: Steiner, 1964), p.16.

26. Tacitus, *Annals*, VI, 35.

27. Brzezinski & Mielczarek, *The Sarmatians*, p.46.

28. Wilcox, *Rome's Enemies (3)*, p.43.

29. T. Atabaki, *Azerbaijan: Ethnicity and the Struggle for Power in Iran* (London: I. B. Tauris, 2000), pp.9–10.

30. H. Nickel et al., *The Art of Chivalry: European Arms and Armor from the Metropolitan Museum* (New York: American Federation of Arts, 1982), p.13.

31. Sulimirski, *The Sarmatians*.

32. Brzezinski & Mielczarek, *The Sarmatians*, p.35.

33. 同上，p.41。

34. 同上，p.41。

35. C. S. Littleton & L. A. Malcor, *From Scythia to Camelot* (New York & London: Garland Publishing Inc, 2000).

36. C. S. Littleton, "Yamato-Takeru: An 'Arthurian' Hero in Japanese Tradition", *Asian Folklore Studies* (1995, Vol.54/2), pp.259–274.

第十章
图拉真皇帝意图灭亡帕提亚王朝

2 世纪的帕提亚：封建社会的兴盛

到 2 世纪，图拉真入侵帕提亚帝国的时候，历史上的第一个"封建社会"已在波斯建立起来。这一体系的起始，一定程度上可以追溯到早年的米底人和波斯人的阿扎特（Azat）领主，他们带有强烈的塞种人–斯基泰人元素。帕提亚人也将波斯残存的希腊家族和伊朗北部的阿兰人同化吸收到贵族体系中，[1] 纳入伊朗的主流文化。[2] 随着帕提亚帝国的扩张，雅利安贵族，特别是帕提亚王室的七个主要氏族，变得越发富裕，这一定程度上是因为帝国拥有利润丰厚的贸易路线。在战争时期，掠获物和战利品都落入了国王和他的盟友手中。拥有大型"封建"庄园、私人军队和佃农的强大贵族，随之兴起。封建庄园不仅让阿契美尼德王朝的传统得以复兴，也在波斯创建了巴列维文化。

帕提亚时代的文化遗产之一就是"巴列维人"（Pahlav=Parthian，即帕提亚人）的"习俗"（ayin）。战士宴会、"圆桌骑士"（Meezgerd–e–Savaran）、狩猎、追求"frahang"（学识、文化和高贵举止）与"leer"（军事能力和战场英勇）等传统，被称为巴列维文化。巴列维语（中古波斯语）中的"巴列维人"，大致要求一个人虔信、勇敢、慷慨、公平，在战场上保持仁慈，拥有强烈的战友情怀，严格服从命令，具有高标准的文化水平和道德操守，有责任保护弱者与无助者以及宽大对待非战斗人员。[3] 帕提亚王朝以及之后萨珊王朝的骑士阶层，应当要展现"巴列维"的"精神"（rawan）。到了萨珊王朝时代，骑士们要坚定地信仰琐罗亚斯德教，对萨珊王室保持最大的忠诚，并愿意为"伊勒安"（波斯）而"牺牲生命"（peshmarg）。骑术、箭术以及剑术（shamsher-wazig）等战斗技巧，要在训练中不断地磨炼和提高。在库尔德人、阿塞拜疆人、波斯人、阿富汗人、塔吉克人和高加索的许多民族中，"巴列维"一词仍旧是"英雄""骑士"和"模范战士"的同义词。

到了公元前1世纪，巴列维封建体系在波西斯、米底、伊朗高原以及中亚边境地区都建立起来了。[4] 在这一时期，阿契美尼德式的行省总督已经被"沙赫尔达尔"[5]（shahrdar，行省总督）和"沙赫尔雅尔"[6]（shahryar，大行省总督）取代，后者基本相当于当地的附庸国王。沙赫尔雅尔与权势甚大的"阿扎丹"一同统治他们的行省，这些"阿扎丹"事实上独立自主，不受泰西封的管制。这阻止了强大的中央政府、军队和行政机构的形成，而自2世纪到帕提亚王朝统治结束，罗马人正是利用这一因素取得了相当的成功。罗马人的每一次胜利都在削弱帕提亚王室的权威，随之而来的是各地封建领主的力量得到加强。此后的萨珊王朝尽力控制封建家族的权力，并建立起集权程度更高的政府，特别是在卡瓦德和库思老一世进行改革之后。不过，阿扎丹贵族的巴列维文化却依然在发展。他们的财富和土地也同样在不断增长，这也在一定程度上促成马兹达克"共产"学说在5世纪末、6世纪初出现。

图拉真的入侵

图密善皇帝（Domitian，81—96年在位）此前公开宣布了入侵帕提亚的计划，然而计划随着他被暗杀而流产。远征帕提亚的梦想，将由图密善的下属军官图拉真来继承并实现。图拉真（Trajan，98—117年在位）成为皇帝之后不久，就开始准备入侵帕提亚，以永久改变美索不达米亚的军事平衡，使其对罗马帝国有利。帕提亚和罗马之间存续了五十年的和平即将结束。

在图拉真入侵的前夕，帕提亚王朝正处于争夺王位的内战中，这是图拉真最初取得军事胜利的一个重要原因。在瓦拉科什一世的统治结束之后，从77、78年到80、81年，塞琉西亚出现了至少三个篡位者。到图拉真入侵的115年，帕提亚王朝或许由奥斯罗一世（Osrow/Osroes Ⅰ，109—约129年在位）和瓦拉科什三世（105—约147年在位）"共治"，奥斯罗统治着美索不达米亚。由于帕提亚王室的小规模内讧接连不断，而东部领土也要应对持续的威胁，伊朗人无法团结一心结成联军，反击罗马人的入侵。

图拉真正式的开战理由是亚美尼亚问题。奥斯罗违背了与罗马帝国协商亚美尼亚王位继承问题的传统，单方面将帕提亚王室成员阿克希达瑞斯（Axidares）指定为亚美尼亚国王。[7]图拉真明确表达了不满，这让奥斯罗只得竭尽所能地避免罗马人入侵。当图拉真在雅典为远征做准备时，奥斯罗派出使团表示愿与罗马帝国保持和平。奥斯罗提出将帕尔塔玛希瑞斯（Parthamasiris，或许是帕科罗斯二世的儿子）立为亚美尼亚国王，并征求图拉真的同意。图拉真无视了奥斯罗所有的和平提议，帕提亚使团只得返回泰西封。[8]赶走帕提亚王朝的使团称不上出乎意料，毕竟"亚美尼亚问题"只是图拉真实现真正目标的借口。首先，他意识到罗马帝国控制整个美索不达米亚和高加索地区之后，将能进军伊朗高原腹地，继而向中亚和印度进军。这一观点存在争议，考虑到图拉真修建的道路和军事基地仅仅局限于叙利亚边境和美索不达米亚北部。[9]不过，这些也可能仅仅是向美索不达米亚和伊朗发动进一步进攻的中转站，而那里有现成的始建于阿契美尼德王朝的复杂道路系统。其次，夺取帕提亚王朝的领土，可以获得显著的经济利益。[10]帕提亚王朝向来对运往罗马的中国和印度的货物征收重税，而如果罗马帝国控制了贯通伊朗的东西贸易路线，这些重税将不复存在。[11]罗马已经在106年吞并了纳巴泰（Nabataea），这一具有战略意义的行动，宣示着罗马人控制了贸易路线上重要的西部中转站。[12]最后一个因素就是图拉真崇拜"亚历山大，并曾向他献祭"。[13]他可能决心要在克拉苏和马克·安东尼失败的地方取得胜利，他同样希望"效仿亚历山大并且征服整个亚洲"。[14]

114年，图拉真进军亚美尼亚，他在那里几乎没有遭遇抵抗。他和他的军队在埃拉吉亚（Elegeia/Elgia）俘虏了帕尔塔玛希瑞斯王子。[15]蔑视帕尔塔玛希瑞斯和帕提亚王室的图拉真，正式宣布将亚美尼亚吞并为罗马行省。他在亚美尼亚安排了一位罗马总督。值得注意的是，帕尔塔玛希瑞斯于不久之后神秘死亡，也许是在图拉真的授意下被谋杀的。图拉真随后转向东南，进军美索不达米亚北部，并于115年从那里返回安条克。[16]在这一阶段的征战中，图拉真建立了一个新的罗马行省——"美索不达米亚"。图拉真和他的将领们在安条克为入侵帕提亚帝国进行准备。从安条克进军泰西封，图拉真有三条可选的路线。[17] 他选择的路线是先进军哈特拉，随后渡过底格里斯河，然后和亚历山大一样向阿贝拉进军。为此，他必须要攻占哈特拉和杜拉-欧罗普斯，而且他的工兵部队也必须要解决渡过幼发拉底河及底格里斯河的问题。罗马的军事计划制订者在渡过底格里斯河这个问题上面对的情况，与苏联在 1944 年试图渡过维斯瓦河时的情况十分相似：必须有效地压制敌人，同时迅速完成架桥。

底格里斯河之战：图拉真的决定性胜利

为了在美索不达米亚渡河，图拉真派出满载弓箭手的船只下锚，向对岸驻扎的帕提亚人进行齐射打击。帕提亚军队的箭矢或许被罗马人舰船上堡垒一般的防御抵消了。无甲的帕提亚弓骑兵显然易于被罗马人的箭矢杀伤，而罗马人拥有船上的防护设施遮蔽。这些舰船上很可能储备了大量的箭矢，保证罗马弓箭手能稳定而不间断地放箭。船只甲板或许也为罗马弓箭手提供了比对手更高的投射平台，不过，高度是否对底格里斯河上的罗马弓箭手有益，还有待进一步的研究。

罗马人的弓箭对伊朗的重甲骑兵的杀伤力有多大，尚没有精准的度量。

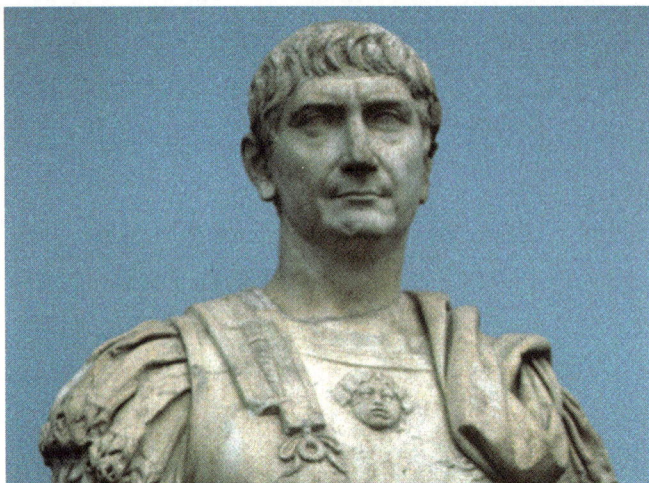

◎ 图拉真于 115—116 年对帕提亚王朝发动入侵并且大获全胜。尽管帕提亚王朝得以存续，这次入侵也成了帕提亚军事力量与政治权力稳步衰落的开始，以及罗马帝国在这一地区日渐强盛的开始。图中雕像藏于哥本哈根艺术博物馆。（G. T. Garvey, Ancient Art and Architecture）

图拉真布置投射器械，至少一定程度上是为了击碎帕提亚重骑兵的护甲。罗马的攻城器械发射的弹丸动能巨大，但准确度不佳，不过在向队列投射时，这一劣势也无关紧要了。或许，帕提亚枪骑兵向罗马人的架桥工兵发起的集群冲锋，至少一定程度上是被图拉真的投射器械打退的。图拉真的远征中，值得注意的是罗马人对弓箭的成功使用。罗马的图拉真纪功柱上似乎出现了由雇佣军弓骑兵和步弓手组成的弓箭手军团（Cohors Sagittariorum）。从图拉真开战之初，罗马人便完全认识到了弓箭作为战场远程支援武器的效能。

图拉真在幼发拉底河及底格里斯河渡河点都使用了他的舰队，并成功完成了这一工程壮举。渡过幼发拉底河之后，罗马工程师就使用专门设计的滚轴，在陆地上继续运输船队，直到进入底格里斯河，这算是希腊–罗马人的聪明才智的典型例证。[18]

到 116 年时，图拉真的军团已经渡过幼发拉底河。图拉真很快攻陷了阿迪亚波纳，赶走了国王梅巴萨佩斯（Mebarsapes），并将他的领土吞并，建立起罗马的"亚述行省"。对帕提亚王朝而言，这是重大挫败，因为罗马军队此后能够迅速南下，进入美索不达米亚中部的平原，帕提亚王朝的防线就此大幅后退。整个底格里斯河–幼发拉底河盆地，在阿迪亚波纳沦陷之后不久就被图拉真占据。[19] 接下来他就可以强渡底格里斯河，攻占帕提亚首都泰西封，实现自己的目标——进攻帕提亚帝国的中心。为此，图拉真集结了 8 个军团。

帕提亚人应对图拉真的防御策略，似乎是焦土政策。莫托费（Motofi）指出，帕提亚人在图拉真部队抵达之前，在撤退的同时有序地销毁了沿途的所有补给来源，并毁掉了水井。[20] 图拉真不得不主要依靠补给线输入的物资，而随着罗马军队深入美索不达米亚，补给线也越来越长。帕提亚骑兵在这次战争中采用的具体战术，目前尚不清晰，或许他们采取了 363 年尤里安入侵萨珊波斯之时，萨珊精锐骑兵使用的游击战术。[21] 在图拉真大军前进过程中，帕提亚人也许采用了"打了就跑"的方式，抓住有利战机发动袭击，目标则可能是拖得过长而缺乏防护的补给线。

罗马人则采取了一系列全新的战术作为应对，比如在战场上使用佯攻来迷惑帕提亚人。图拉真的计策不仅让他攻占了泰西封，也让他俘获了奥斯罗的女儿和帕提亚王朝的黄金王座。[22] 在泰西封陷落的同时，阿格拉（Agra）、波

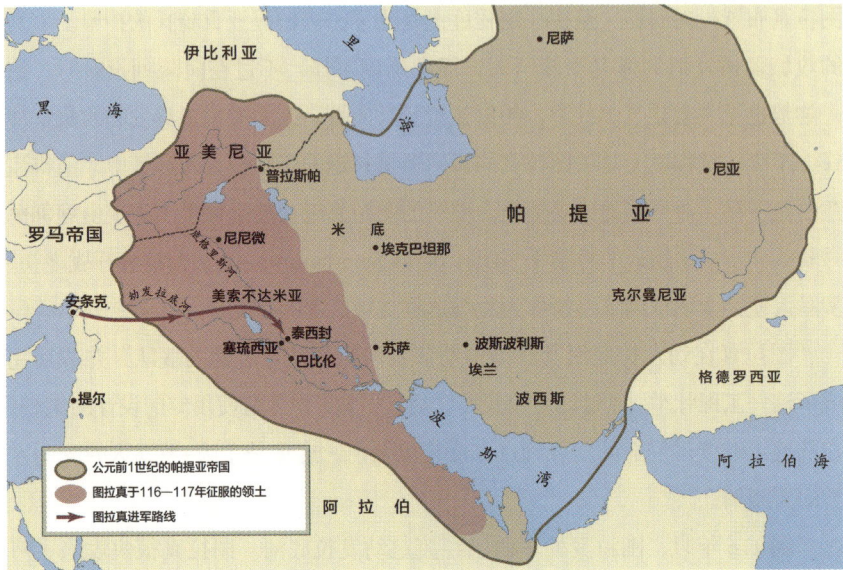

◎ 图拉真的远征。

尔西帕（Borsippa）、杜拉-欧罗普斯、梅塞尼和底格里斯河畔的塞琉西亚等城市也都被攻占。横贯伊朗和美索不达米亚的东西贸易路线，就此处于罗马帝国的控制下。这些失败对帕提亚帝国而言是灾难性的，不仅失去了大片领土，经济运转陷入严重混乱中，帝国的权威更是遭到了重大打击，人们开始怀疑帕提亚王朝能否保证帝国的领土和政权完整。

图拉真效仿亚历山大大帝向南进军抵达了波斯湾。他占据了查拉克斯-斯帕西努（Charax Spasinu）[①]，并象征性地见证了一艘船从波斯湾海岸起航，航向印度。图拉真自称"帕提亚征服者"（Parthicus），并下令建造雕像和浮雕来纪念他对帕提亚王朝的胜利。图拉真相信他对波斯的征服已经画下句号，于116年自信地任命帕尔塔马斯帕提斯（Parthamaspates）作为罗马在泰西封的傀儡统治者。

---

① 译注：即"底格里斯河畔的亚历山大里亚"，位于巴士拉附近。

奥斯罗的反击：帕提亚收复部分失地

事实证明图拉真的庆祝为时过早了，因为他激动人心的成功言过其实。不久之后，罗马军队就必须要应对在亚美尼亚和美索不达米亚大部，特别是巴比伦、埃德萨（Edessa）和亚述爆发的叛乱，而哈特拉则并未被征服。图拉真成功占领大片领土并攻占敌国首都，掩盖了一个事实：帕提亚王朝的战争机器的核心依旧完好无损。罗马的征服想要维持下去，就必须要完全消灭帕提亚骑兵。即使图拉真在泰西封大获全胜，他终究没有消灭奥斯罗的骑兵，他们撤离了战场并进行重组，等待奥斯罗选择反击的时机。图拉真要为他对胜利的幻想付出惨痛代价。116 年过半之时，由于帕提亚的内斗暂时停歇，奥斯罗得以重整他的军队。尽管罗马人先前一路势如破竹，他们依然难以应付弓骑兵支援枪骑兵发起密切协同的冲锋。此时帕提亚或许还调来了新征召的塞种人弓骑兵，弥补已经受损的西部军队。当帕提亚人发动反击时，处于成功巅峰的图拉真正在参加模仿亚历山大的仪式。奥斯罗将罗马军队从巴比伦赶走，并迫使图拉真向北撤退到阿迪亚波纳的亚述。[23] 图拉真的军团也在哈特拉遭遇了惨败，即使他们已经在坚实的城墙之上打开了缺口。[24] 疲惫不堪的罗马军团不得不撤退到安条克。巴勒斯坦的犹太人叛乱，也许也分散了罗马帝国的一些军力。图拉真在一年之后开始为再次入侵帕提亚进行准备，然而随着他于 117 年突然去世，这些准备无果而终。此时，尽管罗马军队收缩的确切情况难以知晓，可以说帕提亚王朝已经收复了图拉真之前征服的大部分领土。图拉真的远征只是不完全的军事胜利，毕竟帕提亚王朝并未被征服。颇具象征意义的便是，奥斯罗随后将图拉真的傀儡帕尔塔马斯帕提斯从泰西封赶走。不过，帕提亚人未能收复阿迪亚波纳（亚述）和叙利亚的杜拉-欧罗普斯之类的战略要地，罗马人依然稳固地掌控着这些地方。[25] 罗马帝国对这些要地的控制，意味着帕提亚王朝面对未来可能的入侵，依然很脆弱。

后续：罗马帝国占据上风

在帕提亚王朝反击之后，罗马皇帝哈德良（Hadrian，117—138 年在位）向奥斯罗提议谈判。罗马帝国将此时依然占据的一些领土还给奥斯罗，不过出于战略因素考虑，罗马没有交出阿迪亚波纳和杜拉-欧罗普斯。哈德良同意帕提亚人继位为亚美尼亚国王，算是象征性地撤回了图拉真在埃拉吉亚所出狂言，奥斯罗的女儿也被释放回国。

尽管图拉真的辉煌征服的战果大多未能存续，这次远征还是让罗马帝国收获了巨大的利益。首先，罗马帝国在美索不达米亚北部维持了统治，并成功地抵御了帕提亚人的反攻。罗马人将美索不达米亚北部进行重组，构建为抵御帕提亚王朝的前线。今伊拉克库尔德斯坦的大部，建立起了罗马化的"亚述"行省，统治地域包括古城阿迪亚波纳，或许包括高加米拉、尼尼微、阿贝拉、基尔库克和奥尔比亚（Olbia）。[26] 这让帕提亚王朝在未来的任何对抗中都处于战略劣势，因为罗马帝国可以将军队投送到阿特罗帕特尼（伊朗阿塞拜疆）、阿尔巴尼亚（今阿塞拜疆共和国）和美索不达米亚南部。罗马人充满自信，随时准备着攻击帕提亚帝国。在帕提亚王朝于 3 世纪初期被推翻之前，泰西封

◎ 位于今叙利亚的帕尔米拉古城俯视图。在帕提亚王朝时代，帕尔米拉成为希腊-罗马政权与伊朗世界之间的一个繁荣而强势的商业中心，因为它控制了贸易路线。138 年，帕尔米拉使团无视衰弱的泰西封政府，与埃兰地区直接进行贸易路线谈判。随着帕提亚政府越发无力在伊朗维持名义上的统一，帕尔米拉得以从丝绸之路贸易中获取收益。占据杜拉-欧罗普斯之后，罗马帝国获得了一定的控制权，然而帕尔米拉依然维持着半独立状态。直到 270 年，芝诺比娅女王统治下的王国才最终被罗马帝国灭亡。这座城市的建筑融合了希腊-罗马风格以及波斯波利斯风格。帕尔米拉人也仿照伊朗人，组织了一支战斗力尚可的骑兵部队。（akg-images/Gérard Degeorge）

还要被罗马军队攻陷两次。罗马也在亚美尼亚获得了极大的影响力，然而当地统治者依旧是帕提亚王室的成员。

哈德良放弃了图拉真吞并毗邻帕提亚的缓冲国这一策略。一系列独立小政权得以出现，这极大地增加了美索不达米亚—叙利亚贸易路线上的商贸活动。[27] 帕尔米拉这样的沙漠王国，以及杜拉-欧罗普斯之类的城市，在这一时期的东西方贸易中获利最多。

哈德良的慷慨态度与商谈取得了成果，两个帝国得以在之后的五十年中享受相对的和平。图拉真战争之后，帕提亚王朝的权威再未完全恢复。一个多世纪之后，这个衰落的王朝将被萨珊王朝推翻，而此后的局势证明，对罗马人而言，这个新对手远比帕提亚王朝危险。

注释

1. Frye, *The History of Ancient Iran*, p.219.

2. J. Wolski, "L'aristocratie Parthe et les commencements du feodalisme en Iran [The Parthian aristocracy and the beginnings of feudalism in Iran]", *Iranica Antiqua* (1967, vol.7), pp.133–144.

3. E. W. West (trans.), *Sacred Books of the East*, volume 5 (Oxford: Oxford University Press, 1897), Denkard, Book 8, Chapter 26.

4. Colledge, *The Parthians*, pp.61–62, 64–66.

5. 关于帕提亚王朝官职的详细讨论，见 J. F. Haskins, "Northern Origins of 'Sasanian' Metalwork", *Artibus Asiae*, (1952, Vol.15/3), pp.241–267。

6. 同上。

7. 对图拉真远征的出色概述，见 J. Guey, *Essai sur la Guerre Parthique de Trajan (114–117)* [A Survey of the Parthian Campaign of Trajan 114–117](Bucharest: Imprimerie Nationale, 1937)。

8. E. J. Keall, "Osroes: Rebel King or Royal Delegate", *Cornucopiae* (1975, Vol.3/2), pp.17–32, 对这些事件进行了出色的分析。

9. Frye, *The History of Ancient Iran*, p.242.

10. E. J. Keall, "The Parthians (247 BC–226 AD)", in Cotterell, *The Penguin Encyclopedia of Classical Civilizations*, pp.163–175: p.170.

11. F. A. Lepper, *Trajan's Parthian War* (London: Oxford University Press, 1948), pp.158–163.

12. Keall, "The Parthians (247 BC–226 AD)", p.170.

13. Cassius Dio, *Roman History*, Vol.VIII, LXVIII, 30.

14. 同上。

15. Bivar, "The political history of Iran under the Arsacids", p.88.

16. Lepper, *Trajan's Parthian War*, pp.100–101.

17. 同上，p.117。

18. Rawlinson, *Parthia*, p.309.

19. A. Maricq, "La province d'Assyrie crée par Trajan" [The province ofAssyria created by Trajan] *Syria* (1959, Vol.36), pp.254–263: p.257.

20. Motofi, *Tarikh-e-Chahar Hezar Sal-e Artesh-e Iran*, p.153.

21. Farrokh, *Sassanian Elite Cavalry*, pp.47–50.

22. Bivar, "The political history of Iran under the Arsacids", p.90.

23. Colledge, *The Parthians*, pp.54–55.

24. Bivar, "The political history of Iran under the Arsacids", p.91.

25. Colledge, *The Parthians*, p.55.

26. 关于图拉真的重整，特别是在阿迪亚波纳的调整，或许最好的论述来自 Maricq, "La province d'Assyrie crée par Trajan", p.257。

27. Keall, "The Parthians (247 BC–226 AD)", p.170.

第十一章
帕提亚王朝的衰亡

瓦拉科什的征战

瓦拉科什四世（147—191 年在位）在 147 年继承王位。他对亚美尼亚有极大的兴趣，试图干预当地政局。然而罗马帝国措辞强硬的威胁以及向叙利亚增兵的举动，迫使他放弃了这一打算。帕提亚王朝依然决心减少罗马在亚美尼亚的影响，那里自从 140 年起就由亲罗马的统治者统治。[1] 与此同时，帕提亚人也未能重建他们在希尔卡尼亚的权威。正如贵霜人一样，希尔卡尼亚人向哈德良[2]以及安东尼·庇护（Antoninus Pius）[3]派出使节，他们反对帕提亚王朝的态度显而易见。不过，罗马人对发动新的战争并不感兴趣。

相对和平的景况在 162 年突然生变，亚美尼亚再度成为罗马和帕提亚之间争端的焦点。埃德萨王公、罗马元老索海姆斯（Sohaemus），此时继承了空缺的亚美尼亚王位。瓦拉科什四世派出他的将军奥斯罗率领骑兵部队进入亚美尼亚。奥斯罗包围了罗马军队，并几乎将其全歼。瓦拉科什放逐了索海姆斯并征服了亚美尼亚，之后他安排一个帕提亚人——帕科罗斯，登上亚美尼亚王位。卡帕多西亚总督塞维里安努斯（Severianus）率领罗马军队进入亚美尼亚，不过，他们在埃拉吉亚被帕提亚骑兵击败。[4] 稳固掌控了亚美尼亚之后，帕提亚王朝将目标转向叙利亚和卡帕多西亚，并在两个方向上都决定性地击败了罗马军队。当地的叙利亚人和犹太人将帕提亚骑兵视作解放者，他们对罗马人怀有极深的怨恨。当时的犹太人甚至在记载中将帕提亚骑兵称赞为希伯来弥赛亚的先锋。这是近两百年间，伊朗骑兵首次出现在叙利亚。重要的堡垒城市埃德萨也落入了帕提亚人之手。尽管如此，此时帕提亚骑兵还没有与一流的罗马部队交锋。帕提亚军队的胜利，很大程度上源于东部的罗马军队的腐朽。

罗马人不得不发动一次新战争，恢复他们在高加索的影响力。马可·奥勒留的共治皇帝路奇乌斯·维鲁斯（Lucius Verus，130—169年），很快就开始亲自主持进军。维鲁斯发现东部的军团难当大任，他们完全没有做好与帕提亚人作战的准备。和近一百年前的科尔布罗颇为类似，维鲁斯组织罗马部队积极整训与操练。为了弥补此前帕提亚军队造成的惨重损失，罗马人派出了驻扎在北方莱茵河及多瑙河的欧洲部队。维鲁斯在163年派出斯塔提乌斯·普利斯库斯（Statius Priscus）将军进攻亚美尼亚，他决定性地击败了那里的帕提亚军队，攻占了亚美尼亚首都阿尔塔克萨塔。5 罗马帝国废黜了帕科罗斯，重新将索海姆斯扶上王位，作为他们在亚美尼亚的傀儡。

在高加索的成功让罗马人得以全力进攻美索不达米亚。164年，盖乌斯·阿维迪乌斯·卡西乌斯（Gaius Avidius Cassius）将军三路并进，攻打美索不达米亚。决战于叙利亚的杜拉-欧罗普斯展开。帕提亚王朝清楚，如果在杜拉-欧罗普斯战败，罗马军队将突入美索不达米亚，因此这次战斗打得极为艰苦与血腥。罗马人在杜拉-欧罗普斯的胜利，确实让罗马军队深入美索不达米亚的腹地。随后，阿维迪乌斯·卡西乌斯在塞琉西亚附近遭遇并消灭了一支帕提亚军队，塞琉西亚随即被攻陷，巴比伦也在不久之后陷落。在萨珊王朝的沙普尔一世夺回杜拉-欧罗普斯之前，那里都由罗马帝国控制。

然而真正的灾难还没有到来。164年，泰西封第二次被罗马军队攻陷。罗马人洗劫了城市并焚毁了瓦拉科什四世的宫殿，而帕提亚军队只能屈辱地看着。突发的自然因素拯救了帕提亚人：塞琉西亚的猛烈瘟疫迅速在罗马军队中传播开来，迫使他们于165年撤退。匆忙的撤退迫使罗马人放弃了他们掠夺的大部分战利品，以及大片占据的领土。许多罗马士兵在撤出帕提亚帝国的路上死亡，而幸存者又将疾病传遍欧洲。这次瘟疫也在帕提亚帝国中肆虐，罗马军队撤退这一幸事被新的不幸所掩盖。

维鲁斯此后又和帕提亚王朝开战，并且似乎突入了米底，但罗马军队再度没能守住他们的战果。然而，即使罗马人撤退了，他们还是颇有远见地保住了美索不达米亚北部的一系列要地。

◎ 塞普提米乌斯·塞维鲁的凯旋门上的帕提亚俘虏雕像，位于罗马的古罗马广场。这个凯旋门于203年竖立，以庆祝这位皇帝即位十周年。塞普提米乌斯·塞维鲁平定了佩森尼乌斯·尼格尔于195—196年发动的政变，而帕提亚王朝的瓦拉科什五世支持了这位失败者。塞维鲁随后于198年成功入侵帕提亚王朝，并攻破了泰西封。（akg-images/Tristan Lafranchis）

到2世纪70年代，边境地带已恢复原状。即使瓦拉科什四世威胁要在175年左右发动一场战争，他却并未支持阿维迪乌斯·卡西乌斯发起的反对马可·奥勒留的叛乱。瓦拉科什的克制赢得了马可·奥勒留的感激，两人于不久之后开始谈判并签署了和约。最终，帕提亚王朝并没有收回罗马人占领的哈布尔河（Khabur）流域的战略要地，以及尼西比斯和埃德萨。他们也承认索海姆斯为亚美尼亚国王。直到五十年之后萨珊王朝崛起，罗马帝国才在这一方向遭遇重大挑战。瓦拉科什与马可·奥勒留的和解为边境带来了和平，这一和平也在马可·奥勒留的儿子康茂德（Commodus，180—192年在位）统治期间延续。

瓦拉科什五世：帕提亚王朝支持佩森尼乌斯·尼格尔

瓦拉科什四世的继任者瓦拉科什五世（191—208年在位），希望洗清维鲁斯的羞辱，为帕提亚王朝复仇。然而，此时立即与罗马帝国开战并不可行。相反，瓦拉科什决定在193年的罗马内战中，支持佩森尼乌斯·尼格尔（Pescennius Niger，135—195年）对抗塞普提米乌斯·塞维鲁（Septimius Severus，193—

211 年在位）。罗马统治的美索不达米亚北部选择支持尼格尔，这让瓦拉科什得以进入这一地区并征服阿迪亚波纳，他还将当地亲罗马的统治者纳尔西斯（Narses）残忍地溺死在了大扎卜河（Zab-e-Bozorg）中。亚美尼亚也回到了帕提亚王朝的控制下。[6] 瓦拉科什对抗罗马帝国的行动，以及介入罗马帝国的内部政治斗争，事实上是一次灾难性的赌博。塞普提米乌斯·塞维鲁在 194 年正式击败尼格尔，接下来轮到尼格尔的帕提亚盟友了。196 年，进攻帕提亚帝国的准备已经就绪。塞维鲁最初取得了成功，然而为了镇压高卢的大规模叛乱，他不得不仓促撤回欧洲。帕提亚人趁机再度扩张了领土。不过，罗马帝国保住了他们在哈布尔河流域与辛贾尔（Sinjara）山脉的土地。

尽管名义上拥有统一的波斯，或者说"伊勒安"，其实帕提亚王室此时已经失去了许多伊朗亲族的支持。与希尔卡尼亚人一样，西伊朗人也对帕提亚王室甚为不满。米底人和波斯人[7]，此时联合起来反抗帕提亚王朝。这迫使瓦拉科什将他的骑兵从美索不达米亚调走，前去平定动荡。即使暂时弹压了西伊朗人，帕提亚军队也无法全力应对正在边境聚集的罗马军队。这些情况"削弱"了帕提亚王朝，而塞维鲁即将发起攻击。

到 198 年春季，塞维鲁的准备工作完成了。罗马人准备了特别建造的河船以及新成立的军团，决心深入美索不达米亚腹地。帕提亚军队无法阻止罗马人，塞维鲁的军队一直打到泰西封城下并第三次攻陷了那里，迫使瓦拉科什逃离了首都。不难预见的是，在泰西封陷落之后，塞琉西亚和巴比伦也被迅速攻占。[8] 泰西封的众多府库被一扫而空，作为战利品运往罗马。掳掠的财富是如此之多，据说足以让欧洲避免在未来的三十至四十年中可能发生的经济危机。如果这些估算属实，那么对已经因战事失利而动荡不安的帕提亚王朝来说，如此的掠夺必然可谓灾难。对希尔卡尼亚人和西伊朗人而言，这些失败只是再次证明，帕提亚王室无力在罗马帝国入侵时保证边境的安全。

尽管如此，塞维鲁也无法将他的胜利转化为对帕提亚的彻底征服。在美索不达米亚中部，居民以阿拉伯人为主的哈特拉城于 198 年挫败了塞维鲁征服该城的企图。塞维鲁并没有因这一失败而气馁，他在次年回到哈特拉，并带上了足以支持长时间围攻的补给。罗马军队还运来了强大的攻城器械，以逼迫哈特拉投降。即使塞维鲁准备充分，却依然未能夺取哈特拉。由于守军使用了包括易燃的石脑油在内的各种武器，围攻的罗马部队损失惨重。哈特拉城还派出了他们的帕提亚式骑兵，成功袭击了罗马部队、侦察小队，破坏了攻城器械。哈特拉守军的反围城投射武器也拥有相当的杀伤力，某一次齐射几乎击中了皇帝本人。塞维鲁的境况越发类似于两百多年前普拉斯帕城下的马克·安东尼了。

最终，塞维鲁的部队成功在哈特拉的一段城墙上打开缺口。就在部队将要冲进城中时，指挥官和普通士兵之间似乎出现了争执，结果部队竟然从缺口处撤走了。防御者抓住这个机会，连夜迅速将缺口修复。罗马人就因为战利品产生的细碎争执，失去了这个短暂的战机。当塞维鲁命令他的部队重新进攻时，才意识到他的部队已经力竭了。从欧洲调来的军团抗命不动，而听从命令的叙利亚部队则遭到了重创。此时，塞维鲁明白他已经无法维持哈特拉方向的攻势。他的部队已经力竭，而哈特拉守军依然完好无损，只要罗马军队出现混乱，哈特拉骑兵随时可以趁机突袭。塞维鲁下令全军撤退。未能攻占哈特拉，意味着罗马的战果无法维持，塞维鲁的军队并不能长期控制他们占据的帕提亚帝国领土。这也许是塞维鲁选择撤离泰西封和塞琉西亚的原因之一。哈特拉的坚持抵抗为遭到重创的帕提亚军队提供了宝贵的时间，使其得以重整与恢复。另外，或许是由于帕提亚军队无情地执行焦土政策，罗马在占领的地区也无法获得补给。政治与军事局势就此再度恢复到了战前的状态，而帕提亚王朝的衰落则将显而易见地持续下去。

最后一战：尼西比斯的僵持

瓦拉科什六世（208—218 年在位）于 208 年继承了他父亲瓦拉科什五世的王位，然而他的兄弟阿尔达班五世（216—224 年在位）也宣称继承了帕提亚王位。由此而来的长达十六年的内战，进一步削弱了帝国的道德、政治、经济和军事基础。帕提亚王朝的内斗为罗马人提供了又一个绝佳的机会。皇帝卡拉卡拉（Caracalla，211—217 年在位）提出与阿尔达班的女儿联姻，提议被拒绝之后，卡拉卡拉以此为借口入侵帕提亚帝国。阿尔达班控制着米底和帕提亚帝国的西部，而 216 年时，卡拉卡拉率领一支大规模的入侵军队进入帕提亚。入侵之初，主要得益于帕提亚王朝仍在内斗，卡拉卡拉顺利抵达今伊拉克库尔德斯坦的阿贝拉。此后，阿尔达班和瓦拉科什停止了内战，同意一致对抗罗马人。与此同时，卡拉卡拉被马克里安努斯（Macrianus）暗杀，此人继续执行前任皇帝入侵帕提亚帝国的政策。217 年，马克里安努斯率领罗马军队在尼西比斯与阿尔达班五世作战。

在王朝的晚期，帕提亚人开始使用一种新型重骑兵——骆驼重骑兵。[9] 骆驼的力量很大，完全能够负担全副武装的骑兵。骆驼的高度则无疑给予弓箭手显著的优势。莫托费提出，骑乘骆驼的重甲骑兵未必是帕提亚人，这些部队可能是阿拉伯人。[10] 然而，帕提亚人的战术与公元前 53 年在卡莱作战的前辈们并没有什么明显不同。帕提亚骑兵首先以全身甲骑兵和重装骆驼骑兵对罗马阵线发起冲锋，给罗马军队造成了不小的伤亡，而重装骆驼骑兵的杀伤力格外强大。帕提亚弓骑兵则催马抵进罗马人的阵线，并在每次全身甲骑兵的冲击结束后向罗马军射箭。

马克里安努斯将他的军团在中央集结起来，其中留出通道以便轻步兵根据战场需要迅速转移到前方或后方。尽管罗马人维持阵线越发艰难，他们并没有被帕提亚全身甲骑兵击溃。罗马人也发现了阻挠强大的重装骆驼骑兵的手段。骆驼柔软的蹄部很容易被罗马人的铁蒺藜（tribuli）刺伤。[11] 马克里安努斯也将他的骑兵布置在罗马阵线的两端，以防备帕提亚骑兵部队（全身甲骑兵和弓骑兵）从两翼包抄围困罗马军队。轻步兵、阿拉伯轻骑兵，很可能还有投石手，都在反击弓骑兵。然而这些反制手段并不足以击败帕提亚人。在决战的第三天，阿尔达班下令全身甲骑兵和弓骑兵进行更大范围的侧翼机动，以最终包围罗马阵线。马克里安努斯将他的阵线延长，封堵阿尔达班的包抄进攻。

这一举动似乎迫使罗马人重新思考他们的战略态势。此时有两个因素正威胁着他们：首先，阿尔达班已经成功地迫使罗马人进入全面防御状态；其次，一个颇为实际的问题，也是前一个因素的结果，如果马克里安努斯继续保持呆板的固守防御，阿尔达班终将把他拖垮。阿尔达班的策略是通过全身甲骑兵和弓骑兵的不断进攻，逐渐削弱罗马人的阵线。罗马阵线不可能无限期地坚持下去，阿尔达班终将得到完成致命一击的机会。马克里安努斯向阿尔达班提出停战，并同意向帕提亚王朝支付 500 万第纳瑞（denarii）的赔款。罗马帝国征服帕提亚波斯的最后一次尝试就此结束。仅仅七年之后，阿尔达班本人也在霍尔木兹甘（Hormozgan）的决战中，被萨珊王朝的叛军击杀。

帕提亚王室：威信扫地

无论尼西比斯之战是否成功，泰西封的三次沦陷（116年、164年和198年）使帕提亚王朝旧日的威望再也没能恢复。即使帕提亚王朝挡住了罗马军队，并保持了帝国的独立，罗马帝国在政治和军事上的优势都明显越来越大。即使罗马人从未像之前征服凯尔特人与迦太基人那样，成功地建立起一套军事体系以彻底摧毁帕提亚人的抵抗，但他们能够随时出兵深入帕提亚领土，可谓仍旧掌控着绝对的主动权。相反，帕提亚军队在与罗马帝国作战时，越发依赖防御。不过，帕提亚王朝的衰落并不仅限于军事和政治领域。帕提亚人的文化与经济发展，相对于伊朗的许多其他地区而言，也陷入了停滞。帕提亚王朝末年的货币质量严重下降，便生动地证明了这一点。工艺、冶金、艺术和建筑领域曾经的高水准在哈特拉、希尔卡尼亚和波西斯等地得到了保存。在波西斯，不仅当地国王发行质量更好的货币，胜过他们名义上的君主，[12] 而且他们的艺术与建筑风格也在某些方面超越了帕提亚人。[13] 然而帕提亚人真正落后的方面还是军事领域，他们将被波西斯的叛军彻底淘汰。

◎ 哈特拉城墙上的戈耳工女妖头像与阿拉姆语铭文。哈特拉的艺术与建筑见证了一个将希腊与伊朗元素融为一体的、繁荣而活跃的文明。（akg-images/Gérard Degeorge）

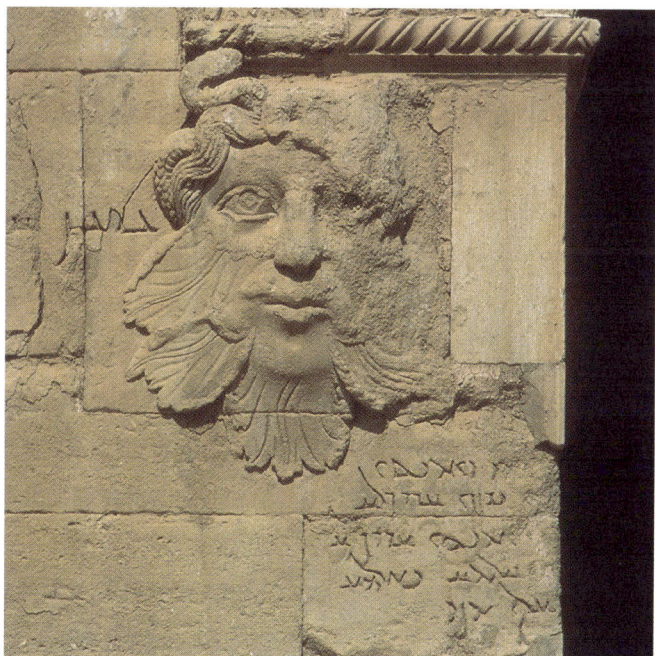

阿尔达班五世和瓦拉科什六世两兄弟再次重启了内战。这让他们忽视了波西斯的阿尔达希尔一世（Ardashir Ⅰ）的崛起。阿尔达希尔一世在220年起兵叛乱，并得到了帕提亚王朝治下的几位附庸国王的支持。瓦拉科什在222年被击败，然而他成功逃走，直到229年才被彻底击败，[14] 他的兄弟在三次战斗中全部战败，并最终于224年或226年阵亡。在阿尔达班五世与瓦拉科什六世战败之后，贵霜人和亚美尼亚人继续支持帕提亚王朝，帕提亚人的最终抵抗直到230年左右才被粉碎，这个统治了近五百年的王朝正式终结。

帕提亚王朝被遗忘的恢宏遗产

在因图拉真的远征而逐渐衰落之前，帕提亚王朝已经是一个繁荣的王国。帕提亚人主持了伊朗复兴运动，并在艺术、商业、建筑和技术进步等方面带来深远影响。这些进步也出现在伊朗那些事实上自治的小政权中，比如希尔卡尼亚。

帕提亚王朝的语言遗存在伊朗影响力极强，对"伊朗之外"的各民族和地区也是如此。伊朗语中的"Pahla"（帕提亚人）正是"Pahlavi"（巴列维语）一词的词根，巴列维语是阿拉伯征服之前的伊朗的波斯语。巴列维语本身似乎在2—3世纪，乃至更早的时候，分化为帕提亚巴列维语和萨珊巴列维语。土耳其东部的扎扎人（Zaza）社群，依然使用帕提亚巴列维语。萨珊巴列维语是现代波斯语（Parsee-Dari-e-Now）的直系祖先。库尔德人的北库尔德人方言（Kurmanji dialect），即"Bahdenani"和"Sorani"，则各自显示了帕提亚巴列维语和萨珊巴列维语的不同特征。

伊朗服装风格的传播，是文化传播研究的一个有趣的实例。在哈特拉，浮雕等描绘的贵族形象、举止为伊朗风格，比如以琐罗亚斯德教的方式敬礼（半举右手），并穿着帕提亚式服装。[15] 穿着伊朗服装的贵族妇女半身像和全身像，在哈特拉和帕尔米拉都十分常见。[16] 一些服装风格至今仍然存在：帕尔米拉的芝诺比娅（Zenobia）半身像，就与伊朗西部的库尔德人的卡德里部妇女的穿着十分相似。[17] 这些服装也明显反映出希腊-罗马的影响。[18] 伊朗的男性服装，即长袖束腰外衣和刺绣长裤，在帕尔米拉和哈特拉的艺术作品中十分常见，这意味着美索不达米亚和叙利亚接受了伊朗服饰。帕尔米拉不仅继承了大量伊朗世界的服饰、艺术与建筑风格，还接受了帕提亚式的骑兵传统。[19] 杜拉-欧罗普斯也深受伊朗的影响，主要体现在城中描绘帕提亚骑兵的画作中，[20] 以及琐罗亚斯德的半身像上。[21] 如今阿富汗和巴基斯坦的帕坦人（Pathan）依旧穿着各种帕提亚服装，尤其是长开襟衬衣和灯笼裤（shelwar kameez），或许就是在帕提亚王朝建立之初引入的。波斯-帕提亚服饰也被欧洲人采用："（伊朗）服装通过伊朗语族的萨尔马提亚人和阿兰人传给东日耳曼部族，也被罗马军队接受。"[22] 在德国的沃尔夫斯海姆（Wolfsheim）出土的一个日耳曼战士的腰带扣，就源自伊朗，其上铭刻有以巴列维语拼写的伊朗名字"阿尔达希尔"。[23] 日耳曼人的外衣和上衣，逐渐变得与萨珊武士贵族和萨尔马提亚人穿着的伊朗服装十分相似：宽大的裤子、袖口和下摆有彩色刺绣图案的宽松长袍，以及最初出现在波斯波利斯的雕塑上的坎迪斯（kandys）披风。伊朗式盾形纹章"neshan"，或称"tamgas"，由北伊朗人传给日耳曼贵族，日耳曼人用它来标记马匹。

泰西封的建立与丝绸之路的兴盛

帕提亚王朝能以武力保证东北边境和平，这种能力最终使得来自中国的商品毫无阻碍地进入伊朗高原。在迈赫达德一世的时代，帕提亚王朝已经与中国的汉王朝建立起紧密的政治与商业联系。中国与波斯之间贯通中亚的第一条真正的"丝绸之路"，就此形成。丝绸之路从伊朗高原继续延伸，通往罗马的近东地区和波斯湾地区。泰西封的建立让丝绸之路的商品在伊朗有了转运点，从这里再向罗马的近东地区运输。塞琉西亚以及那里擅长贸易的希腊居民，逐渐被泰西封吸纳，并在萨珊时代形成一个大都市。这里成了艺术、文化、建筑和商业的重要中心，对欧洲文明、阿拉伯文明和伊斯兰教影响深远。丝绸之路商品的分销贸易中心是帕尔米拉、哈特拉和佩特拉等城邦。这些"商队"区域变得高度繁荣。颇具讽刺意味的是，即使帕提亚王朝尽力规范丝绸之路上与中国的贸易，由于这些商队周转中心城市的实力增长，帕提亚王朝对过境运往罗马的商品的控制力越来越弱。

丝绸之路不仅运输商品，也传播技术和思想。得益于波斯和中国之间的文化和经济联系，中国的汉武帝（公元前141—公元前87年在位）意识到了帕提亚骑兵的出众能力，从费尔干纳盆地（Ferghana）获得了帕提亚人的尼萨马。

这些马匹被称为"天马"和"神龙"。到了北魏王朝（386—534年）建立时，中国骑兵不仅完全将尼萨马纳入了他们的战斗序列，还发展了他们自己的帕提亚箭术。[24]

帕提亚艺术与建筑

对帕提亚王朝早期的艺术品，特别是角状杯的细致研究，发现了希腊的解剖学现实主义与"波斯波利斯"幻想野兽风尚之间的独特结合。[25] 虽然出土的帕提亚王朝艺术品并不多，但目前的发现，特别是金属制品，[26] 已经足够说明这些物品并不是所谓的"帝国"风格，而"帝国"风格在阿契美尼德王朝以及之后的萨珊王朝的艺术品中十分常见。[27] 整体而言，考古学家们一般认为帕提亚王朝的伊朗艺术是萨珊王朝艺术的先声，而萨珊王朝艺术的影响将远超其时代与疆域。

◎ 9世纪的圣加仑《金色诗篇》。其中的龙-鱼风向袋，几乎与波斯波利斯以及北伊朗语族群体（塞种人-萨尔马提亚人）一千多年前使用的龙形图案完全一致。尽管服饰与护甲有所不同，这些枪骑兵依然可谓是帕提亚和萨珊波斯的萨瓦兰骑兵的延续。（Roger-Viollet/Topfoto）

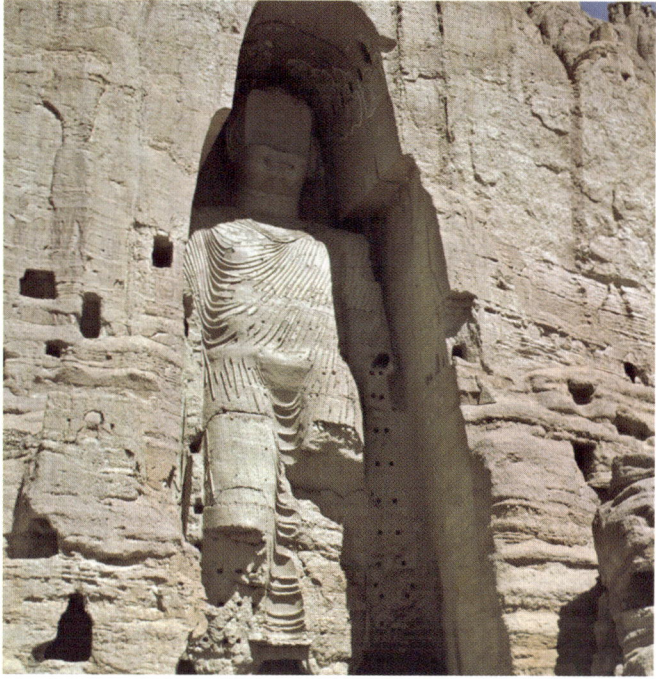

◎ 巴米扬山谷中最大的一尊佛像，于2001年被阿富汗的塔利班组织摧毁。（Topfoto/HIP）

　　龙头图案在所有的伊朗语族民族中都是常用的象征，波斯的帕提亚王朝和萨珊王朝，以及罗马人在东欧遭遇的萨尔马提亚人都广泛使用。伊朗语族民族在龙头后加上了一个风向袋，正如帕提亚王朝使用马鬃旗来标示风向，以协助弓箭手射箭。罗马人从萨尔马提亚人，特别是阿兰人那里学到了伊朗式龙头旗。[28]伊朗（帕提亚-萨珊王朝或北伊朗语族群体）的"龙"（azhdaha），其头部可以换为鸟类、犬类甚至鱼类的形状，不过，这些图案往往是"波斯波利斯"式的，以神话中的生物——龙鸟狮（homa）为特征。[29]萨珊式的西牟鸟（狼鸟）图案，在阿兰人中也十分常见，后者将它们带到了欧洲。[30]龙鸟狮和西牟鸟图案与它们最初的东方式外观有所不同，然而其基本艺术主题，在罗马和罗马时代之后的欧洲仍然维持一致。龙旗（Draco standard）在之后的高加索和中世纪的格鲁吉亚继续应用。在西欧，查理曼治下的法兰克人也在使用。在贝叶挂毯（Bayeux tapestry）上，国王哈罗德·戈德温森的旗手抓握的旗帜，也许就是最著名的龙头旗之———"威塞克斯之龙"。[31]波斯龙图案的另一个实例存在于

◎ 巴米扬山洞中的佛教壁画，人物形象深受波斯影响。巴米扬位于今阿富汗境内，但这一地区曾是古波斯帝国的一部分。（Dr Volker Thewalt）

《金色诗篇》（*Stiftsbibliotek*, St. Galen, p.171），其中描绘了一名骑马旗手指引手持骑枪的骑士们。[32]

有趣的是，留存至今的许多帕提亚式建筑都在帕提亚王朝晚期的政治疆域之外。哈特拉公国与帕提亚王朝联盟并事实自治，而帕尔米拉则完全独立于泰西封政府。这两个小国都存在自己独特的阿拉姆语印记，同时也受到伊朗的影响。举个例子，在一幅帕尔米拉的士兵像中，士兵们手持小盾列队，这与波斯波利斯的阿帕达纳宫的士兵像风格相同，然而同时他们又按照帕提亚风格面向前方。[33] 这个城市的总体规划展现了希腊风格，同时融合了阿契美尼德王朝的宏大"帝国"风格，使人想起波斯波利斯的早期宫殿。[34]

帕提亚王朝在伊朗西部的艺术和建筑领域的贡献包括"正面像"风格，[35] 以及新的建筑技术——砌砖修筑工艺、[36] 圆形穹顶、[37] 新颖的灰泥装饰、[38] 革命性的"伊万"（iwan）建筑。[39] "伊万"是一种新样式的大厅，带有筒形穹顶，并至少有一面完全向同侧的庭院敞开。[40] 伊万式穹顶体系"取代了古老的希腊大殿（Megaron）式大厅，大殿式大厅会在门廊放置两根柱子"。[41] 希腊人和帕提亚人对柱子的使用也存在一个关键差异。希腊建筑中的廊柱是结构的基础，而帕提亚式廊柱只是装饰。[42] 在伊朗东部还发现了其他的建筑中心，特别

240

是在锡斯坦的哈杰山（Kuh-e-Khwaja）、今土库曼斯坦的尼萨等帕提亚人定居点。这些地区与贵霜帝国的佛教艺术有关，贵霜人将希腊、伊朗和印度的风格融合进自己的独特形式，构成犍陀罗风格。[43] 帕提亚王朝古都曾坐落于希尔卡尼亚（今戈尔甘–马赞德兰）的赫卡托姆皮洛斯，该地成了萨珊王朝以及之后时代的艺术的基础。在距离更近的米底的雅兹德吉尔德堡（Qaleh Yazdegerd）、米底–阿特罗帕特尼的西兹（Shiz）和埃兰的巴尔德内珊代（Bard-e-Neshandeh），前萨珊王朝风格的艺术正在发展中，特别是神话和纹章的图案。一个实例就是，波斯波利斯的狮鹫（homa-gryphon）和犬神图案，逐渐发展为萨珊王朝式的善行之兽西牟鸟。西牟鸟形象后来还出现在西欧、伊斯兰和高加索的艺术中。

帕提亚王朝在军事建筑上的进步

尽管帕提亚人从未发展出围攻战所必需的技战术与攻城器械，他们的军事建筑确有一系列值得注意的开创性设计，为之后萨珊王朝的要塞系统奠定了基础。帕提亚人将大量资源投入到要塞的建造。[44] 这些防御据点中有很多都沿着中亚的漫长边境布置，以阻止东北方的游牧入侵者。而在高加索边境，以及最为关键的美索不达米亚地区修筑的堡垒最为重要，因为主要应对来自罗马军队的威胁。

帕提亚王朝的堡垒城市要容纳三个要素："科汉德兹"（Kohandezh）、"沙勒斯坦"（Sharestan）和"萨瓦德"（Savad）。[45] "科汉德兹"是领导阶层、贵族和国王的居住区，往往布置在高处，或者建造在山顶上，其目的是尽可能俯瞰周边地区以及城区本身。"科汉德兹"也是"堡垒中的堡垒"，一旦城市的其他区域被敌人攻陷，守军就要到这里继续抵抗。"沙勒斯坦"是骑士、小贵族和学者的居住区。"萨瓦德"是农民和工匠的居住区。

这种三元体系的具体布置则有很多变化，其中一种创新就是将这种系统布置到圆形堡垒架构中。[46] 罗马人吉尔什曼（Ghirshman）简要地总结了帕提亚王朝圆形防御工事的设计理念，他注意到：

在城市设计中，帕提亚王朝不断地思考面对敌人进攻时如何防御。这是因为这些城市不仅要面对外来的进攻（例如罗马人），还要面对那些敌对的封建领主以及反对帕提亚国王的人……正是这一因素促使帕提亚王朝密切关注他们城市的建筑与防御工事……城市使用坚固的圆形设计，在防御侧向攻击时甚为有效……[47]

圆形设计理念可以追溯到帕提亚人的中亚游牧民起源，[48]他们似乎使用圆形防御系统来对抗游牧骑兵的进攻。圆形设计在之后的萨珊王朝得到了进一步发展，阿尔达希尔一世在菲鲁扎巴德建造的一座建筑就带有这样的设计，其内部建筑布局颇为高效。帕提亚王朝也为其首都泰西封的防御工事奠定了圆形设计基础，之后的萨珊王朝又对它进行了加固。泰西封的建筑也部分归功于古亚述的要塞建造方法。[49]

尼西比斯是帕提亚时代最坚实的设防城市之一。由于其战略位置十分重要，帕提亚王朝与之后的萨珊王朝对这里高度重视。在伊朗的帕提亚-萨珊王朝与罗马人的长期战争中，这座城市数次易手。尼西比斯的城墙和塔楼，此后逐渐使用坚实的大块城砖进行加固。城外环绕着宽阔的护城壕，所有进出都要通过从城门延伸到护城壕对岸的吊桥。[50]要塞建筑也有矩形系统的，例如帕提亚王朝为梅尔夫和西兹最初打下的地基。[51]在之后的萨珊王朝，这些建筑的设计水平和对抗围攻时的恢复能力都得到了极大改进。

帕提亚的手工业与技术

帕提亚王朝的军事技术水平足以生产精良的盔甲，证明当时伊朗的金属冶炼技术处于世界先进水平。这项技术中有相当一部分都和中亚有着紧密的联系。一般来说，历史学家都承认伊朗及其周边地区都具有悠久的冶炼钢铁传统。例如，据庞培和普鲁塔克记载，鳞甲使用"马尔吉亚那钢"制造，许多研究者因此认为鳞甲制造的整个过程都在梅尔夫完成。考古挖掘已经发现了梅尔夫存在高级冶金技术的证据，然而也应当指出，伊朗高原和这一地区之间存在长期的技术合作与交流。帕提亚人有机会接触到伊朗西部（例如洛雷斯坦与米底-阿特罗帕特尼）具有悠久历史的钢铁加工业和武器制造业。波斯是一个成熟的文明，已经掌握了钢铁加工技术，而帝国中四通八达的贸易路线则让技术自由传播。

马尔吉亚那显然是帝国内部已经存在的数个武器装备制造中心之一。鳞甲生产在整个帕提亚王朝统治期间接连不断地进行，现存的文物证实了这一点，杜拉–欧罗普斯的绘画或许也可以作为旁证。中亚的贵霜人和近代阿富汗人也穿着类似帕提亚风格的鳞甲。帕提亚钢铁的质量得到了古典文献的证实："所有的铁中，最好的来自赛里斯人（Seric），与那里的织物和毛皮一同运来，第二好的就是帕提亚铁，实际上其他类型的铁都不是用纯金属冶炼而成的……"[52]

对帕提亚王朝的一个常见误解是，他们对学术、科学和技术的发展不感兴趣。这一想法源于现有证据的不足、考古学研究的缺少以及主观偏见。在帕提亚王朝统治下，技术显然还在继续发展。德国考古学家威廉·柯尼希（Wilhelm Konig）于 1936 年在胡尤特拉布（Khujut Rabu，今伊拉克巴格达附近）的一座坟墓中，发现了意义重大的文物——可以追溯到帕提亚王朝的两个几乎完整的罐子，这或许是世界上最古老的电池。陶罐中有一个铜管套着一个铁管。[53]科学测试证明，当电池罐中装满醋（或者其他电解质）时，它能够发出 1.5—2.0 伏的电。柯尼希在 1940 年的报告中将这一物品称为"电池"，有些学者不接受这个说法，不过，人们普遍认为这两个"电池"是用来电镀物品的。如今伊朗的许多传统金属加工作坊仍在使用这一技术。如果这些陶罐真的是现代意义的"电池"，那么其出现要比亚历山德罗·伏特（Alassandro Volta）伯爵发明的现代电池，早了至少一千六百年。

注释

1. M. L. Chaumont, *Recherches sur l'histoire d'Arménie* [Research on the history of Armenia] (Paris: P. Geuthner, 1969), p.15.

2. D. Magie (trans.), *Scriptores Historiae Augustae* (Cambridge, Mass.: Harvard University Press, 1921–32), Vol.I Hadrian, 21, 14.

3. Aurelius Victor (trans. H. W. Bird), *De Caesaribus* (Liverpool: Liverpool University Press, 1994), Epitome, 15.4.

4. Frye, *The History of Ancient Iran*, p.243; Bivar, "The political history of Iran under the Arsacids", p.93.

5. 同上。

6. Dio Cassius, *Roman History* Vol.IX, LXXV, 1.

7. Colledge, *The Parthians*, p.168.

8. Bivar, "The political history of Iran under the Arsacids", p.94.

9. Herodian, *History of the Empire*, Vol.I, 4, 28, 30.

10. Motofi, *Tarikh-e-Chahar Hezar Sal-e Artesh-e Iran*, p.149.

11. Herodian, *History of the Empire*, Vol.I, 4, 28, 30.

12. Colledge, *The Parthians*, p.171.

13. Ghirshman, *Iran: Parthians and Sassanians*, pp.119–124.

14. B. Simonetta, "A note on Vologases V, Artabanus V and Artavasdes", *Numismatic Chronicle* (1956, Vol.6/16), pp.77–82:, p.81.

15. 帕尔米拉与哈特拉贵族的肖像，见 Ghirshman, *Iran: Parthians and Sassanians*, pp.75, 77–79, 86, 89, 91, 94, 97, 99。

16. Ghirshman, *Iran: Parthians and Sassanians*, pp.80–82.

17. 与芝诺比娅女王形象相近的帕尔米拉贵妇画像，见 Ghirshman, *Iran: Parthians and Sassanians*, pp.80–82，可与 p.169 的照片进行比较；A. Singer & L. Woodhead, *Disappearing World*, (London: Boxtree Limited, 1988)。最早见于 1995 年 1 月作者在不列颠哥伦比亚大学做的报告，报告的题目是"Pre-Islamic Persia and its Influence on Western Europe"。

18. E. H. Peck, "The Representation of Costumes in the Reliefs of Taq-i-Bustan", *Artibus Asiae* (1969, Vol.312/3), pp.101–146: pp.105–107.

19. M. Mielczarek, *Cataphracti and Clibanarii: Studies on the Heavy Armoured Cavalry of the Ancient World*, (Lodz, Poland: Oficyna Naukowa, 1993), p.87. Farrokh, *Sassanian Elite Cavalry*, p.46，提到了伊朗人对帕提亚骑兵的影响。受帕提亚风格影响的帕尔米拉艺术作品上也能看见这类影响，见 Ghirshman, *Iran: Parthians and Sassanians*, p.69。

20. F. E. Brown, *Arms and Armour: Excavations at Dura-Europos* (New Haven, Connecticut: Yale University Press, 1936), p.446; Wilcox, *Rome's Enemies (3)*, p.7.

21. Hicks, *The Persians*, p.147; also M. H. Gates, "Dura-Europos: A Fortress of Syro-Mesopotamian Art", *Biblical Archaeologist* (1984, Vol.47/3), pp.166–181.

22. R. Boss, *Justinian's Wars: Belisarius, Narses and the Reconquest of the West* (Stockport: Montvert Publications, 1993), p.56.

23. Ghirshman, *Iran: Parthians and Sassanians*, p.222.

24. 敦煌莫高窟 249 洞顶部的画作中，描绘了中国战士用单体弓摆出"帕提亚箭术"的动作打猎，与表现萨珊王朝的战士和国王们的画作高度类似。Salvatore Albanese 教授于 2002 年 9 月指出这一点。另见 B. Burris-Davis, "Parthian horses-Parthian archers", http://www.parthia.com/parthia_horses_burris.htm。

25. Ghirshman, *Iran: Parthians and Sassanians*, pp.15–23.

26. Frye, *The History of Ancient Iran*, p.246.

27. Consult Musées Royaux d'art et d'histoire, *Splendeurs des Sassanides: L'empire Perse entre Rome et la Chine* [The Splendor of the Sassanians: The Empire between Rome and China]. (Brussels: Musées Royaux d'art et d'histoire, 1993).

28. Brzezinski & Mielczarek, *The Sarmatians*, p.38; D. Peterson, *The Roman Legions recreated in Colour Photographs* (London: Windrow & Greene, 1992), p.57; also J. Coulston, "The Draco standard", *Journal of Roman Military Equipment Studies*, (1991, Vol.2), pp.101–114.

29. J. R. Hinnells, *Persian Mythology* (London: Hamlyn, 1985), p.10.

30. Coulston, "The Draco standard".

31. Brzezinski & Mielczarek, *The Sarmatians*, p.39.

32. Littleton & Malcor, *From Scythia to Camelot*, p.196.

33. Ghirshman, *Iran: Parthians and Sassanians*, p.75.

34. 同上，pp.70–75。

35. Colledge, *The Parthians*, pp.143–144.

36. 同上，pp.137–142。

37. M. Avi-Yonah, *Oriental Art in Roman Palestine* (Rome, 1961),pp.76–79.

38. Colledge, *The Parthians*, p.135, fig. 135.

39. Keall, "The Parthians (247 BC–226 AD)", p.175.

40. E. J. Keall, "Parthian Architecture", http://www.cais-soas.com/CAIS/Architecture/parthian_architecture.htm also chapter on Parthian architecture in G. Herrmann, *The Iranian Revival* (Oxford: Elsevier-Phaidon, 1977).

41. Quote in Keall, "The Parthians (247 BC–226 AD)", p.175.

42. G. A. Koshelenko, "Parfyanskaya fortifikatsiya [Parthian fortifications]", *Sovetskaya Arkheologiya* (1963, Vol.2), pp.69–71.

43. Keall, "The Parthians (247 BC–226 AD)", p.175.

44. Motofi, *Tarikh-e-Chahar Hezar Sal-e Artesh-e Iran*, p.149.

45. 同上，p.150。

46. 同上，p.149。

47. Ghirshman, *The Art of Ancient Iran* (Vol.I) (New York: Golden Press, 1964), p.35.

48. Ghirshman, *Iran: Parthians and Sassanians*, p.35; Motofi, *Tarikh-e-Chahar Hezar Sal-e Artesh-e Iran*, p.149.

49. Motofi, *Tarikh-e-Chahar Hezar Sal-e Artesh-e Iran*, p.149.

50. 同上，p.150。

51. Ghirshman, *The Art of Ancient Iran* (Vol.I), pp.34–35.

52. Pliny, *Natural History*, Vol.IX, XXXIV, 41, 145.

53. 报告见 http://www.cais-soas.com/CAIS/Science/battery.htm。

◎ 纳格什-鲁斯泰姆的骑枪决斗浮雕，描绘了霍尔木兹二世将对手刺落马下的场景。雕凿于 4 世纪初，位于薛西斯一世陵墓下方。（akg-images/Gérard Degeorge）

第三部分

Part Ⅲ

萨珊王朝

　　萨珊时代，波斯的建筑、学术、艺术以及军事——尤其是特种重装骑兵的发展——都取得了长足的进步。帝国的官方宗教是琐罗亚斯德教，不过帝国境内也有大批信仰其他宗教的居民。萨珊王朝与东方和西方的敌人战斗，而即使帝国于7世纪被阿拉伯人征服之后，萨珊波斯的文化与军事成就，依然为世界文明留下了影响深远的遗产。

◎　上图：描绘萨珊王朝君主狩猎的饰金银盘，6—7世纪。注意弓与箭术的细节，以及马匹挽具和剑柄。（akg-images/Erich Lessing）

第十二章
萨珊王朝的兴起

萨珊家族

　　萨珊王朝统治家族的起源难以追溯，因为沙普尔铭文和阿加提阿斯（Agathias）的记载并不完全一致。萨珊王朝的建立者阿尔达希尔一世（224—241年在位），于180年出生在波西斯的小村提尔德（Tirdeh）。其父是巴巴克（Babak/Papak/Papag），其母是沙班卡勒赫（Shabankareh）部族的公主罗达克（Rodak）[1]，这个部族或许有库尔德血统，当时住在波西斯境内。[2] 有趣的是，阿尔达班五世在一封信中声称阿尔达希尔的血统是"由沙班（Shaban）抚养长大的……库尔德人"。[3] 阿尔达希尔反叛帕提亚王朝的行动，得到了米底人和库尔德人的支持，或许部分原因就是他可能继承了高地人的血统。[4] 值得注意的是，虽然记载提到了巴巴克的母亲德纳克（Denak），却没有提到他与某位"萨珊"（Sassan）的关系。[5] 历史记述中的"萨珊"，通常认为是阿娜西塔神庙的"摩巴德"。萨珊很可能是在那座神庙任职的琐罗亚斯德教祭司的后裔。《阿尔达希尔生平》（*Karnamak Ardashir*），将萨珊描述为阿契美尼德王朝的后裔，这也许是为了保证阿尔达希尔的合法性，以将伊朗各民族统一在他的旗帜下。即使上述的主要资料——《阿尔达希尔生平》、阿加提阿斯的记述、塔巴里（al-Tabari）的记述等，说法存在差异，这位萨珊还是可能同德纳克结婚，而后生下了名为巴巴克的儿子。与萨珊一样，巴巴克也是阿娜西塔神庙的祭司。[6] 另一种被广泛接受的分析是，萨珊是阿尔达希尔的父亲，而萨珊去世之后，巴巴克收养了他。[7] 波西斯国王古谢赫尔（Guchehr）——他的家族可以追溯至塞琉古时代——将达拉卜盖尔德（Darabgerd）分封给阿尔达希尔，并赐予他"阿尔吉巴德"（Argbad）的头衔。[8]

古谢赫尔的统治很快遭到了阿尔达希尔的挑战，阿尔达希尔与"父亲"巴巴克共同行动，在200年推翻了他。然而巴巴克去世之后，波西斯的王权却交给了阿尔达希尔的兄长沙普尔。阿尔达希尔并不满足于二把手的位子，起兵反叛他的兄长。然而在双方决战之前，沙普尔所在的古阿契美尼德堡垒神秘地坍塌了，他意外身亡。阿尔达希尔在208年自立为波西斯国王，反对他的兄弟们则被处死。[9]波西斯当地的一些小君主拒绝承认阿尔达希尔的国王身份，阿尔达希尔随即以开战回应，征服了他们所有人。在吉尔曼（即今克尔曼），阿尔达希尔战胜了一个名为哈弗坦伯赫特（Haftanbokht，意为"七头蛇"）的巫师。在这次胜利之后，阿尔达希尔继续前去征服各地的君主，比如吉尔曼的巴拉什（Balash）、阿瓦士（Ahvaz）的胡齐（Khuzi）的尼罗法尔（Nirofar）、伊斯法罕的沙兹沙普尔（Shaz–Shapur），以及阿曼的西纳特鲁克（Sinatruk）。[10]泰西封的帕提亚君主对这一系列的扩张举动颇为警惕。

◎ 这块3世纪的岩石浮雕，位于菲鲁扎巴德城外、萨珊王朝的山中大路旁。这部分18米（59英尺）长的雕刻是为了纪念阿尔达希尔一世在224年左右于霍尔木兹甘与阿尔达班五世决斗并战胜之：浮雕上3名萨珊骑兵各自击败了他们的帕提亚人对手。（© Livius.org）

阿尔达希尔反叛帕提亚

224 年，阿尔达希尔公开挑战泰西封的帕提亚王朝的权威。尽管帕提亚王朝早年占据上风，自罗马皇帝图拉真在 116 年发动入侵之后，局势便开始对罗马人有利。泰西封在 116 年、164 年和 198 年被攻陷，令帕提亚王朝的权威遭受重创。即使帕提亚人几度发动反击，占领了罗马帝国的领土，战果也都随着罗马帝国必定发起的反击而丢失。除非波斯内部出现重大的变革，否则罗马帝国的支配地位将越发巩固，他们越发有可能占据美索不达米亚之外的土地。当阿尔达希尔正式反叛泰西封的帕提亚政权时，他在波西斯之外找到了叛乱的热切支持者，特别是在米底、米底–阿特罗帕特尼、阿迪亚波纳和库尔德斯坦。

阿尔达希尔的势力扩张，迫使波西斯、苏萨、伊斯法罕 [古称阿斯帕达纳（Aspadana）]、梅塞尼和吉尔曼臣服，这意味着削弱了泰西封的帕提亚王朝的权威，阿尔达班五世不可能视若无睹。阿尔达希尔意识到，将泰西封的帕提亚王室赶下王位的唯一方法，便是与西北方向的伊朗高地人联盟。《阿贝拉编年史》（*Arbela Chronicles*）就证实了这一点，其中提到波斯人同米底人结盟，并拉拢阿迪亚波纳和"塞琉古家族堡垒"（Karka de Bet Selok，今基尔库克）的君主，结成规模更大的联盟。[11] 阿迪亚波纳和基尔库克的加入意义重大，因为它们处于古亚述的阿拉姆语使用者与伊朗语族的库尔德人和米底人之间的交界地带。阿尔达希尔此时得以团结西伊朗人共同对抗帕提亚王朝。

菲鲁扎巴德浮雕上的决战：世界上第一次骑枪决斗

阿尔达希尔在三次战斗中击败了帕提亚人，在霍尔木兹甘的最终决战或许发生在 224 年 4 月。[12] 阿尔达希尔的军队由波斯人、米底人以及古基尔库克的阿拉姆语使用者组成。[13] 菲鲁扎巴德的浮雕将这次战斗描绘为大规模的骑马决斗，阿尔达班五世战败身死。霍尔木兹甘之战后，依然存在抵抗力量，据说，在 226 年至大约 230 年期间，某个阿斯塔瓦德斯短暂地统治了一年。大多数的帕提亚骑兵和贵族，此时与波斯、米底和库尔德人同族们站在一起，建立起新的伊朗王国。设拉子（Shiraz）附近的纳格什–鲁斯泰姆，有一座琐罗亚斯德教方碑，上面的铭文证实了这一点。阿尔达希尔对帕提亚贵族展现了极大的尊重，并在纳格什–鲁斯泰姆举行古老的宗教仪式，向他们致敬。

◎ 在这一段菲鲁扎巴德浮雕上，左侧的萨珊骑兵——可以从他的头盔以及马衣头冠辫认出来——将他的敌人刺落马下；他右侧，阿尔达希尔之子沙普尔将帕提亚的大维齐达尔班丹刺下马。沙普尔头戴末端配有动物头的帽子，说明他是王储。(© *Livius.org*)

在帕提亚王朝统治时期，阿契美尼德王朝的决斗文化转变为"巴列维"骑士精神。杜拉-欧罗普斯的考古发现证明，帕提亚王朝的骑兵使用骑枪。即使菲鲁扎巴德的浮雕同样可能代表有准备的阵地决战，但似乎"英勇"的骑枪决斗还是得到了特别强调。这也许是因为双方的军队是在为帝国而"决斗"，不过这个论点无法证实。

使用骑枪战斗的细节，在菲鲁扎巴德的浮雕上得到了细致的展现。在石壁上，以全景式的表现形式具体展现了三组战斗。左边，一名重骑兵与他的帕提亚敌人交锋；中间，王储沙普尔的骑枪将帕提亚的大维齐达尔班丹 (Darbandan) 刺下马；最后，右边的国王阿尔达希尔一世以骑枪击杀了阿尔达班五世。同样值得注意的是，每个战士都在与相同阶级的敌人作战，七百年后的日本武士对决也存在这样的传统。[14] 一对一决斗 (mard-o-mard) 的概念，此时已经发展成维泽霍费尔 (Wiesehofer) 所说的萨珊波斯风格的"骑士比武"。[15]

战斗的结果决定了波斯的领导权。阿尔达希尔胜利之后，帕提亚王朝的主要贵族世家纷纷向最有能力保卫波斯的君主效忠。决斗的结果往往能够得到双方尊重，无论决斗是在伊朗人之间进行，还是在伊朗人与罗马人之间进行。一个值得注意的范例发生在 421 年：国王"野驴猎手"巴赫拉姆 (Bahram Gur) 派出来自精锐的不死军的勇士阿尔达赞 (Ardazan) 出战，而为罗马帝国服役

◎ 这一部分浮雕显示了阿尔达希尔将阿尔达班五世刺落马下。阿尔达希尔头顶的萨珊式发髻（*koryombos*）已经散开，头发披在脑后。（© *Livius.org*）

的哥特勇士阿雷欧宾杜斯（Areobindus）在决斗中将其击杀，国王随即承认了罗马人的胜利，撤出了战场。

伊朗的决斗与同时代的罗马决斗有两点差异。其一，伊朗式决斗是在没有双方大部队干涉的前提下，进行一对一的马上对决；而在罗马帝国早期的历史中，"一对一"的决斗并不是罗马军事传统的一部分。其二，只有萨珊波斯的岩石浮雕上，才会出现两名骑兵双手持骑枪冲向对方的场景，画面定格在骑枪即将相交的时刻；而罗马工匠表现的场景是罗马骑兵已经击倒敌人。[16] 同时代罗马人之间的决斗既没有继承"荷马史诗"式的古希腊英雄传统，也不同于日耳曼人的习俗——领袖处于最前方步行引领部下。一对一比武的"骑士文化"并没有局限于波斯帝国的领土，而是在更广大的伊朗文化圈中传播，这种文化最兴盛时，影响了整个中亚，甚至部分高加索和东欧地区。描绘骑枪决斗的岩石浮雕，在萨尔马提亚人的博斯普鲁斯也发现了，[17] 在保加利亚也有遗迹存留。

萨珊王朝的勇士往往会在双方军队主力交锋之前，向罗马帝国最优秀的战士发起决斗挑战。一系列罗马文献都提到伊朗人使用骑枪作战。罗马资料中，最早提及萨珊骑兵与罗马士兵进行马上决斗的记述，来自曾在军中任职的历史学家普罗科比（Procopius）。萨珊军队于 530 年进攻达拉（Dara）时，普罗科比记述称："一个波斯的年轻人骑马来到距离罗马军队很近的地方，向所有人发起挑战。"[18] 色雷斯人军官派出安德里亚斯（Andreas）——一名日耳曼摔跤手和浴室侍者，与这个波斯人决斗。而后记述写道："双方疯狂地挺枪冲向对方，而刺向他们胸甲的枪尖被他们全力挡开。"[19] 双方都没有被骑枪刺死，安德里亚斯率先拔出佩剑，杀死了对手。

到 5 世纪贝利撒留（Belisarius）的时代，拜占庭勇士也与哥特勇士和萨珊勇士进行骑枪决斗。有证据显示，一些非罗马人的勇士也受到伊朗军事传统的影响，代表罗马军队进行骑枪决斗。[20]

萨珊的军事机器：罗马的新敌人

在纳格什-鲁斯泰姆、纳格什-拉贾卜（Naghsh-e-Rajab）以及比沙普尔（Bishapur）的遗迹中，早期"萨瓦兰"——萨珊骑兵精锐——都不用盾牌。[21] 这并不意味着早年的萨瓦兰骑兵完全不需要盾牌，然而战斗时双手持握骑枪意味着他们将无法同时使用盾牌，而且早期萨瓦兰骑兵已经装备了链甲和札甲，保证了高水平的防护。[22]

环片甲（用于腿部和胳膊）、板甲和链甲的组合使用，提升了萨瓦兰骑兵的战场防护水平，这意味着他们远比帕提亚骑兵难对付。罗马军队事实上无法在战场上有效对抗早期的萨瓦兰骑兵。他们的主要武器是长骑枪，以对抗马上的敌人和罗马步兵。尽管纳格什-鲁斯泰姆等地的遗迹中出现了箭袋的形象，却没有表现射箭的画面。不过，弓箭依然是骑兵和步兵部队中的重要支援武器。这意味着萨珊王朝早期的军队是"帕提亚式的"，即枪骑兵在弓骑兵的支援下作战。尽管如此，从罗马军队的视角来看，萨珊军队更加难缠。萨珊军队中的弓骑兵战斗力或许更高，特别是拥有更好的盔甲防护。罗马军队之前通过招募弓箭手加入辅助军团，来对抗帕提亚王朝的骑射，然而这些部队与手段在面对萨珊军队时很快以失败告终。萨珊王朝的弓骑兵很可能也身着盔甲，或许与使用骑枪的萨瓦兰骑兵穿戴一样的护具。这也许是萨珊军队在泰西封、马西切（Misiche）和巴巴利索（Barbalissos）取胜的原因之一。不过，帕提亚王朝的部队中自然也可能存在着甲弓骑兵部队。在杜拉-欧罗普斯发现了年代较早的着甲弓骑兵形象，其中的一幅涂鸦似乎描绘了人马具甲的弓骑兵。[23]

即使早期的萨瓦兰骑兵和帕提亚骑兵一样，将枪骑兵和弓骑兵组织成不同的部队，他们与这些前辈也有不同，他们的盔甲更为精良，而且出现了携带箭袋的"重装"枪骑兵。这说明，萨珊王朝的萨瓦兰骑兵未必和帕提亚骑兵一样，将弓骑兵和枪骑兵进行"二元"划分，也就是说，萨瓦兰骑兵可以在必要时使用弓箭作战。若是如此，骑兵想要射箭或近战肉搏时，要怎样处理他的骑枪呢？一种可能是，剑和弓箭是"备用武器"，在骑枪损坏或脱手后使用。萨珊弓骑兵也可能携带近战武器。萨珊王朝早期的刀剑受了萨尔马提亚人的极大影响，而这也显示了中亚和伊朗高原之间长期存在的文化与技术联系。[24]

　　征服罗马领土往往意味着必须得靠围攻占领重要的城镇和堡垒。和帕提亚王朝不同，萨珊王朝精通攻城技术，而且很快就和罗马军队难分伯仲了。然而大多数专家都同意萨珊王朝最初的攻城技术来自罗马人，萨珊军队模仿他们建造自己的攻城机械，而后又采纳了来自中国的攻城技术。萨珊军队在围攻战中使用多种武器，包括投石车、蝎弩、攻城锤、易燃投射物（比如石脑油）、攻城塔以及其他大小和力量各不相同的投射武器。一旦敌人的防御工事被攻破，下马的萨瓦兰骑兵似乎就要支援步兵强攻堡垒或者城市。最初在256年时，沙普尔便在征战中展现了萨珊军队出色的攻城能力，攻占安条克和杜拉-欧罗普斯便是最好的证明。

阿尔达希尔一世：巩固新帝国

　　帕提亚王朝在霍尔木兹甘之战中崩溃之后，阿尔达希尔开始推行中央集权政策。他主要的目标，是将帕提亚政权的松散联邦转变为集权程度更高的管理系统。大部分米底人、米底-阿特罗帕特尼人，乃至亚述人，都表示支持，库尔德人的国王马迪吉（Madig）却发动了反叛。马迪吉在双方的最初交锋中击败了阿尔达希尔，不过，叛乱很快就被阿尔达希尔平息。[25] 阿尔达希尔就此将西伊朗再次统一，而帕提亚王朝则无法维持这一地区的稳定。巩固了西部边境之后，阿尔达希尔将他的注意力转向北方和东方。在227年发动的一系列远征中，阿尔达希尔在莫克兰（Makran）、锡斯坦和戈尔甘大获全胜，这些地区都正式并入这个新帝国中。巴尔赫（Balkh）、马尔吉亚那和霍拉桑也被阿尔达希尔占领。贵霜人承认了阿尔达希尔的宗主权，不过在3世纪40年代之前，他们似乎还保持着一定程度的自治。萨珊王朝的权威很快抵达了印度河，这为此

◎ 纳格什-鲁斯泰姆的浮雕，左侧的阿尔达希尔一世从雅利安信仰的至高神阿胡拉·玛兹达手中接受 "神灵荣耀"（Farr）。阿尔达希尔的马匹踩踏着他击败的敌人，很可能是阿尔达班五世，而阿胡拉·玛兹达的马匹踩踏着雅利安信仰中的邪恶象征——阿里曼。（© Livius. org）

后波斯和印度之间的经济、艺术和科技交流，提供了极大的便利。

阿尔达希尔在位二十年，不仅巩固了萨珊王朝的政权，还击败了试图消灭这个新伊朗帝国的罗马。罗马人被赶出了摩苏尔这个米底人和亚述人混居的城市。然而阿尔达希尔没能征服哈特拉，这座城市依旧忠于已经瓦解的帕提亚王朝。[26] 罗马帝国也维持了对阿迪亚波纳的控制。亚美尼亚则依然不受阿尔达希尔的控制，这在一定程度上要归功于一批退往高加索的支持帕提亚王朝的贵族。[27]

阿尔达希尔一世与亚历山大·塞维鲁的远征

罗马人很快意识到，波斯的 "新管理者" 是个必须谨慎对待的政权。阿尔达希尔大胆地宣称自己 "拥有继承祖先遗产的合法权利"，要把古老的阿契美尼德帝国远达爱琴海的全部领土收复。[28] 占领了底格里斯河以西全部领土的罗马帝国清楚，他们必得与新生的萨珊帝国一决雌雄。阿尔达希尔宣称要建立新的泛伊朗大帝国，对罗马帝国掌控的安纳托利亚东部和美索不达米亚北部等地，也是潜在的挑战，毕竟这些地区有众多的米底人和库尔德人居住。阿尔达希尔的纯粹的个人魅力，还使得一些罗马军队叛逃到萨珊王朝。[29]他也许还支持了美索不达米亚的罗马军队哗变，对抗当地执政官弗拉维乌斯·赫拉克利奥（Flavius Heraclio）。在阿尔达希尔准备进攻之时，美索不达米亚和叙利亚的罗马部队正士气低落、纪律涣散。229年，阿尔达希尔和他的儿子沙普尔一世发动进攻，将罗马军队赶出了美索不达米亚和叙利亚。[30]

罗马帝国最初的反应很谨慎。皇帝亚历山大·塞维鲁（222—235年在位）致信阿尔达希尔，要求他撤退，否则就会和帕提亚波斯面对图拉真、路奇乌斯·维鲁斯和塞普提米乌斯·塞维鲁之时一样，被罗马人击败。[31]亚历山大·塞维鲁没能吓倒萨珊君主，也没能阻止他入侵并攻占卡帕多西亚。[32]意识到阿尔达希尔并不打算顺从他的要求，塞维鲁开始准备战争。罗马皇帝在意大利组建了新部队，然而他也再度尝试靠谈判或恫吓解决问题。[33]阿尔达希尔的回应是派出400名"非常高大的波斯人"组成的使团，向塞维鲁重申他的要求：罗马帝国撤出整个近东，并交出爱琴海以东的所有领土，以及爱琴海本身。[34]塞维鲁将整个代表团扣押、缴械并且流放到安纳托利亚的农场劳作。[35]不过，多容（Dodgeon）与利厄（Lieu）并不认为阿尔达希尔会提出这样夸张的要求，他们认为，出现这样的记述，是因为当时的希腊-罗马史料往往将波斯描绘为谋求扩张和侵略的帝国。[36]他们的新观点认为，阿尔达希尔索取的土地是美索不达米亚和亚美尼亚。

罗马皇帝现在只有进攻这一个选择了。然而，埃及和叙利亚的叛乱妨碍了他的行动，他只得先前去平叛。[37]罗马帝国的近东领土安稳之后，塞维鲁终于得以进攻波斯。罗马帝国于231年兵分三路进军。[38]北面的第一路取道亚美尼亚进攻，指向阿特罗帕特尼。南面的第二路渡过底格里斯河及幼发拉底河，进入美索不达米亚，这支军队的目的显然是绕开塞琉西亚-泰西封的大都市，向伊朗西南部的胡齐斯坦进军。[39]位于中央、规模最大的第三路，由皇帝本人率领，目标是攻占泰西封。塞维鲁还绕去了帕尔米拉，意图欺骗阿尔达希尔，让他误以为自己的主攻方向是南路。[40]

北路进攻取得了重大成功。首先，波斯人撤出了卡帕多西亚，放弃对尼西比斯的围攻。[41]罗马人从卡帕多西亚进入亚美尼亚，随后向南进入米底-阿特罗帕特尼，就此闯入伊朗西北部，并在这一地区大肆破坏。伊朗西北部

"欧洲式"的地理环境——多山地和林地，非常适合罗马步兵。根据希罗狄安（Herodian）的记载，这种地形也"阻碍了蛮族（萨珊）骑兵的行动"。[42] 此时，阿尔达希尔显然意识到罗马军队可能在阿特罗帕特尼以外的地方取得突破，他在这里留下一支军队拖住罗马人，随后率军前往美索不达米亚，那里的罗马军队威胁更大。罗马帝国的南路军步步为营，然而此时依然没能进入伊朗西南部（胡齐斯坦）。在罗马人自己看来，此时的他们仿佛就要重现图拉真和维鲁斯的胜利。然而，此时阿尔达希尔的军队基本未受损失，而且罗马人还没有接触过他的骑兵，这些骑兵"使用弓箭和马匹作战……从小就练习骑马……从不取下箭袋或下马"。[43]

亚历山大·塞维鲁的远征在 233 年出现转折，形势急转直下。面对萨珊波斯最精锐的部队，"中路军"的进展并不顺利。首先，从杜拉-欧罗普斯出发攻击阿尔达希尔的斯基泰第四军团，被彻底击败。塞维鲁并没有因此收缩军力，而是下令向泰西封进军。萨瓦兰骑兵正是在这里，首次大败罗马军队。正如 54 年的马库斯·克拉苏那样，亚历山大·塞维鲁的梦想——抵达印度边境，成为罗马人的"亚历山大大帝"——就此破灭。[44] 罗马文献详细地描述了 233 年在泰西封，亚历山大·塞维鲁的军队被阿尔达希尔击败的情况。希罗狄安证实了这一点，他写道：

> 波斯国王率领他的精锐部队（重装骑兵和弓骑兵）进攻（罗马人的）军队，以出乎意料的突袭将他们困住。四面八方射来的箭矢令罗马士兵纷纷倒地……最终，他们都被赶到一起……承受来自各个方向的打击……被困住的罗马人仿佛进了网的鱼，波斯人的箭矢从各个方向射向被包围的士兵，屠杀了整支军队……他们全被消灭了……这场无人愿意回想的骇人灾难挫败了罗马人。一支大军……就此被歼灭了。[45]

早期萨瓦兰骑兵取得这次胜利的方式，与他们的先辈帕提亚骑兵十分相似。萨瓦兰骑兵反复发动骑枪冲锋，迫使罗马步兵结成更小、更紧凑的队列，而弓骑兵随即向密集的队列射出致命的箭雨。然而泰西封之战胜利后，萨珊王朝并没有立即向罗马帝国的领土发动反攻，后世因此推测，萨珊军队应当和罗马军队一样，承受了惨重的伤亡。罗马人因为兵分三路而付出了惨痛的代价。阿尔达希尔先是静观各支罗马军队的动向，而后再决定率领他的主力军前往哪个方向迎击。如果塞维鲁将主力集结在一路，而不是向伊朗的西北部和西南部分散军力，泰西封之战的结果也许会有所不同，

在泰西封战败之后，塞维鲁于 233 年 9 月 25 日向罗马元老院发表"胜利"演说，宣称他的军队杀死了 218 头战象，摧毁了 1800 辆镰刀战车，并且消灭了"12 万他们（萨珊波斯）的骑兵"。[46] 伊朗的人口基数少于罗马帝国，3 世纪初的他们不可能派出数量如此庞大的骑兵。在近二百五十年之后，578 年时的萨珊军队中，职业部队最大数量也只有 7 万人！[47] 更值得注意的是，塞维鲁刻意忽略了泰西封之战。尽管他确实遏制了阿尔达希尔，他所谓的"征服波斯"与"消灭萨珊军队"，充其量只是浮夸的宣传而已。根据凯德莱努斯（Cedrenus）的记述，"他（亚历山大·塞维鲁）同波斯人开战，并以彻底失败告终"。[48]

阿尔达希尔也许在泰西封之战后因为伤亡过大而无力进军，这一观点在同时代的西方历史学家中十分流行。[49] 另一种可能是，阿尔达希尔决定采取更为谨慎的战略，转入防御。在泰西封取胜之后，对罗马帝国进行全面攻击也许会让建立不久的萨珊帝国陷入危机中。在东方和高加索，不承认阿尔达希尔统治合法性的敌对政权，依然虎视眈眈。国王本人也因为近三十年的征战而耗尽了心力，此时，他准备将王权交给自己的儿子沙普尔。

沙普尔一世：罗马劲敌

阿尔达希尔在 240 年将他的王位传给他的儿子沙普尔一世（意为"国王之子"，241—272 年在位）。有趣的是，这一时期的一些钱币上，同时出现了沙普尔和阿尔达希尔，反映出共治状态。沙普尔的正式加冕似乎是在 241 年，阿尔达希尔逝世之后。沙普尔一直跟随他的父亲征战，从早年的波西斯叛乱到之后与亚历山大·塞维鲁交战。沙普尔证明了自己的军事能力，而他的功绩也将在不久之后超越他的父亲。他作为国王的第一次军事行动，便成功攻破了防御坚固的哈特拉城，而罗马军队和阿尔达希尔的军队都曾在该城下铩羽而归。战略意义重大的堡垒城市尼西比斯，也在 241 年，或者阿尔达希尔在位时的 238 年，被攻破。[50] 沙普尔的战术是派萨瓦兰骑兵迅速接近城市，完成包围。

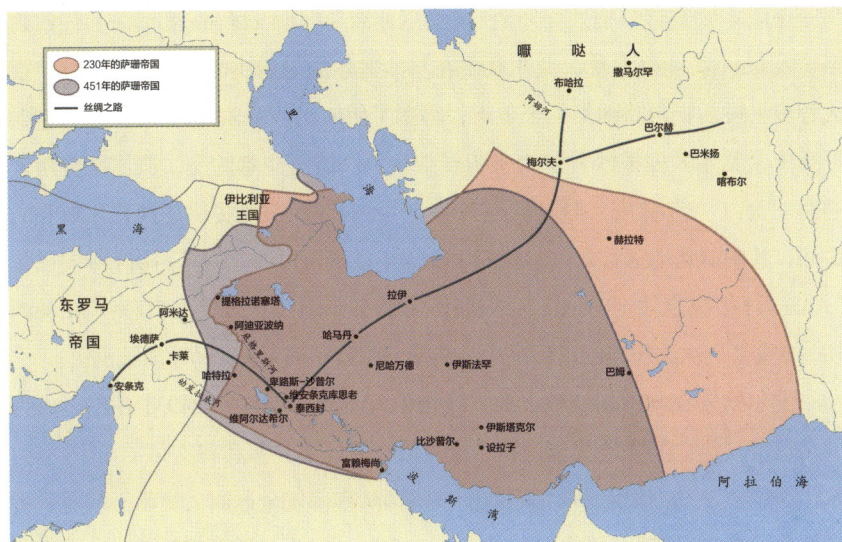

◎ 230—451年的萨珊帝国。

尼西比斯顽强的守军坚持抵抗，然而，在这座城市曾经坚不可摧的城墙出现缺口时，他们终究还是放下了武器。尼西比斯的陷落让沙普尔得以进军叙利亚，并攻占了安条克和卡莱（今哈兰）。[51] 罗马人在近东的战略态势，此时已经处于濒临瓦解的危险境地。

年轻的罗马皇帝戈尔狄安三世（Gordian Ⅲ，238—244 年在位）迅速行动起来，意图重建罗马在近东的势力，并消灭沙普尔。在岳父地米斯修斯（Timesitheus）的支持下，戈尔狄安三世成功在 242 年或 243 年，在古城雷塞纳（Resaina，今土耳其境内）击败了萨珊军队。[52] 戈尔狄安三世很快便将萨珊军队赶出了安条克、卡莱以及重镇尼西比斯。不久之后，罗马军队渡过了幼发拉底河，萨珊军队则被赶回了自己的边境之内。在这个关键时刻，地米斯修斯病故，失去这位杰出的军事指挥官，沉重打击了罗马军队。之后发生的事情有两种说法。第一种版本是众多希腊-罗马资料的说法，包括阿米安努斯·马塞林努斯（Ammianus Marcellinus）、费斯图斯（Festus）和约尔达内斯（Jordanes）的记载，声称戈尔狄安在最终决战中击败了沙普尔，然而禁卫军指挥官（Praetorian Prefect）——阿拉伯人菲利普在战后谋杀了他。[53] 不过，另一个版本则与这一描述相矛盾，"女巫神谕"（Oracula Sibyllina）和佐西姆斯（Zosimus）明确宣称，戈尔狄安在与沙普尔的最后决战中兵败被杀。[54] 很大程度上被后世忽略的第二个版本，得到了伊朗比沙普尔的岩石浮雕的证实：浮雕上，戈尔狄安被沙普尔的坐骑践踏在地。值得注意的是，凯德莱努斯记述称："他（戈尔狄安）坠马而死……"[55] 沙普尔铭文则提供了沙普尔取胜的说法，其中清楚地宣称，戈尔狄安于 244 年在泰西封以北的马西切 [今安巴尔（Anbar）] 被决定性地击败。[56] 纳格什-鲁斯泰姆的沙普尔铭文宣称："在马西切，爆发了一次大规模的正面决战。恺撒戈尔狄安被杀，罗马军队被消灭。"[57]

戈尔狄安在马西切战败之后，阿拉伯人菲利普（244—249 年在位）成为罗马皇帝，他立刻同沙普尔议和。按照铭文的说法，菲利普支付了 50 万第纳尔作为赎金，[58] 以确保马西切之战的罗马军队残部安全返回，萨珊王朝随后将当地改名为"卑路斯-沙普尔"（Peroz-Shapur，意为"胜利的沙普尔"）。[59] 罗马文献也声称菲利普签署了"最屈辱的和约"，[60] 他还将亚美尼亚和美索不达米亚割让给沙普尔。[61] 然而罗马人终究无法接受如此耻辱的条约，他们很快就毁约了。菲利普在 253 年率军返回亚美尼亚与美索不达米亚，显然出乎萨珊王朝的意料。[62] 沙普尔此时正在波斯的北部和东北部作战，以保证余下的米底人、霍拉桑人、贵霜人、吉里人（Giloi）和代拉姆人（Dailamites）效忠萨珊王朝。正是在征战期间，他在伊朗东北部的呼罗珊主持建立了尼夫沙普尔（NevShapur，今内沙布尔）。在这一地区的征战取胜之后，沙普尔得以返回西部，北伊朗语族的代拉姆人步兵以及骑兵（吉里人、霍拉桑人等），很有可能与他一同前往。沙普尔铭文中记述称：

恺撒（菲利普）再次欺骗我们，在亚美尼亚作恶。我们（沙普尔及其军队）进军对抗罗马帝国，并在巴巴利索尔歼灭了 6 万人。[63]

惨败让罗马军队在美索不达米亚的防御门户大开，约 256 年，杜拉-欧罗普斯和安条克被"射箭的波斯人"攻陷，其中安条克是再一次被攻陷的。[64] 在这个关键时刻，佐西姆斯记述称："如果波斯人没有被大肆掠夺的喜悦冲昏头脑的话，他们本来能够征服整个亚洲……"[65] 最可能的情况是，沙普尔的计划

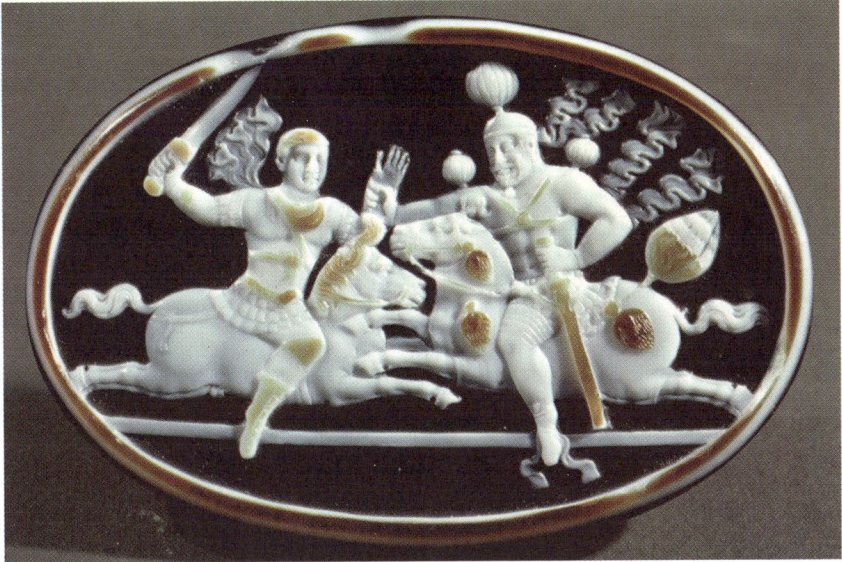

◎ 伊朗缠丝玛瑙雕刻，反映了沙普尔一世在战斗中俘虏罗马皇帝瓦勒里安。事实上，罗马人在卡莱–埃德萨战败后，瓦勒里安及其随从才被俘虏的。收藏于法国国家图书馆。（akg-images/Erich Lessing）

只是巩固其帝国的战略局势，而不是进行大规模的领土扩张，占据罗马帝国的大片领土。

　　瓦勒里安（或译瓦勒良，253—260年在位）在登基之后不久，就组织了第三支远征军，意图恢复罗马在东方的威望。罗马人急于消灭沙普尔、他的军队和帝国。大约在256年，安条克的萨珊部队被消灭，瓦勒里安铸造了庆祝自己"胜利"的钱币。这一庆祝实在是为时过早，因为瓦勒里安至此只与二流的驻军交手过。沙普尔事实上保留了自己的骑兵和主力部队，他们集结在卡莱和埃德萨。瓦勒里安轻率地派出他的步兵主力，向埃德萨–哈兰方向进军，而这里地形平坦，非常适合骑兵行动。两百多年前，克拉苏的部队正是在同一个地区被帕提亚军队消灭的。历史重演了：约260年，萨瓦兰骑兵决定性地击败了罗马人，俘虏了7万人，包括一批元老和罗马禁卫军指挥官在内。[66]沙普尔铭文中记载了来自欧洲各地的俘虏，包括"达契亚（Dacia，今罗马尼亚）、潘诺尼亚（Pannonia，今匈牙利）、西班牙、色雷斯与日耳曼尼亚等地"。[67]沙普尔给罗马军队带来了灾难性的损失，罗马帝国职业军队三分之一的军力（包括一批军官），共计约

261

15 万人，被波斯人消灭。[68] 然而对士气最重大的打击，还是罗马皇帝瓦勒里安本人被俘，他和他的礼仪战车也出现在了沙普尔铭文中，以及纳格什-鲁斯泰姆和比沙普尔的遗迹中。罗马历史中，这是罗马皇帝首次被生擒。[69] 费里尔（Ferril）评论称："瓦勒里安的战败与被俘，是罗马历史中最屈辱的军事失败之一。"[70] 在西方的记述中，波斯人残忍地对待瓦勒里安，他结局悲惨。罗马文献中提到，沙普尔在上马时将他当作脚凳。在瓦勒里安死后，据说他的尸体还被制成标本，陈列在一座琐罗亚斯德教神庙中。不过，伊朗的历史文献说法不同。史诗《列王纪》中宣称，瓦勒里安品行良好，在战败之后得到了沙普尔的体面对待。

罗马俘虏中包括大量的工程技师，他们很快被派往今胡齐斯坦地区修建水坝和桥梁。其中一些建筑的遗迹，比如舒什塔尔的坝桥，存留到了现在，证明了罗马建筑的坚实耐用。罗马工匠在比沙普尔留下的镶嵌画依旧存在，其上描绘了萨珊波斯的贵族男女，巴黎的卢浮宫博物馆就保存着近乎完整的镶嵌画作品。在罗马帝国陷入全面混乱之时，萨瓦兰骑兵冲进了罗马帝国的叙利亚和安纳托利亚领土，安条克再度被萨珊波斯夺走。随后，萨瓦兰骑兵攻取了奇里乞亚的塔尔苏斯，以及卡帕多西亚。

今叙利亚境内帕尔米拉王国的国王奥迪纳图斯（Odenathus），向沙普尔提议结盟，他在信中说他没有与波斯人为敌。[71] 沙普尔傲慢地拒绝了他，发誓要

◎ 比沙普尔的镶嵌画，画上女子在弹奏竖琴。由沙普尔一世俘虏的罗马人完成。（© Livius.org）

消灭奥迪纳图斯和他的王国。不过，奥迪纳图斯成功袭击了在叙利亚缓慢移动的萨珊辎重车队，迫使沙普尔将他的军队撤回萨珊波斯境内。奥迪纳图斯的进攻一路抵达泰西封城下。帕尔米拉骑兵按照伊朗式的"全骑兵"模式进行装备和训练，然而他们也拥有优秀的步兵，两者集合便成就一支人数不多却高度职业化的军队。尽管如此，帕尔米拉人既无力消灭萨瓦兰部队，也无法解救瓦勒里安。奥迪纳图斯向泰西封进军的消息传来时，帝国各地的总督迅速向沙普尔派出援军。这些部队让奥迪纳图斯损失惨重，迫使他撤退。[72] 沙普尔的军队随即远征帕尔米拉，却没有取得决定性的战果。帕尔米拉王国虽然实力强劲，却不可能成为萨珊帝国的致命威胁，然而奥迪纳图斯还是成功阻止了萨珊王朝向叙利亚扩张的势头。

沙普尔在同阿拉伯人菲利普作战之前，已经在帝国的东部进行了一系列的征战。而在东方，最重要的胜利是将贵霜王国的大部疆域纳入萨珊波斯治下。尽管某些地区的贵霜人，比如今阿富汗喀布尔周边地区，似乎保留了一定程度的自治，萨珊王朝此时无疑是这一地区的支配者。贵霜王国——东方最后的伊朗人主要政权，就此并入了更广大的伊朗帝国中。萨珊与贵霜的共生关系，促使新的金属器物风格与艺术形式产生，佛教也成了萨珊政权东部主要的影响因素之一，并时常与琐罗亚斯德教的思想相融合。

早期萨珊王朝和萨尔马提亚人对罗马军队的影响

3 世纪早期的罗马军队数次败于萨珊骑兵，他们被迫进行了一系列改革，其中包括 4 世纪时，皇帝君士坦提乌斯执政时期，在帝国军队中组织"波斯式"骑兵。[73] 毫不夸张地说，在查士丁尼的时代，拜占庭骑兵和萨珊波斯骑兵在外观上几乎完全相同。[74] 伊朗人的骑兵部队开始出现在罗马帝国的军队中。[75] 比如萨珊军队的倒戈者，此后在欧洲为罗马帝国效力，甚至参与了贝利撒留与哥特人的战争。萨珊王朝将伊朗骑兵的战斗方式和徽号（regalia）传到了西方。然而，在更早的时候，伊朗人就开始通过东欧的萨尔马提亚人对欧洲骑兵传统施加更为广泛的影响。萨尔马提亚人和他们在萨珊波斯的远亲存在相当多的文化共性。在公元前 1 世纪时，罗马帝国的军队也无法抵御东欧萨尔马提亚人的强大的骑枪冲锋。而早在 69 年，罗马军队就开始招募雅济吉斯人

（Iazyges）的部队。[76] 如今人们承认，罗马人事实上开始模仿北伊朗的重骑兵。阿里安提到，在哈德良的时代，罗马骑兵"使用骑枪（contus），并且以阿兰人与萨尔马提亚人的方式攻击"。[77] 萨珊波斯和萨尔马提亚人对罗马人、日耳曼人和斯拉夫人的影响，让许多欧洲学者意识到，欧洲人的伊朗式骑兵决斗在很大程度上源自"伊朗文化背景"，而"中世纪的欧洲骑士精神，是帕提亚波斯和萨珊波斯文化的发展"。[78]

纳格什-鲁斯泰姆的祭司与基督教

位于设拉子附近的纳格什-鲁斯泰姆遗迹，西方历史学家往往关注其军事相关的内容，尤其是阿拉伯人菲利普、瓦勒里安和沙普尔一世这样的名人。很少有人关注那些伸出食指的祭司。数个世纪之后的欧洲以近乎相同的方式来描绘这种手势，包括位于安德尔（Indre）的维克（Vicq）这个地方的画作《东方三博士之旅》，位于圣但尼大教堂彩绘玻璃上的圆形装饰中的摩西，以及位于圣奥梅尔（Saint Omer）的圣贝尔坦十字架，后两者都来自 12 世纪的法兰西。

最初的琐罗亚斯德教祭司，即所谓"麻葛"，是米底帝国的一个部落或者祭司阶层。基督降世时三博士来朝的故事，或许与波斯有关。关于三博士的坟墓在伊朗的位置，存在各种说法，马可·波罗宣称在萨韦（Saveh），而约翰·曼德维尔（Mandeville）爵士宣称在卡尚（Kashan）。[79] 根据传说，三博士之一的遗体安置在伊朗阿塞拜疆的奥鲁米耶的马尔特-玛丽亚姆教堂（Mart Mariam Church）。有趣的是，福音书中将他们称为"来自东方的智者"①，并没有提到波斯。[80] 然而阿拉伯语的福音书中，记述耶稣幼年的内容提到："天主耶稣生于犹地亚的伯利恒……博士从东方来到耶路撒冷，一如琐罗亚斯德（Zoroaster/Zardusht）的预言……"[81] 这个关于琐罗亚斯德先知的信息，极少受到西方学者和神学家的注意。罗马人是否有意修改了这段记述，删去了与罗马帝国敌对的波斯与琐罗亚斯德的信息呢？当然，这个问题远超本书的范围，只能说，埃文斯温茨（Evans-Wentz）认为"没有琐罗亚斯德就没有基督。他是桥梁，而

---

① 译注：亦即汉译所称"博士"。

264

罗马人将桥梁烧毁"。[82] 这种说法或许有所夸大，然而伊朗神学在基督教的形成中起到的作用，并没有受到犹太教、基督教神学家的重视。琐罗亚斯德教和犹太教在神学上有着深刻的相似之处，此外，基督教和琐罗亚斯德教也有许多相似之处，包括灵魂不朽、线性的时间、无所不能的善、邪恶的撒旦、善与恶的斗争、[83] 最终的天启之战 ["哈米吉多顿"（Armageddon）]、审判日以及天堂和地狱的存在。基督徒和琐罗亚斯德教都拥有万灵节、圣灰节和忏悔的传统。

密特拉信仰：被遗忘的基督教之敌

在沙普尔征战期间，雅利安神祇密特拉在萨珊军界和罗马军界都拥有大批崇拜者。尽管源自伊朗，这一崇拜却在欧洲传播甚广，从巴尔干和意大利进入欧陆，而后传播到英格兰。欧洲的密特拉信仰传播持续了大概三个世纪（约100—400年）。密特拉源自古波斯语的"契约"。古伊朗人通过握手来签订契约，最早的相关证据见于今土耳其境内的旧卡莱（Eski Kale，公元前300年）和尼姆鲁特山（公元前69—公元前34年）。

密特拉 / 迈赫尔（Mithra/Mehr），是契约（Payman）之神。密特拉代表着爱、倾慕、友谊、光明和太阳。这个神祇伴随世人生活、战斗，直至往生。他是处女神阿娜西塔所生，率领善良的人去对抗邪恶的敌人。密特拉信仰的遗存，留在伊朗的各种仪式中，例如，密特拉诞生的麦赫尔干节（Mehregan）、琐罗亚斯德教的达尔比迈赫尔神庙、迈赫尔月、伊朗名字迈赫达德 / 米特拉达梯，以及长者（Pir）圣殿的密特拉典礼。伊朗库尔德斯坦（伊朗西部）的塔吉–博斯坦浮雕上的挥剑密特拉形象，无声地证实了密特拉信仰在萨珊波斯的重要性。

密特拉信仰何时、如何传入罗马帝国，我们依然无法说清。最可能的情况是，这种信仰沿着安纳托利亚传播，特别是卡帕多西亚、本都和科玛吉内，伊朗祭司曾经在这些地方很活跃。密特拉信仰的另一个传播者，特别是在地中海地区的传播，也许是奇里乞亚人，尽管这种可能性还需要更多的研究来确定。也有一种可能是，在与沙普尔作战期间被俘的罗马士兵，至少有一部分人改信了密特拉信仰，他们返回故土时带去了这种信仰。

西方学者感兴趣的是欧洲那古怪的密特拉信仰仪式，即所谓的"密特拉密仪"，其中的一些仪式同波斯的仪式并不相同。例如，杀死公牛就是仅在欧洲的密特拉神庙中存在的仪式。密特拉密仪有七个升天阶段，其中至少有两个和波斯相关，即第五阶段的珀尔塞斯（Perses，"波斯"）和最后阶段（第七阶段）的帕特尔（Pater，"父"），戴着波斯式的头冠。有趣的是，西方学者，特别是乌兰塞（Ulanssey），花费了相当的精力区分密特拉密仪中的伊朗元素。

目前尚没有学术研究解释，除去一些细节之外，为何上帝之子耶稣基督和玛兹达之子密特拉的故事存在惊人的相似：在同一天由处女生下，施行神迹，洗礼仪式，面包和酒构成的圣餐，十二门徒以及最终的死而复生。密特拉传说要比基督教早一千年以上，可以追溯到公元前 1500 年左右，乃至年代更早的最初抵达伊朗高原的印度–雅利安人。密特拉教在 4 世纪消亡之前，曾经是基督教在欧洲的主要"异教"对手。已故的法国历史学家埃内斯特·勒南（Ernest Renan）就指出："如果基督教由于某种意外而未能诞生，世界将属于密特拉信仰。"[84] 虽然勒南的说法在近一个世纪之后依然存在争议，西方学者还是没有充分意识到密特拉信仰对欧洲文化和基督教的形成的影响，也没有进行足够的研究。

早年的萨珊王朝与摩尼信仰的传播

摩尼于 216 年 4 月 14 日出生在小村马蒂努①（Mardinu，今伊拉克南部巴士拉附近）[85]，那里当时主要属于巴比伦地区。[86] 摩尼的父母都是伊朗人，[87] 他的父亲帕提克②（Patik）是帕提亚王室的王子，[88] 他的母亲则来自坎萨拉坎③家族（Kamsarakan clan），同样是帕提亚王朝的贵族。[89] 传说中，摩尼经历了一系列的天启，最早的一次是在 4 岁时发生的。最后一次"启示"鼓励摩尼去公开地宣讲他的教义。

摩尼的教义综合了琐罗亚斯德教、基督教和佛教。[90] 邪恶力量源自物质。善则与精神保持一致。因为肉体自然依托于物质存在，理当被视作邪恶，只有

① 译注：古称"玛第奴"。
② 译注：古称"跋帝"。
③ 译注：古称"金萨健"。

肉体之内的灵魂被视作善。这一教义让摩尼抛弃了基督教相信基督肉体复活的内容。[91] 摩尼认为创世是邪恶的，是光明之国与黑暗之国斗争的结果。"精神目标"是要将精神与物质区分开，以进入"光明之国"。摩尼的饮食戒律同佛教相似，即禁止食用肉、蛋以及其他的动物产品。他的教义对性行为格外反感。生殖被认为是不灭的邪恶，因为精神将被生殖"束缚"在肉体中。在所有的先知中，摩尼认为自己最接近基督，而且自称为"耶稣基督的使徒"，伊朗语的说法为"耶稣–阿里耶门"（Jesus Aryaman）[92]。摩尼的教义遭到了祖尔万教派（Zurvanist）、琐罗亚斯德教祭司以及此后的基督教教士的激烈反对。

摩尼的第一次重大成功，是让沙普尔的兄弟卑路斯（Peroz）皈依。[93] 卑路斯安排摩尼同沙普尔国王见面。他的父亲和两个门徒同他一起觐见君主。正是在第二次接见中，摩尼才得以阐述他的教义，并且将他的《沙普拉干》（Shapurakan）献给国王。[94] 沙普尔对摩尼印象深刻，并赐予他波斯王室（darbar）荣誉成员的身份，允许他随军，参与那些战胜罗马人的征战。[95] 在这些征战之后，摩尼继续在波西斯、帕萨瓦，甚至是与罗马帝国接壤的地区中传教。沙普尔支持摩尼，或许是希望进一步巩固帝国的团结纽带。在沙普尔的时代，佛教徒、犹太教徒、基督教徒和琐罗亚斯德教徒在萨珊波斯境内共同生活。理论上，摩尼的教义能够在琐罗亚斯德教的大背景下，将"西方"的宗教（犹太教、基督教）和"东方"的佛教教义统一起来。

阿尔达希尔和沙普尔的稳固统治结束之后，一系列在位时间短暂的统治者相继即位，而这最终给摩尼带来了致命打击。沙普尔一世之子霍尔木兹一世（272—273 年在位）继续支持摩尼并且宣扬他的教义。他还延续了沙普尔的政策，限制贵族以及"正统"琐罗亚斯德教祭司的权力。登基一年之后。霍尔木兹或者被贵族和祭司除掉，或者确实死于"自然原因"。继位者是他的兄弟巴赫拉姆一世（273—276 年在位），一些伊朗历史学家称他为"任祭司和贵族摆布的弱者"。[96] 在"摩巴德"卡尔迪尔（Kartir）的授意下，摩尼在 276 年受刑，而后被处死。摩尼的门徒向欧洲和中亚逃散。或许摩尼信仰在中亚贵霜人中间的传播，促使当地一些贵族成员敌视波斯。[97]

摩尼的门徒们渡过了阿姆河，进入中亚。他们在索格底亚那遇到了说伊朗语的人，而那里是丝绸之路上重要的贸易区，向东方与西方的交通都颇为便利。[98] 许多索格底亚那人改信了摩尼信仰，而众多的索格底亚那商人在中国从事贸易活动。摩尼信仰的影响力在撒马尔罕城中格外明显。[99] 摩尼信仰在中亚最为成功。说突厥语族的回鹘人君主，将摩尼教作为王国的官方宗教。整个回鹘王国，以及唐朝的东都洛阳，此时都向摩尼教徒开放了。回鹘王国在9世纪灭亡，让摩尼信仰步入低谷，最终在蒙古征服期间被消灭。

摩尼教的历史中，最值得注意的是它在244—262年迅速传遍波斯。[100] 摩尼的教义在摩尼在世之时，已经从他的祖国波斯传播到叙利亚、巴勒斯坦和埃及。摩尼信仰似乎在古犹地亚、巴勒斯坦和叙利亚，拥有相当强大的影响力。根据记载，摩尼信仰在西奈半岛延续到了5世纪20年代初。[101] 摩尼信仰似乎一度在埃及取得了相当的成功，据说在君士坦丁一世执政时期，亚历山大里亚的一位行政官就接受了摩尼信仰。摩尼信仰从埃及传播到北非，而后从那里进入西班牙。摩尼信仰从叙利亚向北进入安纳托利亚（小亚细亚），再从那里进入希腊、伊利里亚（大致为今阿尔巴尼亚、波斯尼亚与克罗地亚），又继续向西来到意大利，最终进入高卢（法兰西）。摩尼信仰者也花费了相当的精力，向中国人和突厥人传教。摩尼信仰对中国的影响自汉朝开始①，而在618年唐朝建立之后一度兴盛。

鉴于摩尼信仰的影响力越发巩固，罗马帝国决定采取更严厉的措施。戴克里先（Diocletian）于296年3月31日，在亚历山大里亚颁布了著名的反摩尼教敕令。[102] 不仅摩尼教被定性为"波斯教义"（Doctrina Persica），其教徒也被指控为不道德者和犯罪者。帝国开始进行严酷的迫害，摩尼信仰的书籍被焚毁，教徒被处死，他们的财产被没收，遗嘱也被宣布无效。[103] 继任的皇帝们延续了反摩尼教的敕令。基督徒中，神学家圣奥古斯丁曾经追随摩尼信仰九年，而后才皈依基督教。[104] 摩尼信仰的思想，或许在圣奥古斯丁皈依基督教之后，依然在影响他的观念，不过，他此后花费了大量的精力反驳摩尼"错误"的教义。尽管圣奥古斯丁对他新皈依的基督教充满热情，他同样保留了摩尼信仰中的善恶二元论思想，特别是在基督教理念中肉欲与精神进行"战斗"这

---

① 译注：作者此处的说法似乎不严谨。220年汉献帝禅位给曹丕，东汉王朝结束，此时摩尼还只是个4岁的孩子。

个概念里。许多受到摩尼信仰影响的欧洲异端教派，例如波斯尼亚的鲍格米派（Bogomils）以及法国南部的"清洁派"（Cathar），或许是源自亚美尼亚，并从那里传播到巴尔干和地中海沿岸地区。这种"异端"的元素，或许在16世纪的俄罗斯仍有存留。

在罗马边境和亚美尼亚的挫败

巴赫拉姆一世在内政方面的优柔寡断，灾难性地展现在对外事务中。罗马帝国即将进攻帕尔米拉王国，奥迪纳图斯国王的遗孀芝诺比娅因此向巴赫拉姆求援。巴赫拉姆许诺支援，事实上却几乎没有提供军事援助。皇帝奥勒良（270—275年在位）灭了帕尔米拉，并俘虏了芝诺比娅，让她在罗马的凯旋式中游街示众。巴赫拉姆不仅失去了价值甚高的潜在盟友与缓冲国，也因为近期许诺支援芝诺比娅而激怒了罗马人，哪怕巴赫拉姆没有真的采取行动。皇帝奥勒良为了报复，煽动高加索的部族在275年入侵伊朗西北的阿特罗帕特尼，同时他亲自率领一支强大的军队进入波斯西部。对巴赫拉姆而言，幸运的是，来自高加索的威胁被挡住了，而奥勒良在抵达波斯之前就逝世了，罗马帝国的入侵没能实现。一年之后，276年，巴赫拉姆逝世，他的儿子巴赫拉姆二世（276—293年在位）继承了王位。

巴赫拉姆二世和他的父亲一样，处于狂信者卡尔迪尔的掌控下，此人已经在宫中攫取了极大的权力。在消灭了摩尼以及他在伊朗的追随者之后，卡尔迪尔将他的迫害对象扩大到了其他雅利安信仰和非雅利安信仰的信徒。在这一时期，祭司阶层和一些贵族紧密联系在一起，[105]建立起寡头政治，并在接下来的几个世纪中，与帝国的居民越发疏远。这样的局势让许多的"独立"贵族和王室成员不安。巴赫拉姆二世的兄弟、"塞种王"霍尔木兹发动东部的锡斯坦的塞种人，以及东北部的贵霜人，开始公开叛乱。这次叛乱传播到了波斯北部，一些吉里人也起兵响应。巴赫拉姆二世武力镇压了这次叛乱，并任命他的儿子巴赫拉姆三世为塞种人的国王。[106]东部的反叛刚一平息，巴赫拉姆二世就要面对又一次叛乱，这次是他的叔父纳尔西斯（Narses）以及一批反对卡尔迪尔的贵族发动的。

巴赫拉姆二世忙于与纳尔西斯交战，让罗马帝国皇帝卡鲁斯（Carus，

◎ 在比沙普尔有一幅浮雕反映了沙普尔一世的胜利，上图即截取自浮雕中间部分。死亡的皇帝戈尔狄安倒卧于沙普尔的马蹄下，戈尔狄安的禁卫军指挥官以及继任者——阿拉伯人菲利普，则跪在沙普尔面前请求宽恕。站在沙普尔身旁握着他的手的是瓦勒里安，大概于260年兵败被俘。菲利普身后是两名重要的臣属，一位或许是大祭司卡尔迪尔，手持大剑的另一人则或许是萨瓦兰军官。（© Livius.org）

282—283年在位）得以在283年发动大规模入侵。卡鲁斯近期战胜了北伊朗的萨尔马提亚人，以及多瑙河畔的日耳曼部族夸迪人（Quadi），春风得意的他迅速进军泰西封，并攻破了这座城市。[107] 罗马军队大获全胜的原因在于大部分萨瓦兰部队都在忙于内战。[108] 而后，卡鲁斯据说死于"雷击"。[109] 尽管他确实可能是因雷击身亡，但也可能是在军事行动中阵亡。纳格什-鲁斯泰姆的浮雕上，巴赫拉姆二世与某个身份未知的对手决斗，或许就象征着击败卡鲁斯的最终交锋，然而没有任何文字记述证实这一点。尽管如此，我们依然很难相信，罗马帝国取胜的军队会仅仅因为皇帝逝世就撤退了，他们理应乘胜进军，所以可能还是某种挫败让罗马人决定离开。

卡鲁斯逝世之后，戴里克先（284—305年在位）继位成为罗马皇帝。他很快同巴赫拉姆二世达成了停战协议，而后在叙利亚和波斯的边境上建立起坚固的防御工事。在戴里克先停战协议到期之后不久，巴赫拉姆遭遇了亚美尼亚的大规模叛乱。拥有帕提亚王朝血统的亚美尼亚王子提尔达德，在286年进入了亚美尼亚，并发动了反对萨珊王朝的叛乱。戴里克先抓住了这次机会，向亚美尼亚叛军提供帮助，而到288年时，在被波斯掌控五十年之后，亚美尼亚已经完全脱离了萨珊王朝的直接统治。[110] 巴赫拉姆二世未能收复亚美尼亚，不久之后，于293年逝世。

纳尔西斯与罗马帝国的恢复

巴赫拉姆二世的继承者是他的儿子巴赫拉姆三世，他仅仅统治了四个月。沙普尔一世的一个儿子纳尔西斯从独立的亚美尼亚起兵，向南抵达阿特罗帕特尼，而后从那里转往泰西封，废黜了巴赫拉姆三世。在进军泰西封之前，纳尔西斯在伊拉克库尔德斯坦的派库里（Paikuli）得到了众多萨珊贵族的欢迎。祭司阶层对政治和行政的影响力日益增强，让这些贵族大为不满。他们希望纳尔西斯恢复伊朗政治体系中的平衡。纳尔西斯（293—301年在位）加冕为王，派库里的铭文中记录了这些内容。

纳尔西斯掌权之后，帝国再一次趋于稳定。纳尔西斯在内政上，成功地弹压了卡尔迪尔和他的盟友们，削弱了他在祭司与贵族中过于强大的影响力。帝国东部和东北部的边境安稳之后，纳尔西斯得以动员全国的军队以及萨瓦兰骑兵，再度与罗马帝国开战。他打算重现几十年前沙普尔取得的惊人成就。萨瓦兰骑兵在295年进攻亚美尼亚，并赶走了亲罗马的提尔达德。而后，和3世纪50年代的沙普尔一样，纳尔西斯席卷了叙利亚。罗马帝国曾经坚固的防御濒于瓦解之时，皇帝戴里克先派出他的女婿马克西米安努斯·伽列琉斯（Maximianus Galerius）迎战萨珊军队。伽列琉斯重蹈覆辙，和克拉苏与瓦勒里安一样，选择在卡利尼库姆（Callinicum）与卡莱周边适合骑兵作战的地形上，与萨瓦兰骑兵交锋。[111] 尽管战斗的细节已无从得知，可以确定的是，伽列琉斯遭遇惨败。[112] 罗马人的记述中，萨瓦兰骑兵"箭袋中装满箭矢……每个人手持弓和长枪……所有在平原战斗的尼萨（Nisean）骑兵都聚在一起"。[113] 伽列琉斯战败的直接后果，便是萨珊王朝完全掌控了美索不达米亚的局势。

伽列琉斯迅速重组了他的军队，并谨慎地计划接下来的反击。296年，他率领罗马军队进入亚美尼亚，并大败纳尔西斯。[114] 纳尔西斯的部队被彻底击溃，罗马人俘虏了纳尔西斯的家人以及众多贵族。[115] 伽列琉斯获胜，也许是因为他避开了叙利亚和美索不达米亚的平坦地区，转而选择在最适合步兵作战的高加索森林地带决战。当战斗开始之后，伽列琉斯的步兵阵线必然挡住了萨瓦兰骑兵的骑枪冲锋。弓骑兵和步弓手应当也没有起到作用。或许罗马步兵主动冲向他们，进行近战格斗。这或许也是萨珊军队的投射部队没能有效支持萨瓦兰骑兵作战的原因之一。

纳尔西斯被迫在不利态势下进行和谈，而罗马人充分地利用了这一点。在 297 年的《尼西比斯和约》中，边境被推回到底格里斯河，这意味着美索不达米亚北部的大片领土被割让给罗马帝国；亲罗马的提尔达德再次成为亚美尼亚国王，波斯也失去了对亚美尼亚和格鲁吉亚的政治影响力。这些耻辱的条款维持了一整代人的时间，让萨珊波斯人越发期望"复仇"。惨败的纳尔西斯决定在 301 年逊位，由他的儿子霍尔木兹二世继位，而他自己也在一年之后逝世。霍尔木兹在短暂的八年统治中，专注处理国内事务，没有与罗马帝国爆发军事冲突。学界通常认为，他在逝世之前平息了一次规模甚大的内乱。霍尔木兹迎娶了贵霜国王喀布尔（Kabul）的女儿沙赫多赫特（Shaheddokht），安抚了今喀布尔周边地区的部族，保证了他们的忠诚。霍尔木兹早逝的原因难以确定。他或者是死于狩猎事故，或者是在与南部的阿拉伯掠夺者战斗时阵亡。霍尔木兹二世的遗腹子沙普尔二世在 309 年继承了王位。

注释

1. *Shapur Kaba Zartusht* (SKZ)，希腊文第 1 行的英语译文见 Frye, *The History of Ancient Iran*, App.4。

2. *Loghat-Name-ye Ta'alif Dehkhoda zeer Nazar-e Mohammad Moin* [The Dictionary of Dehkhoda supervised by Mohammad Moin]. 16 世纪用波斯语创作的库尔德人史诗《沙拉夫之书》(*Sharaf-Nameh*) 中，并没有提到沙班卡勒赫是库尔德人，或许因为他们在 16 世纪时已经波斯化了。D. D. Peshotan Sanjana (trans.), *The Kârnâmak î Ardashîr î Babakân* (Bombay: Education Society, 1896) (I, 7), 也提到萨珊王朝统治家族的祖先在亚历山大征服之后，便与库尔德人混居。

3. A. h. Zarrin'kub, *Ruzgaran:tarikh-i Iran az aghz ta saqut saltant Pahlvi* (Tehran: Sukhan, 2002), p.185.

4. 塔巴里等伊斯兰史学家注意到，阿尔达班称阿尔达希尔为"库尔德人，在库尔德人的帐篷中出生，由库尔德人养大"。

5. M. H. Dodgeon & S. N. C. Lieu, *The Roman Eastern Frontier and the Persian Wars (AD 226–363)* (London & New York: Routledge, 1991), pp.35–36.

6. Zarrin'kub, *Ruzgaran:tarikh-i Iran*, p.183.

7. R. N. Frye, "The political history of Iran under the Sassanians", Yarshater, *The Cambridge History of Iran: Vol.3(1)*, pp.116–117.

8. Zarrin'kub, *Ruzgaran:tarikh-i Iran*, p.184.

9. 同上。他们阴谋刺杀阿尔达希尔，阴谋败露后被处死。

10. Zarrin'kub, *Ruzgaran:tarikh-i Iran*, p.185.

11. E. Sachau, *Die Chronik von Arbela, Abhandlungen der Akaddien der Wissenshaft* (1915), pp.56, 60.

12. Dio Cassius, *Roman History* Vol.IX, LXXX, 3, 1–2.

13. Dodgeon & Lieu, *The Roman Eastern Frontier*, p.350.

14. A. J. Bryant, *The Samurai* (London: Osprey Publishing, 1989), p.13.

15. Wiesehofer, *Ancient Persia*, pp.198–199.

16. Boss, *Justinian's Wars*, p.63.

17. Brzezinski & Mielczarek, *The Sarmatians*, pp.9–14；苏利米尔斯基也在自己的同名著作中提到，博斯普鲁斯艺术作品中也出现了这类决斗的场景。

18. Procopius (trans. H. B. Dewing), *History of the Wars*, Vol.I, Books 1 & 2 (Cambridge, Mass.: Harvard University Press, 1916) 1 XIII, 29.

19. Procopius, *History of the Wars*, 1 XIII, 36.

20. Procopius, *History of the Wars*, XXXI, 11–16.

21. Farrokh, *Elite Sassanian Cavalry*, pp.15, 46, Pl.A.

22. Farrokh, *Elite Sassanian Cavalry*, p.17; J. W. Allen, "Armour", *Encyclopedia Iranica*, pp.483–489: p.485.

23. M. I. Rostovtzeff, A. R. Bellinger & C. B. Welles, *The Excavations at Dura-Europos: Preliminary Report of the Ninth Season at Work, III* (New Haven, Connecticut: Yale University Press, 1952), fig. C.

24. K. Masia, "The evolution of swords and daggers in the Sassanian Empire", *Iranic Antiqua* (2000, Vol.XXXV), pp.185–288: pp.223–226. 对萨珊王朝早期刀剑的详细研究，参见 Khorasani, *Arms and Armor*, pp.84–94。

25. Sanjana, *The Kârnâmak î Ardashîr*, V, 1–3, 10.

26. Dio Cassius, *Roman History*, Vol.IX, LXXX, 3.2.

27. 同上，LXXX, 3.3。

28. 同上，LXXX, 43。

29. 同上，LXXX, 4.1–2。

30. Zonaras (trans. M. Pinder), *Annales Corpus Scriptorum Historiae Byzantinae* (Bonn: Weber Publishers, 1844), XII, 15.

31. Herodian, *History of the Empire*, Vol.II, VI, 2.3–4.

32. Zonaras, *Annales*, XII, 15.

33. Herodian, *History of the Empire*, Vol.II, VI, 3.1–4.

34. 同上，VI, 4。

35. Zonaras, *Annales*, XII, 15

36. Dodgeon & Lieu, *The Roman Eastern Frontier*, p.352, footnote 12.

37. Herodian, *History of the Empire*, Vol.II, VI, 4, 7.

38. 这些征战的详细记述，见 Herodian, *History of the Empire*, Vol.II, VI 5.1–6, 6。

39. Dodgeon & Lieu, *The Roman Eastern Frontier*, p.352.

40. 同上。

41. W. Adler & P. Tuffin (trans.), *The Chronography of George Synkellos: A Byzantine Chronicle of Universal History from the Creation* (Oxford: Oxford University Press, 2002), p.427, 15–25.

42 Herodian, *History of the Empire*, Vol.II, VI, 5.1–6, 6.

43. 同上。

44. 同上，Vol.II, VI, 4.7。

45. 同上，Vol.II, VI, 5.5–10。

46. Dodgeon & Lieu, *The Roman Eastern Frontier*, p.31.

47. Farrokh, *Sassanian Elite Cavalry*, p.43.

48. Cedrenus, I, p.450, 3–7, as cited in Dodgeon & Lieu, *The Roman Eastern Frontier*, p.28.

49. R. Cowan, *Imperial Roman Legionary AD 161–284* (Oxford: Osprey Publishing, 2003), pp.45–46.

50. Zarrin'kub, *Ruzgaran:tarikh-i Iran*, p.188.

51. 同上，p.193。

52. Cowan, *Imperial Roman Legionary AD 161–284*, Pl. G, p.63.

53. Ammianus Marcellinus (trans. W. Hamilton), *The Later Roman Empire: AD 354–378* (London: Penguin, 1986), XXIII, 5, 17; Festus, *Brevarium*, 22, p.64 (2–7) as cited in Dodgeon & Lieu, *The Roman Eastern Frontier*, p.36; Jordanes, *Historia Romana*, 282, p.36 (27–31), as cited in Dodgeon & Lieu, *The Roman Eastern Frontier*, pp.42–43.

54. Oracula Sibyllina, XIII, 13–20, 英语译文见 Dodgeon & Lieu, *The Roman Eastern Frontier*; Zosimus, (trans. F. Paschoud), *Histoire Nouvelle*, 2 volumes (Paris: Les Belles Lettres, 1971) III, 32.4。

55. Cedrenus, I, pp.450–451, I, 11–12, as cited in Dodgeon & Lieu, *The Roman Eastern Frontier*.

56. Dodgeon & Lieu, *The Roman Eastern Frontier*, p.35.

57. SKZ 英语译文见 Frye, *The History of Ancient Iran*, App.4。

58. 同上。

59. SKZ, 希腊语 9—10 行的英语译文见 Frye, *The History of Ancient Iran*, App.4。

60. Zosimus, *Histoire Nouvelle*, III, 32(4).

61. Zonaras, *Annales*, XII, 19, p.583, 1–5.

62. 同上，XII, 19, p.583, 5–9。

63. SKZ 英语译文见 Frye, *The History of Ancient Iran*, App.4。

64. Oracula Sibyllina XIII, 89–102, 英语译文见 Dodgeon & Lieu, *The Roman Eastern Frontier*, pp.51–52。

65. Zosimus, *Histoire Nouvelle*, I, 27.2.

66. Festus, Brevarium, 23, pp.64, 8–13.

67. SKZ 英语译文见 Frye, *The History of Ancient Iran*, App.4。

68. Farrokh, *Sassanian Elite Cavalry*, p.45.

69. SKZ, 希腊语 19—37 行的英语译文见 Frye, *The History of Ancient Iran*, App.4。

70. Ferrill, *The Fall of the Roman Empire*, p.38.

71. Petrus Fratricus, 10, p.187，英语译文见 Dodgeon & Lieu, *The Roman Eastern Frontier*, pp.68–69。

72. *Scriptores Historiae Augustae*, The Two Gallieni, 10, 7–8.

73. Farrokh, *Sassanian Elite Cavalry*, pp.46–47.

74. 同上，p.28。

75. 同上，pp.46–47。

76. Brzezinski & Mielczarek, *The Sarmatians*, pp.40, 47, Pl.H.

77. Arrian, *Tactica* 4；罗马人学习阿兰人骑兵战术的更多相关内容，见 P. A. Stadter, "The ARS *Tactica* of Arrian: Tradition and Originality", *Classical Philology* (1978, Vol.73/2), pp.117–128。

78. Herrmann, *The Iranian Revival*, p.136.

79. Marco Polo (tr. R. Latham), *The Travels* (Penguin Classics, ??) p.58. John Mandeville (tr. C. W. R. D. Moseley) *The Travels of Sir John Mandeville* (Penguin Classics, 1984), Ch XVI, p.74.

80. Matthew 2: 1–2.

81. 阿拉伯语福音书中有关幼年基督的部分，见 Robert, *Journey of the Magi*, p.53。

82. 引述于 Roberts, *Journey of the Magi*, p.151，参考埃文斯–温茨教授的演讲。

83. John 1: 4–5.

84. E. Renan, *Marc-Aurele et la Fin de la Monde Antique* [Marcus Aurelius and the end of the Classical World] (Paris: Calmann-Levy, 1923), p.279. 对密特拉信仰与基督教关系的展开讨论，见 Hinnells, *Persian Mythology*, pp.74–91 and I. J. S. Taraporewala, *The religion of Zoroaster* (Tehran: Sazman e Faravahar, 1980), pp.150–159。

85. A. Cotterell, *Classical Civilizations* (London: Pimlico, 1998), p.242.

86. G. Widengren, "Manichaeism and its Iranian background", E. Yarshater (ed.), *The Cambridge History of Iran: Vol.3(2) The Seleucid, Parthian and Sassanian Periods* (Cambridge: Cambridge University Press, 1983), pp.965–990.

87. Widengren, "Manichaeism and its Iranian background", p.965.

88. 帕提克这个名字，参见 K. Rundolph Justi, "Die Bedeutung des Kolner Mani-Codex fur die Manichaismusforschung", in P. Levy and E. Wolff (eds.), *Melanges d'Histoires des Religions offerts a Henri-Charles Puech* (Paris, 1974), pp.474, n.2. Ibn al-Nadeem (ed. & trans. B, Dodge), *The Fihrist* (Kazi Publications, 1998), pp.327–328。

89. 坎萨拉坎这个名字，参见 F. Justi, *Iranisches Namenbuch* (Marburg, 1895), p.154。摩尼来自坎萨拉坎家族的母亲，另见 W. B. Henning, "The Book of Giants", *Bulletin of the School of Oriental and African Studies* (1943, Vol.11/4), pp.52。

90. 和琐罗亚斯德类似，摩尼认为宇宙和人世都是善与恶永恒交战的战场。然而摩尼认为善恶力量相当。这种哲学或许来自古洛雷斯坦的祖尔万教派，该教派认为存在象征善恶的两兄弟——奥尔马兹德

（Ohrmazd，即阿胡拉·玛兹达）与阿里曼（Ahra Mainyu），象征无尽时间的祖尔万则是两兄弟的父亲。这与同属印欧神话的北欧神话格外相似，奥丁的儿子索尔和洛基也分别代表着善恶。

91. Cotterell, *Classical Civilizations*, p.243. 摩尼信仰的诗集中，第 248 篇提到"（肉体与灵魂）自创世之时便是敌人"。参见 G. R. Evans, *Augustine on Evil* (Cambridge: Cambridge University Press, 1982), p.13。

92. A. Fitzgerald (ed.), *Augustine through the Ages: An Encyclopedia* (Grand Rapids: William B. Eerdmans Publishing Company), p.521.

93. Ibn al-Nadeem, *Al-Fihrist*, p.328, II, 26ff; see translation p.776.

94. Widengren, "Manichaeism and its Iranian background", p.969.《沙普拉干》使用中古波斯语或萨珊巴列维语写成。摩尼本人使用帕提亚巴列维语。

95. Dodgeon & Lieu, *The Roman Eastern Frontier*, p.65; see also A. Lycopolitanus, *Contra Manichaei Opiniones Disputatio* (Leipzig: A. Brinkmann, 1895), pp.4, 19–22.

96. Zarrin'kub, *Ruzgaran:tarikh-i Iran*, p.197.

97. 同上。

98. S. N. C. Lieu, *Manichaeism in Central Asia and China* (Leiden: Brill, 1998), p.82.

99. 同上，p.988。

100. Cotterell, *Classical Civilizations*, p.243.

101. J. E. Bamberger (trans.), *The Pratikos* (Spencer, Mass.: Cistercian Publications, 1970). 君士坦丁堡的圣尼鲁斯（St. Nilus，约 448 年）也注意到了这一点。另见 Widengren, "Manichaeism and its Iranian background", p.986.

102. Widengren, "Manichaeism and its Iranian background", p.986，认为可以追溯至 297 年。或许摩尼信仰是 297 年埃及爆发反对罗马帝国的暴乱的诱因之一。Widengren 还评论了摩尼教义向西传播的概况，包括埃及地区。

103. 同上，pp.986–987。

104. 圣奥古斯丁于 383 年与罗马的摩尼信仰者联系。教皇米提亚德斯（Miltiades，311—314 年在任）的一封信件评论了罗马城中的摩尼追随者。值得注意的是，瓦伦提尼安的敕令（372 年）应当是要打击罗马城中的摩尼信仰者。见 Widengren, "Manichaeism and its Iranian background" p.987; Cotterell, *Classical Civilizations*, p.51。

105. Zarrin'kub, *Ruzgaran:tarikh-i Iran*, p.199.

106. Frye, "The political history of Iran under the Sassanians", pp.118–119.

107. H. W. Bird, "Diocletian and the deaths of Carus, Carinus and Numerian", *Latomus* (1976, Vol.35), pp.123–132; Eutropius, IX, 18.1 in translation in Dodgeon & Lieu, *The Roman Eastern Frontier*, p.113.

108. *Scriptores Historiae Augustae*, Carus, 8.

109. Jerome, *Chronicum*, 284, pp.224–225, 1, 英语译文见 Dodgeon & Lieu, *The Roman Eastern Frontier*, p.113。

110. Zarrin'kub, *Ruzgaran:tarikh-i Iran*, p.199.

111. Theophanes (tr. C. Mango & R. Scott), *The Chronicles of Theophanes the Confessor* (Oxford: Oxford University Press, 1997), AM 5793, 9.1–15.

112. Zonaras, *Annales*, XII, 31.

113. Dodgeon & Lieu, *The Roman Eastern Frontier*, p.125.

114. Festus, *Breviarum*, 25, p.65, 英语译文见 Dodgeon & Lieu, *The Roman Eastern Frontier*, pp.126–127。

115. Eutropius, IX, 24–25, 英语译文见 Dodgeon & Lieu, *The Roman Eastern Frontier*, p.127。

第十三章

沙普尔二世：萨珊波斯的复兴

沙普尔二世也许是最神秘的古波斯统治者之一。他在位的时间基本与他的生卒日期重合，长达七十年的统治跨越了十个罗马皇帝的在位时期，并且见证了与阿拉伯人、匈尼特人（Chionites）和罗马人的殊死搏杀。罗马人，在"背教者"尤里安的率领下，几近毁灭萨珊帝国。沙普尔带领波斯帝国走出这些危机，并奠定了坚实的学术基础。这一遗产将深远地影响此后伊斯兰世界以及欧洲的学术研究传统和医药学。

阿拉伯人入侵

沙普尔尚在襁褓中时，阿拉伯人发动了第一次大规模攻击。阿拉伯人以波斯湾的岛屿为基地，向波斯腹地发动了成功的掠夺。他们的主要目标是萨珊帝国的南部领土。《创世记》（*Bundahishn*）记述称："在霍尔木兹之子沙普尔统治期间，阿拉伯人抵达，占领了卡伦河（Karun River，今乌拉伊河）的沿岸，并在那里停留了许多年，不断掠夺与攻击……"[1] 地理因素或许也促使了阿拉伯人发动攻击，特别是阿拉伯半岛东部的水位下降。[2] 许多伊朗边境的城镇和村庄被洗劫一空，当地居民或者被杀，或者沦为奴隶。这些掠夺让阿拉伯人越发大胆，甚至开始冲击美索不达米亚的腹地，意图抵达泰西封。阿拉伯人成功的主要原因，还是萨珊帝国没有做出任何有效的军事应对。年幼的君主沙普尔二世身边，围绕着一大群优柔寡断、平庸无能的"安达兹巴德"（andarzbad，即幕僚），这些人没能阻止阿拉伯人的行动。萨珊波斯的军事机器至少完全能够遏制阿拉伯人的掠夺。至于为什么小国王的幕僚们没能组织军队来对抗这一威胁，则是个难解之谜。

然而，阿拉伯人似乎误以为他们是靠军事实力获胜的。阿拉伯人不但没有从近期掠夺过的萨珊王朝领土上撤退，反而决定强行定居在伊朗的西南部，以及萨珊王朝的波斯湾沿岸地区。在这样的境况下，年轻的沙普尔正式在泰西封登基。幕僚们失势之后，沙普尔立即命令"萨瓦兰"击溃阿拉伯入侵者，并将他们赶出国境。《创世记》中记述称："沙普尔成年后，将那些阿拉伯人赶走，夺回了他们占据的土地。许多阿拉伯人统治者被他杀死，余下的则四散奔逃。"[3] 骑乘骆驼或马匹的阿拉伯骑兵，无力对抗重装骑兵，在近距离格斗中，他们的劣势更加明显。弓骑兵和步弓手也必然杀伤了大批阿拉伯人，而且萨珊王朝还投入了一支重装步兵部队参战，他们专门负责近战格斗。

萨瓦兰骑兵轻易地进入了邻近今波西斯和胡齐斯坦的被阿拉伯人占领的西南部地区。沙普尔的萨瓦兰部队大获全胜：包括整个波斯湾沿岸在内，所有被阿拉伯人占领的土地全部收复。在收复南部领土之后不久，萨瓦兰部队登船横渡波斯湾。沙普尔决定攻入阿拉伯掠夺者自己的土地，萨瓦兰部队在巴林、贾提夫（Ghateef）和雅玛玛（Yamama）登陆，而阿拉伯人被再度击败，伊斯兰文献证实了这一事件。按照历史记述的说法，沙普尔对待被他击败的阿拉伯敌人格外残忍。一份显然有所夸张的记录声称，沙普尔下令用绳子穿过阿拉伯俘虏被刺穿的肩胛骨，将他们押往沙漠中囚禁。阿拉伯

◎ *萨珊王朝金属器上的沙普尔二世头像。*（*G. T. Garvey, Ancient Art and Architecture*）

内陆、巴林和雅玛玛的阿拉伯人，将这次屈辱的失败牢记于心，对萨珊王朝代代相传的怨恨最终在7世纪的阿拉伯入侵中残酷地表达出来。

阿拉伯人的掠夺相当严重，促使萨珊王朝的军界高层整顿南部地区的防务，以防备未来的进攻。一系列防御工事在今伊拉克南部的西侧建立起来，以防备贝都因人此后的掠夺。这些城墙至少在一定程度上，模仿了更西面的罗马帝国叙利亚边境的防御体系。[5] 沙普尔面向阿拉伯修建的防御工事体系，被称为"沙普尔堑壕"（Khandaq-e-Shapu）。萨珊王朝也与早已进入美索不达米亚平原、在叙利亚附近定居的阿拉伯部族建立了友好关系。其中，拉赫姆部（Bani Lakhm/Lakhmids）是优秀的战士，他们维护了南部边境地区的和平。萨珊王朝在不久之后，按照萨瓦兰部队的模式，武装并整训拉赫姆战士。让战士们定居在帝国的边境，或许是受罗马帝国的边防军团（limitanei）系统的启发。[6]

沙普尔二世准备开战

在南部的军事行动结束之后不久，萨珊王朝便要面对亚美尼亚的新挑战。312年，君士坦丁一世（306—337年在位）宣布基督教是罗马帝国的国教。君士坦丁重建了位于博斯普鲁斯海峡的古城拜占庭，那里也就此成为东罗马帝国的首都——君士坦丁堡。然而后世所说的拜占庭帝国，被他们同时代的主要对手萨珊王朝称作罗马人，或者"罗姆人"（Rum）。亚美尼亚国王提尔达德追随君士坦丁，也皈依了基督教。祭司们与萨珊波斯贵族们对此甚感忧虑，他们担心罗马人利用宗教，促使亚美尼亚人脱离伊朗人。祭司们同贵族们联合向沙普尔施压，他只得逼迫提尔达德将亚美尼亚王位让给阿尔沙克（Arshak），此人依旧保持着与雅利安信仰以及琐罗亚斯德教的联系。在高加索的政变成功之后，祭司们开始在波斯和亚美尼亚煽动激烈的反基督教运动。事态的发展促使罗马和波斯走向激烈对抗，也使得亚美尼亚和高加索被两大强权一分为二。然而，尽管亚美尼亚人接受了罗马人的宗教，他们与波斯之间的深远的文化与历史联系，并未就此断绝。[7] 亚美尼亚骑兵可以在精锐的萨瓦兰骑兵中担任最高级别的军职，直到萨珊王朝终结之时依然如此。

君士坦丁于337年逝世之后，他的三个儿子分享了皇位。基督徒君士坦提乌斯（337—361年在位）最初只统治帝国的东部，而他自执政之初，便对波斯怀有敌意。在泰西封的军界看来，罗马帝国的大规模进攻已是在所难免。若是亚美尼亚重新由基督徒君王统治，罗马帝国将大为受益，因为这将削弱萨珊波斯的影响力。对罗马帝国再度入侵的担忧，让沙普尔决定先发制人。他命令他的军官们做好全面战争的准备，甚至进行了军事革新。

沙普尔军队的准备

组建"超重装"骑兵，可以视作为了应对越来越强的罗马军队而做的尝试。萨珊波斯的军队或许认为，身披重甲的萨瓦兰骑兵可以强行突破罗马人的阵线。[8] 让这些部队专门练习箭术的旧风尚，似乎已经被放弃，取而代之的是威力更强大的骑枪冲锋和近战格斗。[9] 新组织的重甲萨瓦兰骑兵装备了一系列的近战武器，比如刀剑、匕首、投镖、骨朵等等。[10] 这些部队的主要任务是突破罗马人的阵线，并持续与罗马部队进行近战格斗，他们也按照这一目的整训与装备。披甲的弓骑兵则提供投射支援。

萨珊波斯的战阵布置中，"超重装"的萨瓦兰骑兵作为前锋，紧随其后的以及在侧翼的是使用常规装备的萨瓦兰骑兵与披甲弓骑兵。这种全新的"装甲拳头"起初必然让罗马军队吃惊，然而在尤里安入侵波斯时，罗马军队已经找到了他们的弱点。这些骑兵的战场视野因为头盔设计而受限，而沉重的盔甲极大地限制了他们在战场上的耐力与作战时间。实际战斗中，新型的超重装骑兵在对抗尤里安的军队时，只能说功过相抵，而面对嚈哒人（白匈奴人）之时，则是彻底的失败。[11]

萨珊波斯似乎从他们的贵霜附庸国那里获得了战象。罗马人记载了沙普尔二世的战象：

和他们一同前来的，还有缓慢行军的庞大战象，它们满是褶皱的怪异躯体上驮着波斯士兵，正如我时常说的那样，这个场面恐怖至极，超越世间一切的骇人景象。[12]

363年，波斯抵御入侵的皇帝尤里安之时，也动用了战象。它们与常规的萨瓦兰骑兵，以及实验性的超重装骑兵协同行动，共同冲击罗马军队。[13] 在这些战斗中，战象的关键优势在于它们背上的高台为弓箭手提供了良好的投射平台，使之射出精准而致命的箭矢。此后阿拉伯人的记载中提到，战场上萨珊战象身披精致的礼服和装饰。

基于希腊人与阿契美尼德王朝作战时的经历，西方史学家往往蔑视波斯步兵的质量，罗马人眼中的萨珊步兵也是以负面印象为主。尽管如此，阿米安努斯·马塞林努斯确实记述了萨珊波斯的常备重装步兵部队。这些部队在泰西封确实坚持战斗了，却还是被尤里安的军队击败，被迫撤退。萨珊王朝意识到了重装步兵的价值，也在王朝的最后岁月中尽力组建这样的部队。然而这些步兵始终无法与他们的对手——拜占庭重装步兵相比，因此萨珊王朝只能依靠萨瓦兰骑兵作为他们主要的冲击力量。萨珊波斯军中，最优秀的步兵是代拉姆人，他们最早出现在库思老一世的军队中。

到了沙普尔二世的时代，萨珊军队已经成功地将引水的工程技术应用在攻城战中。沙普尔二世的军队在尼西比斯攻城战以及540年的安条克之战中，就施展了这种战术。萨珊波斯不仅拥有水平高超的水利工程师，也同样擅长建造桥梁。[14] 在军事手段之外，萨珊波斯也使用其他种种手段来夺取敌方的据点。其中一种计谋就是将危言耸听的信息绑在箭矢上，射入敌人的据点中。他们也利用间谍和同情者来收集情报，制造混乱与不和，并打击守军的士气。"背教者"尤里安于363年战败之后，萨珊波斯的军事工程师们得以仔细查看罗马人精良的防御工事。沙普尔命令他的工程师们在罗马-萨珊边境建造类似的防御工事。萨珊王朝很快就在罗马帝国的边境线上，建成了大批堡垒、城墙、堑壕和侦查哨，一路延伸到美索不达米亚南部和阿拉伯半岛。

沙普尔二世与罗马人和匈尼特人的战争

在战争准备完成之后，萨珊王朝便挥师向西，对罗马帝国的领土发动大规模入侵。以萨瓦兰骑兵为首的萨珊波斯大军渡过底格里斯河，很快抵达了辛贾尔和尼西比斯，并立即围困两个城市。萨珊军队展现了极高的工程技术。在337年或338年的第一次尼西比斯围攻战中，萨珊工程师在迈多尼乌斯河（Mygdonius）上修筑堤坝，积蓄了足够的河水后决堤冲毁了这座堡垒的一面城墙。[15] 尽管萨珊王朝的部队发动猛攻，守军也伤亡惨重，两个城市却都守住

◎ 这件发现于安纳托利亚的 4 世纪萨珊王朝金属盘上，描绘了沙普尔一世使用带萨珊式剑柄的剑打猎。（© The British Museum/HIP/Topfoto）

了。对罗马人而言幸运的是，事实证明萨珊王朝无法坚持长期作战：萨珊军队围攻尼西比斯和辛贾尔两个月之后，匈尼特人就入侵了波斯的东部边境。在这一时期，这些乌拉尔–阿尔泰语系的匈奴人的后裔，占据了中亚，统治了当地伊朗语居民。萨珊军队别无选择，只能撤出他们占据的罗马帝国领土，并向东进军以应对中亚的新威胁。

呼罗珊、阿富汗西部以及中亚边境各地的萨珊波斯军事据点，纷纷向泰西封紧急求援，以抵御凶险的匈尼特人入侵。从这场征战的时间范围判断，萨瓦兰部队的战斗或许激烈且血腥。然而在 357 年时，匈尼特人已被彻底击败。随着中亚边境重归和平，萨瓦兰部队很快又被调回西面罗马帝国边境一侧。在这段插曲期间，罗马帝国经历了重大变革，分为西罗马帝国和东罗马帝国（拜占庭帝国）。东西分治给欧洲的文化和宗教带来了深远影响，也极大地影响了罗马与萨珊的关系。暂停十三至十四年之后，萨珊王朝再度全力入侵拜占庭边境。波斯军队渡过底格里斯河，又一次包围了辛贾尔和尼西比斯。359 年的尼西比斯围攻战中，萨珊军队在这座堡垒城市的周边挖掘了广阔的壕沟，而后引迈多尼乌斯河的河水注入壕沟中，将尼西比斯变为"孤岛"。而后，装载攻城器械的特制船只开始攻击这座城市。[16]

阿米达之战

萨珊波斯最伟大的军事胜利之一，是发生在 359 年的阿米达（Amida，今土耳其东部的迪亚巴克尔）之战。当时，科尔多内地区由亚美尼亚统治，而那里防御坚固的城市阿米达尽管由伊朗人统治，却亲罗马帝国。对意图掌控安纳托利亚东部的沙普尔二世而言，阿米达至关重要。攻占这座城市，意味着扩张

◎ 从左至右：手持盘式太阳徽号的弓骑兵、重骑兵军官以及骑马的总指挥官。（出自《波斯帝国建国两千五百年庆典》）

的萨珊波斯帝国将得以向西进军亚美尼亚，并遏制罗马帝国在高加索地区的野心。为大规模进攻安纳托利亚东部，萨珊军队进行了充足的军事准备。沙普尔的军队不仅平定了中亚边境地区，匈尼特人的国王也亲自率领本族骑兵前来助阵。高加索阿尔巴尼亚（今阿塞拜疆共和国）也提供了优秀的骑兵，他们备受尊崇，在萨瓦兰部队中的地位与波斯人相当。

沙普尔的大军通过浮桥渡过扎卜河（Zab），随后轻松地闯进安纳托利亚东部。与此同时，两个罗马帝国的堡垒——雷马（Rema）和布萨（Busa），已经向沙普尔的军队投降。[17] 不久之后，萨珊军队便包围了阿米达。阿尔巴尼亚人被布置到城市的北面，而匈尼特人则位于东面。锡斯坦-俾路支斯坦的塞种人骑兵被萨珊指挥官部署在城市的西面，沙普尔和他的精锐骑兵则位于城市的南面。据称，沙普尔"头戴一个以宝石装饰的黄金公羊头，代替冠冕，纵使身边簇拥着来自各民族的众多高级官员，他依然显得卓尔不群"。[18]

沙普尔和他的将军们迅速部署了攻城器械。沉重的弹丸冲击着城墙，或者飞向城中，给战斗人员以及平民带来了相当的伤亡。然而沙普尔并不想杀伤平民，因为这会让阿米达的居民厌恶他，他为此多次向阿米达送信，劝说城中人献城，却都被拒绝了。萨珊军队别无选择，只能再度开动攻城器械，继续无情地进攻。沙普尔随后率领他的精锐萨瓦兰卫队对阿米达的城门发起了勇猛的

283

冲锋，萨珊军队的投射机械与攻城锤或许已经对这些城门造成了破坏。在这次交战中，罗马人的记述提到沙普尔"在王室卫队的保护下骑马来到城门外，他距离城门如此之近，以至于城上的人可以清晰辨认他的容貌"。[19] 在围攻期间，这样的进攻重复了好几次，然而每一次萨瓦兰部队的冲锋都被强大的投射攻击——箭、矛等——打退。值得注意的是，阿米达的守军成功地阻止了骑兵冲锋，更何况这一战还有超重装的萨瓦兰骑兵参战，他们的护具能够"抵御任何箭矢"。[20] 城门的宽度迫使萨瓦兰部队以紧密阵形前进。[21] 阿米达守军也许利用了这一点，最可能的情况是，他们等待萨瓦兰部队来到距离城门 100 米（330 英尺）之内，而后迅速向他们的紧密阵形进行集中投射打击，甚至最重装的骑兵都因此受伤。阿米达守军似乎也拥有重型投射武器，能够发射高速而沉重的弹丸，关于匈尼特人国王之子格伦巴底斯（Grumbates）战死的记述揭示了这一点："在他进入武器射程之后，一名机敏的侦察兵立即注意到了他，而后发射了石弹，击穿了他的胸甲和胸腔。"[22] 到第三天时，沙普尔二世的指挥官开始重组部队，准备新一轮的进攻：

在第三天的早晨，满眼望去都是盔明甲亮的骑兵，队列安静地前进，来到他们抽签决定的进攻方向。波斯人包围了城墙的每一段。面向东方的城墙被匈尼特人抽中，在这里，那个对我们至关重要的年轻人被杀，他的魂灵注定要因这座城市的毁灭而得到安慰。吉兰人（Gelani）被派往南面，阿尔巴尼亚人监视着北面，而西面的大门由最英勇的战士锡吉斯坦人（Segestani，锡斯坦–俾路支斯坦的塞种人）来进攻。[23]

沙普尔二世的指挥官们此时决定通过"五重盾阵"[24] 来收紧围城的绞索。城市附近的耕地遭到破坏，阿米达城中失去了急需的补给。坚韧的吉兰山民从希尔卡尼亚前来，说明萨珊指挥官准备同防御者进行艰苦的近战。萨珊军队的军号随即发出信号，命令围城的步兵和骑兵部队发动进攻。阿米达守军难以抵御萨珊军队的投射机械的无情打击，还必须冒着波斯步弓手的箭雨作战，但萨珊军队的这次进攻再次被击败，而且伤亡惨重，他们随后的夜袭也失败了。然而，阿米达城中此时也濒临绝境。城中的 2 万居民已经伤亡惨重。阿米达的 7

个罗马军团已经没有土地来埋葬阵亡的战友。瘟疫开始在城中传播，然而几天之后的降雨改善了境况。

沙普尔和他的指挥官们继续进攻阿米达。萨珊波斯的工匠在城市周围布置了投石机，并建造了一些攻城塔，这些塔楼的正面有金属护板，而顶部安装了投射机械。这些器械很可能是用来干扰阿米达城上的投石兵和弓箭手，掩护地面的攻城主力的。他们还在城墙外建造了土堆。与此同时，在一个罗马逃兵的帮助下，王室卫队的 70 名精锐弓箭手组成突击队，在夜间秘密穿过了城市南面的城墙。第二天清晨，他们向战友发出信号，随后在城市中制造混乱，援助城外的萨珊部队进攻。[25] 然而，他们箭袋中的箭矢很快耗尽，被罗马士兵斩杀，守军也得以击退萨珊军队的进攻。而后，一支高卢部队对萨珊军队的阵线发动了一次成功的突袭。

萨珊军队继续发动进攻，然而这次进攻再一次被阿米达城上猛烈的弩炮、箭矢和投石索打击击退。但是，此时罗马人的弓箭手和投石手再也不能安然投射了，因为萨珊军队攻城塔上的弩炮，可以对他们进行精准而凶狠的打击。而后，"蝎弩的铁臂发射圆石……击碎了塔楼的连接处"，[26] 萨珊军队的弩炮攻城塔随即倒塌。与此同时，守军发现向萨珊战象投掷的火把能够有效地阻拦它们的攻击。随后，沙普尔亲自上前，同他麾下的部队并肩作战，这一冒险的举动引起了守军投射部队的注意。众多王室卫队的士兵为了保卫他们的君主而阵亡。战斗一直持续到入夜。尽管阿米达的罗马驻军英勇无畏，他们的厄运已经注定。萨珊部队终于登上已经建得和阿米达的塔楼一样高的土堆。罗马人无法阻止萨珊波斯士兵在土堆和城墙之间架设桥梁，城防终于被突破了。随后在阿米达城中展开的肉搏战十分激烈，城外的壕沟中填满了双方士兵的尸体。阿米达的居民意识到他们已经自保无望，便献城投降。沙普尔二世和他的萨瓦兰骑兵通过他们曾经苦战的城门，进入了阿米达。血腥的阿米达围攻战最终结束。

"背教者"尤里安：罗马帝国征服波斯的最后尝试

沙普尔二世与罗马帝国的战争，让波斯帝国的西部边界重回沙普尔一世时的位置。同样重要的是，萨珊军队在 296 年被伽列琉斯击败，威望受损，此时恢复了往日荣光。皇帝尤里安（361—363 年在位）决定，不但要让军事平衡倒向罗马帝国一方，还要彻底消灭萨珊王朝统治的帝国。

尤里安是多神教徒，这让他遭受众多基督徒臣民的敌视，一些基督徒士兵或许也对他不满。尤里安一登基称帝，就立即集结了一支强大的军队。在入侵波斯之前，沙普尔二世的兄弟霍尔木兹率领一支精锐的萨瓦兰部队投奔尤里安。有帕提亚血统的亚美尼亚王公阿尔沙克也倒向尤里安。尤里安远征的目标十分简单：入侵波斯，攻占泰西封，消灭萨珊王朝的军队，特别是作为其核心的萨瓦兰骑兵。而后，霍尔木兹和阿尔沙克将作为傀儡君主，分别统治波斯和亚美尼亚。[27] 这次远征的细节和战术，已有其他文章论述过了，而下文将着重讨论远征中的一些重要的亮点。[28]

尤里安在 362 年率领 6.5 万人的远征军入侵波斯，兵分两路：尤里安率领 3.5 万人途经美索不达米亚进入波斯；而普罗科比乌斯率领 3 万人进军亚美尼亚。[29] 后者的任务是防止沙普尔包抄尤里安的后方，并巩固亚美尼亚。[30] 尤里安或许企图以他本人和普罗科比乌斯形成的钳形攻势，困住沙普尔二世。[31] 然而实现这一意图的前提条件是，沙普尔打算主动进行阵地决战，但萨珊军队明智地尽量避免这种情况。另外，普罗科比乌斯和尤里安之间距离遥远，无法进行有效的协同。在尤里安远征期间，普罗科比乌斯没有及时抵达美索不达米亚，给了萨珊军队可乘之机。

尤里安从安条克直接向幼发拉底河进发，他在那里与 1000 艘特别建造的船只会合，它们将沿着幼发拉底河向东航行，跟随尤里安的陆军行动。陆军与舰船的联合行动，让人回想起了近二百五十年前图拉真入侵帕提亚波斯的情景。不过，沙普尔并没有试图同尤里安强大的入侵军队正面决战。相反，超重装萨瓦兰骑兵、战象和作为重装弓骑兵使用的"常规"萨瓦兰骑兵，不断发动袭扰攻击。[32] 一旦罗马军队的反击有所加强，这些进攻者就会立即撤退。

巴比伦和塞琉西亚很快被攻破，罗马帝国的军队再次抵达了泰西封城门之外。萨珊王朝的最高指挥部就此处于和罗马人作战的前线上。记载中提到，萨珊军队派出了一批类似罗马角斗士的重装步兵。萨珊军队战败了，但他们还是安然撤回了城中。泰西封城防坚固，罗马军队没能迅速攻破。长期围攻存在相当的风险，因为沙普尔二世的军队主力基本完好，然而一路顺风顺水的尤里安此时根本不可能撤退。尤里安做出了一个致命的决定：渡过底格里斯河，直

◎ 皇帝尤里安于
363 年入侵萨珊王
朝，若是他没有分
兵，这次进攻本可
能取得胜利。（akg-
images/Erich
Lessing）

接向萨珊帝国的心腹之地发动进攻。随军的河船被全部销毁，以免落入萨珊军
队的手中。

萨珊王朝的最高指挥部终于决定，在马兰加（Maranga）进行决战。尤里
安迅速收缩军阵，结成盾阵以抵御沙普尔弓箭手的投射，同时阻止重骑兵发
动骑枪冲锋。[33] 他如何击败战象则未见明确记载。战术意义上，尤里安取得了
胜利，然而战役层面的局势并没有好转。这次"胜利"削弱了尤里安的军队，
并耗费了他们的补给，而萨瓦兰骑兵的战斗力仍然保持完整。萨珊军队继续使
用袭扰战术，尤里安本人就死于 363 年 6 月 26 日的一次袭扰。此时，罗马军
队已经损失了大量士兵，补给也严重短缺，士气必然颇为低落。尤里安逝世之
后，约维安（Jovian）接管了罗马军队的指挥权。此时，单纯依靠战术，则困
在波斯腹地的罗马军队无望突围，他们显然已经无法取胜，主动权也落入了萨
珊波斯一方。约维安若是继续作战，只有两个选择：或者坚守不退，最终被消
灭；或者一路苦战，返回罗马帝国边境。前一种选择自然太不理智，后一种选
择则风险太大，约维安和他幸存的指挥官们决定结束战斗，乞求和平。

在沙普尔二世的威逼下，罗马人为尤里安远征波斯失败付出了高昂的代

287

◎ 尤里安363年的远征。

价。和约迫使罗马人从底格里斯河上的5个主要地区撤离，放弃15个大型堡垒，其中包括尼西比斯和辛贾尔。这是格外沉重的打击，因为这意味着那些城市居民的牺牲白费了。尼西比斯对萨珊王朝而言具有重大战略意义，那里自帕提亚王朝时便被罗马人控制。约维安签署和约之时，尼西比斯已经成为重要的军事基地，配有大规模的军械库。正是由于尼西比斯的战略位置，失去它也让美索不达米亚的罗马人暴露在萨珊军队的威胁之下。罗马帝国在亚美尼亚的影响力也被这份和约削弱，因为约维安事实上将这个国家割让给了萨珊波斯。一旦发生冲突，罗马帝国不得向亚美尼亚国王提供任何形式的庇护。如果尤里安步步为营，将目标局限于阻止并击退萨珊波斯的进攻，罗马帝国的政治与军事态势在363年结束之时，或许能远优于这个结局。对罗马人而言幸运的是，约维安签订的和约的条款仅仅需要维持三十年。这也说明，萨珊王朝清楚兵无常胜，美索不达米亚、安纳托利亚和高加索边境的军事平衡，不可能维持超过三十年。

如果尤里安在363年摧毁了沙普尔二世的统治，历史将会被彻底改写。尤里安的幸存将让新生的基督教陷入极大的危机中，罗马多神教或许还能够以某种形式维持，而密特拉教派也可能在欧洲流传至今。

注释

1. Anklesaria, *Bundahishn*, XXXIII, 16.

2. D. Whitehouse & A. Williamson, "Sasanian maritime trade", *Iran* (1973, Vol.11), p.32.

3. Anklesaria, *Bundahishn*, XXXIII, 16.

4. As cited in Zarrin'kub, *Ruzgaran: tarikh-i Iran az aghz ta saqut saltnat Pahlvi*, p.206.

5. R. N. Frye, "The Sassanian System of Walls for Defense", in M. Rosen-Ayalon (ed.) *Studies in Memory of Gaston Wiet* (Jerusalem, 1977), pp.7–15: pp.8–11.

6. Frye, "The political history of Iran under the Sassanians", p.138.

7. Whittow, *The Making of Byzantium*, pp.203–204.

8. Farrokh, *Sassanian Elite Cavalry*, pp.27–28, 47–50.

9. 同上，pp.27–28。

10. 同上。

11. 同上，p.28, 53–54。

12. Ammianus Marcellinus, *The Later Roman Empire*, XIX, 2.

13. Farrokh, *Sassanian Elite Cavalry*, pp.27–28, 48, Pl.D, 61.

14. Procopius, *History of the Wars*, Vol.I, II, 21.22–3.

15. Theodoret, *Historia Religiosa* I, 11–12，英语译文见 Dodgeon & Lieu, *The Roman Eastern Frontier*, p.165。

16. Julian, *Oriatones*, II, 62B-67A (III, 11–13.30, pp.132–138，英语译文见 Dodgeon & Lieu, *The Roman Eastern Frontier*, pp.198–199。

17. Ammianus Marcellinus, *The Later Roman Empire*, XVIII, 10.

18. 同上，XIX, 1。

19. 同上，XIX, 1。

20. Heliodorus, *Aethiopica*, IX, 15, 3, translation (French) in R. M. Rattenbury & T. W. Lumb (trans.) *Les Ethiopiques* (Paris: Les Belles Lettres, 1935–1943), iii, pp.56–58; Farrokh, *Sassanian Elite Cavalry*, p.28.

21. S. Gregory, "Was there an Eastern origin for the design of Late Roman Fortifications", in D. L. Kennedy (ed.), *The Roman Army in the East* (Ann Arbor, Mich.: Journal of Roman Archaeology, 1996), pp.169–209.

22. Ammianus Marcellinus, *The Later Roman Empire* XIX, 1.

23. 同上，XIX, 2。

24. 同上，XIX, 2。

25. 同上，XIX, 5。

26. 同上，XIX, 7。

27. Zarrin'kub, *Ruzgaran:tarikh-i Iran*, pp.208–209.

28. Farrokh, *Sassanian Elite Cavalry*, pp.47–50.

29. 同上，p.47。

30. 同上。

31. Ferrill, *The Fall of the Roman Empire*, p.53.

32. Farrokh, *Sassanian Elite Cavalry*, Plate D, pp.61–62.

33. 同上，p.49。

第十四章

纷乱的 5 世纪

379—420 年出现了一系列统治时间短暂的国王。阿尔达希尔二世（379—383 年在位）虽然软弱，还是深受民众的欢迎，尽管他在登基之前参与了对基督徒的残酷镇压。[1] 然而他的政策似乎不受上层贵族的欢迎。在位四年之后，阿尔达希尔被废黜，由他的侄子沙普尔三世继位。在沙普尔三世统治的五年（383—388 年）中，值得注意的是他试图与罗马帝国达成关于亚美尼亚的协议。双方在 384 年签订协议，沙普尔三世割让了萨珊王朝控制的部分亚美尼亚领土。沙普尔三世的继承人是他的儿子巴赫拉姆四世（388—399 年在位），他被称为"克尔曼沙阿"①（Kermanshah）[2]，因为他在即位之前担任过克尔曼总督。[3] 关于他的性格，不同文献的说法存在差异，但巴赫拉姆似乎更关心穷人，而非贵族事务。[4]

雅兹德吉尔德一世②（Yazdegird Ⅰ，意为"雅兹达神的创造"，399—420 年在位）继承了巴赫拉姆四世的王位，结束了二十年的混乱统治。雅兹德吉尔德接纳了基督徒和犹太教徒，这种态度遭到大多数琐罗亚斯德教祭司的强烈反对。有趣的是，基督教文献往往称赞雅兹德吉尔德，一些巴列维语文献反而称其为"罪人雅兹德吉尔德"，或许就是因为他对基督徒态度仁慈。[5] 据说，雅兹德吉尔德还与一个犹太贵妇结婚，她为他生下了一个儿子，名为纳尔西斯。

---

① 译注：意为"克尔曼之王"。
② 译注：中国古代典籍中称之为"伊嗣俟"。

阿卡狄乌斯（Aracadius）皇帝十分
敬重雅兹德吉尔德的品格，甚至将他
的儿子弗拉维乌斯·狄奥多西（Flavius
Theodosius），即未来的狄奥多西二世，
送给这位萨珊君主教育。雅兹德吉尔
德将皇子带到泰西封，在他的最高
"安达兹巴德"的监护下接受王室教
育。尽管如此，来自宫廷和祭司们的压
力，以及基督教传教士反对琐罗亚斯德教的
态度，最终迫使雅兹德吉尔德对基督
教徒采取野蛮的镇压。然而雅兹德吉
尔德还是谨慎地维护与罗马帝国的友
好关系，尽可能维持和平。

◎ 这件银盘原本因为使用银汞齐技术而颇受重
视。此前认为中央的场景描绘的是任命东部省份
的管理者——"贵霜沙"（Kushanshah），上方
的站立者是阿尔达希尔二世（379—383 年在位），
他在成为伊朗国王之前曾担任"贵霜沙"，他下方
的另一人则是他的儿子卑路斯，继任"贵霜沙"。
端坐的神灵，或许是密特拉，在赐予象征权力的
环。他的宝座（takht）下有两只西牟鸟支撑着。（©
Trustees of the British Museum）

"野驴猎手"巴赫拉姆

雅兹德吉尔德在 420 年逝世之
后，贵族们最初不让他的儿子巴赫拉
姆五世（420—438 年在位）继位。巴赫拉姆的英雄事迹，在后伊斯兰时期的
史诗《列王纪》中永远流传下来。巴哈拉姆在射箭上的天赋，让他获得了"野
驴猎手"（Gur, Onager）的绰号，意思是他能够精准地用弓箭射杀野驴，以
及其他动物。巴赫拉姆的兄弟沙普尔曾试图夺权，但失败了，贵族们决定推举
库思老登上王位。这个库思老是阿尔达希尔一世的直系后裔，但只是雅兹德吉
尔德的远亲。不过，巴赫拉姆并不想如此轻易地放弃王位，而且他也得到了强
有力的支持，特别是迈赫尔-纳尔赛赫（Mehr–Narseh）的支持。他出自高贵
的斯潘德巴特（Spandbat）家族，之前也曾担任雅兹德吉尔德的首相。此外，
因为他在希拉（Hira）的阿拉伯人附庸国王努曼（al-Na'uman）的宫廷中被抚
养长大和接受教育，他得到了南部的拉赫姆部阿拉伯人的支持，他们提供的骑
兵部队，训练和装备类似萨瓦兰骑兵。[6]迈赫尔-纳尔赛赫与拉赫姆骑兵的支
持让巴赫拉姆五世得到了波斯的王位。[7]

علی استاد مجلسان

巴赫拉姆全力打击基督徒，指控他们是罗马人的间谍。巴赫拉姆的"琐罗亚斯德教原教旨主义"，或许至少在一定程度上是为了获取祭司们的支持。巴赫拉姆现在要求拜占庭帝国遣返所有从波斯逃来的基督徒。狄奥多西二世（421—450 年在位）拒绝了这些要求，巴赫拉姆随即宣战。短暂的巴赫拉姆–狄奥多西战争（421—422 年）从尼西比斯打到亚美尼亚，然而双方都没有获得任何决定性的战果。[8]

巴赫拉姆与拜占庭帝国签订了为期一百年的和平协议，承认了战前的现状。波斯政府允许境内的基督徒自由信仰，[9]而罗马政府则不干涉帝国内部的琐罗亚斯德教与雅利安信仰。这一和约也让亚美尼亚人甚为满意，此时越来越多的亚美尼亚人正在改信基督教。亚美尼亚的牧首和贵族阶层（naxarar），就亚美尼亚是否要成为萨珊帝国的行省这一问题，想法并不一致。最终，亲萨珊王朝的贵族们似乎获胜了，巴赫拉姆得以向亚美尼亚派去萨珊王朝的总督。狄奥多西也将高加索的杰尔宾特山口（Derbend pass）的防御交给了萨珊王朝。巴赫拉姆以罗马人支付杰尔宾特防务的部分开销为条件，接受了这一提议。与狄奥多西签订的和约为拜占庭帝国边境带来了必要的和平，萨珊王朝的军力就此得以专注于东面，应对中亚地区令人担忧的事态发展。

来自中亚的嚈哒人的威胁

一个新的威胁开始在萨珊帝国东北部的中亚边境上出现：被波斯人称为"哈亚瑟雷人"（Haiatheleh）的非伊朗语族民族。希腊历史学家将这些人称为"希弗萨利特人"（Hephthalites，即嚈哒人）或"白匈奴"。然而，这些嚈哒人并没有确定的民族归属。一种可能是，他们是匈奴人（突厥语族）和伊朗语族使用者的混合民族，使用匈奴或突厥语言。弗赖伊则假设嚈哒人最初属于伊朗语族群体，而此后阿尔泰语族和突厥语族的文化和语言逐渐成为主流。[10]无论嚈哒人最初的民族归属与语言情况如何，此时的他们是未来的匈奴各族（匈人、突厥人、阿瓦尔人和蒙古人）的先驱，这些民族将统治中亚并向东欧和波

◎ 左图：后伊斯兰时代的细密画，描绘"野驴猎手"巴赫拉姆在萨瓦兰骑兵的陪同下狩猎。这一作品是在 1539—1543 年为萨法维王朝君主塔赫玛斯普创作的。这幅细密画的图案与萨珊王朝的金属器上描绘国王狩猎的图案基本相同。（© The British Museum/HIP/Topfoto）

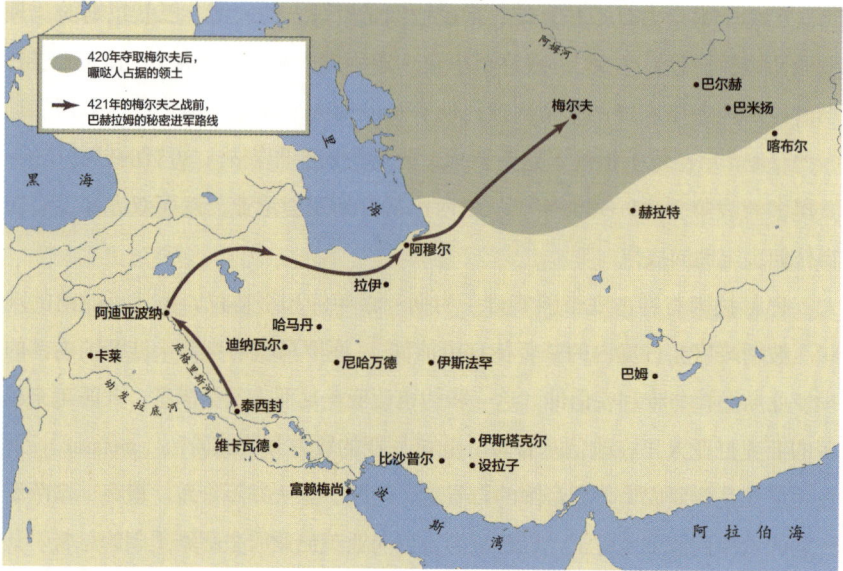

◎ "野驴猎手"巴赫拉姆与嚈哒人，420—421 年。

斯发动进攻。

到 4 世纪时，匈人的部落联盟已经消灭了中亚的伊朗语族政权（主要是贵霜人）。贵霜人的瓦解在中亚产生了权力真空，匈尼特人和嚈哒人利用了这一机遇。嚈哒人的扩张，永久终结了伊朗语族群体和印欧人对中亚的统治。嚈哒人无情地扩张帝国，首先占领了吐火罗斯坦（Tocharistan），随后先后夺取巴达赫尚（Badakhshan）、巴尔赫及索格底亚那。被征服地区的伊朗语族居民要么向西逃亡，要么被征服者消灭或同化。这一历程持续到了伊斯兰时代。不过，中亚的伊朗语言还是延续了下来，比如使用波斯语的塔吉克人、使用波斯-普什图语的阿富汗人；巴达赫尚地区也是如此。

嚈哒人对萨珊波斯帝国怀有极大的敌意，420 年嚈哒人对波斯东北部的大规模入侵，就残酷地体现了这一点。因为当时的萨珊帝国忙于与拜占庭帝国交战，他们几乎没有遭遇军事抵抗。即使在 421 年，与拜占庭帝国的战争结束之后，巴赫拉姆也没有明显的反应。巴赫拉姆不仅没有组织军事行动，反而公开宣称他打算到阿特罗帕特尼狩猎。巴赫拉姆的兄弟纳尔西斯在国王外出期间，留在泰西封主持政务。随后，纳尔西斯向嚈哒人国王派出使团，提出只要他将军队从波斯东北部撤走，就为他提供一大笔贡金。

　　巴赫拉姆的"狩猎远征"实际上是一个绝妙的伪装：他秘密集结了7000名精锐萨瓦兰骑兵，或许是从王室卫队中挑选的。[11]即使无法确知，但这一时期的王室卫队似乎还保留着与尤里安交战时的超重装骑兵，或许也有人按照沙普尔一世时代的早期萨瓦兰部队装备。这支军队一定也包括训练有素的着甲弓骑兵。这些人奉命骑乘骆驼，却也要带上他们的马匹、猎鹰和猎犬。[12]巴赫拉姆还下令，在这次秘密向东的旅途中携带7000张牛皮和7000匹一岁的马匹。

　　在梅尔夫之战前，巴赫拉姆从遍布嚈哒人王国的间谍网络中获取了大量情报。[13]这并非难以预料，因为从吐火罗斯坦到梅尔夫的这些领土依旧以伊朗语族人口为主。通过这套间谍网络，巴赫拉姆发现了一个高效的嚈哒人间谍体系正在伊朗内部活动，并立即将之消灭。巴赫拉姆和他的部队沿着里海南岸向东进军，途经今吉兰省和马赞德兰省。为了保密，他们只在夜间行军。萨瓦兰骑兵从泰西封到嚈哒人王国的行动成功没被发现。当萨瓦兰骑兵通过尼萨，出现在梅尔夫时，他们发现自信而自大的嚈哒人正在等待纳尔西斯支付贡金的使团前来。

　　在进攻的前一天晚上，巴赫拉姆下令将7000张牛皮缝好，充气，装满石头，然后挂到7000匹备用马的脖子上。传说中，7000个装满石头的充气皮囊发出了惊雷一般的声响。[14]这些马匹随后被赶进嚈哒人的营地，制造了极大的惊愕与混乱，军事行动随即展开。萨瓦兰骑兵直接冲向嚈哒人的军队。理论上，最初的决定性的攻击来自巴赫拉姆的精锐卫队，按照萨珊王朝的战术，这些人会向嚈哒人的指挥中心进攻。[15]这也解释了嚈哒人的国王是如何被杀的。许多嚈哒人就"死在地上"，来不及上马的他们在萨瓦兰骑兵的骑枪冲锋面前脆弱至极。弓骑兵很可能阻止了幸存的嚈哒人上马继续抵抗。精锐萨瓦兰骑兵的骑枪冲锋和弓骑兵的致命箭矢，屠杀了大多数的嚈哒人军队。逃跑的幸存者也大多被无情地追上杀死。

　　然而巴赫拉姆并不满足于将嚈哒人从波斯赶走，他命令萨瓦兰部队迅速渡过阿姆河，进入中亚的嚈哒人领土。[16]嚈哒人这次做好了准备，然而萨瓦兰骑兵再次取得了胜利。[17]在军队即将被全歼之时，嚈哒人主动求和。巴赫拉姆随后竖起一根石柱，清楚地标明萨珊帝国和嚈哒人领土的边界。[18]嚈哒人从这些失败中学到了惨痛的教训，并在几十年之后再度威胁波斯。

巴赫拉姆取胜的消息，让泰西封以及帝国各地开始欢庆。巴赫拉姆也从嚈哒人手中夺取了大量战利品。嚈哒人可汗的王冠作为战利品，悬挂在西兹（Shiz，今伊朗阿塞拜疆的塔赫特苏莱曼）的琐罗亚斯德教圣火神庙中。[19] 萨珊军队的胜利如此惊人，以至于中亚布哈拉（Bukhara）的当地统治者仿制了巴赫拉姆的钱币。[20] 一些历史学家宣称，巴赫拉姆或许还吞并了一两个印度行省，促进了印度与波斯音乐家之间的交流。如果这一说法属实，也许在巴赫拉姆战胜嚈哒人之后，他转而率领军队向东南方的印度边境进军，完成了这一征服。

传统的历史记述声称，巴赫拉姆的死因是在今设拉子和伊斯法罕之间狩猎野驴时，意外落入流沙中。然而伊朗西南部的近期考古发现或许会修改这一记述。2005 年，一名牧羊人在霍拉马巴德（Khorramabad，胡齐斯坦的迪兹富勒附近）的普勒多赫塔尔（Pul-e-Dokhtar），意外地在山的裂缝中发现了大量萨珊王朝的文物与人类骸骨。伊朗的考古学会认为，这些文物可以追溯到"野驴猎手"巴赫拉姆的时代，而且它们属于萨珊王室的上层贵族。按照伊朗考古学会的说法，这一戏剧性的发现也许证实了人们长期以来的怀疑——巴赫拉姆死于暗杀。[21] 巴赫拉姆在平民中广受欢迎，近乎传奇，库尔德人、波斯人、俾路支人和阿塞拜疆人流传至今的民族传说就证实了这一点，而这也许激怒了上层贵族。最初反对巴赫拉姆登基的"建制派"祭司和贵族，是被迈赫尔-纳尔赛赫和拉赫姆部以武力压制住的，巴赫拉姆此后对基督徒的宽容，显然不会让他得到"原教旨主义"祭司们的支持。民间传说中，巴赫拉姆的母亲挖空了吞噬她儿子的流沙，却一无所获。这些相同的故事说明，巴赫拉姆是被当权的祭司和上层贵族们谋杀的。普勒多赫塔尔遗迹的研究结果，将对当代伊朗的历史与文化研究带来重大影响。

雅兹德吉尔德二世

"野驴猎手"巴赫拉姆之子雅兹德吉尔德二世（438—457 年在位）继承了他的王位。当时的罗马帝国违背了"巴赫拉姆-狄奥多西和约"，在罗马-萨珊边境修建防御工事，特别是在卡莱（今哈兰）附近。这被视作宣战，因为新堡垒可以作为从叙利亚入侵美索不达米亚的跳板。萨珊王朝的统帅部很快制订了军事计划，并动员了萨瓦兰部队。雅兹德吉尔德二世还召集了他的非伊朗人同盟部队参加进攻，其中包括一支强大的印度部队。

萨瓦兰部队轻松地击败了罗马人，若不是美索不达米亚爆发了洪水，他们也许能够取得更大的战果。罗马军队的缺乏准备，表明他们的注意力分散到了欧洲方向。匈人此时在东欧、南欧和中欧的进展都甚为顺利，并成为罗马文明的致命威胁。拜占庭帝国对欧洲方向的关注以及萨珊军队的威胁，促使狄奥多西二世皇帝决定求和。为此，狄奥多西的指挥官奉命亲自前去迎接雅兹德吉尔德，以及萨珊波斯的高级军官们。对拜占庭帝国而言幸运的是，雅兹德吉尔德二世在 411 年①的谈判中提出的要求，谈不上苛刻。萨珊王朝仅仅要求罗马人遵守"巴赫拉姆–狄奥多西和约"的条款，即双方都不在共同边境上建造防御工事。与拜占庭帝国一样，此时的萨珊帝国也想要尽快结束冲突，以面对他们中亚边境上的新威胁。

来自中亚的新威胁：寄多罗人

5 世纪 40 年代初，一个古突厥人或匈奴人部族——寄多罗人（Kidarites），对萨珊王朝的东部地区，特别是呼罗珊周边发动了危险的入侵。他们也进入了位于呼罗珊以北很远的霍拉桑。寄多罗人格外野蛮残暴，他们擅长抢夺、杀戮和掳走奴隶。雅兹德吉尔德二世、大维齐、贵族们以及萨瓦兰部队的指挥官们，齐聚泰西封商议应对这一威胁的计策。他们采取了一种"渐进式"策略，进行长时期的有力进攻。萨瓦兰部队于 443 年在内沙布尔集结，首先谨慎地在戈尔甘和呼罗珊建立防御工事。这些防御工事或许是进攻被寄多罗人占据的领土的跳板。在每次战斗之后进行评估与分析是萨珊军队的惯例，[22] 这自然为他们提供了有关寄多罗人军事强项和弱项的关键信息。到 450 年时，萨珊王朝的战略取得了成功，最终决战在塔里甘（Taleghan）地区展开，寄多罗人被彻底击溃，并且被迫渡过阿姆河逃走。尽管文献中几乎没有提到决战中使用的战术，其中

---

① 译注：原书如此。但考虑到他的在位年限，可能是在 451 年谈判的。

◎ 4世纪的北伊朗腰带扣，或许来自阿兰人，格鲁吉亚科学院的古文献学院对它进行了分析。（*Courtesy Dr. David Khoupenia*）

一定包括骑射与骑枪格斗。

　　击败了寄多罗人之后，雅兹德吉尔德二世开始兴建一个坚实的堡垒，名为"沙勒斯坦乌祖格"（Shahrestan-e-Vuzurg，意为"大城市/城区"）。那里后来被称为阿巴沙。萨珊王朝的计划似乎是营造一个战略要塞体系，将此后来自中亚的入侵引入指定的"歼灭区"。[23] 这个系统的效能，直到近一个世纪后的巴赫拉姆·楚宾的征战中才得以体现。

　　然而寄多罗人的威胁并没有消失，雅兹德吉尔德二世在统治的最后几年被迫回到中亚边境，继续与他们作战。文献中并没有提到寄多罗人占了上风，也没有提到他们占领土地，然而作为一支军事力量，他们的存在对萨珊帝国而言依然是潜在威胁。寄多罗人依旧能够向萨珊王朝的领土发起游击式掠夺，得手后迅速撤过阿姆河。即使萨珊军队在450年之后再度将主力部署到西部，他们或许也被迫在东部维持了足够的驻军，以应对未来寄多罗人的袭扰。然而萨珊王朝终究无法阻遏中亚军事技术的不断进步，中国军事技术的发展迅速地传播到了中亚，匈人、突厥人和嚈哒人纷纷习得了这些技术。这些改变似乎没有引起萨珊王朝的注意，部分原因在于，高加索地区正在酝酿一场重大危机。

雅兹德吉尔德法令：亚美尼亚人叛乱

　　5世纪初，统治亚美尼亚的帕提亚王朝后裔已经皈依了基督教，然而基督教信仰也是直到这一时期才开始在亚美尼亚日渐繁盛的，特别是在《圣经》和许多基督教文献被翻译成亚美尼亚语的那段时期（410—432年），以及"野驴猎手"巴赫拉姆对基督徒越发宽容的那段时期。亚美尼亚人大多还是忠于

◎ 阿瓦拉伊尔之战：亚美尼亚骑兵与弓箭手为守卫基督教信仰，对抗雅利安人的琐罗亚斯德教祭司。萨瓦兰骑兵和亚美尼亚骑兵的武器装备与训练方式基本相同。有趣的是，这幅画作展现了萨珊军队的战象和弓箭手，却没有描绘萨瓦兰骑兵。

萨珊波斯的，却也与基督教信仰之间结成了强大的联系，并持续至今。祭司们无法扭转琐罗亚斯德教在亚美尼亚的衰落，他们和一些贵族或许反对巴赫拉姆的宽容政策，毕竟这让基督教在亚美尼亚境内广泛传播。相比之下，雅兹德吉尔德二世是一个"雅利安原教旨主义者"，支持泰西封的正统祭司们以及反对基督教的贵族们。449年，帝国全力与寄多罗人决战之时，亚美尼亚贵族们被召到泰西封。他们得到的是一条苛刻的法令，要求所有亚美尼亚人"回归"琐罗亚斯德教信仰。让雅兹德吉尔德和祭司们失望的是，亚美尼亚人拒绝放弃他们的基督教信仰。贵族们在重压下改信琐罗亚斯德教，然而回到亚美尼亚时，他们就顺从大众的意愿，恢复了此前的基督教信仰。亚美尼亚文献中提到，如果贵族们不肯公开宣布忠于基督教信仰，连他们的妻子都会与他们战斗。瓦尔丹·马米科尼扬（Vardan Mamikonian）率领的贵族们，就此与亚美尼亚的基督徒叛军达成了一致。

雅兹德吉尔德二世下令，此前在中亚与寄多罗人战斗、现刚刚返回的老兵们，要为进攻亚美尼亚的新战争而再次出征。据亚美尼亚文献记述，穆什坎

（Mushkan）将军率领拥有压倒性优势的萨珊军队（包括战象部队）——多达22万至30万人，于451年4月13日抵达亚美尼亚。即使采信亚美尼亚文献对萨珊军队整体规模的记述，其中萨瓦兰骑兵的人数也难以确知，整个帝国的萨瓦兰部队总人数应该不会超过5万，而且即使中亚恢复和平，萨珊军队也必然要在那里维持驻军。萨珊军队拥有像451年这样大规模的职业骑兵，要到"灵魂不朽者"（Anushirawan）库思老进行军事改革之后才能够实现。这次征战，萨珊军队的数量很可能是依靠附庸部队与支援部队才得以如此之多。

451年6月2日，瓦尔丹·马米科尼扬率领的6.6万名亚美尼亚步兵和骑兵，在亚美尼亚的瓦斯普拉坎（Vaspurakan）的阿瓦拉伊尔平原（Avarayr/Vartanantz）上，拼死一战。在决战之前，瓦尔丹通过大声朗读犹太人马加比家族的故事来突出这次战斗的宗教性。亚美尼亚军队在战斗开始前进行了圣餐仪式。随后的战斗悲剧而血腥，毕竟在萨珊士兵眼中，亚美尼亚人是他们的雅利安人远亲、曾经的战友以及帝国最优秀的战士之一。或许也是这一因素在一定程度上导致在随后的战斗中，包括瓦萨吉·苏尼（Vasag Suni）在内的一些亚美尼亚贵族倒戈投奔穆什坎。[24] 穆什坎的大军最终打败了激烈且顽强抵抗的亚美尼亚人。

亚美尼亚人的抵抗尽管英勇，却注定要失败，他们发向拜占庭帝国的求援信全都没有得到回应。[25] 拜占庭帝国此时完全忙于应对匈人的威胁，这些人正涌向巴尔干半岛方向，抵达帝国欧洲领土的北方。[26] 然而亚美尼亚没有就此放弃抵抗，当地的游击战持续了三十三年（451—484年）。亚美尼亚人也与高加索地区的匈人结盟，从杰尔宾特山口进入阿尔巴尼亚（今阿塞拜疆共和国），对萨珊王朝实施掠夺。

卑路斯的寄多罗-嚈哒人战争

雅兹德吉尔德二世于457年逝世之后，他的儿子霍尔木兹三世继承了王位。霍尔木兹甫一登位，他的兄弟卑路斯便在贵族的支持下发动政变，霍尔木兹被俘并被处死。[27] 卑路斯一世（459—484年在位）通常被看作一位性格积极的君主。他掌权不久就遭遇了破坏甚大的干旱和饥荒，死者众多，帝国境内瘟疫横行。在他统治期间，帝国与拜占庭帝国之间没有爆发大规模战争，然而他三次与寄多罗人和嚈哒人开战。中亚边境上的军事威胁，在一个最不利的时刻再度到来。到 5 世纪 80 年代，寄多罗人与嚈哒人联手威胁萨珊王朝的东北部领土。[28] 萨珊王朝的军官们起初全力对抗寄多罗人，并取得了胜利，卑路斯因此得以专心对付嚈哒人。然而萨珊军队完全没有做好与嚈哒人交战的准备，交锋以惨败告终，卑路斯被迫将塔里甘这一战略要地割让给他们。卑路斯还要将他的女儿嫁给嚈哒人可汗库什纳瓦兹（Kushnavaz），这进一步羞辱了萨珊王朝。卑路斯送出一个假冒者来替代他的女儿，这个花招很快就被库什纳瓦兹识破。

库什纳瓦兹的"和谈"条件，以及嚈哒人实力的增长，令卑路斯难以接受。为了恢复王室威望和国家荣誉，他下令军队准备与嚈哒人进行一场新的战争。同样，库什纳瓦兹似乎也以卑路斯欺骗自己为借口，进行战争准备。由于"野驴猎手"巴赫拉姆之前曾战胜嚈哒人，萨瓦兰部队很可能自信仍旧能够取胜。他们将为此付出代价。

萨瓦兰部队挑衅地越过库什纳瓦兹划定的边境，直接进攻嚈哒人的领土。普罗科比生动地描述了卑路斯的征战。卑路斯使用战象——象背上有移动箭塔——向敌人发起进攻，作为支持萨瓦兰部队作战的"重装甲力量"。嚈哒人随即开始后退，然而事实上，他们是在将萨珊军队引入一个致命的陷阱中。嚈哒人在后退之时，逐渐向高地移动。此举可谓高明，因为这有效地削弱了萨瓦兰骑兵"装甲矛头"的冲击力。库什纳瓦兹的部分骑兵部队坚定地执行焦土战术，同时准备好隐藏的陷阱以阻止萨瓦兰骑兵前进。卑路斯下令暂停行动，他的军队因此暴露在敌人的攻击中。嚈哒人趁机使用久经考验的中亚战术——快速移动与骑射，发起毁灭性的进攻。萨珊军队当然也有弓骑兵，战象上还有弓箭手，却完全没准备好应对库什纳瓦兹的军队。嚈哒人或许能够以弓骑兵击败使用骑枪、队形紧密的超重装萨瓦兰骑兵。[29] 萨珊军队的战象几乎毫无用处，它们成了机动性极佳的嚈哒人弓骑兵的活靶子。萨珊的弓骑兵似乎也无法与嚈哒人匹敌，或许一定程度上是因为嚈哒人使用了新技术，例如马镫。萨珊军队无法抵御库什纳瓦兹的骑兵，尽管他们进行了坚决抵抗，却还是被完全包围了。嚈哒人很快困住了卑路斯，并俘虏了他与他的随从。[30] 要想获释，他们得答应库什纳瓦兹提出的四个条件：第一个是让卑路斯跪在库什纳瓦兹面前，请求他原谅自己胆敢和嚈哒人开战；第二个是卑路斯向嚈哒人交出人质；第三个是卑路斯要为他自己的自由支付赎金，并且自此向嚈哒人支付岁贡；最后一个是让卑路斯发誓，再也不会挑战嚈哒人的权威，具体来说，便是此后任何萨瓦兰部队再不得越过库什纳瓦兹在边界竖立的柱子。条约中的这一特别要求，说明嚈哒人试图报复"野驴猎手"巴赫拉姆曾施于他们的耻辱。

与此同时，匈人、阿瓦尔人和突厥人相继入侵欧洲腹地与巴尔干半岛，让拜占庭帝国以及其他的欧洲民族遭受了巨大的损失。拜占庭帝国忙于应付即将到来的好战者——匈人-突厥人，因此无法向东发起军事冒险，威胁波斯的西部边境。[31] 若是拜占庭帝国没有忙于应付突厥人和匈人的威胁，他们或许会趁火打劫，进攻绝境中的萨珊波斯。拜占庭帝国若是此时入侵，他们的军队很可能不会遇到萨珊波斯的精锐部队，因为他们大多正在中亚作战。

濒临危难的帝国

在所有的存世文献中，卑路斯在 484 年的最后一次远征都是一场灾难。[32] 嚈哒人再次为萨瓦兰骑兵准备了一个致命的陷阱。嚈哒人挖掘了一条深约 18 米 [20 泽尔（zerh）]、宽约 9 米的大型壕沟，其中设置了致命的陷阱，并使用木料、沙土、灌木和树叶伪装起来。[33] 随后库什纳瓦兹将他的骑兵部署在这条巨大壕沟的前方，等待卑路斯主动进攻。就在卑路斯开始行动时，嚈哒人采取了中亚经典的佯退战术，通过预先设置的安全通道退过隐蔽的陷阱。[34] 嚈哒人安全地撤到了壕沟的后方，而卑路斯在全力追击。随后便是灾难：卑路斯和许多萨瓦兰骑兵掉入沟渠中，后续的支援骑兵与战象也纷纷跌落。[35] 这一战不但摧毁了萨珊军队的主力，卑路斯本人以及许多优秀的军官也一同被杀。[36] 塔巴里（Al-Tabari）记述了萨珊王朝这次战败的灾难性后果。[37] 卑路斯的许多随从和家人，包括他的女儿，以及许多幸存的官员都被俘虏了，大量的王室财富、珍贵书籍和档案也落入敌人之手。嚈哒人报复了此前"野驴猎手"巴赫拉姆的羞辱。他们成了波斯东北部的主人，他们的军事霸权也让他们能直接干涉萨珊王朝的内政。这一灾难沉重地打击了帝国的士气，而且几乎毁灭了萨珊王朝。波斯要花费数十年才得以从这场灾难中恢复。

在此总结一下导致卑路斯战败的一系列重要的军事问题。[38] 首先，卑路斯在对抗嚈哒人时，很可能采用了他的前任君主巴赫拉姆使用过的成熟战术。萨珊的军事战术和装备在 420—484 年之间似乎没有太大改变。然而在同一时期，嚈哒人似乎对他们的装备、组织和战术进行了重大革新。嚈哒人的策略或许专注于对抗伊朗的弓骑兵以及精锐的超重装骑兵。虽然缺少足够的证据，或许可以说，三项主要创新极大地提高了嚈哒人的战场表现。首先，突厥人发明的马镫让弓骑兵能够更有效地保持稳定与控制坐骑，稳稳地骑在马上会让嚈哒人弓骑兵明显优于他们的萨珊王朝对手。其次，阿瓦尔人的两点式悬挂系统极大地方便了骑手取用关键物品，比如剑和箭袋等等。最后，匈人-阿瓦尔人的弓，在旧式复合弓的基础上做了新一轮改进，因此最终让嚈哒人的箭矢能击穿超重装萨瓦兰骑兵的盔甲。

注释

1. Zarrin'kub, *Ruzgaran:tarikh-i Iran*, p.210.

2. 如今伊朗库尔德斯坦的主要城市之一——克尔曼沙赫的名字，就源自巴赫拉姆四世的绰号。

3. Agathias (trans. J. D. Frendo), *The Histories* (Berlin: Walter De Gruyter Inc, 1975), IV, 26.

4. Zarrin'kub, *Ruzgaran:tarikh-i Iran*, p.211.

5. E. J. Keall, "The Sassanians (226–651 AD)", in Cotterell, *The Penguin Encyclopedia of Classical Civilizations*, pp.177–192: p.181.

6. Motofi, *Tarikh-e-Chahar Hezar Sal-e Artesh-e Iran*, p.172.

7. Frye, *The History of Ancient Iran*, p.319.

8. Zarrin'kub, *Ruzgaran:tarikh-i Iran*, p.215.

9. Keall, "The Sassanians (226–651 AD)", p.181.

10. Frye, *The Heritage of Persia*, pp.225–227.

11. Motofi, *Tarikh-e-Chahar Hezar Sal-e Artesh-e Iran*, p.172.

12. Akhbar al-Tawal, pp.84–85（这是作者于 2001 年 8 月在德黑兰大学查阅的阿拉伯语原始文稿）；Motofi, *Tarikh-e-Chahar Hezar Sal-e Artesh-e Iran*, p.172。

13. Motofi, *Tarikh-e-Chahar Hezar Sal-e Artesh-e Iran*, p.173.

14. Akhbar al-Tawal, pp.84–85; Motofi, *Tarikh-e-Chahar Hezar Sal-e Artesh-e Iran*, p.173.

15. *Ayin-Nameh*（《礼仪之书》）II, 139, 12–143, 12。（巴列维语原版已散佚，其残本存于《战争之书》（*Kitab al-Harb*），作者于 2001 年 8 月在德黑兰大学查阅阿拉伯语原始文稿。）

16. E. L. Daniel, *The History of Iran* (London: Greenwood Press, 2001), p.631.

17. Frye, *The History of Ancient Iran*, p.352.

18. Motofi, *Tarikh-e-Chahar Hezar Sal-e Artesh-e Iran*, p.173.

19. Akhbar al-Tawal, pp.84–85; Zarrin'kub, *Ruzgaran:tarikh-i Iran*, p.215.

20. Frye, *The Golden Age of Persia*, p.38.

21. 这次远征的资料，由哈马丹大学的侯赛因·莫曼尼亚詹达尔雅尼（Hossein Momeniazandaryani）博士于 2005 年 1 月 21 日提供给作者。

22. 中古波斯语（巴列维语）的作品，例如《从军之书》《礼仪之书》《勇士法典》等。

23. Farrokh, *Sassanian Elite Cavalry*, p.41.

24. 瓦萨吉·苏尼的倒戈直到今天仍被亚美尼亚人鄙视。

25. R. W. Thompson (trans.), *The History of Lazar P'arpec'i* (Atlanta, Georgia: Scholar's Press, Suren D. Fesjian Academic Publications, 1991) pp.63, 105.

26. G. Greatrex & S. N. C. Lieu, *The Roman Eastern Frontier and the Persians Wars: a narrative sourcebook,vol.2 (AD 363–630)*(London & New York: Routledge, 2002), p.55.

27. Zarrin'kub, *Ruzgaran:tarikh-i Iran*, p.219.

28. Motofi, *Tarikh-e-Chahar Hezar Sal-e Artesh-e Iran*, p.184.

29. Farrokh, *Sassanian Elite Cavalry*, pp.52–53.

30. Frye, "The Political History of Iran under the Sassanians", p.146.

31. Zarrin'kub, *Ruzgaran:tarikh-i Iran*, p.221.

32. Greatrex & Lieu, *The Roman Eastern Frontier Vol.2*, p.60.

33. Procopius, *History of the Wars*, 20–25, Akhbar al-Tawal, p.29.《列王纪》中也出现了类似的诡计：神话中的英雄鲁斯塔姆掉进了带有尖桩的陷阱中。

34. Zarrin'kub, *Ruzgaran:tarikh-i Iran*, p.222; Akhbar al-Tawal, p.29.

35. Motofi, *Tarikh-e-Chahar Hezar Sal-e Artesh-e Iran*, p.184; Akhbar al-Tawal, p.29; Procopius, *History of the Wars*, 20–25.

36. Tabari al-usul Wal-Muluk (trans. J. A. Williams et al), *The History of al-Tabari*, 39 volumes (New York, Albany: State University of New York Press, 1985–1988) Vol.2, pp.631–634; Akhbar al-Tawal, p.29; Procopius, *History of the Wars*, 20–25.

37. Tabari, *The History of al-Tabari*, Vol.2, pp.631–634; also Tabari, *Iran during the Sassanians*, pp.359–397; *History of Persia before Islam*, p.464.

38. 萨瓦兰骑兵在 484 年战败的详情，见 Farrokh, *Sassanian Elite Cavalry*, pp.52–53。

第十五章

卡瓦德时代

巴拉什

就在帝国危机四伏且濒临崩溃的时候，两个大家族插手干预，让帝国政府得以维持。佐尔–迈赫尔（Zor–Mehr）代表的卡伦–巴列维家族（the Karen–Pahlavs）以及沙普尔–拉兹（Shapur–Razi）代表的苏伦–巴列维（the Suren–Pahlavs）家族，攫取实权，并很快赢得了贵族、将军和祭司的支持。在他们的努力下，破碎的帝国得以重新组织起政治体系。佐尔–迈赫尔和沙普尔–拉兹也拯救了帝制——扶持卑路斯的弟弟巴拉什（Balash）于 484 年登上王位。

巴拉什向"千夫长"（hazarpat）佐尔–迈赫尔下达的第一个命令，就是组建一支新军以对抗嚈哒人。在萨珊帝国恶劣的财政状况下，这样的命令无法执行。

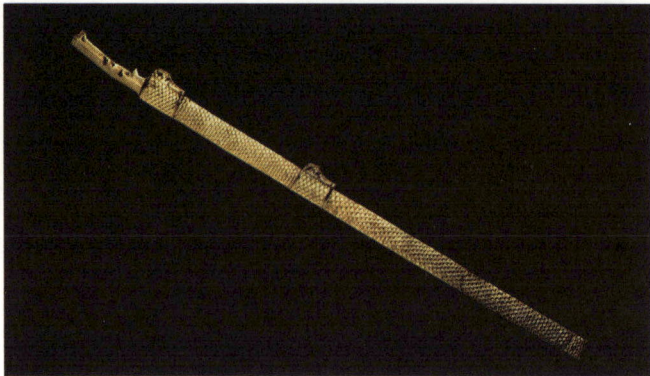

◎ 萨珊王朝的剑，剑鞘与剑柄饰金。（© Trustees of the British Museum）

卑路斯惨败之后，所有的资金来源都已枯竭，残破的军事机器与崩溃的经济也许要花费几十年才能恢复。巴拉什因此通过外交斡旋来安抚嚈哒人，此时嚈哒人已经占据了曾属于萨珊王朝的梅尔夫及赫拉特（Herat），残酷而苛刻地统治着当地民众。不出所料，嚈哒人这次提出的条件依然十分苛刻。巴拉什同意了他们要求的巨额岁贡，条件是立即释放所有被俘的萨珊的军事人员、祭司和贵族。同意向嚈哒人支付岁贡，必然会疏远一些贵族成员，不过一些文献中声称巴拉什在他统治的最后一年计划违约。违约必然意味着与嚈哒人再度开战，然而在这一切可能发生之前，巴拉什的统治于488年被推翻。

在稳定了波斯的东北边境之后，巴拉什果断采取行动，结束亚美尼亚境内长达三十三年的游击战，并获取了亚美尼亚人对泰西封政府的支持。巴拉什废除了雅兹德吉尔德二世统治末期颁布的反基督教法令，从而给予亚美尼亚人信仰基督教的权利。既然如此，亚美尼亚人也就不再有理由与萨珊王朝作战了。484年，巴拉什与瓦尔达·马米科尼扬签订了正式的和平协议。萨珊王朝欢迎亚美尼亚人回归，并任命瓦尔达·马米科尼扬为亚美尼亚的"马尔兹班"（marzban），即总督。

巴拉什向亚美尼亚人大胆示好，也许是想借此实现几个目标。首先，减少拜占庭帝国此后以"拯救"基督徒免于迫害的宗教借口，对高加索进行干预的可能。其次，亚美尼亚本身的战略意义甚为重要，对意图入侵波斯西北部的敌人而言，那里是潜在的前进基地。亚美尼亚在艺术、建筑、文化、神话和军事方面都深受波斯的影响。巴拉什对基督教的宽容态度，让亲波斯的亚美尼亚贵族的影响力有所提升，这一因素也让萨珊王朝能够招募到优秀的亚美尼亚骑兵。[1] 不过，巴拉什的亲基督教改革也许激怒了更多的正统祭司。

卡瓦德的第一段统治

巴拉什的短暂统治结束之后，卑路斯的儿子卡瓦德于488年登基为王。卡瓦德曾在嚈哒人的宫廷充当人质，并在抵达那里之后不久就建起了有力的人脉。这些人脉关系此后对卡瓦德实现政治野心意义重大。这位新国王对祭司和贵族的强大影响力有所忌惮，特别是那位"大统帅"（Spahbod）——卡伦家族的佐尔-迈赫尔。[2] 就在卡瓦德于泰西封巩固自己的权威时，帝国面临一个新威胁：高加索的突厥系部族——可萨人（Khazar，或译为"卡扎尔""哈扎尔"）。

当时，突厥语族的可萨人已经在顿河与伏尔加河之间的草原上，建立了一个强大的帝国。[3] 和中亚的嚈哒人一样，突厥可萨帝国征服或消灭了高加索北部和乌克兰东部仅存的伊朗语族群体。这一地区此前说伊朗语的阿兰人和萨尔马提亚人，很多都已经在日耳曼人、匈人和斯拉夫人的入侵浪潮中被同化了。幸存下来的高加索与乌克兰的阿兰人，或者融入可萨人，或者撤退到了格鲁吉亚北部的山区中。那些幸存者自称"伊尔昂人"，而俄罗斯人和格鲁吉亚人称他们为"奥塞梯人"。

就在卡瓦德成为国王之时，一支强大的可萨军队翻越高加索山脉，对亚美尼亚、阿尔巴尼亚/阿兰尼亚（今阿塞拜疆共和国）和阿特罗帕特尼（伊朗阿塞拜疆）发动惩戒性掠夺。卡瓦德很快意识到可萨人的威胁必须要解决，否则阿特罗帕特尼和泰西封就将处于危险中。记载中，卡瓦德集结了一支 10 万人的军队，然而其中最多只有 3 万人是精锐的萨瓦兰骑兵，有大批并非精锐的辅助轻骑兵同行。尽管战斗的细节相当有限，可以确定卡瓦德在 489—490 年击败了高加索的可萨军队，并将大量战利品运回了泰西封。[4] 很可能在这一时期，萨瓦兰骑兵的战术、训练和装备都发生了重大转变。虽然萨瓦兰骑兵再次证明了他们的战斗力，嚈哒人依旧在东北方处于上风。卡瓦德谨慎地避免与嚈哒人对抗，因为波斯还没有准备好在战场上与他们对决。

马兹达克的"共产"运动

一位名为马兹达克（Mazdak）的神秘人物自 484 年，即惨败于嚈哒人的那一年，就开始在伊朗西部传播一种新的宗教教义和社会理论。[5] 正如沙普尔时代的摩尼教运动一样，马兹达克提倡一种绝对的社会平等与正义，所有的财富与财产应当共有，[6] 这一观点与 19 世纪卡尔·马克思的共产主义著作存在类似之处。与后世的共产党人一样，[7] 马兹达克提倡简单而统一的着装。马兹达克的教义中，摩尼教的影响也相当明显，比如也有禁食肉类的教规。小马兹达克曾是摩尼教的信徒，一般认为他活跃于卡瓦德和他的儿子库思老一世统治时期。（此处的马兹达克均指代小马兹达克。）

◎ 1971 年在波斯波利斯举办的庆典上，游行队伍复原了 5—6 世纪风格的萨瓦兰部队，戴着尖头的"尼尼微"头盔。（出自《波斯帝国建国两千五百年庆典》）

马兹达克高声质疑萨珊帝国中财富分配不均的现状。这是对政治权威与财产所有权的直接挑战。马兹达克主张人人平等，无论君主、贵族与平民，这让统治阶层大为不满。他的改革对已建立的"正统"琐罗亚斯德教构成直接威胁，因为他的教义挑战了祭司们的神学基础。即使其中没有摩尼提倡的虚无主义，摩尼信仰的善恶二元论宇宙观却被再次提出。[8]礼仪和宗教典礼的作用被淡化，转而强调个人奉献、精神性和禁欲主义。这些教义对上层贵族和琐罗亚斯德教祭司而言，如诅咒一般，他们将马兹达克的教义视作宣扬颠覆政权与无政府主义。甚至亚美尼亚人也对马兹达克的教义不满，他们将其视作对基督教以及亚美尼亚的封建社会的威胁。一些文献记述提到，亚美尼亚人请求拜占庭帝国在马兹达克教义被强加于亚美尼亚之时，进行武力干预。

虽然嚈哒人索取的贡金必然给国民增加了沉重的负担，人民的贫穷、困苦与绝望，或许也要归因于琐罗亚斯德教教士以及上层贵族的腐败。这些寡头显然为自己囤积了大笔财富，不成比例地占据了帝国境内的大部分财富。卡瓦德完全清楚，寡头政治会对他的统治构成何等威胁。从卡瓦德的税收改革中就能看出，他应当是想要打破寡头们的政治权力，这或许是他支持马兹达克的部分原因。[9]地位受到威胁的祭司和贵族们，在 496 年推翻了卡瓦德，并将他囚禁在阿诺什博德（Anoushbord，意为"被遗忘的堡垒"）。卡瓦德的弟弟扎马斯普（Zamasp，496—498 年在位）随后登基为王。

卡瓦德归来

卡瓦德很快就从阿诺什博德逃走，来到嚈哒人的宫廷避难。库什纳瓦兹将他的女儿嫁给卡瓦德，并派出 3 万名嚈哒骑兵为他提供武力支持。卡瓦德及嚈哒人盟友向波斯进军，而扎马斯普于 498 年和平地将王位还给他的兄长。[10]重获王位之后，卡瓦德又统治了三十余年（498—531 年）。掌权之后，卡瓦德就任命希亚瓦什（Siyavash）为"总指挥官"（Arteshtaran-Salar），回报他帮助自己逃离阿诺什博德。[11] 欠嚈哒人的人情，也迫使卡瓦德继续向他们支付岁贡。与此同时，琐罗亚斯德教教士和上层贵族们别无选择，只能服从卡瓦德的权威，并容忍马兹达克的"共产"教义。

在统治的末期，卡瓦德开始疏远马兹达克和他的运动，这一定程度上是由于祭司和贵族的压力。同时，马兹达克教派也变得更加激进，他们对公有制

◎ 在伊拉克的尼尼微出土的萨珊王朝扣片头盔，5—7 世纪。(© *Trustees of the British Museum*)

近乎宗教的追求，夺取了许多私人财产。与此同时，已经因灾难性的嚈哒人战争而损失惨重的贵族们，正在因马兹达克教派要求绝对平均主义而遭到极大的削弱。[12]马兹达克教派对乌托邦式的"无阶级"社会的坚定要求，开始侵蚀帝国社会结构的基础。卡瓦德当然希望约束贵族的过分行为，然而他并不想要消灭贵族阶级。他意识到，若是没有贵族和祭司，帝国将陷入政权内乱中。因此，他让他的儿子之一——库思老一世，在524—528年发动了一场针对马兹达克教派的残酷迫害。库思老与大祭司（即"摩巴德"）结盟，他的行动与3世纪时针对摩尼信仰的那些迫害如出一辙。库思老甚至杀死了自己的弟弟弗塔索尔萨斯（Phthasuarsas），只因为后者是马兹达克教徒——屠杀的残暴无情可见一斑。库思老的大屠杀主要是为了防止出现无政府状态，而不是出于琐罗亚斯德教原教旨主义。库思老成为国王之后，他的一个妻子和一个儿子改信了基督教。库思老并没有对他们进行惩罚，因为他们的信仰对帝国的法律和社会制度并无不利之处。

马兹达克运动的一些幸存者也许逃到了叙利亚、阿拉伯，甚至一路向西逃往罗马，并在那里加入了一些"异端"教派。萨珊帝国东部的马兹达克教派幸存者，也许融入了大呼罗珊的佛教徒中。随着马兹达克教派被消灭，基督教得以进一步传播，特别是在萨珊帝国的西部地区。当卡瓦德在498年进入泰西封时，波斯的基督教聂斯托利教会已经吸纳了许多伊朗人信徒。显然，祭司和上层贵族决定容忍聂斯托利教派的教义。[①]

卡瓦德统治时期的军事改革

萨珊王朝的军事机器似乎在这一时期经历了一些改革。484年与嚈哒人的战争经历，极大地改变了萨珊军队。萨珊王朝新的战争机器很快就在与可萨人以及随后的嚈哒人的对抗中，展示了力量。萨珊王朝军队在西部边境与拜占庭帝国的对抗，也给他们带来了深远的影响。拜占庭军队和萨珊军队都对战术和装备进行了调整和改进，以至于在卡瓦德–库思老与贝利撒留的战争中，萨瓦兰骑兵和拜

---

① 译注：政治意义上，扶持反对罗马帝国的基督教派显然有利。另一方面，聂斯托利派认为基督仅有人性的说法，也相对更容易被琐罗亚斯德教派接受。

占庭军队中的同类部队（如"Kataphractoi"），在战场上几乎没有分别。

到了卡瓦德统治时期，中亚传来的新技术或许已经被萨瓦兰部队所采用。尽管确切的日期无法查明，嚈哒人以及之后匈人–突厥人的一系列技战术被萨珊军队采用吸收，特别是两点式的挂剑系统，或许还包括马镫。马镫的问题存在激烈的争议，特别是马镫的应用日期。一些观点认为马镫是在后嚈哒人时代（卡瓦德至库思老一世统治时代）被采用的，也有观点认为是在5世纪末到6世纪初被采用的，还有观点认为萨珊王朝的军队从未使用过马镫，因为缺乏直接的实物证据。大多数学者现在都不持最后一种观点。[13]

罗马人的记载中，有关卡瓦德统治期间的萨珊步兵的记述向来是负面的。普罗科比如此描述达拉之战中波斯将军菲鲁兹（Firouz）指挥的步兵部队："波斯步兵只不过是征召农民组成的乌合之众……负责在战后打扫战场，以及（为军队）做仆役。他们除了一柄大型长枪之外没有其他武器。"[14] 这一描述在达拉之战属实，波斯步兵（paighan）在萨瓦兰骑兵被击败之后，就扔下盾牌，逃离了战场。高质量的职业步兵要到库思老一世统治时期才出现，即来自波斯北部的代拉姆人部队。

与拜占庭帝国关系恶化

当卡瓦德在498年巩固统治之时，萨珊王朝和拜占庭帝国之间已经有八十多年没有战争了。西罗马帝国在5世纪上半叶遭到了日耳曼部落主导的一系列毁灭性的入侵，阿兰人作为同盟部队也参与其中。476年，罗马城也落入"蛮族"的统治下。以古拜占庭城为首都的东罗马帝国接管罗马帝国在近东和巴尔干的领地。萨珊王朝的统帅部或许认为，这是将帝国的领土向西扩张的机遇。

按照格雷特雷克斯（Greatrex）的说法，卡瓦德打破和平的原因有两个——嚈哒人，以及萨珊帝国的饥荒。[15] 嚈哒人不断索取高额岁贡已经让国家财政破产。缺少资金使得政府停止了对每况愈下的农业生产的补贴，如果这一情况得不到改善，大范围的饥荒将不可避免。卡瓦德随即派出使团前往君士坦丁堡请求资金援助。拜占庭帝国之前资助了高加索地区的防御工事建设，修建了三座城市作为"大型前沿军事基地"。[16] 不过，拜占庭帝国只同意向卡瓦德提供借款，而卡瓦德本希望获取无偿援助。拜占庭帝国政府很可能无意让萨珊波斯摆脱嚈

◎ 位于塔吉-博斯坦的浮雕，一名萨珊王朝晚期骑兵正在使用固定的骑枪作战。（© *Livius.org*）

哒人的压迫，毕竟削弱萨珊波斯对拜占庭有利。

卡瓦德的选择已经所剩无几。如果他忍气吞声，他就必须要向嚈哒人支付岁贡，并眼看着帝国的民众陷入饥荒中。他最终决定进攻并掠夺帝国国境以西的罗马帝国城市。[17] 他希望借战利品来支付嚈哒人的岁贡，并缓解严重的农业歉收。预计到战争将至，拜占庭帝国加紧整修幼发拉底河沿岸的防御工事，以及重要的堡垒城市达拉和尼西比斯。

卡瓦德最终在 502 年 8 月，皇帝阿纳斯塔修斯（Anastasius，491—518 年在位）统治期间，对拜占庭帝国发动了全面入侵。后世史学家所谓第一次拜占庭-波斯战争，由此开始。萨珊入侵军队由卡瓦德亲自率领，人数不多，以精锐的萨瓦兰骑兵作为先锋。塞奥多西奥波利斯（Theodosiopolis，今土耳其东部的埃尔祖鲁姆）这座城市被卡瓦德的萨瓦兰部队攻陷。[18] 这迫使拜占庭军队在阿米达（今迪亚巴克尔）继续进行抵抗。按照普罗科比的记载，卡瓦德对城市的最初进攻被守军击退，而萨珊军队的攻城器械也被破坏。[19] 面对坚决的抵抗，卡瓦德原本已准备撤退，然而城市中的居民却开始嘲笑和羞辱萨珊波斯士兵。讽刺的是，这些行为导致城市最终陷落。祭司们鼓舞萨瓦兰士兵继续战斗，而卡瓦德的将军们指挥全部入侵军队包围了这座城市。一支侦察小队在阿米达的一个塔楼下面，发现了一个隐藏在石头后的旧入口。卡瓦德迅速利用了这一入口，萨瓦兰部队攻入城中，并开始了激烈的肉搏战，城市最终在 503 年 1 月陷落，[20] 长达八十天的阿米达围攻战就此结束。

然而拜占庭帝国远没有被击败。阿雷奥宾杜斯（Areobindus）将军集结了一支大军，自 363 年尤里安皇帝入侵波斯之后，这是这一方向上最大的一支罗马军队。阿雷奥宾杜斯对尼西比斯的萨珊驻军发起进攻，并成功攻占该城，[21] 然而卡瓦德却在不久之后迫使阿雷奥宾杜斯撤走。[22]503 年 8 月，以尼西比斯为基地的卡瓦德发起了新的攻击。拜占庭帝国派出两名将军——帕特里修斯（Patricius）和希帕提乌斯（Hypatius），前去支援屯驻在图尔阿比丁（Tur Abdin）的阿雷奥宾杜斯。然而援军未能及时前来会合，阿雷奥宾杜斯被迫向西撤退。与此同时，帕特里修斯和希帕提乌斯继续向图尔阿比丁方向进军，意图迎战萨珊王朝的部队。卡瓦德的萨瓦兰骑兵在图尔阿比丁决定性地击败了两位将军的部队，迫使他们撤走。[23] 卡瓦德就此得以推进到君士坦提娅（Constantia），这个城市中的犹太人也试图帮助萨珊军队，却没有成功。卡瓦德未能攻占这座城市，不过还是设法从市民手中获得了一些补给。[24] 下一个目标是埃德萨，卡瓦德也没能攻占那里。负责埃德萨防御的阿雷奥宾杜斯，果断地拒绝了卡瓦德索取一万磅黄金的要求。卡瓦德最后转往奥斯若恩（Osrhoene），尽管萨瓦兰部队和他们的拉赫姆部阿拉伯人盟军取得了一些战果，但还是没能攻破这座城市。与此同时，拉赫姆部的新国王蒙齐尔（al-Mundhir）出兵掠夺巴勒斯坦。

503 年夏，皇帝阿纳斯塔修斯派出了更多增援部队，他们很快就在麦利蒂尼并入帕特里修斯将军麾下。帕特里修斯向阿米达进军并展开围攻。与此同时，一支奉命前去对抗帕特里修斯的萨珊援军遭遇了惨败。另一支罗马军队正在雷塞纳集结，并在不久之后于 504 年的春季，在塞莱尔（Celer）将军的率领下前往阿米达，支援还在围攻该城的帕特里修斯的部队。卡瓦德此时已经撤退，前去迎击经高加索入侵的匈人。然而阿米达的萨珊王朝驻军还在坚持。此时人数占优的拜占庭军队制定了一个两路并进的策略，在围攻阿米达的同时，派出阿雷奥宾杜斯和塞莱尔率部侵入萨珊王朝境内。[25]卡瓦德无法维持战争，派出他的一名指挥官去阿米达投降谈判，并与拜占庭帝国商议和约条款。

匈人充分利用萨珊王朝与拜占庭帝国交战之机，进一步向高加索深入，并从西北进攻波斯。卡瓦德与匈人进行了长达十年的战争。这些战争的相关记述很少，然而最终结果还是卡瓦德将匈人赶出了阿特罗帕特尼，以及帝国的西北部地区。

伊比利亚（今格鲁吉亚共和国）在524—525年倒向拜占庭帝国。或许是为了将萨珊王朝的军队从伊比利亚引开，贝利撒留将军对萨珊波斯控制的亚美尼亚发动了一次进攻，但没有什么战果。利贝拉里乌斯（Libelarius）将军率领的拜占庭军队，进攻贝斯阿拉巴叶（Beth Arabaye）地区，试图攻占堡垒城市尼西比斯。这次行动彻底失败，利贝拉里乌斯的军队损失惨重。527年，卡瓦德和他的拉赫姆部盟友，在美索不达米亚边境上与拜占庭军队爆发一连串小规模冲突。新任罗马帝国皇帝查士丁尼（527—565年在位）任命贝利撒留作为对波斯作战的总指挥官。贝利撒留是一位杰出的将领，此前在非洲和欧洲的胜利让他小有名气。他来到叙利亚–美索不达米亚战区，却在528年的塔努里斯（Thanuris）沙漠之战中惨败，贝利撒留的骑兵在这一战中直接冲进了萨珊军队隐蔽好的壕沟中。[26]贝利撒留在两年之后的达拉之战中展现了自己的才智，他在那里准备了一条由拜占庭步兵驻守的壕沟，骑兵则部署在壕沟的两侧。根据记载，拜占庭军队有2.5万人。萨珊军队是菲鲁兹率领的4万骑兵，他们主动前进到贝利撒留军队的正前方不远处扎营。第一天只有萨瓦兰骑兵发起了一次突然的短暂冲锋，或许是为了评估贝利撒留骑兵的战斗力。

菲鲁兹在第二天将他的军队一分为二，其中一支作为预备队，在有需要时顶替另一支继续作战。萨珊军队在下午开始进攻，射出遮天蔽日的箭雨，[27]这一描述与古希腊文献中，阿契美尼德王朝军队在公元前490年的马拉松之战中进行的弓箭投射，完全一致。箭雨之后，菲鲁兹对贝利撒留的左翼进行了一次成功的骑枪冲锋，左翼的部队损失惨重并崩溃了。然而拜占庭军队的右翼却出现了陷阱，萨瓦兰骑兵落入陷阱中，损失了3000人。菲鲁兹随即将萨珊王朝的不死军（Zhayedan）布置到萨珊军队的左翼，对贝利撒留的右翼发起进攻。

这次进攻似乎取得了一定进展，造成了大量伤亡，然而拜占庭军队对不死军右翼的包抄进攻，却将这支部队困在了拜占庭军队的阵线中。绝境下，不死军士兵依然战斗到最后一人。菲鲁兹意识到大势已去，率领萨珊军队撤走，在撤退之时又承受了一定的伤亡，然而核心部队萨瓦兰骑兵基本保持了完整，伤亡的绝大多数是普通步兵。

拜占庭军队还取得了另一次大胜，战胜了迈赫尔-迈赫罗（Mehr–Mehroe）率领的 3 万名非伊朗人附庸骑兵，这支部队试图切断伊比利亚与罗马军队之间的联系。一些亲波斯的亚美尼亚人和突厥语族的萨比尔人（Sabirs），加入了迈赫尔-迈赫罗一方。决战发生在高加索东部的城市萨塔拉（Sattala）。在这次战斗中，出现了一次大规模的中亚式骑兵决斗，以迈赫尔-迈赫罗战败、萨珊王朝军旗被夺宣告结束。迈赫尔-迈赫罗的亚美尼亚同盟则叛变到罗马人一方，遭受重创的萨珊军队的残部撤回了波斯。这次交锋让卡瓦德付出了沉重的代价，因为他丢失了高加索的一个主要金矿区——法兰吉乌姆（Pharangium）。[28]

然而贝利撒留没能重现他在达拉的胜利。他于 531 年在科马吉内（土耳其东部）地区、幼发拉底河沿岸的卡利尼库姆再次作战，对手是萨瓦兰骑兵和拉赫姆部阿拉伯人盟军组成的全骑兵部队。[29] 在卡利尼库姆的战场上，萨珊王朝的将军阿扎莱塞斯（Azarethes）向敌方中军发起攻击，分散了贝利撒留的注意力。阿扎莱塞斯得以在拉赫姆部阿拉伯战士的支援下，进攻贝利撒留毫无戒备的右翼部队，并击溃了贝利撒留战线中的薄弱部——加萨尼（Ghassanid）阿拉伯人和利考尼亚（Lycaonian）步兵。贝利撒留坚持抵抗，他和他的残余部队得以退过幼发拉底河。

531 年，在与查士丁尼的敌对行动结束之后不久，82 岁高龄的卡瓦德逝世。在他统治期间，波斯稳定了东北边境的嚈哒人，击败了可萨人，并与拜占庭帝国打成平手。也是在卡瓦德统治期间，萨珊军队从 484 年的惨败中恢复，并对他们的装备和战术进行了一些关键改变。正是这些准备让卡瓦德的儿子和继承者库思老一世，得以在 6 世纪中期进行广为人知的军事改革。尽管马兹达克教派似乎被卡瓦德和他的儿子库思老一世消灭，这一教派的平等主义理念却从未被帝国的平民大众遗忘。

注释

1. Farrokh, *Elite Sassanian Cavalry*, pp.26, 53.

2. Zarrin'kub, *Ruzgaran:tarikh-i Iran*, p.223.

3. G. Parker (ed.), *The Times Atlas of World History* (London: Hammond Incorporated, 3rd edition, 1993), pp.105, 108.

4. Zarrin'kub, *Ruzgaran:tarikh-i Iran*, p.223.

5. 关于马兹达克教的起源与教义的详细讨论，见 E. Yarshater, "Mazdakism", in Yarshater, *The Cambridge History of Iran: Vol.3(2)*, pp.991–1024。

6. Yarshater, "Mazdakism", pp.995–1006. 这一教派的创始人应是"老马兹达克"，并为"小马兹达克"所继承。老马兹达克本是波西斯的大祭司，创立了马兹达克教派，伊斯兰文献称之为"胡拉米丁派"（Khurramiyya）。

7. Frye, "The political history of Iran under the Sassanians", p.150.

8. Yarshater, "Mazdkism", pp.1006–1007.

9. Motofi, *Tarikh-e-Chahar Hezar Sal-e Artesh-e Iran*, p.175.

10. Frye, "The political history of Iran under the Sassanians", p.150.

11. Motofi, *Tarikh-e-Chahar Hezar Sal-e Artesh-e Iran*, p.244.

12. Frye, *The History of Ancient Iran*, p.173.

13. 这一观念变化，主要源自 G. Herrmann 的开创性论文 "Parthian and Sassanian saddlery: new light from theRoman West", L. de Meyer & E. Haerinck (eds.), *Archaeologia iranica et orientalis: miscellanea in honorem Louis vanden Berghe, Vol.2* (Leuven, Belgium: Peeters Presse, 1989), pp.757–809。另见Farrokh, *Sassanian Elite Cavalry*, pp.18–19。

14. Motofi, *Tarikh-e-Chahar Hezar Sal-e Artesh-e Iran*, p.178.

15. G. Greatrex, *Rome and Persia at War, 502–532 AD* (Leeds: Francis Cairns, 1998), pp.51–52.

16. Motofi, *Tarikh-e-Chahar Hezar Sal-e Artesh-e Iran*, p.224.

17. 同上，p.176，也提到这一战的主要起因是罗马帝国拒绝支付高加索山地防线的维护费用。

18. Frye, "The political history of Iran under the Sassanians", p.151.

19. Motofi, *Tarikh-e-Chahar Hezar Sal-e Artesh-e Iran*, p.177.

20. Frye, "The political history of Iran under the Sassanians", p.151.

21. Theophanes, *The Chronicles*, AM 5997, 147.6–24.

22. Greatrex & Lieu, *The Roman Eastern Frontier Vol.2*, p.68.

23. Procopius, *History of the Wars*, I.8.11–19.

24. Procopius, *History of the Wars*, II.13.8–15.

25. Greatrex & Lieu, *The Roman Eastern Frontier Vol.2*, p.72.

26. Zachariah, *Historia*, IX.2, 92.25–93.27; Farrokh, *Sassanian Elite Cavalry*, p.41.

27. Procopius, as cited by Motofi, *Tarikh-e-Chahar Hezar Sal-e Artesh-e Iran*, p.178.

28. Greatrex, *Rome and Persia at War*, p.189.

29. 有关这一战的详细讨论见 Greatrex, *Rome and Persia at War*, pp.200–207 和 Farrokh, *Sassanian Elite Cavalry*, pp.50–52。

第十六章
库思老一世的复兴

　　库思老一世（531—579 年在位），也被称为"灵魂不朽者"，在父亲去世后登基为王。本杰明宣称，"灵魂不朽者"库思老统治时期，是"波斯历史上的奥古斯都时代"。[1] 尽管在库思老统治时期，名望、辉煌与胜利比比皆是，他起初却不得不依靠阴谋和流血来稳固王位。最初，卡瓦德的长子卡沃斯（Kaoos/Kavoos）似乎最可能继位。然而，卡瓦德的正式遗嘱已经指定库思老为继承人，这或许源自库思老母亲的计策与宫廷阴谋。祭司们也对库思老欣赏有加，因为他果断地消灭了马兹达克的追随者。马兹达克最终被库思老抓获，他和他数以万计的信徒被处死。一些畏惧库思老的贵族转而支持卡瓦德的次子扎米斯（Zamis）。库思老及时地处死了他在世的兄弟、叔伯以及他们所有的男性后代。仅有卡瓦德王子一人幸存，他逃到了君士坦丁堡。帮助王子逃跑的将军查纳朗（Chanarang）则被处决。

　　虽然库思老的继位甚为血腥，他的统治却极大地造福了萨珊帝国及其臣民。他对司法系统进行了重大改革：审判要保证客观公正，刑罚也要按照犯罪的轻重相应进行。此外，对日渐臃肿的官僚体系也进行了重大改革，其目标是建立一套制度，按照官员的功绩与专业能力水平公平地奖赏与提拔。西方历史学家一般都认同，库思老建立的司法体系与行政体系极大地造福了帝国的人民。然而必须指出的是，尽管改革取得了不小的成就，却并没有完全施行，许多封建地主贵族依旧保留了他们的许多权力，并维持到伊斯兰征服时代。尽管如此，库思老的系统依然被阿拉伯人继承，并在之后的伊斯兰哈里发国中延续。

库思老的统治见证了艺术、商业和建筑的伟大复兴。波斯的许多艺术与技术成就，传播到中国、远东和欧洲。这一过程将在萨珊王朝灭亡之后依然长期延续下去。学术研究得到了极大的鼓励。与拜占庭帝国的关系，实际上是卡瓦德统治期间的对立状态的延续，并将一直持续到 7 世纪 30 年代信仰伊斯兰教的阿拉伯人入侵之时。

◎ "库思老之杯"，使用黄金、水晶和石榴石制成。中央的圆形水晶片上，库思老一世坐在带翼的马托起的王座上。（akg-images/Erich Lessing）

库思老一世的军事改革

军事装备与战术的改革，自卡瓦德统治时期已经开始，在库思老的时代完成。[2] 库思老的军事改革奠定了一支强大军队的基础，这支军队足以稳固地守卫帝国的边境地区，而这一点也保证了贸易与社会的稳定，文化发展的成就得以在帝国中生根。库思老的改革极大地提升了帝国多线作战的能力，并保证帝国可以及时向重要战场调动兵力。库思老的军队在与拜占庭帝国、可萨人、阿拉伯-埃塞俄比亚人和嚈哒人的对抗中，表现出色。

改革的关键内容之一是对指挥机构的重组。库思老废除了开销大却效率低的旧式总督体系，代之以四个主要的行政与军事区：美索不达米亚、高加索、中亚和波斯湾-伊朗西南部。库思老随后将单一的统帅部转化为四个区域指挥部，每个军事区各设立一个。在这样一个幅员辽阔、地区众多、多语言和多民族的帝国中，这次重组将帝国有限的防御资源进行了更加合理的分配，"四分"系统也提高了管理效率。

贵族阶层在军务上拥有过多的权力，是帕提亚王朝遗留的一个重大问题。特别是精英主义，给人员征召添加了过度的限制。只有顶层的"雅利安"贵

◎ 1971年在波斯波利斯举办的庆典中，由萨瓦兰军官率领的代拉姆步兵部队，以及高举卡韦赫战旗的士兵。（出自《波斯帝国建国两千五百年庆典》）

族可以作为萨瓦兰骑兵服役，导致萨瓦兰部队长期缺少高质量的兵员。这意味着萨珊军队无法同罗马人或者中亚的突厥人–匈人，进行长期的消耗战。库思老将新的改革引入了征召方面，以减轻帝国的人力短缺。"德赫甘"，即低阶贵族和小地主，此后也可以作为精锐萨瓦兰骑兵服役。事实证明，"德赫甘"对全新的中央集权军队高度忠诚，而且他们也以泰西封政府的名义，担任各行省的税务官员和行政官员。尽管库思老成功增加了萨瓦兰骑兵的数量，他依然无力解决帝国的人口基数较小的状况，特别是和罗马帝国相比。职业部队在长期的战争中大量伤亡，是萨珊帝国无法承受的损失。拜占庭帝国的优势在于，他们能够从坚韧的安纳托利亚人、本土希腊人和巴尔干人中征召大量部队，并能够在较短的时间内补充损失。

在库思老改革之后，军事检阅变得更加彻底。检阅将持续四十天，而国王本人也要接受公正的检查。[3] 训练规划因此受到影响，尽管其具体变化历程还需要更多的史料学研究支持。萨珊王朝之后的史诗（例如，菲尔多西的《列王纪》），往往宣称萨瓦兰骑兵必须进行高强度的马术训练与武器训练。"德赫甘"接受的训练的细节更为清晰，而几乎可以肯定的是，他们的训练和那些"雅

320

利安高层"的"阿扎丹"骑士的训练几乎相同。[4]"德赫甘"的儿子们奉国王之命，从少年时便开始接受严格的军事训练：第一阶段在"德赫甘"的庄园中进行，之后的训练则要转往泰西封的王室训练场中进行。国王军事学院的教官们是久经沙场的老兵，将宝贵的知识与经验传授给下一代萨瓦兰战士。早年的马术、弓箭、骨朵和骑枪的训练得到了改进，并添加了"剑术训练"和其他形式的格斗技术训练。训练完成之后，年轻的战士将正式入伍，成为萨瓦兰战士之一。即使如此，新兵只有在战场上成功地证明了自己的战斗能力，训练才算正式完成，此后他将正式获得"巴苏带"（basu-band，一种仪式性的臂章，并非同名的环片甲）以及"卡尔马带"（kamar-band，装饰腰带）。

库思老的税收改革让政府能够更有效地控制军队，并处理军界的财政问题。这些改革的另一个目的，则是减少大封建地主和琐罗亚斯德教祭司们的影响力。一个长期存在的问题是，越来越多的腐败的政府官员侵吞国家的财富中饱私囊。这不但加重了平民的负担，也耗竭了本应用于军务的重要资金。这一定程度上也解释了波斯为何要花费这么长的时间，才能从484年惨败于嚈哒人的灾难中恢复过来。库思老推行的税收体系安排诚实的政府官员与职业军人管理国家税收，的确在很大程度上提高了军队的纪律性和效率。

库思老下令对整个帝国的道路系统进行整修和扩建，其军事目的是方便军队紧急调动到帝国的某个重要边境地区，比如从中亚调往美索不达米亚-安纳托利亚方向，反之亦然。在广阔地域上建立起完备、高效的道路系统，乃是阿契美尼德王朝创建的原则，罗马人也非常高效地利用了这一点。库思老的改革还试图建立起一条南北干道，让部队可以调往南方保卫波斯湾-胡齐斯坦地区，或者到北方防御高加索山口。

道路系统是通信系统改革的一部分。由于库思老改革了邮驿系统和信件传递系统，有关入侵与敌军动向的关键信息此后能够更迅速地传达。这一系统实际上就是沿着整个道路系统布置的一系列驿站，其起源可以追溯到古老的阿契美尼德王朝。和阿契美尼德时代一样，这些驿站为快速奔走的信使提供休息之处，同时也向其他旅行者开放。不同之处在于，此时有军事人员在特定的驿站驻守，确保出现军事危机时仍能顺畅传递信息。库思老对道路系统和通信系统的改革，也保证了学者、艺术家和商人能够在整个帝国境内安全通行，与波斯、印度和拜占庭之间的文化、艺术、建筑和学术交流也因此得以开展。

在库思老一世统治时期，或许也包括卡瓦德统治时期，超重装骑兵已经不复存在。取代他们的是"复合骑兵"——将弓骑兵和常规骑枪骑兵的作用结合在一起。或许自4世纪30年代起到484年惨败于嚈哒人，萨珊军队中的弓骑兵和超重装骑枪骑兵，似乎都编为独立的部队。萨珊军队并没有像帕提亚王朝的军队那样，将骑射作为弓骑兵的专有技能——在纳格什-鲁斯泰姆的浮雕上，能看到早年的萨珊骑兵携带箭袋。到沙普尔二世统治时期，骑射任务由着甲的弓骑兵负责，他们也很可能携带剑和匕首等近战武器。另一种可能是，这些士兵就是早期的萨瓦兰部队，他们当时的任务是支援、辅助专门以骑枪和超长枪突破敌阵的重装骑兵。在中亚边境的失败或许就是采用这种通用性更强的"复合"骑兵的主要动力。正如早年的超重装骑兵一样，复合骑兵拥有较好的防护，戴着头盔（极有可能是扣片式），穿着链甲并携带一面小盾牌。他们与超重装萨瓦兰骑兵一样手持骑枪，还携带了装有两张弓的弓匣，而他们的头盔后面还放有备用的弓弦。[5] 这些战士还采用了突厥人–匈人的马镫与两点式悬挂系统，提升他们调整战法的速度。萨珊军队也许得出了这样的结论："过

◎ 萨珊王朝旗帜。从左至右：野猪旗、龙骑、四三角飘带旗。（出自《波斯帝国建国两千五百年庆典》）

于专业化"的超重装骑兵，面对高速机动且阵形分散的弓骑兵时容易受到攻击，特别是在马镫与新型的阿瓦尔-匈人弓得到应用之后。复合萨瓦兰骑兵要在战场上"机动行事"，既能应对他们的同类部队——拜占庭帝国的全身甲重骑兵，也能对抗中亚灵活的匈人-突厥人骑射手。

代拉姆人来自波斯北部的森林地带，他们是萨珊王朝晚期最著名的非骑兵部队之一。他们的装备和装饰与萨瓦兰士兵颇为类似，而他们也是在希腊-罗马文献中唯一得到了认可的萨珊王朝步兵部队。[6] 他们以剑、战斧、投石索、弓箭、匕首和双股飞叉来对抗拜占庭军队，特别是在高加索。[7] 记载中，他们往往手持色彩艳丽的盾牌。[8] 此后的阿拉伯战士高度欣赏代拉姆人的战斗力，并积极地将他们招募到自己的军队中。

库思老与罗马的战争

库思老和查士丁尼皇帝同意通过谈判来解决两个帝国之间的矛盾。于是，他们在535年或537年签订了"永久和约"（Pax Perpetuum），希望通过这一和约解决萨珊帝国与拜占庭帝国之间所有的领土争端。拜占庭帝国为萨珊帝国提供资金，补贴一部分维持高加索山口的防御工事的花销，这条防线对阻止入侵者进攻拜占庭帝国的安纳托利亚，可谓至关重要。[9] 查士丁尼或许也希望通过这笔款项，消除拜占庭帝国在未来被萨珊军队进攻的风险。作为回报，萨珊王朝承认达拉属于拜占庭帝国，而前提是不再进一步加固该城的防御。然而查士丁尼并没有满足库思老的要求——交出高加索的拉兹卡（Lazica）。这一和约的签订使查士丁尼能将大部分军力重新部署到西方，那里的西罗马帝国此时已经大致被哥特人和他们的盟友占领了。库思老也同样利用这一和约，巩固了自己在帝国中的政治地位。

双方的友好关系持续到了540年。伊朗的历史学家将战争再度爆发归因于罗马人对美索不达米亚和高加索的敌对干预。在希拉，拜占庭帝国煽动叛乱，对抗萨珊王朝的盟友——拉赫姆部阿拉伯人。[10] 拜占庭帝国对高加索（主要是亚美尼亚和格鲁吉亚）的干涉也让萨珊王朝甚为警惕。拜占庭帝国的欧洲敌人，特别是哥特人，已经派出使团觐见库思老一世。显然，哥特人希望萨珊王朝进攻查士丁尼，以缓解拜占庭军队对他们施加的军事压力。库思老或许还

◎ 罗马帝国与萨珊帝国在 6 世纪的战争。

担心查士丁尼会在结束了欧洲的战争，消灭了哥特人和他们的盟友之后，进攻萨珊帝国。

　　萨珊王朝的统帅部显然相信，拜占庭帝国很快就会再次对他们发起军事行动。库思老一世决定先发制人，集结部队发起进攻。这一方向的拜占庭军队当时由布泽斯（Bouzes）率领，而非战功卓著的贝利撒留，他当时正在西方作战。540 年 5 月，萨瓦兰部队渡过幼发拉底河，对叙利亚发起了猛攻。拜占庭军队无法阻止库思老的进军。不过，萨瓦兰未能攻占芝诺比娅城，他们只得转往苏拉（Sura），并且攻陷该城。[11] 安条克就此处于萨瓦兰部队的包围中。在十五年前的地震之后，拜占庭帝国未能及时重建该城的防御，间接证明了意大利与北非的战事较多地消耗了拜占庭的精力。安条克于 540 年 6 月被攻陷。[12] 城中的全部居民都被强行迁至泰西封附近，库思老在那里建造了一座模仿安条克城市规划的新城，其正式名称为维安条克库思老（Veh Antioch Khosrow，意为"库思老所建胜过安条克之城"）。罗马人称之为"罗马甘"（Rumagan，罗马人/希腊人的城镇），之后的阿拉伯人称之为鲁米亚（Al-Rumiyya）。安条克陷落

324

之后，拜占庭帝国在叙利亚-美索不达米亚的地位岌岌可危。库思老似乎不可阻挡——萨珊军队抵达了地中海。他们也成功攻破了阿帕梅亚，然而库思老明智地决定不带走城中的"真十字架"的碎片。[13] 接下来是哈尔基斯（Chalcis），该城选择向库思老支付赎金，没有进行抵抗。萨珊军队随后向卡莱进军，而后进军君士坦提娅。达拉也遭到攻击，而萨珊军队的一次地道进攻几乎攻破该城，然而拜占庭军队的反地道措施决定性地抵御了这次进攻。[14]

正当库思老前往高加索作战时，贝利撒留调任拜占庭帝国东部战区的指挥官。他发现当地部队的情况很糟：许多人没有武器与盔甲。[15] 然而贝利撒留决定充分利用库思老远离叙利亚-美索不达米亚的机遇，他成功地重组并重新武装了这一地区的拜占庭军队。在达拉集合之后，贝利撒留率军于541年进攻尼西比斯。贝利撒留的前锋在接近城市时，似乎被纳比德（Nabed）所率领的骑兵部队击败。然而萨珊军队的这场胜利是短暂的，贝利撒留的主力到达之后，纳比德就被击败了。[16]

尼西比斯城防坚固，难以攻破。贝利撒留转而进攻较小的希索拉农（Sisauranon）堡垒，并于不久之后将其攻破，将俘虏的城中居民送往君士坦丁堡。[17] 然而贝利撒留无法乘胜进军，这主要是因为他的军队已经力竭。尽管如此，他优秀的指挥才能已经大大遏制库思老此前的攻势。意识到拜占庭军队发起反攻后，库思老从高加索返回，并在542年发起了新的攻击，剑指卡帕多西亚。贝利撒留再次奉命前去挽救危局。库思老打算将卡帕多西亚作为挥师西南进攻巴勒斯坦的基地。[18] 贝利撒留将部队部署到幼发拉底河西岸，阻止了库思老的这次进攻。也许库思老高估了贝利撒留所部的规模，所以才决定直接撤回波斯的。[19]

在撤退期间，库思老也许将一部分部队留下，交给之前在高加索作战的迈赫尔-迈赫罗将军。迈赫尔-迈赫罗将进攻幼发拉底河北部的拜占庭军队防线。卡利尼库姆也许在542年被他的军队攻破。[20] 库思老此后又于543年率领主力进攻埃德萨。攻城部队损失惨重，然而库思老决意攻破这座城市。库思老的工兵们建造了一个大土堆，并试图让土堆高过城墙，然而防御者依然顽强抵抗，并在土堆之上纵火。[21] 埃德萨城最终通过谈判和支付赎金，说服了库思老放弃围攻。

拉兹卡战争

萨珊王朝还在高加索参与了一次大决战。在维安条克库思老建成之后，库思老建造了一系列的城镇与防御墙，巩固高加索山口的防御。库思老在泰西封接见了来自拉兹卡（Lazica）的使团，他们请求他出兵支援，对抗拜占庭帝国的入侵。高加索北部，尤其是亚美尼亚以北的地区，就此成为罗马–萨珊对抗的又一个竞技场。

拉兹卡的重要战略意义，在于这里可以构筑一个高加索西部沿海的海军基地。一支新打造的海军力量，可以让萨珊的势力首次进入黑海，直接挑战那里的拜占庭帝国海上霸权。拉兹卡也是从伊朗到高加索，以及延伸向东欧的贸易路线的重要连接点。萨珊王朝若控制了拉兹卡的佩特拉等地区，至少能极大地增加帝国的收入。拜占庭帝国的政治与军事决策层，决不愿让拉兹卡落入库思老的手中。

库思老于541年进军拉兹卡。由于拜占庭官员在这一地区横征暴敛，拉兹卡国王宣布他和他的王国就此向库思老效忠。[22] 这是萨珊王朝历史上首次在拉兹卡拥有伊朗人的保护国。然而为了保证拉兹卡的安全，萨珊军队必须要夺取佩特拉的岩石堡垒，那里有拜占庭的重兵驻扎。迈赫尔–迈赫罗将军率领的萨珊军队包围了该城，并挖掘了一条宽阔的壕沟，该城不久之后便投降了。拜占庭守军向迈赫尔–迈赫罗投诚并且加入了他的军队。[23] 与此同时，拜占庭军队撤离并破坏了他们在皮提乌斯（Pityus）和塞巴斯托波利斯（Sebastopolis）的基地。[24] 贝利撒留在希索拉农的胜利，以及亲拜占庭帝国的阿拉伯人对亚述（今伊拉克的库尔德斯坦）的攻击，迫使库思老和萨珊王朝的主力军队离开高加索，向美索不达米亚移动。保卫拉兹卡的萨珊王朝部队，只剩下佩特拉的驻军了。[25]

在542年的军事行动越发激烈之时，库思老和查士丁尼试图达成和平协议。库思老为此前往阿特罗帕特尼，等待拜占庭帝国的谈判代表到达。然而代表并没有前来，拜占庭反而对阿特罗帕特尼以北的亚美尼亚发动全面进攻。查士丁尼突然变卦显然是因为误信谣言——库思老的统治不稳。3万人的拜占庭军队，人数远超高加索的纳比德将军的4000人驻军。[26] 纳比德清楚正面交锋无望取胜，便撤退到了亚美尼亚的城镇安格隆（Anglon）。纳比德的军队极有可能是由代拉姆人步兵和萨瓦兰骑兵组成的，这些部队进入精心准备的阵地中，以最大限度发挥他们箭矢的杀伤力。拜占庭军队抵达安格隆时，遭遇了伏击。[27]由于这次交锋发生在城镇中，萨珊军队或许得以进行"弓箭狙击"。在猛烈的箭矢打击下，拜占庭军队无法有效发动反击，被彻底击败。幸存者逃往亚美尼亚-拜占庭帝国边境。[28]双方最终在545年达成了停战协议，然而高加索的战斗还在继续。

萨珊军队在亚美尼亚取胜，而在拉兹卡，情况则截然相反，他们与伊比利亚人的关系恶化了。首先，伊比利亚人是虔诚的基督徒，与雅利安人的琐罗亚斯德教祭司互相厌恶。[29]其次，伊比利亚人繁荣的黑海贸易被萨珊王朝无端终止。[30]拉兹卡于547年爆发了反对萨珊王朝的叛乱，促使查士丁尼派出8000人的部队，去支持拉兹卡国王古巴泽斯（Gubazes）。古巴泽斯和罗马人试图招募这一地区的突厥部族萨比尔人以及伊朗语族的阿兰人，与萨珊军队战斗。拜占庭帝国军官达吉斯泰乌斯（Dagisthaeus）很快开始围攻佩特拉，城中有1500人的萨珊王朝部队，或许由代拉姆步兵和萨瓦兰骑兵组成。拜占庭军队的进攻导致守军伤亡了1200人，然而守军仍在坚持抵抗。就在拜占庭军队胜利在望之时，迈赫尔-迈赫罗率领3万人的增援部队赶到。达吉斯泰乌斯迅速停止围攻并撤离佩特拉。迈赫尔-迈赫罗留下3000名萨瓦兰骑兵，加强佩特拉的驻军。尽管如此，迈赫尔-迈赫罗和他的主力部队未能在拉兹卡坚持太久。达吉斯泰乌斯及其拉兹卡盟友的伏击，以及补给短缺，迫使迈赫尔-迈赫罗向伊朗西北部的阿特罗帕特尼撤退。佩特拉的守军就此孤立无援。[31]

库思老担心丢失佩特拉，便在549年派出将军霍里安（Khworian）率领一支萨瓦兰部队进入拉兹卡。达吉斯泰乌斯和他的拉兹卡盟友与霍里安的萨瓦兰部队进行了几次骑兵战，都没有决出胜负。随着拜占庭帝国和拉兹卡的增援部队到来，霍里安的处境急转直下。罗马人的骑兵下马组成步兵方阵，挡住了萨瓦兰部队的所有骑兵攻击。霍里安本人被杀，他的部队也完全溃散。[32]然而这些行动也让一支萨珊部队突破封锁，给佩特拉的驻军带去急需的补给。

551年，拜占庭军队对这座堡垒发起猛攻。将军贝萨斯（Bessas）以及一支萨比尔人仆从军强攻城市，却遭到了萨珊王朝驻军的坚决抵抗，他们使用石油和石脑油制作的燃烧武器击退攻城者。在长时间的进攻之后，佩特拉的城墙上出现了两处坍塌，拜占庭军队最终得以攻入堡垒中。萨珊守军的惨重伤亡证明了他们的顽强。3000 名守军中有 700 人在围攻期间被杀，1075 人在拜占庭军队攻破外墙之后被杀，还有 500 人撤退到城堡中战斗到最后一人。只有 725 人被俘，而这些人中仅有 18 人不是重伤者。

迈赫尔-迈赫罗率领由萨瓦兰部队、萨比尔-匈人、战象和代拉姆步兵组成的军队，返回拉兹卡，却在遭受惨重伤亡之后大败而归。[33] 然而拜占庭帝国没能将萨珊军队完全赶出拉兹卡。迈赫尔-迈赫罗在 554 年发起反击，攻占了由将军马丁管辖的堡垒特里菲斯（Telephis）。[34] 马丁试图在 555 年进攻萨珊军队控制的堡垒奥托加利斯（Ottogaris），却以惨败告终。马丁最终在 556 年取得了一次大胜，他击败了萨珊王朝的"纳赫瓦勒甘"（nakhvaregan，类似陆军元帅）率领的 6 万人的部队，其中包括一些代拉姆人。这是双方在高加索的最后一次大决战。拉兹卡的血腥交锋成了 7 世纪初那场灾难性的萨珊-拜占庭战争的先声。

萨珊王朝与拜占庭帝国仍在交战时，双方就已经于 551 年开始尝试和谈了。双方最终于 561 年签订了为期五十年的正式和约。库思老同意将萨瓦兰部队从拉兹卡撤走，换取拜占庭帝国支付一笔岁贡。[35] 双方都同意不再利用好战的游牧民族来进攻对方。与此同时，萨珊波斯的文化影响力已经开始从高加索北部渗透到库班（Kuban）、克里米亚和乌克兰。[36]

远征也门

随着在拉兹卡和叙利亚-美索不达米亚的冲突结束，萨珊帝国很快被迫将注意力转向南方，应对波斯湾令人担忧的情况。这次冲突的起因源自非洲东北部、临近阿拉伯半岛的阿比西尼亚（Abyssinia，

◎ 萨珊王朝晚期头盔，6—7 世纪。（Musées Royaux d'Art et d'Histoire, Brussels, Inv. IR 1315）

即埃塞俄比亚）。阿比西尼亚人信仰基督教的唯神性论（Monophysite），他们在拜占庭帝国的支持下于 522 年横渡红海，进入阿拉伯半岛。他们很快就与阿拉伯半岛南部的希姆亚利特人（Himyarites）发生了冲突，却于 525 年被击败并赶出半岛。阿比西尼亚人向拜占庭帝国求援，获得了物资与船只，之后再次横渡红海，这次他们战胜了希姆亚利特人，并杀死了他们的国王杜努瓦斯（Dhu Nuwas）。

阿比西尼亚人很快就成了沃土阿拉伯（Arabia Felix，今也门附近）的宗主，并试图将他们的权威伸向阿拉伯内陆。战略意义上，这对萨珊王朝构成了两个重大威胁。第一，阿比西尼亚人有可能进入波斯湾，挑战萨珊王朝在那里的经济与政治霸权，而这一地区是萨珊王朝的重要出海口，与印度、锡兰、阿拉伯南部以及印度洋（乃至更远）的其他海上贸易中心往来频繁。根据普罗科比的记载，查士丁尼在 531 年向阿比西尼亚人派出使节，要求他们切断波斯与印度的海上联系。第二点是军事上的威胁。阿比西尼亚人的实力不断增长，他们最终将有能力进攻萨珊帝国东南部的沿海地区。鉴于阿比西尼亚人可能和拜占庭帝国结盟，协同行动，届时萨珊王朝将陷入两线作战的不利形势。

也门阿拉伯人不久之后便在赛义夫·伊本·泽亚赞（Sayf Bin Ze'yazan）的率领下，起兵反叛阿比西尼亚占领者。在向拜占庭帝国求援未果之后，伊本·泽亚赞向库思老派出使团，请求萨珊王朝进行直接军事干预，对抗阿比西尼亚人。萨瓦兰指挥官瓦赫里兹（Vahriz）率领 8000 名萨珊王朝士兵，奉命前往也门。塔巴里记述，这支军队使用 8 艘舰船运输。一些船只随后在海上遇险沉没，乘员大多溺亡，以至于只有 800 人在亚丁（Aden）附近登陆。传说中，瓦赫里兹下令烧毁舰船，断绝那些想要逃回波斯的士兵的"退路"。

瓦赫里兹的部队很快就遭遇了阿比西尼亚人，并彻底击败了他们。赛义夫·伊本·泽亚赞在萨那（Sanaa）登基，成为也门国王（575—577 年在位）。他同意作为库思老在当地的代理人，就此事实上成为萨珊王朝的马尔兹班。然而阿比西尼亚人很快发动了反击，伊本·泽亚赞被杀。瓦赫里兹在 598 年率部再度前来，这次他彻底击溃了阿比西尼亚人，无力再战的阿比西尼亚人就此放弃了他们在阿拉伯半岛的所有领土，横渡红海返回家乡。瓦赫里兹随后支持赛义夫的儿子马迪·卡拉卜（Ma'adi Karab）继续在萨那统治。也门成了萨珊帝国的一个行省，这一状态一直持续到伊斯兰军队到来。

查士丁尼不仅没有切断萨珊王朝与印度的海上联系，反而无意之间加强了这一联系。拜占庭帝国试图通过干预阿拉伯的政治让自己受益，却迫使库思老也出手干预，结果萨珊王朝在也门拥有了永备的海军力量，而已经存在于波斯湾以及帝国东南部边界的萨珊–印度贸易联系，就此得以进一步巩固。

值得注意的是，瓦赫里兹的战士们据说是被萨珊王朝判处死刑的罪犯。莫托费推测这些人也许是马兹达克教派的成员，[37]这一推论并非完全不可能。在第二次远征之后，瓦赫里兹的许多部下定居在也门，并和也门当地的妇女结婚。他们的后代被称为"阿巴纳"（Abna），[38]他们此后与先知穆罕默德议和，并加入到伊斯兰教的远征中。[39]

击败嚈哒人

随着帝国的西部与南部边境恢复和平，库思老和他的统帅部终于得以将注意力转移到凶悍的嚈哒人身上。此时他们再度发动侵袭，给萨珊帝国东北地区的居民带来了无尽的灾厄与困苦。尽管萨珊军队在与拜占庭军队交锋时不相上下，并在也门取得大胜，但萨珊王朝的高级指挥官们显然不想独自应对嚈哒人的军事机器。即使库思老的军事改革意义重大，变革却要到6世纪初才彻底完成，而嚈哒人依旧是强大的敌人。即使卡瓦德此前已经能够控制他们，却也显然没有征服他们。即使拜占庭军队和阿比西尼亚战士足够善战，对萨珊王朝的军队而言，嚈哒人–匈人更致命、更狡猾，也更危险。库思老很快从高克部（Goks，意为"天空/蓝色"）突厥人那里获得了军事援助，这些人于近期迁居到嚈哒人的东北方向。[40]

中国文献在552年第一次提到"蓝突厥"①，证实了这支突厥人的到来。[41]这也许是"突厥"一词第一次真正意义上出现。这个词也许源自古代汉语的"头盔"，然而这一观点并未得到证实。突厥人是最后一个可以追溯到匈奴联盟的民族。强大的匈奴帝国的疆域从远东的朝鲜延伸到西面的阿尔泰山脉，并与中

---

① 译注：阿史那突厥。

亚相接。匈奴人在南方的漫长边境从外贝加尔延伸到强大的中国文明的边境。匈人、匈尼特人、突厥人，也许还有嚈哒人，都是匈奴的后裔，他们先后来到中亚与西面的伊朗语族群体作战，并以中亚为基地抄掠萨珊波斯、印度、高加索和欧洲。突厥人此时与嚈哒人相邻，然而这两个民族之间的关系远非融洽。突厥人成了嚈哒人的死敌，并很快开始寻求盟友对抗他们。

　　萨珊王朝的统帅部与突厥人缔结了军事同盟。嚈哒人就此被迫两线作战，突厥人在他们的东北方，而萨珊波斯在他们的南方。嚈哒人的统治阶层也陷入了分裂，这削弱了他们的抵抗能力。此时的萨瓦兰骑兵已经是一支全新的军队，吸取了之前惨败于嚈哒人的残酷教训。[42] 然而，库思老的主要问题还是人力。为了远征嚈哒人，他必须冒险减少帝国西部边境上的军队。

　　萨瓦兰骑兵与突厥人在557—558年共同进攻嚈哒王国。嚈哒人的组织度和军力或许比不上萨珊帝国，无法在几条战线上同时作战。嚈哒人的诡计和大胆无法再让萨瓦兰骑兵落入陷阱，也同样对突厥人无效。嚈哒人被彻底击败，他们的国王被杀。萨珊王朝吞并了阿姆河以南的大部分嚈哒人领土，而突厥人则将他们的边界扩张到了阿姆河的北岸。萨珊王朝似乎在560年完全控制了巴克特里亚。萨珊–突厥联盟事实上彻底消灭了嚈哒政权，终结了他们在波斯东北部和中亚的统治。库思老已经在东方恢复了萨珊王朝的威望，并为他祖父卑路斯复仇。萨珊王朝领土上残存的嚈哒人，完全接受了萨珊王朝的统治，而突厥领土中的嚈哒人则成为突厥人的附庸。

　　突厥人与萨珊王朝起初保持互相尊重，而且双方的合作也成果显著。马苏迪（Masoudi）的记述提及库思老的突厥盟友向他赠送礼物，比如"100面来自吐蕃的盾牌"。[43] 不幸的是，和睦很快被猜疑取代，而后又转化为敌意。问题源自经济霸权。库思老此前在也门和拉兹卡开战，一定程度上也是出于经济目的，他也确实打算完全掌控横跨中亚的丝绸之路贸易。

　　库思老已经将波斯转变为学术、艺术和建筑的殿堂。这种文化复兴必须依靠稳定、活跃而强大的经济基础。库思老的野心与"蓝突厥"的野心相冲突，他们也想要从丝绸之路的贸易中获取更多的利润。突厥人和萨珊王朝就此逐渐走向对抗。568年，"蓝突厥"王国的使团抵达君士坦丁堡，提议拜占庭帝国与突厥人结成联盟。这一提议的主要目的是两方同时进攻萨珊帝国，迫使其两线作战。对萨珊王朝而言幸运的是，这一计划从未实现。然而，拜占庭-突厥联盟的想法还是留在了君士坦丁堡，此后的希拉克略（Heraclius）皇帝将充分利用这一计策。

库思老击败查士丁二世

查士丁尼皇帝逝世之后，查士丁二世于 565 年继承了皇位。查士丁二世在帝国东部的第一个行动，就是停止向那些时常掠夺拜占庭帝国叙利亚地区的阿拉伯部落支付岁贡。即使能够通过武力弹压阿拉伯人，要处理与萨珊帝国的关系，却必须将巧妙的外交手段与有力的军事行动结合到一起。事实证明，查士丁二世在这两点上都是格外无能的。[44]

消除了中亚的嚈哒人的威胁，并保证了波斯湾与也门的安全之后，自信的库思老决定将注意力再一次转向西方。来自苏伦-巴列维家族的、萨珊王朝的亚美尼亚总督，于 564 年在埃里温（Yerevan）附近建造了一座圣火神庙，便体现了库思老的这种自信。这一建筑激起了亚美尼亚基督徒的愤怒，而随着马米科尼扬家族的一名成员被杀，当地爆发了大规模叛乱。叛乱很快失去了控制，而总督和他的家人也于 571 年在叛乱中身亡。随着总督的卫队被一同消灭，亚美尼亚暂时处于权力真空中。查士丁二世在君士坦丁堡密切地关注着这些变化，并决定借高加索的混乱牟利。

查士丁的第一个举措是停止支付用于维护高加索山地防御工事的岁贡，从萨珊王朝的角度来看，查士丁的决定等同于宣战。572 年，查士丁派出一支大军进入萨珊王朝领土，并开始围攻尼西比斯。该城坚实的防御体系让守军成功坚持抵抗，前线的拜占庭军官们则很快出现了意见分歧。一支萨瓦兰骑兵组成的突袭部队，也给攻城的拜占庭步兵带来了伤亡。[45] 拜占庭军队在不久之后撤退了，几乎可谓将战争的主动权交给了库思老。

萨瓦兰部队就此包围了堡垒城市达拉（今迪亚巴克尔附近）。这次远征由年迈的库思老亲自指挥。达拉也许是萨珊王朝边境上、拜占庭帝国防御体系中最重要的支柱之一。库思老集结了 2.3 万名萨瓦兰骑兵、4 万名步兵和 12 万民夫进行围攻。随着萨珊军队建造的大土堆完工，并开始有效地使用他们的投射武器和攻城锤，围攻战的局势便急转直下。达拉最终在抵抗了 5 个月之后陷落，萨瓦兰骑兵因此能够对叙利亚肆意掠夺，极大地威胁了拜占庭帝国在这一地区的统治。

不利的战局迫使查士丁二世主动求和。拜占庭帝国并不想再与萨瓦兰骑兵进行一次代价高昂的长期战争。查士丁二世同意向萨珊王朝支付总共 4 万奥里斯（aureus）金币。库思老接受了和约并和平撤过了边境，而达拉却依然在萨珊王朝的手中。失去达拉似乎给查士丁二世带来了极大的精神打击，他于不久之后彻底失去了理智。

提比略（Tiberius）于 578 年继承了查士丁二世的皇位，并且帝国似乎将立即与库思老议和。然而萨珊王朝意识到此时他们正处于上风，决定进一步对拜占庭帝国施压。萨瓦兰骑兵成功攻入了罗马人掌控的亚美尼亚领地。就在全面胜利仿佛确定无疑之时，拜占庭军队发动了数次成功的反击，击败了萨瓦兰骑兵。双方于 578 年开始和谈，却又随着萨珊军队击败了一支拜占庭军队而暂停。萨珊王朝再次获得了主动权，然而这一次非常短暂。

578 年，莫里斯（Maurice）再度率领拜占庭军队发动了一系列成功的反击。

◎ 泰西封的库思老拱门，3—6 世纪建成，使用砖结构。这座 28.4 米（93 英尺）高、25.5 米（84 英尺）宽的拱门是世界上最大的无支撑单拱砖结构拱门。（akg-images/Gérard Degeorge）

与此同时，亚美尼亚的叛乱随着一场大赦而结束，库思老承认了亚美尼亚人的基督教传统，对安定局势起了关键作用。萨珊王朝得以巩固他们在亚美尼亚的权威。在一年之后的 579 年，莫里斯与萨珊王朝进行了和平谈判，年迈的库思老也在同年逝世。

库思老的遗产

丝绸之路的新繁荣

在库思老统治期间，萨珊波斯成了中国的丝绸与其他商品运往拜占庭和埃及的通道上的主要经济动脉。这些商品（特别是丝绸）进入拜占庭帝国领土之后，就将通过罗马统治下的叙利亚运到欧洲。尽管这些贸易网络已经存在了许多年，库思老还是在丝绸之路的新繁荣中发挥了重要作用。萨珊王朝与中国的唐朝通过一系列和约，将丝绸之路的贸易正式化与合理化，双方在 445—521 年之间，至少进行了 10 次外交交流。[①] 这些货物中最著名的当然是中国出口到波斯的丝绸。经波斯的纺织工匠加工好的纺织品会返销到中国，这些商品在唐朝贵族中大受欢迎。然而丝绸之路上贸易的商品绝不只是丝绸，而是种类繁多的商品，包括香辛料、草药、工具、武器和艺术品。萨珊王朝也试图将丝绸之路正式从他们的领土延伸到罗马帝国的土地。因此，萨珊王朝在 297 年、408 年和 562 年，三次与拜占庭帝国签订贸易协议，而 562 年的协议就是库思老一世的成果。

二次复兴

库思老在统治了四十八年之后，在泰西封的王宫中逝世，或许萨珊王朝最辉煌的时代也就此终结。在他统治期间，古代的伊朗或者说波斯，在学术、音乐、艺术、建筑和贸易上经历了"二次复兴"。

库思老积极支持学术研究与哲学思辨。他在位期间，下令于贡迪沙普尔（Gund-i-Shapur/Jundishapur，即"沙普尔的军营"）建造了一座大学。库思老

---

① 译注：唐朝建立于 618 年，距离库思老一世去世将近五十年，所以这些交流应该不是跟唐朝。

个人对希腊哲学颇感兴趣。在查士丁尼皇帝于 529 年关闭了雅典学院之后，库思老随即为希腊学者们提供庇护。[46] 他大力发展与保存古典时代的希腊著作，特别是柏拉图和亚里士多德的著作。[47] 印度的科学、哲学和医学也得到了极大的关注。库思老派出许多使团携带丰厚的礼物前往印度，请求印度的学者前往波斯，或者获取学术文献。印度人也确实拿出了一系列的文献，比如传说故事

◎ 位于罗马的马克森提乌斯君主大堂（上图），始建于 306 年，其建筑结构几乎完全因袭了阿尔达希尔一世在菲鲁扎巴德的王宫（下图）。（上图：Hervé Champollion/akg-images；下图：© Livius.org）

集《凯利莱和迪木奈》（*Kalila-Damla*），这部作品也被翻译成了巴列维语。

叙利亚或亚述的学者们，声称他们的前辈开始学术研究的时代早于希腊人和波斯人，而他们也得到了重视。希腊、波斯、印度和阿拉姆人的学术传统，在这一时期相互融合，正如波斯波利斯将美索不达米亚、安纳托利亚和埃及的不同建筑风格，融合为单个的艺术和建筑统一体一样。萨珊王朝学术融合的一个成果就是"比马利斯坦"（bimaristan）——世界上首个根据病理学研究引入隔离病房概念的医院。[48]希腊的药理学就此与伊朗高原和印度的传统知识融合，从而推动医药学向前迈进一大步。在贡迪沙普尔这个学术中心之外，阿特罗帕特尼的大不里士和西兹、中亚的梅尔夫、泰西封以及巴比伦等地也存在类似的学术中心。库思老对学术和医学的推动，为此后伊斯兰时代的哈里发们所继承，哈里发此后将这些知识中的相当一部分（包括众多"失传"的希腊作品）传回西欧。[49]

地中海地区长期通过安纳托利亚，与美索不达米亚和伊朗高原进行深入的交流，许多建筑传统因此得以从阿契美尼德时代的波斯传播到西方。这种交流在萨珊时代得到了加强，这既因为丝绸之路的繁盛，也因为拜占庭帝国与萨珊波斯之间的密切文化交流。萨珊王朝的建筑对罗马人的影响很大，而这一历程在萨珊王朝的早期就已经开始。阿尔达希尔的菲鲁扎巴德王宫（Firuzabad，建造于224—226年）和罗马的马克森提乌斯君主大堂（Basilica of Maxentius，始建于306年），有着一系列明显的相似之处。库思老统治时期，萨珊王朝的建筑水平达到了顶峰，并将一直持续到这个王朝终结。在库思老资助下完成的艺术与建筑的永恒遗产之一，便是著名的泰西封王宫，如今仅存中央拱门残迹。作为古典时代的建筑奇观之一，这座拱门的庞大尺寸后无来者。[50]在萨珊帝国的宗教庆典和重大民间节日中，庞大的拱门可供人数众多的游行队伍通过。一系列军事典礼，例如检阅精锐卫队、安葬死去英雄以及授勋仪式等，则似乎要通过"库思老之顶"（Tagh-e-Kasra）。泰西封的伊朗遗产在西欧也有留存，维也纳的圣皮埃尔教堂（建造于5世纪），其结构和建筑风格与泰西封拱门高度类似。[51]萨珊王朝的影响也存在于军事建筑中。吉尔什曼对欧洲-罗马和伊朗的遗迹进行了长达数十年的考古研究之后，得出结论："（帕提亚-萨珊的）城市使用了坚固的圆形设计，对防御侧翼的进攻甚为有效……西方的军事工程师们则要到中世纪才开始应用这一设计。"[52]

在库思老的时代，萨珊帝国中的银器加工与其他金属加工业，出现了爆炸式的增长。正如吉尔什曼所说，"盘、碗、带朴素或华丽边缘的圆形或船形酒器、细口水壶和大口壶……这些设计完全不为希腊和罗马所知，是伊朗人专有的工艺"。[53] 这一时期经典的主题之一，便是国王坐在王位上，双手紧握阔剑的剑柄，而脚尖向外。这一主题的范例是库思老之杯，欧洲人称之为"所罗门之杯"，传说中它是阿拔斯哈里发——哈伦·拉希德（Harun al-Rashid）送给查理曼大帝的。几个世纪之后，类似的主题也出现在欧洲艺术中。萨珊帝国存世期间及灭亡之后，其艺术与建筑对世界文明的影响，远非本书的篇幅所能展开论述，然而本书举出的几个例子，足以说明其影响之广了。

注释

1. S. G. W. Benjamin, *Persia* (London, T. Fisher Unwin, 1888), p.232.

2. Z. Rubin, "The reforms of Khosrow Anushirwan", in A. Cameron(ed.), *The Byzantine and Early Islamic Near East* (Princeton, New Jersey: The Darwin Press, 1990), pp.227–297.

3. Farrokh, *Sassanian Elite Cavalry*, p.8.

4. 同上，pp.8, 14；Shapur Shahbazi, "Sasanian Army" : http://www.cais-soas.com/CAIS/Military/ sasanian_army.htm。

5. Tabari, *The History of al-Tabari*; Maurice, *Strategikon*, XI.1, 354–360.

6. B. J. Overlaet, "Regalia of the ruling classes in late Sassanian times:the Riggisberg strap mountings, swords and archer's fingercaps",K. Ovtavsky (ed.), *Fruhmittelalterliche Kunst Zwischen Persien und China in der Abegg-Stiftung* (Riggisberg, Switzerland: Abegg-Stiftung, 1998), pp.267–297: pp.269, 275–277, 279–280, 291.

7. Haerinck & Overlaet, *Luristan Excavation Documents*, p.268.

8. 同上。

9. Greatrex & Lieu, *The Roman Eastern Frontier Vol.2*, pp.96–97.

10. Tabari, *The History of al-Tabari*, I, 958.

11. Procopius, *History of the Wars*, II, 5.7, 28–33.

12. 同上，II, 9.14–18。

13. 同上，II, 11.1–38。

14. Greatrex & Lieu, *The Roman Eastern Frontier Vol.2*, p.106.

15. 同上，p.108。

16. Procopius, *History of the Wars*, II, 18.1–26.

17. 同上，II, 19.26–46。

18. 同上，II, 20.17–19, 240.13–241.3。

19. Greatrex & Lieu, *The Roman Eastern Frontier Vol.2*, p.110.

20. Zacharia, 173.23-174.2, 译文见 Greatrex & Lieu, *The Roman Eastern Frontier Vol.2*, p.111。

21. Greatrex & Lieu, *The Roman Eastern Frontier Vol.2*, p.113.

22. Procopius, *History of the Wars*, II, 15.1–30.

23. 同上，II, 17.1–28。

24. 同上，VIII, 4.4–5。

25. 同上，II, 19.47–9。

26. Farrokh, *Sassanian Elite Cavalry*, p.26.

27. E. Stein, *Histoire du bas-Empire*, volume 2 (Paris: Desclée de Brouwer, 1949), pp.499–500.

28. Procopius, *History of the Wars*, II, 25.1-35

29. Greatrex & Lieu, *The Roman Eastern Frontier Vol.2*, p.116.

30. 同上。

31. Procopius, *History of the Wars*, II, 30.15–22.

32. 同上，VIII, 8.21–38。

33. 同上，VIII, 14.1–44。

34. Agathias, *The Histories*, II, 19.5–21.11.

35. Greatrex & Lieu, *The Roman Eastern Frontier: sourcebook*, p.131.

36. 值得注意的范例是，圣彼得堡的国立艾尔米塔什博物馆馆藏的一件来自高加索的长大衣（Inv. Kz.6584），与塔吉-博斯坦浮雕上萨珊王朝贵族的外衣惊人地一致。另见 Farrokh, *Sassanian Elite Cavalry*, p.20。

37. Motofi, *Tarikh-e-Chahar Hezar Sal-e Artesh-e Iran*, p.181.

38. 同上，p.181。

39. 同上。

40. 此时，突厥系的乌古斯诸部正在向中亚推进，而这一过程在伊斯兰时代——伽色尼王朝、塞尔柱帝国、帖木儿帝国等——仍在进行。

41. A. Von Gabain, "Irano-Turkish relations in the late Sassanian period", in Yarshater, *The Cambridge History of Iran: Vol.3(1)*, pp.613–624: p.616.

42. Farrokh, *Sassanian Elite Cavalry*, pp.28–29.

43. As cited by Motofi, *Tarikh-e-Chahar*, p.181.

44. Menander, Fragment 13.5, 译文见 Greatrex & Lieu, *The Roman Eastern Frontier Vol.2*, p.137。

45. John of Ephesos, VI.2, 278-280.5, 译文见 Greatex & Lieu, *The Roman Eastern Frontier: sourcebook*, pp.144–145。

46. Zarrin'kub, *Ruzgaran:tarikh-i Iran*, p.238.

47. 同上，p.239.

48. M. W. Dols, "The Origins of the Islamic Hospital: Myth and Reality", *Bulletin of the History of Medicine* (1987, Vol.61), pp.367–390. Consult also A. J. Arberry (ed.), *Legacy of Persia* (Oxford: Clarendon Press, 1953), pp.313–314.

49. C. Elgood, "Persian Science", in Arberry, *Legacy of Persia*, pp.292–317.

50. G. Van Beek, "Arches and vaults in the ancient Near East", *Scientific American* (July 1987), pp.78–85: p.84.

51. Ghirshman, *Iran: Parthians and Sassanians*.

52. Ghirshman, *The Art of Ancient Iran*, p.35.

53. Ghirshman, *Iran: Parthians and Sassanians*, p.204.

第十七章
帝国最后的荣光与衰落

巴赫拉姆·楚宾与库思老二世

库思老一世的继承者是他的儿子霍尔木兹四世（579—590 年在位）。霍尔木兹的母亲是突厥公主，他因此得到了"突厥人之子"（Tork–Zad）的绰号。[1] 霍尔木兹是一个思想开明、态度宽容的君主，他停止了琐罗亚斯德教祭司对基督徒、犹太教徒、佛教徒和其他少数派宗教信徒的迫害。他还大力惩处腐败官员，甚至处决他们。[2] 霍尔木兹和他的父亲一样极为关心人民的福祉，这自然让他不受上层贵族和祭司们的欢迎。然而霍尔木兹遭遇的第一个重大挑战，来自西方的拜占庭帝国。

提比略皇帝在 579 年向霍尔木兹提出议和，而他直接拒绝了提议。美索不达米亚和叙利亚因此在 580 年再次陷入战火中。许多城市被攻破，然而将军莫里斯成功阻止了萨瓦兰骑兵的前进，让他们无法侵入高加索、安纳托利亚和叙利亚。[3] 两年之后，莫里斯成为拜占庭皇帝（582—602 年在位），而他与萨珊波斯的战斗将持续到 589—590 年。

与突厥人的战争和巴赫拉姆·楚宾将军

萨珊帝国此时面临着来自东北方的致命威胁。统治着中亚的突厥人准备发动入侵，而他们也确实是萨珊王朝在中亚面对的最强大敌人。突厥人是优秀的战士，也是中亚数个世纪的尚武传统的继承者。临近中国的突厥人得以学习中国人的技战术，这一历程延续到了伊斯兰时代。突厥人不仅取代了中亚的嚈

◎ 塔吉-博斯坦的狩猎野猪雕刻。遮阳伞下的库思老骑在马上，有萨瓦兰骑兵、贵妇、仆人、乐师与大象陪同。（akg-images/Erich Lessing）

哒人，他们也将自己变为这一地区最终的掌控者。萨珊王朝投入了可观的军事资源沿着中亚边境建立防御。萨珊军队也认识到，萨瓦兰骑兵必须调往东部，去支持面对突厥人入侵的当地马尔兹班（边境总督）。[4]

阿史那部的西突厥王国，军事实力和政治影响力都在稳步增长。曾经强大的嚈哒人此时只能在突厥军队中充当仆从部队。588年，一支突厥人–嚈哒人的大军入侵了波斯的东北部，攻破了戈尔甘的防御墙。中国的记述中，估计这支军队的人数为10万人到30万人，[5]而一些伊朗记述中，甚至预估有40万人。[6]尽管突厥人–嚈哒人的野战部队多达三四十万人的说法，极有可能属于夸大，但萨瓦兰骑兵无疑在人数上处于明显劣势。

泰西封政府紧急召开圆桌会议，以评估这一威胁。军事委员会同意由巴赫拉姆·楚宾——来自拉伊（今德黑兰附近）的迈赫兰家族的一个萨瓦兰骑兵指挥官，率领一支小规模的反击军队出征。在突厥人–嚈哒人联军于588年入侵之时，他正是阿塞拜疆的马尔兹班。巴赫拉姆·楚宾在早年的征战历程中，曾经指挥一队精锐萨瓦兰骑兵，随后在"灵魂不朽者"库思老与拜占庭帝国的战争中，他率领着这支精锐部队声名鹊起。他的战绩，特别是在达拉之战中取得的功绩，[7] 让他有权作为"国王炉灶守卫者"（Darigbedum of the Royal Hearth）参与圆桌会议。[8]

在被选为指挥官之后，巴赫拉姆和统帅部"精选"了1.2万人的军队，[9] 据说所有人都是40岁。[10] 巴赫拉姆的支援部队包括步兵（很有可能是代拉姆人）和战象。巴赫拉姆与其他杰出的指挥官，比如纳尔德-古什纳斯普（Narde-Gushnasp）和伊扎德-古什纳斯普（Izad-Gushnasp），给部下特别下令，如果萨珊军队攻入突厥可汗的领土，他们不得骚扰突厥平民。

巴赫拉姆为了不重蹈近一个世纪之前卑路斯国王的覆辙，在发动反击之前尽可能获取详细的军事情报，一名伪装成和平传教士的间谍前去觐见西突厥可汗，收集了突厥人-嚈哒人联军的组成与装备情况的详细信息之后，间谍连夜逃出了可汗的营帐。巴赫拉姆·楚宾的部队就此得知了可汗的军事计划、部队部署和兵员实力。

这支人数较少的萨珊军队从尼夫沙普尔（Nev-Shapur）出击，去呼罗珊与突厥人-嚈哒人联军作战。相比萨珊军队的传统战术，巴赫拉姆的军队部署可谓不合常规。巴赫拉姆让萨瓦兰骑兵位于中央，而战象放在了两翼，代拉姆步兵则位于萨瓦兰骑兵的前面。[11] 这说明萨珊王朝的高级军官们将代拉姆人视作职业步兵部队，有能力应对拜占庭军队或突厥人-嚈哒人之类的危险敌人。

巴赫拉姆在588年4月发起进攻，这次行动的关键在于一次"斩首突击"，直接深入突厥人-嚈哒人的心脏地带。莫托费指出："巴赫拉姆从萨瓦兰部队中精选了100名巴列维战士，并率领他们冲向突厥国王所在的山丘，国王正端坐在黄金王座上观战……"[12]

位于前方的步兵应当是展开了队列，让萨瓦兰骑兵通过。萨瓦兰骑兵进攻突厥人-嚈哒人时，巴赫拉姆和巴列维骑士直接冲向可汗。突厥人无法阻止他们的冲击。巴赫拉姆和巴列维骑士很快冲到了可汗面前，随即与可汗的卫队交战并且消灭了他们。与此同时，披甲的战象一同从左翼和右翼进攻，战象上的弓箭手向敌人的后方和中部射出致命的箭矢。按照这种战法，战象或许实际上最先出击，萨瓦兰骑兵紧随其后，而巴赫拉姆的突击队则冲向可汗。代拉姆人重步兵跟随萨瓦兰骑兵追击，并"肃清"也许已经陷入混乱的突厥人-嚈哒人残部。此战的直接结果就是，突厥人-嚈哒人被赶出了巴尔赫（Balkh）。

◎ 从左至右：萨珊王朝卡韦赫战旗掌旗官、"五球"徽号掌旗官、步兵军官、步兵。（出自《波斯帝国建国两千五百年庆典》）

可以确定的是，突厥可汗死于 588 年在中亚战区与巴赫拉姆·楚宾之间的战争。[13] 然而在中国、阿拉伯与波斯的历史资料中，这位被杀的突厥可汗的身份，并不相同。[14] 可汗的儿子伊利特勤（Yil–Tegin）和一些幸存者逃到了阿瓦泽（Avaze）城堡。[15] 巴赫拉姆率人数不多的军队围攻城堡，并迫使伊利特勤投降。赫拉特城中的突厥人–嚈哒人也在 589 年被肃清。巴赫拉姆完成了对西面的突厥人的征服，随后渡过阿姆河进攻东面的突厥人。随后东面的突厥可汗也兵败被杀。[16] 这些事件足以说明，萨瓦兰骑兵已经在战术和战斗能力上远胜于突厥人和嚈哒人。萨珊帝国成了中亚的主人，而中国则在这一地区以东建立起霸权。

萨瓦兰士兵在这些征战中掠夺了大量战利品，巴赫拉姆为他本人和他的部下保留了其中的大部分。300 头骆驼满载战利品抵达泰西封，献给霍尔木兹。然而巴赫拉姆将大部分战利品据为己有的事实，或许激起了霍尔木兹随后对他的敌意。巴赫拉姆·楚宾和萨瓦兰骑兵完全避免了一个多世纪之前卑路斯国王遭受的耻辱，巴赫拉姆·楚宾的功绩也传遍了整个帝国，并依托史诗《列王纪》流传下来。霍尔木兹对功高震主的巴赫拉姆越发警惕，不久之后便试图打压这位将军。

巴赫拉姆·楚宾僭位

巴赫拉姆被霍尔木兹派去高加索，与拜占庭军队作战，然而这一次他没能重现在东部的大胜，反而被击败了。[17] 这为霍尔木兹提供了口实，借以羞辱这位将军。[18] 霍尔木兹送给巴赫拉姆一套女人的裙子，显然是故意质疑巴赫拉姆的英勇。霍尔木兹的举动适得其反：巴赫拉姆的部队不仅团结在他们的将军身边，还拥立他为国王。[19] 巴赫拉姆与突厥人签订了协议，一批突厥人战士加入巴赫拉姆的麾下。巴赫拉姆也得到了他的强大家族——迈赫兰家族的支持，而这个家族是奠定萨珊帝国统治基础的主要帕提亚家族之一。许多贵族将巴赫拉姆视作合法君主，甚至相信他能够重建帕提亚王朝。[20]

巴赫拉姆就此率领他的萨瓦兰骑兵与突厥人志愿部队，向南进军泰西封。霍尔木兹派出一支军队，很可能是皇室卫队的精锐萨瓦兰，前去对抗巴赫拉姆。然而尼西比斯的萨瓦兰部队拒绝与巴赫拉姆麾下的战友们作战，并且倒戈加入了巴赫拉姆一方。尽管如此，泰西封的萨瓦兰部队依然不承认巴赫拉姆有权争夺王位，因为他并不是萨珊王室的直系后代。他们宣布支持霍尔木兹四世的儿子库思老二世（591—628 年在位）。萨珊帝国的平民支持巴赫拉姆，一些人也许直接加入了他的队伍。[21] 这些事件使得帝国内部陷入一种危险的混乱状态，而这一状态也将在 7 世纪 30 年代阿拉伯人入侵的前夕，再次出现。

与他统治之初的情况不同，霍尔木兹的统治此时越发不受帝国民众的欢迎。霍尔木兹的举动也疏远了许多贵族，按照塔巴里的记载，他下令杀死了 1.3 万名贵族和军事权贵。霍尔木兹似乎无法在危急时刻果断采取行动，这一情况如果得不到改观，拜占庭帝国的介入将不可避免。贵族们很快就密谋将他赶下王位。在库思老的舅舅宾多（Bindoe）和巴斯塔姆（Bastam）的支持下，霍尔木兹被囚禁、刺瞎，此后又被杀死。究竟是谁下令谋杀霍尔木兹，存在相当多的争议。主要有两种观点：一些人指控库思老弑父，而另一些人则指控他的舅舅们要为谋杀负责。后一种观点假定库思老没有批准谋杀，乃至对谋杀并不知情。

霍尔木兹被推翻的后果之一，就是将军们的政治影响力增强了。尽管萨珊王朝很快就恢复了统治，泰西封的政府却不再拥有库思老一世时代的绝对权威。卡瓦德与"灵魂不朽者"库思老的军事改革，提高了部队的素质并取得了一些重要成功。将军们凭借在对抗罗马人、可萨人和突厥人–嚈哒人时取得的胜利，提高了自己在贵族和平民中的威望。即使镇压了巴赫拉姆·楚宾的叛乱，将军们依然开始在萨珊王朝的社会中，结成他们自己的权力中心。[22] 到萨珊王朝的末期，军界领袖在帝国中扮演的角色越发重要。

库思老二世稳固王位的战争

对库思老二世的评价有时较低，主要是因为他的宫廷生活挥霍无度，以及他与拜占庭帝国的灾难性战争。然而库思老的统治也有亮点：他能够在萨珊王朝的"斯帕赫"（Spah）中挑选最优秀的军官作为统帅，而这些统帅在对抗拜占庭军队和突厥军队之时，取得了辉煌的军事胜利。在库思老统治期间，艺术、建筑和学术也还在不断地发展。

然而库思老二世的继位并没有结束王权危机。巴赫拉姆依然在僭越称王，并开始与库思老对抗。即使巴赫拉姆没有赢得全部萨瓦兰部队的支持，他的威望和魅力似乎依然足以让众多萨珊帝国的平民站在他那边。直到今天，巴赫拉姆·楚宾的功绩还在伊朗人的民间传说中流传。巴赫拉姆在接近首都之时，收到了来自库思老的和解信。国王公开承认了他已故的父亲霍尔木兹对将军的羞辱。巴赫拉姆不仅得到赦免，还能够在泰西封担任要职（也许是担任马尔兹班）。库思老甚至宣称要颁布一条法令，确认他向巴赫拉姆提出的条件。

巴赫拉姆不仅拒绝了库思老的提议，还无礼地要求他放弃王位。库思老随后被巴赫拉姆降职为行省总督。为了进一步地羞辱他，巴赫拉姆还威胁库思老若是不服从就处死他。并未退缩的库思老又给巴赫拉姆送去一封信，再次提出他最初的慷慨提议。自然，巴赫拉姆再次拒绝了这些条件，并开始向泰西封进军。库思老终于认识到了危险，集结了一支萨瓦兰军队并决定在霍尔万（Holwan）附近与巴赫拉姆交战。库思老似乎对部下的忠诚深感忧虑，希望通过谈判来解决他与巴赫拉姆的纷争。双方的面谈毫无成效，反而加深了双方的敌意。库思老和巴赫拉姆都决心开战。经过七天的机动之后，巴赫拉姆突袭了库思老的营地。双方并没有实际交战：库思老麾下的萨瓦兰部队直接倒向巴赫拉姆。巴赫拉姆随后攻占了泰西封，并在几乎没有反对的情况下称王。

为了逃避巴赫拉姆的追杀，库思老最初逃往泰西封，而后转往拜占庭帝国的领土。库思老成功横渡幼发拉底河，在希尔塞修姆（Circesium）得到了庇护，当地的官员对他以礼相待。库思老立刻给君士坦丁堡的莫里斯皇帝送去一封信，请求他帮助自己重登王位。莫里斯与幕僚们商议一番之后，正式邀请库思老到君士坦丁堡居住，并以皇子的礼仪接待他。为了进一步表示友好，萨珊俘虏也被释放。

莫里斯表面上对库思老的慷慨，背后还有着高昂的报酬。库思老要放弃萨珊王朝在亚美尼亚的大部分领土，交出美索不达米亚的一系列战略要地，以及达拉堡垒。割让这些地区将让萨珊帝国在战略上彻底处于下风，就像116年时，图拉真远征之后的帕提亚帝国那样。拜占庭帝国就此得以通过迅速的内线机动，将军队调到萨珊王朝在美索不达米亚的心腹之地，直接威胁泰西封，萨珊帝国的西部与西北部的行省将随时可能遭受拜占庭军队攻击。只想要夺回王位的库思老不顾一切，接受了莫里斯的条件。随后，莫里斯向库思老提供了6万人的部队，并资助他大笔钱财作战。伊朗历史学家记述称，莫里斯为库思老提供的金币装满了40辆马车。

在这支拜占庭大军的支持下，库思老从西北部入侵萨珊波斯。在这个关键时刻，阿特罗帕特尼的8000名萨瓦兰骑兵加入了他的麾下。随后，库思老在西南方的幼发拉底河附近，与布莱扎修斯（Bryzacius）率领的巴赫拉姆军队交战。尽管战斗的具体细节并不清楚，可以确定的是布莱扎修斯兵败被俘，随后在拜占庭军队与支持库思老的萨珊保皇党残余的一次宴会上，被残忍处死。布莱扎修斯部队的规模或许处于劣势，这是因为巴赫拉姆从未得到全部萨瓦兰部队的效忠，特别是那些因为萨珊王室才获得今日成就的"德赫甘"。库思老很快攻占

◎ 古伊朗有角狮鹫像，萨珊王朝或之后，5—6世纪。（*R. Sheridan, Ancient Art and Architecture*）

了泰西封，并在没有遭遇任何抵抗的情况下进入城市。巴赫拉姆为了避免被俘，与他剩余的军队一同逃离了首都。

巴赫拉姆在 591 年进行了最后抵抗，他率领 4 万人的部队在亚美尼亚的巴拉拉特河（Balarat）附近列阵。库思老现在得到了拜占庭帝国、萨珊保皇党、格鲁吉亚人和亚美尼亚人组成的强大联盟的支持。尽管决战的细节难以尽知，这一战的转折点却足够明确：巴赫拉姆麾下最优秀的 6000 名萨瓦兰骑兵向库思老倒戈。[23] 这主要是因为库思老宣布大赦，所有曾为巴赫拉姆效忠的士兵只要倒戈，就会得到完全的尊重，成为保皇党的一员。巴赫拉姆的军队很快瓦解了。库思老俘虏了巴赫拉姆的随行人员，其中包括他的孩子、妻子，以及一系列贵重物品（包括他的王冠）。这位曾经成为国王的叛将，就此失去了一切。

绝望的巴赫拉姆逃往中亚，在费尔干纳定居。[24] 讽刺的是，此时的他要向突厥人寻求庇护。突厥可汗都蓝（Barmuda）为巴赫拉姆提供了庇护所，此后还将他的女儿嫁给了这位曾经的萨珊王朝将军。[25] 巴赫拉姆在不久之后被暗杀，然而具体的情况并不是十分清楚。某一份资料中记述称，库思老派往突厥的使团中有一名刺客，他以有毒的匕首刺杀了巴赫拉姆。[26] 巴赫拉姆死亡之后，他的部下前往波斯北部。他们通过今戈尔甘地区进入代拉姆人的土地，并定居在那里。[27]

即使库思老二世终于稳固他在泰西封的王位，他依然存在重大的形象问题。首先，人们强烈怀疑是他谋杀了自己的父亲霍尔木兹。为了补救这一点，库思老把他的舅舅宾多和巴斯塔姆召到泰西封，正式将父亲的死亡归咎于他们。宾多一到泰西封便被处死。然而巴斯塔姆留在了他位于北方的总督行省，不久之后，他试图在波斯北部 [塔里什（Talysh）、代拉姆、加兹温] 和米底建立一个新政府，并以拉伊为首都。[28] 巴赫拉姆·楚宾被暗杀之后，他麾下那些萨瓦兰部队到波斯北部定居，巴斯塔姆还得到了他们的支持。然而意图称王的巴斯塔姆于不久之后便被暗杀，其计划也无果而终。与此同时，库思老得到了来自君士坦丁堡的 1000 人的精锐卫队，帮助他镇压在泰西封的敌人。[29]

库思老的第二个形象问题，或许比第一个问题还要严重。显而易见，库思老是在波斯的宿敌拜占庭帝国的支持下保住王位的。库思老与莫里斯皇帝的协议导致大片领土丢失，特别是坚固的堡垒城市达拉，尽管莫里斯将尼西比斯留给了萨珊王朝。库思老在统治的前十二年中，都致力于与莫里斯保持个人友谊。不过，库思老的友善态度仅针对莫里斯个人。正如此后事态发展所显示的那样，库思老对拜占庭帝国本身并没有任何感情，特别是在莫里斯惨死之后。

重建居鲁士大帝的帝国

福卡斯（Phocas）——一个驻扎在巴尔干的拜占庭军官，在602年刺杀了莫里斯，并残忍地杀害了皇帝全家，或许只有皇帝的儿子狄奥多西逃脱。福卡斯派出使团觐见库思老，宣布他成为新皇帝，库思老拒绝承认他的权威，并立即囚禁了这些使节。福卡斯的政变为库思老提供了开战的借口，为他曾经的支持者莫里斯"复仇"。

库思老于603年下半年亲自率领萨瓦兰部队出征，进攻战略要地达拉堡垒，与拜占庭帝国正式开战。福卡斯派出将领日耳曼努斯（Germanus）迎战库思老的军队。拜占庭军队惨败而归，日耳曼努斯几天之后因伤重不治而死。福卡斯派出另一支拜占庭军队迎战萨珊军队。这些部队与库思老在阿尔克萨姆斯（Arxamus/Arxamoun）交战。尽管这次战役的战术细节基本没有留下记载，拜占庭文献中提及，库思老"将他的大象聚拢到一起组成要塞"。[30]或许，披甲战象和象轿里的弓箭手组成了"移动要塞"。战象部队或许部署在中央，骑兵布置到两侧，而代拉姆人步兵位于后方。尽管战术细节问题尚待研究，可以确定的是拜占庭军队再次战败了。按照塞奥法内斯（Theophanes）的记载，萨珊军队俘获了大批拜占庭士兵。[31]再没有拜占庭军队阻止萨珊军队进攻达拉了，经过九个月的围攻之后，这座堡垒于604年落入库思老手中。

有趣的是，与库思老同行的某位"狄奥多西"自称是已故的莫里斯的儿子。这或许是为了劝降拜占庭军队和堡垒驻军中反对福卡斯的力量。[32]在达拉被攻陷之后，库思老离开了战场，并将军事指挥权交给了他最出色的将军们，其中就包括拉斯米奥詹（Rasmiozan），即法罗坎–沙巴拉兹（Farrokhan Shahrbaraz，意为"王国的野猪"）。这些将军的任务是将拜占庭军队彻底赶出美索不达米亚、叙利亚–巴勒斯坦、安纳托利亚、亚美尼亚和埃及。

达拉的陷落让拜占庭帝国再度陷入了军事灾难中，特别是在美索不达米亚。查士丁尼皇帝在6世纪时，曾经花费巨资修建抵御萨珊帝国的防御系统。

这个防御系统一定程度上阻止了此前萨瓦兰骑兵的进攻。然而，沙巴拉兹在604—610年将这些据点逐一攻陷。阿米达、马尔丁（Mardin）和西法斯（Cephas）陷落之后，美索不达米亚北部的拜占庭帝国军队已被肃清。值得注意的是，图尔阿比丁也首次落入萨珊王朝手中。

在美索不达米亚南部，萨珊王朝攻占了雷塞纳、卡利尼库姆和埃德萨。"坚不可摧"的埃德萨的陷落，极大地打击了拜占庭帝国的士气。随后，沙巴拉兹又在610年8月7日攻占了芝诺比娅城。为了赢得刚刚被征服的民众的支持，库思老精心策划了一次政治行动，他恢复了反对查尔西顿决议的主教们的职务，并归还了他们的教堂。

库思老二世尚在围攻达拉之时，萨珊王朝的军官杰万维（Jhuan-Veh）便率部进入了亚美尼亚。然而，杰万维与拜占庭军队的交战根本没有取得大胜，反而于604年春在埃里温附近被击败。[33] 库思老解除了杰万维的职务，任命达托扬（Datoyan）接替他的职务。在这位新军官的指挥下，萨珊军队的战斗力大为提升，达托扬在小村盖里克（Gerik）击败了一支亚美尼亚-拜占庭联军，而后向南撤退到阿特罗帕特尼。[34] 萨珊王朝在高加索的指挥官随后再次变更，605—606年为塞尼塔姆·库思老（Senitam Khosrow）将军。他立刻从阿

◎ 这幅画作取自阿雷佐的圣方济各教堂左侧墙壁，展现了希拉克略击败库思老的景象。邻近的作品描绘了希拉克略将"真十字架"送还耶路撒冷的场景。君士坦丁堡政府与波斯政府之间漫长而惨烈的战争，耗竭了两个帝国的国力，让阿拉伯人和突厥人坐收渔利，向埃及、新月沃地和安纳托利亚半岛扩张。（© 2006 Alinari/Topfoto）

特罗帕特尼出兵进攻亚美尼亚，并在安格隆成功伏击了狄奥多西·库尔库卢尼（Khorkhoruni）率领的军队，[35] 措手不及的拜占庭军队损失惨重。在萨珊王朝的又一次进攻中，狄奥多西被俘。

安格隆的陷落让萨瓦兰部队得以向西进军安纳托利亚。塞尼塔姆·库思老在塞奥多西奥波利斯（Theodosiopolis）以西又击败了一支拜占庭军队。[36] 这在拜占庭帝国的防线上撕开了一个致命的缺口，好几座堡垒在不久之后被他攻陷。而后，这一方向的指挥权又交给了阿什达德·雅兹达亚尔（Ashdad Yazdayar），他在巴锡安（Basean）击败了一支拜占庭军队，并一路向西追击，抵达萨塔拉（Satala）。雅兹达亚尔随后率部向东，围攻堡垒城市塞奥多西奥波利斯。值得注意的是，与雅兹达亚尔同行的还有已故的莫里斯皇帝的"儿子"狄奥多西，或许是为了让塞奥多西奥波利斯的守军直接投降。可以确定的是，塞奥多西奥波利斯最终被雅兹达亚尔攻陷。亚美尼亚东部就此全部落入萨珊王朝的手中，而拜占庭军队则被限制在亚美尼亚的西部边界之外。

就在这个关键时刻，沙欣（Shahen）接替指挥，继续在高加索作战。拜占庭军队在塞奥多西奥波利斯附近进行最后的抵抗，却再度大败。沙欣在 611 年完成了任务，彻底将拜占庭军队赶出了高加索。[37] 值得注意的是，亚美尼亚教会被允许继续存在，此举或许是为了博取所有亚美尼亚人的支持。战略意义上，沙欣此时能够进攻安纳托利亚东部和卡帕多西亚。拜占庭军队已经失去了亚美尼亚和美索不达米亚的要塞，再不能让叙利亚丢失，否则美索不达米亚和黎巴嫩-巴勒斯坦之间的所有土地都将落入敌人之手。这样的危险境况同样会把安纳托利亚西部和帝国的首都君士坦丁堡，暴露给萨珊军队。

拜占庭帝国此时的境况与帕提亚王朝末期的波斯非常类似——内战接连不断。毫不夸张地说，萨珊王朝能大获全胜，一方面是因为萨珊军队的善战与高效，另一方面，同等重要的原因是，他们赶上了拜占庭帝国内部不和的时期。拜占庭帝国境内，在叙利亚和巴勒斯坦爆发了激烈的内战，最终福卡斯被处死，希拉克略（610—641 年在位）登基称帝。这些因素带来的军事影响，对萨珊-拜占庭战争而言意义重大。本可以派往亚美尼亚或美索不达米亚的部队，深陷内战泥潭中。那些与萨珊军队作战的拜占庭部队损失惨重，进一步地削弱了拜占庭帝国的军事力量。

萨珊军队于 611 年重新开始向北方与南方进军。在北方，沙欣从亚美尼亚攻入安纳托利亚东部，于 613 年攻占了卡帕多西亚的恺撒里亚（Caesarea）。这个城市中的犹太人欢迎沙欣的萨瓦兰骑兵，将他们视作解放者。沙欣随后深入安纳托利亚，攻占麦利蒂尼并打通了与沙巴拉兹之间的交通线。在南方，沙巴拉兹进攻叙利亚并且攻占了安条克、阿帕梅亚和埃默萨（Emesa）。希拉克略在埃默萨附近组织了一次反攻，然而他的军队被击败了。[38]

困境中的希拉克略向库思老求和，库思老不仅拒绝了他的谈判提议，还决心将拜占庭帝国彻底击败。希拉克略意识到他的帝国面临重大危机，迅速组织了一次大胆的反攻。菲利皮库斯（Philipicus）将军率领的一支军队进军亚美尼亚，而后撤回了拜占庭帝国领土。这一行动的目的是转移萨珊王朝统帅部的注意力，掩护他们在叙利亚的行动。希拉克略及其兄弟狄奥多尔（Theodore），以及将军尼塞塔斯（Nicetas），率领部队共同进攻沙巴拉兹。他的策略失败了，沙巴拉兹在叙利亚击败了他们的联军。希拉克略的军队此后在叙利亚北部的奇里乞亚再次战败。[39] 奇里乞亚随后被萨珊帝国吞并。讽刺的是，那里就位于亚历山大于公元前 333 年击败大流士三世的战场附近。大马士革随后于 613 年被沙巴拉兹攻陷，城中的大批拜占庭驻军被俘。[40]

连续战败极大地打击了拜占庭军队的士气。杰里科（Jericho）的拜占庭驻军在 614 年奉命调往耶路撒冷，抵抗沙巴拉兹的部队。然而杰里科驻军刚刚看到萨珊部队，就调头逃跑了，沙巴拉兹在仅仅二十天之后便攻占了这座城市。[41] 和恺撒里亚的犹太人一样，耶路撒冷的犹太教徒（他们支持萨珊帝国）也将沙巴拉兹视作解放者。这位将军和他的犹太人盟友们，随即相当残暴地处置城中的基督徒：5 万耶路撒冷市民被杀，另有 3.5 万人沦为奴隶。耶路撒冷的教堂被掠夺并焚毁，耶路撒冷牧首扎哈里亚斯（Zacharias）沦为囚徒，而"真十字架"则被运到泰西封。一些历史学家因为这些行为，将库思老的战争描述为反对基督教的宗教战争。这并不完全准确，毕竟在 7 世纪早期，聂斯托利派基督教已经在萨珊帝国西部的大部分地区传播开来。胡齐斯坦、波斯西部和美索不达米亚北部（特别是阿迪亚波纳），存在几个主要的基督教中心。即使库思老本人信仰琐罗亚斯德教，他依然赞助波斯的基督徒，而他的妻子希琳（Shireen）公主更是虔诚的基督徒。众多教堂和修道院在泰西封周边建立起来，这主要是在希琳公主的要求下完成的。耶路撒冷的"真十字架"此时由她在泰西封看管。库思老本人也接纳了一位基督教的主保圣人——"殉道者"塞尔吉乌斯（Sergius the Martyr），据说他将早年的一些军事胜利归功于这位圣人。

就在沙巴拉兹于614年攻占耶路撒冷的同时，沙欣攻入安纳托利亚腹地，这对拜占庭政府而言真是糟透了。沙欣的萨瓦兰骑兵迅速横穿安纳托利亚，抵达地中海沿岸。博斯普鲁斯海峡沿岸的查尔西顿，也在614—615年被萨瓦兰部队攻陷：沙欣已经可以看到君士坦丁堡城中的尖塔了。在这次进攻中，以弗所古城也被毁灭。在居鲁士和大流士的时代结束之后，波斯骑兵还从未曾前进

◎ 萨珊王朝酒瓶（carafe），带有舞女图案装饰，6/7世纪。（akg-images）

如此之远。就疆域而言，库思老的萨瓦兰骑兵已经重建了大流士大帝的帝国。这也许是波斯帝国最美好的一刻：除了君士坦丁堡之外，整个西亚现在都由泰西封统治。

希拉克略则做了两手准备。[42] 首先，菲利皮库斯将军奉命向安纳托利亚东部进军，试图吸引沙欣放弃查尔西顿，前去追击。希拉克略的第二个（非军事的）策略则是直接向沙欣求和以结束战争。沙欣对皇帝的使节以礼相待，而君士坦丁堡元老院也派出三名使节前往泰西封。与此同时，沙欣从查尔西顿撤退并开始追击菲利皮库斯。但希拉克略的计策失败了：沙欣击败了向东进军的菲利皮库斯，而后返回了查尔西顿；给库思老送信，恳求他停止敌对行动的拜占庭使节们则在泰西封被处死。军事胜利让库思老陷入极度傲慢中，不肯接受和平提议。这最终导致了他个人的毁灭，也埋下了萨珊帝国灭亡的种子。

616 年，自居鲁士大帝征服之后，波斯军队首次攻陷萨迪斯。波斯人的舰船上一次在爱琴海中航行，还是在大流士与薛西斯入侵期间。爱琴海此时再度触手可及了。萨珊王朝建造了一支舰队，并于 617 年进攻君士坦提娅（即萨拉米斯）。然而这次进攻并非真正的入侵，本质上是掠夺。622 年的一次更为坚决的进攻则攻陷了罗德岛。值得注意的是，萨摩斯岛上也出土了一些萨珊王朝的钱币，它们也许可以追溯到 623 年。[43] 尽管如此，萨珊王朝的主攻方向并非希腊本土，而是地中海南岸的埃及。

攻陷耶路撒冷之后，沙巴拉兹已经巩固了自己在叙利亚和巴勒斯坦的战略态势。他的下一个目标是拜占庭帝国的埃及行省，并于 618 年开始进攻。萨瓦兰部队于 619 年进入亚历山大里亚，而 621 年时，整个埃及都被萨珊王朝占领。[44] 这是埃及历史上第二次落入伊朗帝国的手中。丢失埃及让拜占庭帝国失去了最富裕的行省和农业中心之一。军事威望屡遭打击的希拉克略，此时的境况已从悲惨转为绝望。

尽管连战连胜，萨珊王朝依然没有足够的军队来守卫此前攻占的所有领土，特别是安纳托利亚和高加索。安纳托利亚北部和亚美尼亚的漫长海岸线，让拜占庭军队有机会利用海军到萨珊军队的后方登陆。安纳托利亚内陆的许多地区并没有萨珊王朝的部队，拜占庭帝国可以在那里集结新的军队，并向东进攻高加索，或者向南进攻美索不达米亚和伊朗。[45] 菲利皮库斯此前的掠夺行动，就明确展示了这一可能。萨珊帝国的戏剧性扩张，就此成为帝国的阿喀琉斯之踵：帝国根本没有足够的军队驻守征服的土地。库思老二世在战场之上的辉煌，很快将随着一场动摇波斯统治核心的灾难而消散。

杜卡尔之战：阿拉伯人征服的先兆

库思老二世在 602 年犯下了重大战略失误，他废黜了拉赫姆部的国王努曼三世。[46] 他这么的理由是，努曼在巴赫拉姆·楚宾叛乱期间并没有以库思老的名义出兵干预。库思老二世还疏远了谢班（Bani Sheiban）部族的首领，他们不久之后便在其他阿拉伯部族的支持下起兵开战。萨珊帝国派出 2000 名萨瓦兰骑兵和 3000 名阿拉伯人仆从军弹压。谢班部族的联军在 610 年的杜卡尔（Dhu Qar）之战中，决定性地击溃了库思老的军队。希拉克略也正是在这一年登基称帝。

有趣的是，萨珊王朝的军界完全没有意识到这次失败的军事意义。这或许一定程度上是因为，他们愚蠢而顽固地将阿拉伯人视作军事能力低下的民族。在这种先入为主的观念下，杜卡尔的战败只会被视作意外的挫折。拜占庭军队和突厥人的军队被理所应当地视作强大又危险的战士，而阿拉伯人显然没有得到同样的重视。拉赫姆部阿拉伯人在不久之前已经明确展现了他们的军事潜力，例如卡利尼库姆之战，然而萨珊王朝的当权者往往将他们视作伊朗民族的一部分，而非异族。拉赫姆部对萨珊王朝而言不可或缺，因为他们守卫着帝国的西南部，特别是南部的美索不达米亚与阿拉伯交界地区。

事实证明，库思老二世废黜拉赫姆部君主的决定可谓愚蠢，因为萨珊帝国的西南部将就此暴露在未来入侵的阿拉伯人面前。"沙普尔堑壕"此时已经年久失修，而且帝国也没有在这一地区新建防御设施的计划。无论是防御薄弱，还是杜卡尔之战战败，似乎都没有让萨珊王朝的军界相信潜在的威胁将从阿拉伯沙漠出现。也许他们意识到了这一点，却更看重与拜占庭帝国交战，希望在战争胜利之后再将注意力转向南部战区。然而，当大规模的阿拉伯人入侵最终于 637 年出现之时，萨珊帝国并没有任何抵御他们的计划或者对策，这很大程度上是与拜占庭帝国交战的结果。

◎ 带萨珊王朝西牟鸟图案的装饰盘，约7世纪。(© The British Museum/HIP/Topfoto)

东北方向的突厥人入侵

中亚的突厥人决定利用萨珊帝国全力关注西方的时机。[47] 就在萨珊骑兵进入埃及的619年，突厥人和他们的嚈哒人仆从军进攻了伊朗东北部的呼罗珊，并进入阿富汗。萨珊王朝迅速做出反应，亚美尼亚将军森姆巴特·巴格拉特（Smbat Bagratuni）率领他的2000名亚美尼亚萨瓦兰骑兵，以及一支萨珊军队前来迎战。突厥人在呼罗珊的图斯被击败，被迫退回中亚。巴格拉特为萨珊王子达托扬留下了仅有300人的小部队，随后率领军队向西离去。

尽管如此，突厥人和嚈哒人的武装力量依然基本完好，巴格拉特的离开给了他们卷土重来的机会。呼罗珊再次遭到全面入侵，达托扬的小规模驻军被消灭。突厥人和嚈哒人深入伊朗高原，远达伊斯法罕和拉伊。突厥人抢掠一番后，带着战利品迅速撤退。巴格拉特率军返回，而这一次他决定重演三十年前的巴赫拉姆·楚宾的远征。萨珊–亚美尼亚萨瓦兰骑兵冲进了中亚。突厥人–嚈哒人的联军被击败，突厥可汗被杀。突厥人和嚈哒人的军事体系崩溃了，许多人在溃逃之时被萨瓦兰部队杀死。亚美尼亚文献记述称，突厥人–嚈哒人的联军至少有30万人，不过这个数字不太可能属实。[48] 可以确定的是，巴格拉特的胜利保证了萨珊帝国中亚边境的安全，直到阿拉伯人入侵之时。

希拉克略的反击：库思老二世的战败与死亡

到617年时，希拉克略已经处于绝境中。他甚至计划使用船只将国库资产以及他的家人运走，而后他再坐船离开。或许希拉克略希望和他的随从们一同逃往迦太基，他将在那里进行最后的抵抗。然而这个"逃跑计划"泄露了，君士坦丁堡因此爆发了骚乱。在大牧首的要求下，皇帝本人被迫在圣索菲亚大教堂发誓，永远不会放弃君士坦丁堡。希拉克略下一次离开君士坦丁堡之时，并不是为了逃生，而是为了摘取胜利。

正是在这个拜占庭帝国最黑暗的时刻，希拉克略展现了他的军事天赋。在萨珊军队大肆征服的灾难性年代中，拜占庭军队主要以防御为主，而且格外僵化。希拉克略设计了一个既大胆又简约的计划：进攻萨珊帝国的核心地区，因为此时萨珊军队忙于占据安纳托利亚西部、叙利亚-巴勒斯坦、美索不达米亚和埃及。拜占庭帝国的战略决策者意识到，库思老在黑海没有舰队，希拉克略可以使用舰船将军队运送到高加索的西海岸。然而，此前接连战败的拜占庭政府，已经损失了相当一部分最出色的军官和职业部队。在希拉克略的海军行动之前，必须要弥补这些损失。对拜占庭帝国而言幸运的是，库思老二世的行动为希拉克略的征兵工作提供了直接帮助。"真十字架"被沙巴拉兹夺走，这极大地刺激了希腊东正教会的追随者，更令他们愤恨的是，"真十字架"如今在泰西封作为战利品展出。战事进入 7 世纪 20 年代之后，库思老在美索不达米亚和叙利亚从基督教会那里搜刮了大笔财富，支持他后续的战争。希拉克略现在能够以基督教的名义进行宗教战争，发动"十字军"。宗教热情以及收复失地的必要性，让大批新兵积极涌入军队。拜占庭政府在巴尔干地区依然拥有充足而优质的人力资源，当然，君士坦丁堡市民也纷纷前来参军。[49] 即使萨瓦兰骑兵已经兵临君士坦丁堡城下，希拉克略依然耐心地重建了崩溃的拜占庭军队。拜占庭帝国在经济上遭受重创，而且帝国的府库也已经耗竭，然而希腊教会拿出了大批贵重物品资助希拉克略。教会捐助的金银器被熔化并铸造成钱币，为希拉克略提供了他重建军队所必需的资金。

在五年精心的军事准备之后，希拉克略可以出征了。他在 622 年抵达亚美尼亚，并击败了支持萨珊王朝的阿拉伯人将军率领的一支萨珊军队。[50] 沙巴拉兹为了对抗希拉克略，率部转往亚美尼亚。希拉克略在一番机动之后，对沙巴拉兹发起进攻并击败了他的军队。尽管这些胜利的军事影响并不大，却极大地振奋了拜占庭军队的士气，毕竟，这是他们多年以来的第一次胜利。由于突厥语族的阿瓦尔人入侵巴尔干半岛，直接威胁拜占庭城，希拉克略被迫向西撤退。他随后再次返回高加索作战。624 年 4 月 15 日在尼科米底亚庆祝了复活节之后，希拉克略来到卡帕多西亚，他从那里攻入亚美尼亚，随后向南进攻纳希切万（Nakhchivan），这里就位于阿特罗帕特尼以北。正在进攻安纳托利亚西部的沙巴拉兹将军被紧急召回东部，去亚美尼亚迎战希拉克略。

625 年，希拉克略巩固了他在高加索的防御。他从高加索诸国和（更为重要的）可萨突厥人那里招募到了士兵。与此同时，分别由沙欣、沙拉普拉坎（Shahraplakan）和沙巴拉兹率领的三支军队前来攻打希拉克略。沙拉普拉坎率领的"新军"包括"库思老军团"（Khosrowgetae）和"卑路斯军团"（Peroozetai）之类的精锐萨瓦兰部队，以及格兰尼坎–萨拉尔（Granikan–Salar）率领的附属支援部队。这支新军成功在高加索追上了希拉克略，并在苦战之后将他击败，迫使希拉克略退到安纳托利亚东部。[51] 然而沙拉普拉坎与格兰尼坎的联军也承受了重大伤亡，相较之下，希拉克略所部伤亡很小，几乎谈不上遭遇"失败"，只是一支基本完整的军队进行重新部署。沙巴拉兹此时抵达亚美尼亚，并与沙拉普拉坎的部队会合。他们试图在沙欣到达之前共同消灭希拉克略。希拉克略以压倒性的优势击败了两人的联军，他极可能巧妙地利用了萨瓦兰骑兵两侧与后方的薄弱部。[52] 沙拉普拉坎阵亡，但沙巴拉兹得以逃脱。记述中，拜占庭军队夺取了沙巴拉兹的"黄金盾牌……匕首、长枪、镶嵌宝石的黄金腰带"。[53] 尽管各原始资料都认同沙拉普拉坎被杀，沙巴拉兹在这一系列交锋中的动向却并不算明确。一些文献记述声称沙巴拉兹与沙欣会合，他们总共 3 万人的联军被希拉克略派出的"2 万人的精锐部队"击败。[54]

库思老随后将沙巴拉兹的"金长枪"萨瓦兰部队交给了沙欣将军，他的部队据说共有 5 万骑兵。[55] 沙巴拉兹随后率领他余下的部队前往君士坦丁堡，与突厥语族的阿瓦尔人结成联军。希拉克略意识到了这一风险，因此将军队一分为三：一支部队由他的兄弟狄奥多尔指挥，去对抗沙欣；第二支军队前往黑海沿岸的拉兹卡；而第三支军队去保卫君士坦丁堡。

狄奥多尔和沙欣的决战在 626 年或 627 年打响。战斗的细节几乎全无存留，仅知道在狄奥多尔进攻之前，一场冰雹袭击了萨珊军队的营地。[56] 狄奥多尔的胜利应当是缘于采用新战术对抗萨瓦兰精锐骑兵和其他部队。[57] 与此同时，希拉克略最初的策略——阻止沙欣、沙拉普拉坎和沙巴拉兹三人合兵一处，已经取得成功。不过，或许是萨珊王朝最杰出的指挥官的沙巴拉兹，依然未被遏制，正在向君士坦丁堡进军。

希拉克略在亚美尼亚的胜利尚不能扭转战局。沙巴拉兹在 626 年已经穿过安纳托利亚半岛，抵达君士坦丁堡附近。阿瓦尔人的大汗此时就在博斯普鲁斯海峡的欧洲一侧扎营，双方订立了盟约。然而，君士坦丁堡的宏伟城墙让入侵者望而却步。围攻之初，阿瓦尔人和斯拉夫人对城墙发起猛烈进攻，然而在没有沙巴拉兹直接支援的情况下，他们无法持久地攻城。沙巴拉兹此时位于博斯普鲁斯海峡的亚洲一侧，希拉克略的舰队确保任何萨瓦兰部队都无法在欧洲一侧登陆，去援助他们的阿瓦尔人和斯拉夫人盟友。

拜占庭一方的文献记述称，正当萨珊军队驻扎在君士坦丁堡城外之时，库思老二世派人给沙巴拉兹的副手卡达里甘（Kardarigan）送去一封密信。[58] 国王在信中要求卡达里甘杀死沙巴拉兹，并率领军队返回泰西封。[59] 沙巴拉兹的杰出战绩的确让他成为传奇，但库思老二世未必满意。

记载中，希拉克略截获了库思老的密信。他随后请沙巴拉兹来到君士坦丁堡，向他出示了这封信。沙巴拉兹在看过密信之后与希拉克略结盟，两人也就此建立起个人友谊。他们随后将密信中的内容修改为库思老想要杀死四百名军官。这一修改让巴拉兹的军队继续忠于他。希拉克略靠着一张纸，解除了对君士坦丁堡的围攻，并保证沙巴拉兹的大军在接下来的战争中作壁上观。至于希拉克略是否修改了这封信，为了达成自己的目的而欺骗了沙巴拉兹，将永远无法得出答案。可以确定的结果是，沙巴拉兹不再效忠库思老，希拉克略因此最终赢得战争，并迫使萨珊王朝求和。

希拉克略的舰队从君士坦丁堡起航，并来到高加索的今切尔克西亚（Circassia）附近登陆，而萨珊王朝对此毫不知情。更何况，即使萨珊间谍报告了希拉克略舰队的动向，萨珊军队也没有任何手段在海上拦截他们，或者预测舰队的目的地。希拉克略与高加索可萨人的联军，此时集结起了 12 万人的作战部队，远远超过了萨珊军队。

可萨人与希拉克略在 626 年开始进攻。可萨人的统叶护可汗（Yaghbu Khagan）入侵了阿尔巴尼亚（今阿塞拜疆共和国）。阿尔巴尼亚文献记述提及，可萨人在胜利之后大肆屠杀当地人。[60] 和阿尔巴尼亚一样，一些格鲁吉亚人据说也支持萨珊王朝，并因为一支 1000 人的萨瓦兰小部队的到来而欣喜。[61] 即使格鲁吉亚的第比利斯（Tbilisi）城防坚固，这支小部队依然无法阻止可汗和希拉克略在城中会师。希拉克略只有稳固了对亚美尼亚的统治之后，才能够率部进军波斯。希拉克略此时将他的女儿嫁给了可汗，以巩固拜占庭-可萨联盟，全力投入随后对萨珊波斯的入侵中。希拉克略和他的可萨盟友随即向南进入亚美尼亚，许多当地武装力量加入了他们。希拉克略、可萨人和亚美尼亚人随后突入阿特罗帕特尼。可萨人很快就因为当地人的坚决抵抗而放弃。他们于不久之后匆忙北上，渡过阿拉克塞斯河撤走。[62] 希拉克略此时则深入了阿特罗帕特尼。他从奥鲁米耶湖的西岸出发，并且从那里翻越了扎格罗斯山脉，抵达伊拉克库尔德斯坦的底格里斯河。一支小规模部队也许还进军到阿特罗帕特尼的马拉盖。

决战尼尼微

库思老意识到了希拉克略这次进攻的凶险。拉祖提斯（Razutis）将军奉命前去阻止拜占庭帝国的入侵军队。他最初试图从后方包围希拉克略，而希拉克略以高超的机动避开了他，随后横渡大扎卜河（Greater Zab），到古亚述的首都尼尼微附近扎营。拉祖提斯率部接近拜占庭军队，并且将他的部队部署为"三楔形阵"。[63] 在决战开始之前，希拉克略向一名萨瓦兰勇士发起决斗挑战。希拉克略击杀了他的对手，而后又接连击杀另外两个挑战者，仅最后一人击伤了希拉克略的嘴唇。有趣的是，一些西方的历史记述错误地认为拉祖提斯也在战前决斗中被杀。[64]

决斗结束之后，萨珊军队吹响号角，拉祖提斯结成了三个楔形阵。尽管这次决战没有留下与战术有关的记述，希拉克略的军队很有可能进攻了这一阵形最薄弱的地方（两翼和后方）。所有的记述都声称这是一场血腥的恶战，萨珊军队似乎一度占了上风，直到拉祖提斯和三名指挥官在混战中被杀。与此同时，或许是代拉姆人组成的步兵部队，也证明了自己的战斗力。他们与希拉克略的卫队交手，甚至冲到希拉克略本人身边，皇帝的坐骑多尔康（Dorkon）的大腿被他们击伤。[65] 然而在3个小时的战斗之后，希拉克略还是取得了完全的胜利。对萨珊波斯而言，最惨痛的损失，或许就是5万名无法补充的职业战士阵亡。这是阻挡希拉克略前进的最后一支大规模萨瓦兰部队，而这一战的损失

◎ 萨珊王朝晚期的西牟鸟灰泥板，7—8世纪。(© *The British Museum/HIP/Topfoto*)

有多惨重，将在随后阿拉伯人入侵之时充分体现。

希拉克略随后向库思老在达斯塔吉尔德（Dastegerd）的大王宫和西兹的圣火神庙前进。他掠走了许多战利品和财富，以及300面之前被萨瓦兰部队缴获的拜占庭军旗。另外还有许多其他的萨珊王朝宫殿被毁，其中包括德泽里丹（Dezeridan）、罗萨（Rousa）、贝卡尔（Bekkal）和贝布达尔什（Bebdarch）。与此同时，拉祖提斯的残部有序地后撤，与没能参与尼尼微之战的3000名萨瓦兰骑兵会合。库思老命令这些军队在首都泰西封以北的托拉运河（Torua Canal）进行最后的抵抗。运河上的桥梁本应拆毁，然而这一命令却并未执行，希拉克略得以畅通无阻地直趋泰西封。此时，希拉克略向库思老送出一封信，信中写道：

　　我向往和平……因为我不想把波斯夷为平地，除非在你的逼迫下如此……让我们拥抱和平，在战火焚毁一切之前终止战争吧。[66]

不难预料的是，库思老拒绝了这一提议，然而贵族们与幸存的将领们已经开始反对他。沙巴拉兹也警告希拉克略，不要试图攻占泰西封。记载中，沙巴拉兹告诉希拉克略，"不要重复尤里安的命运"。[67]希拉克略接受了这位将军的忠告，悄然向北撤退，回到他在高加索的营地中越冬。泰西封城中的政治阴谋随即走上前台。

库思老的退位本质上是一次宫廷政变。库思老此前指定他与已逝的王后希琳所生的儿子马尔丹（Mardan），作为王位继承人。[68]然而马尔丹并不受祭司们的喜爱。马尔丹的异母兄弟、拥有一半拜占庭血统的希罗伊（Shiroe），是库思老与另一个妻子玛利亚姆（Maryam）所生，希罗伊得到了祭司和贵族们的支持。阻止马尔丹继位的阴谋很快成型。支持希罗伊的 22 名贵族，与沙巴拉兹的两个儿子结盟。泰西封的萨瓦兰指挥官古什纳斯普–阿斯帕（Gushnasp-aspa）参与了这次政变。希罗伊于 628 年 2 月 23 日或 24 日登基为王，称卡瓦德二世。[69]库思老被囚禁在名为"黑暗之屋"的著名地牢中。希罗伊展现了不寻常的残忍，下令在库思老的面前处决马尔丹。记载中，希罗伊也以同样的方式处决了许多其他的兄弟姐妹。目睹了宠爱的儿子被杀 5 天之后，库思老二世也被折磨至死。这位君主曾经短暂地恢复了阿契美尼德王朝的领土，并促进文化复兴，竟落得如此悲惨的结局，而文化复兴的成果将落入即将到来的穆斯林阿拉伯帝国手中。

希拉克略的主要目标是恢复现状。战争结束之时，亲自与部下一同征战的希拉克略，已经赢得了许多萨珊贵族的尊重。在这方面，他还与沙巴拉兹建立了个人友谊。然而，尽管希拉克略取得了辉煌的胜利，拜占庭帝国依然为这场血腥至极的战争付出了沉重的代价。按照估计，拜占庭帝国或许损失了20 万一流军官与职业士兵。萨珊军队的损失至少与之相当。毫无意义的大规模杀戮，让贵族们与王室越发疏远。正如古亚美尼亚历史学家摩西·霍勒纳西（Movses Khorenat'si）所说，"因为战争，这个国度的雅利安人的鲜血，究竟还要流淌到什么时候"？[70]拜占庭帝国和萨珊帝国总共损失了超过 40 万人的一流战斗部队。由此而来的凶险的军事真空，将被邻近帝国的部族政权，特别是阿拉伯人和突厥人，充分利用。麦地那（Medina）的哈里发欧麦尔（Omar，581—644 年），以及他麾下的阿拉伯人军官们，对拜占庭帝国与萨珊波斯的虚弱状态一清二楚。事实上，仅在双方签订停战协议十年之后，阿拉伯人对拜占庭帝国和萨珊波斯的进攻便开始了。[71]

萨珊王朝的艺术与建筑遗产

库思老的军事胜利，与艺术和建筑方面的空前进步相匹配。从某种意义上说，库思老在艺术与建筑方面推动的"新波斯帝国风格"，与古阿契美尼德王朝相当。库思老重建了因数十年的残酷战争而被破坏的一些城市和农庄。旧运河得到了修缮，而新运河也在开掘。随着帝国壮大，库思老下令开始了一系列雄心勃勃的项目。王室宫殿中装饰着萨珊王朝晚期风格的精致艺术品，包括由银柱支撑的觐见大厅。库思老二世时代建筑工程的范例，包括塔吉–博斯坦浮雕和马奇塔（Machita）的库思老宫殿。

对波斯织毯发展历程的讨论，并非本书的篇幅所能完成；在库思老二世统治期间，织毯业达到了伊斯兰时代之前的波斯的顶峰。地毯使用上好的丝绸和羊毛织成，上面装饰了大量珍珠和宝石。这些地毯用于覆盖新宫殿的地板，面积很大，其中一些长达 121 米（400 英尺）。著名的"库思老之春"使用了红宝石、钻石和金丝来模仿春天的花朵。阿拉伯人在 637 年缴获了这块地毯，他们将地毯割成了碎片，放到阿拉伯的市集上出售。

在这一时期，伊朗的丝绸纺织业已经达到了很高的工艺水平。萨珊王朝进口中国丝绸，制成图案精美并镶嵌珠宝的华贵服装，再出口回中国。记载中，中国的贵族男女穿着"波斯"服装。拜占庭贵族们也会穿着萨珊风格的服装，直到 1453 年君士坦丁堡陷落之前都大受欢迎。对波斯丝绸服装的大量需求，让拜占庭政府中的一些人忧虑，以至于东正教会为此颁布了一项法令，谴责这些纺织品为"波斯骗局"。[72] 阿拉伯帝国阿拔斯王朝的哈里发的宫廷中，也应用了萨珊服装。[73]

注释

1. Zarrin'kub, *Ruzgaran:tarikh-i Iran*, p.240.

2. 同上。

3. 同上。

4. 另见 Farrokh, *Sassanian Elite Cavalry*, p.8 给出的定义。

5. 同上，p.53。

6. Motofi, *Tarikh-e-Chahar Hezar Sal-e Artesh-e Iran*, p.182.

7. 同上，p.182。

8. Theophylact Simocatta, 18.10, W. Soward's translation is accessible online from: http://www.sasanika.com/ClassicalSources.asp.

9. Sh. Shahbazi, "Bahram VI Chobin", in Yarshater, *Encyclopedia Iranica* Vol.2, pp.519–522: p.520.

10. Motofi, *Tarikh-e-Chahar Hezar Sal-e Artesh-e Iran*, p.182.

11. 同上，p.183。

12. 同上，p.183。

13. K. Czegledy, "Bahram Chobin and the Persian apocalyptic literature", *Acta Orientalia* (1958, Vol.8), pp.21–43: p.22.

14. E. Chavannes, *Documents sur les Tou-Kiue*, p.149, 进行了中国资料的辨析。① 阿拉伯历史学家称这位可汗为"什亚巴/沙巴"（Shiyaba/Shaba）。而纳尔沙西(An-Narshakhi)称之为"狮王"（Shir-e-Kishwar Shah），见 Frye, *The History of Bukhara*, p.108, note 28。波斯记述中称之为"萨瓦国王"（Sawa/Sawkh），L. N. Gumilev, *Drevnie Tyurki* (Leningrad: Nauka LO, 1967), pp.115, 132。突厥史学家称这位可汗为"阿尔斯兰"，是达头可汗之子、室点密可汗之孙。

15. 这位可汗的儿子的名字也存在争议。波斯人称之为"纳慕德/巴慕达"（Narmud/Parmuda），见 A. Z. Validi Togan, *Umumi Turk Tarihina Giris* (Istanbul: Enderun Kitapevi, 1981)，而中文记载中称之为泥利可汗。

16. Czegledy, "Bahram Chobin", p.23.

17. Theophylact Simocatta, pp.77–80, available in translation online, and in Greatrex & Lieu, *The Roman Eastern Frontier Vol.2*, pp.171–172. 其他资料记述的细节有所不同。俄罗斯研究者认为这场高加索的战争是萨珊王朝与可萨人交战，拜占庭帝国的记述支持这种说法，见 N. V. Pigulevskaya, *Vizantiya I Iran na Rubeje VI i VII Vekov* (Moscow & Leningad: 1946), p.81。另外，研究中认为这次远征的指挥官"巴赫拉姆"是另一位同名者，见 Ibn al-Balkhi, *Farsnama*, p.102; L. N. Gumilev, "Bahram Chubin", *Problemy Vostokovedeniya* (1960, Vol.3), pp.228–241: pp.228–229。按照这一假设，此时的巴赫拉姆·楚宾应当还在东北部与突厥人–嚈哒人作战。

18. Zarrin'kub, *Ruzgaran:tarikh-i Iran*, p.242

19. J. Harmatta & B. A. Litvinsky, "Tokharistan and Gandhara under western Turk rule (650–750)", in B. A. Litvinsky (ed.), *History of Civilizations of Central Asia, Vol.III : The Crossroads of Civilizations: AD250 to 750* (Delhi: Motilal Banarsidass, 1999), pp.367–401: pp.368–369.

---

① 译注：汉语资料所说的被杀的突厥可汗，应为开皇八年（588 年）西征时被杀的莫何可汗——阿史那处罗侯。

20. 巴赫拉姆·楚宾声称要重建帕提亚王朝。Shahbazi, "Bahram VI Chobin", p.521.

21. R. Guseinov, *Siriyskie Istochniki XII–XIII vv. ob Azerbaidjane* (Baku, 1960), p.35.

22. Motofi, *Tarikh-e-Chahar Hezar Sal-e Artesh-e Iran*, p.183.

23. Benjamin, *Persia*, p.244.

24. Shahbazi, "Bahram VI Chobin", p.521; Gumilev, "Bahram Chubin", pp.228–241.

25. E. G. Browne (trans.) & R. A. Nicholson, The Tarikh-I Guzida or Select History of Hamdallah Mustawfi-I Qazwini, compiled in AH 730 (AD 1453), vol. 1, Text, E. J. W. Gibb Memorial series,Vol. XIV (Leiden/London, 1910), p.121.

26. M. Usanova, "Ismoil Somonii Waqfnomasi" *Sharqshunoslik* (1995, Vol.6), pp.24–31: p.29.

27. Motofi, *Tarikh-e-Chahar Hezar Sal-e Artesh-e Iran*, p.184.

28. 同上，p.184。

29. 同上，p.184。

30. Greatrex & Lieu, *The Roman Eastern Frontier Vol.2*, p.184.

31. Theophanes, *The Chronicles*, AM6096, 292.6–25.

32. Greatrex & Lieu, *The Roman Eastern Frontier Vol.2*, p.183.

33. R. W. Thompson (trans.), *The Armenian History Attributed to Sebeos* (Liverpool, England: Liverpool University Press, 1999), 107, 8.59.

34. 同上，108, 9.59–60。

35. 见 Farrokh, *Sassanian Elite Cavalry*, p.26 对安格隆的描述。

36. Thompson, *The Armenian History Attributed to Sebeos*,109–110, 60–62.

37. 同上，111, 64。

38. Theophanes, *The Chronicles*, AM 6102, 609–610.

39. Farrokh, *Sassanian Elite Cavalry*, p.54.

40. Greatrex & Lieu, *The Roman Eastern Frontier Vol.2*, p.190.

41. Thompson, *The Armenian History Attributed to Sebeos*,115–116, 69.

42. Greatrex & Lieu, *The Roman Eastern Frontier Vol.2*, p.194.

43. 同上，p.197。

44. 同上，p.196。

45. S. A. Metzger, "Tragic Byzantine Commander", *The Quarterly Journal of Military History* (2002, Vol.15), pp.42–48: p.44; J.Howard-Johnson, "The official history of Heraclius' Persian campaigns", in E. Dabrowa (ed.), *The Roman and Byzantine Army in the Near East* (Krakow, 1994), p.58.

46. Frye, *The History of Ancient Iran*, p.337.

47. Farrokh, *Sassanian Elite Cavalry*, p.53.

48. Thompson, *The Armenian History Attributed to Sebeos*, Ch.28.

49. Metzger, "Tragic Byzantine Commander", p.44; also Farrokh, *Elite Sassanian Cavalry*, p.42.

50. Theophanes, *The Chronicles*, AM 6113, 304.13–18.

51. Movses Khorenat'si, *History of the Armenians*, II.10,132.21–133.11.

52. Farrokh, *Sassanian Elite Cavalry*, pp.55–56.

53. Theophanes, *The Chronicles*, AM 6115, 308.27–312.8.

54. Thompson, *The Armenian History Attributed to Sebeos*,125–126, 81–83.

55. Theophanes, *The Chronicles*, AM 6117, 315.2–26.

56. Benjamin, Persia, p.264. See also Theophanes, *The Chronicles*,AM 6117, 315.2–26.

57. Farrokh, *Sassanian Elite Cavalry*, pp.55–56.

58. Theophanes, *The Chronicles*, AM 6118, 323.22–324.16.

59. 同上。

60. Movses Khorenat'si, *History of the Armenians*, II.11,135.5–140.14.

61. 同上。

62. Theophanes, *The Chronicles*, AM 6118, 317.11–26.

63. 同上，AM 6118, 317.32–323.22, 324.16–325.10。

64. Wilcox, *Rome's Enemies (3)*, p.42.

65. Theophanes, *The Chronicles*, AM 6118, 317.32–323.22,324.16–325.10.

66. 同上。

67. Benjamin, *Persia*, p.262.

68. Theophanes, *The Chronicles*, AM6118, 325.10.

69. Zarrin'kub, *Ruzgaran:tarikh-i Iran*, p.250.

70. Movses Khorenat'si, *History of the Armenians*, II.12–13, 145.

71. Farrokh, *Sassanian Elite Cavalry*, p.56.

72. Ghirshman, *Iran: Parthians and Sassanians*, p.226.

73. D. Nicolle, *Armies of the Muslim Conquest* (London: Osprey Publishing, 1993), pp.41–46, pl.F, H.

第十八章
萨珊王朝的灭亡与伊斯兰征服

卡瓦德二世与短暂的统治

卡瓦德二世主持了与拜占庭帝国的和平谈判。双方达成了两个主要协议。首先，"真十字架"将送还拜占庭帝国。当代的一些西方历史学家将这视作"西方的基督教十字军"战胜了"东方的非基督徒"。这种观点过于简单化了，它将当代的欧洲中心论的"东—西"地缘政治理论强加到古典时代，视作政治、文化、人类学和神学的边界。神学意义上，希拉克略保卫了希腊东正教会的基督教政权，对抗波斯的琐罗亚斯德教祭司们和雅利安信仰，然而即使是这样的分析也难免过于简化。萨珊波斯境内有大量的基督徒，特别是在西部地区。试图分析"东—西"特质的说法，也没有考虑到波斯的雅利安信仰与凯尔特人、斯拉夫人和日耳曼人之间存在的紧密联系。这些民族和希腊人–罗马人一样，与波斯人和印度人具有共同的印欧血统。

第二条协议则是，萨珊王朝的部队必须撤出在埃及、耶路撒冷、叙利亚和安纳托利亚占领的所有领土，退回战前的边境线之内。这一条意义重大，因为这证明了萨珊王朝之前的军事胜利成果显著，以及拜占庭帝国曾经多么接近于灭亡。实际上直到阿拉伯人入侵之前，一些萨珊部队还留在拜占庭帝国的领土上。这些条约对厌战的萨珊帝国平民的影响难以判断，然而这极可能导致士气骤降。希拉克略本人对毁灭萨珊帝国并不感兴趣，他似乎明白了，萨珊帝国对阻止蛮族从拜占庭帝国的东方入侵，意义重大。

然而卡瓦德很快就证明了自己治国无能。他不久便下令处死了自己的 30 个兄弟。一瞬之间，萨珊王室近乎毁灭。卡瓦德的妹妹博兰（Boran/Poorandokht）和阿扎尔（Azar/Azermidokht）公开指责她们兄长的野蛮行为。卡瓦德于 628 年 9 月逝世，[1] 他的独子阿尔达希尔三世登上王位，首席顾问迈赫尔·哈泽兹（Mehr Hazez）则担任摄政，这位摄政拥有宽容与睿智的名声。这种状况没能持续多久。

沙巴拉兹将军对库思老的忠诚早已受到怀疑，他慢悠悠地率领萨瓦兰部队从安纳托利亚和近东撤离。这些部队从未被希拉克略击败，而希拉克略也明智地选择通过巧妙斡旋，保证了与他们的友谊关系。沙巴拉兹同希拉克略签订了秘密协议，他计划进军泰西封并篡夺政权。[2] 此时的沙巴拉兹越发亲近希腊人，他儿子尼基塔斯（Niketas）和他女儿尼基（Nike）的名字就足以证明这一点。希拉克略同沙巴拉兹商定，尼基塔斯的女儿格雷戈里亚（Gregoria）嫁给拜占庭帝国的继承人君士坦丁，而尼基则嫁给希拉克略的另一个儿子狄奥多西。沙巴拉兹很可能成了基督徒，至少他十分同情希腊教会。沙巴拉兹率领 6000 名萨瓦兰骑兵老兵，或许还有希拉克略提供的部队，进军泰西封，很快便在 630 年 6 月攻陷了城市。[3] 沙巴拉兹自立为王，并且将襁褓中的阿尔达希尔三世和迈赫尔·哈泽兹杀死。这位将军随后与阿扎尔公主结婚，想借此获取贵族们的忠诚。正在入侵亚美尼亚的可萨人则被沙巴拉兹派往高加索的萨瓦兰部队击败。拜占庭帝国暂时见证了一个基督徒成为波斯的"万王之王"（Shahanshah）。然而沙巴拉兹并没有得到宫廷的支持，于 629 年[①] 被暗杀。据说他的尸体在泰西封被游街示众。

泰西封政府的权威与稳定性，此时陷入了危险的动荡。贵族们和将军们对混乱的前景深感担忧，他们请求博兰公主接管萨珊帝国的领导权。[4] 博兰应允了这一请求。若是她能一直主政，或许能够让波斯从残酷的库思老-希拉克略战争及其后续影响中恢复过来。希拉克略向博兰致以最高的敬意，并邀请她访问君士坦丁堡。然而博兰成了泰西封的宫廷政治中又一场致命阴谋的受害者，她在自己床上被人用枕头闷死了。她的妹妹阿扎尔随后继承王位，然而她

---

① 译注：原书如此。沙巴拉兹篡位的年份有 629 年和 630 年两种说法，记载称他在同年 9 月被杀。

◎ 后萨珊王朝时期，描绘猎狮的装饰盘，7世纪晚期至8世纪。（© The State Hermitage Museum, St. Petersburg）

随后也死于暗杀。此时，萨珊王朝似乎再没有王室成员能够继承大统了，然而贵族们还是找到了萨珊王室的后裔——居住在伊斯塔克尔（Istakhr）的15岁少年。他的真实身份或许被掩盖了，以免卷入库思老统治终结之后，混乱且致命的宫廷政治。贵族们和祭司们说服了年轻的王子登基，成为波斯的新君主。

雅兹德吉尔德三世：风雨飘摇的帝国的继承者

伊斯兰教–阿拉伯人征服的前夕，在波斯社会与宗教之中，不满情绪已经积累了相当的力量，在拜占庭帝国的近东与埃及，情况也是如此。这些因素，加上拜占庭帝国和波斯帝国的国力枯竭，以及新生的伊斯兰教所激发的阿拉伯人的尚武精神，共同促成了此后阿拉伯人对波斯帝国和拜占庭帝国的胜利。库思老在统治上的成功，掩盖了萨珊帝国内部广泛存在的深层次问题。几乎确定无疑的是，阿拉伯人征服前夕的波斯，尽管拥有极高的技术水平和学术成就，却终究是由少数富裕精英不成比例地占据着帝国的海量财富。库思老二世统治时期的辉煌和荣耀，事实上靡费甚巨。据说国王拥有5万匹马、骡子和中亚野

368

驴，另有 1.2 万头白骆驼、1000 头大象、3000 名妃子和 1.2 万名仆从。

琐罗亚斯德教祭司们并没有践行琐罗亚斯德教的平等主义原则。以马兹达克为代表的部分祭司主张回归琐罗亚斯德教的最初教义，施行极端的平均主义，但他们遭到了无情的镇压。然而摩尼信仰和马兹达克运动中的平等主义理想，依然牢牢地根植于萨珊帝国平民的脑海中。平民大众似乎清醒地意识到，"古典主义"在富裕的精英和祭司心中根深蒂固，他们将民众视作下等阶层。对马兹达克教派和摩尼信仰的暴力镇压，或许使得波斯内部出现了反琐罗亚斯德教的不同政见者组成的地下网络，尽管这一点还需要更多研究来证实。心怀不满的琐罗亚斯德教祭司罗兹巴赫（Rozbeh），[5] 就在阿拉伯半岛接受了伊斯兰教信仰，并忠诚地支持先知穆罕默德，他在伊斯兰教历史以及逊尼派的圣训中，都是重要的人物。[6] 罗兹巴赫改名为萨勒曼·法尔斯（Salman Farsi，"波斯人"萨勒曼）。萨勒曼向阿拉伯穆斯林提供了许多关于萨珊军队的战斗方式的情报。在正统琐罗亚斯德教与马兹达克教派之间的冲突之外，萨珊帝国现在要面对更大规模的宗教差异，即其他普世宗教与雅利安人神秘主义崇拜之间的差异。雅利安信仰包括祖尔万教派和密特拉信仰，而其他普世宗教的信徒主要是库尔德斯坦、米底和泰西封的大批聂斯托利派，而且这些地区也有重要的犹太人社区。大型的佛教徒社区则出现在萨珊帝国的东部，例如瑙巴哈尔（Nowbahar）和巴米扬山谷。[7]

前文提到的这些因素，都让平民越发疏远中央政府和贵族阶层。经济迅速恶化以及农业歉收，进一步激化了这些情绪。幼发拉底河与底格里斯河上的大坝决口，导致美索不达米亚陷入灾难性的洪水中，加剧了整个萨珊帝国的经济困窘和粮食短缺。随着中央政府越发虚弱，泰西封对各个行省的控制力度也开始下降，这样的情况与帕提亚王朝末期高度类似。即使遭受重创的萨珊军队英勇而绝望地抵抗阿拉伯人，"伊朗的平民并没有抵抗的精神"。[8]

宗教冲突和社会问题，对萨珊王朝军队（gund）的士气造成了毁灭性的打击。正如莫托费记述的那样，萨珊军队当时的典型情况是"一片混乱、绝望、玩忽职守、纪律涣散"。[9] 实际上，在灾难性的库思老–希拉克略战争中，大多数高级职业军官和老兵非死即残，这进一步削弱了萨珊军队有效自行重建的能力。尽管帝国各地的军械库中依然有充足的武器，受过训练的职业士兵却十分稀缺。即使以萨兰甘（Sarhangan）为代表的精锐萨瓦兰骑兵、以代拉姆人为代表的职业步兵，依然存在，他们的数量却远无法和 7 世纪初的情况相比。损失如此之多的老兵，意味着军队几乎没有教官可用，难以向下一代士兵传授战场上的技战术与尚武精神。萨珊军队依旧能够集结一支强大的战象部队，并且武装大批军官和步骑兵为帝国战斗，然而这支军队不过是曾经辉煌的萨珊军队的影子而已。

实际上，萨珊帝国需要许多年时间来重组军队，并补充常备部队。考虑到波斯的人力资源严重短缺，[10] 这一恢复过程将至少花费一代人的时间。然而，此时的萨珊帝国已经没有足以实现重建的安稳时光了。7 世纪 30 年代，萨珊帝国军事实力的软弱显而易见，近乎任人宰割。军力耗竭的拜占庭帝国无法进攻；突厥人尽管还能够发动掠夺，但他们此前惨败于巴赫拉姆·楚宾和森姆巴特·巴格拉特，尚在恢复中。最后的厄运来自阿拉伯沙漠的贝都因战士。

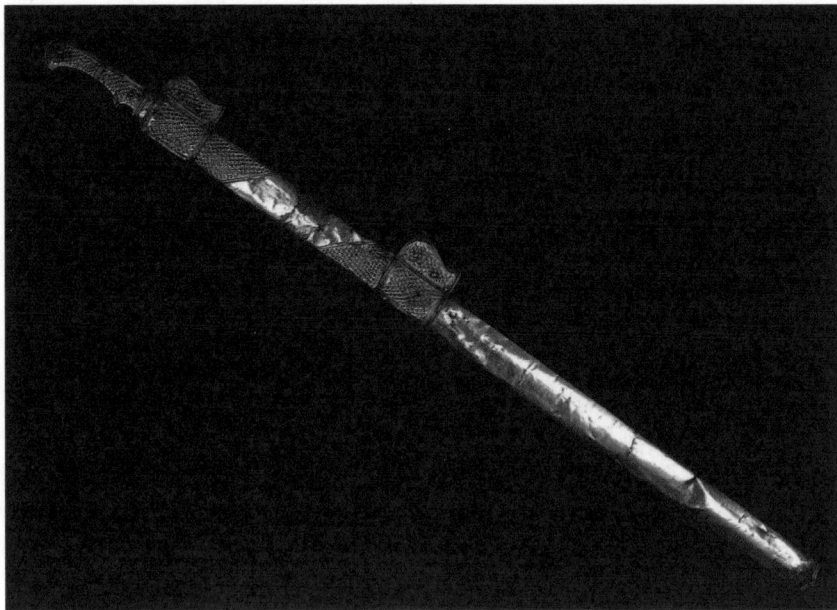

◎ 7 世纪的萨珊王朝银剑鞘，或许属于代拉姆人，来自伊朗西北部。这件剑鞘是木基底包银，银饰包裹在木料之外，在后方相接，由两道银线熔焊加固。缠绕的装饰银线也通过熔焊与剑鞘相接。羽毛状的图案与萨珊王朝的头盔和匕首装饰类似，也见于萨珊王朝其他装饰品。佩戴时，剑鞘或许是倾斜挂起，皮带穿过两个铆接在剑鞘上的突出皮带环。这两个皮带环位于剑鞘同侧，距离较远，并带有加固环。这种两点式的悬挂方式，证明这把剑出自萨珊王朝晚期。（© The British Museum/HIP/Topfoto）

阿拉伯人入侵波斯

阿拉伯人清楚地意识到，库思老-希拉克略战争让波斯帝国和拜占庭帝国损失惨重。第二任阿拉伯哈里发欧麦尔可谓战略大师，他清楚地意识到，此时的阿拉伯人得到了一个绝佳的窗口期，能够同时进攻波斯帝国和拜占庭帝国。正如阿洛（Aloos）所说，"他们（阿拉伯人）中的大多数因为战斗（阿拉伯半岛的伊斯兰教战争）而成了英雄……此时的他们将目光投向边境之外的富裕帝国——波斯和罗马"。[11]

第一任哈里发阿布·伯克尔（Abu-Bakr）将麦加的阿拉伯人整合到同一个哈里发神权国家的统治下，并下令发动"圣战"（Jihad），将伊斯兰教统治的边界扩张到阿拉伯半岛之外。阿拉伯人宣称，他们代表真主，将平等与公正带给拜占庭帝国和萨珊波斯的平民大众。在深感不满的萨珊波斯的军队和人民中间，这一号召影响深远。拜占庭帝国近东的闪米特人居民，比如一性论派基督徒、阿拉姆语各民族以及犹太人，也欢迎信仰伊斯兰教的阿拉伯人，将他们视作解放者。伊朗传说声称，此前源自摩尼信仰的口号——"众人皆兄弟，众人皆平等"（Ham-e-Baradar, Ham-e-Barabar），在阿拉伯征服期间再次被宣扬，或许正是波斯境内反对萨珊王朝的力量让这句话留存下来。

雅兹德吉尔德三世非常清楚此时波斯面临的挑战，然而自即位之初，他的军事实力就格外羸弱。即使雅兹德吉尔德可以委任有能力、有信心的将军指挥他的军队，但这些人都无法与那些死去的英雄，比如沙欣、沙拉普拉坎和沙巴拉兹相提并论。拜占庭帝国军力枯竭的程度与萨珊波斯相差无几。即使希拉克略能够利用安纳托利亚和巴尔干的人力，补充在与萨珊军队作战期间蒙受的巨大损失，拜占庭帝国依然在战争的最后阶段耗尽了军力。拜占庭帝国的军事领袖们，尽管在与库思老交战的最后几年中证明了自己的杰出军事才能，却在面对阿拉伯人之时格外地无力，狄奥多尔在雅穆克河（Yarmuk）之战中的表现就是一个范例。

在库思老-希拉克略战争的末期，阿拉伯人迅速统一了整个阿拉伯半岛，并赶走了也门的萨珊王朝总督。到 7 世纪 30 年代初，阿拉伯人有信心与萨珊帝国直接较量了。首个进攻萨珊美索不达米亚的阿拉伯军官是穆萨纳·伊本·哈列赛（Mosni Bin Haresa），他在 633 年攻占了拉赫姆王国曾经的首都希拉。

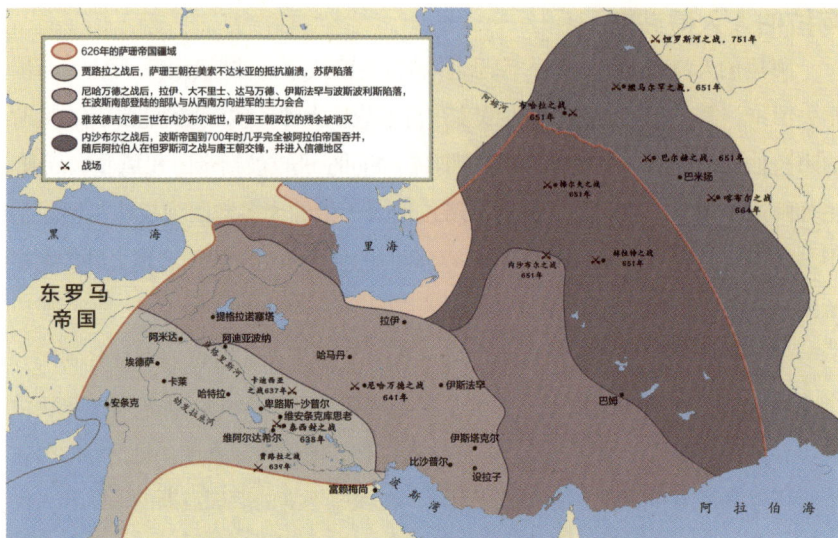

◎ 7世纪穆斯林征服萨珊帝国。

然而伊本·哈列赛没能守住这里，不久之后就被"伊勒安总指挥官"（Eire–An Spahbad）——鲁斯塔姆·法鲁赫扎德（Rustam Farrokh–Zad）的军队击败，米赫兰（Mihran）将军在634年发动了一次全面反击，他显然能够将阿拉伯人赶出萨珊的领土。尽管伊本·哈列赛被迫撤退，据说他承诺手下将士，他们终将夺取"库思老的宝藏"，以此维持了士气。[12] 更为重要的是，阿拉伯人的指挥官穆萨纳（Muthanna）到634年春季，已经能够将许多信仰基督教的阿拉伯人与他们的穆斯林同族团结到一起。[13]

河桥之战

之前的失利没能打击阿拉伯人的信念，他们再次进攻美索不达米亚，并坚决打算渡过幼发拉底河。阿布·欧拜达（Abu Ubeidah）率领阿拉伯人在幼发拉底河的西岸扎营，他们与巴赫拉姆将军率领的萨珊军队遭遇，这支部队还携带着萨珊王室的卡韦赫战旗，这足以证明萨珊王朝对这次战斗的重视。阿拉伯人仓促渡过幼发拉底河，巴赫拉姆得以在他选定的战场之上与阿拉伯人交战，入侵者很快就进入了致命的陷阱中。巴赫拉姆的策略是派出重甲萨瓦兰骑兵和战象迅速发动进攻。阿拉伯人无力抵挡萨瓦兰骑兵与战象的联合进攻，其指挥官阿布·欧拜达被战象践踏而死，另有一些文献记载称，他是在和部下一同逃跑时，在幼发拉底河中溺亡。阿拉伯人当然了解萨瓦兰骑兵的战术，然而似乎由于巴赫拉姆的行动非常迅速，阿拉伯人来不及在登陆幼发拉底河东岸后组织好阵形。战象的出现或许也让一些阿拉伯人的战马受惊慌乱。指挥官死亡，加之无法抵抗巴赫拉姆进攻，阿拉伯人只得撤过幼发拉底河。据称，阿拉伯人的损失为 1000 人被杀，3000 人淹死在幼发拉底河中，2000 人逃跑，只有 3000 人完成撤退。[14] 这也许是萨珊军队取得的最后一次胜利。[15] 这也是萨珊军队最后一次在战场上成功完成重甲骑兵和投射部队的联合进攻。

卡迪西亚之战

哈里发欧麦尔下令从叙利亚调度补给和增援，[16] 支援萨阿德·伊本·埃比·瓦卡斯（Saad Bin Ebi Waqqas），这位阿拉伯人指挥官正在入侵萨珊王朝的伊拉克地区。穆斯林于 636 年在叙利亚的雅穆克河之战中大胜拜占庭军队，让进攻伊拉克地区得以实施。[17] 鲁斯塔姆·法鲁赫扎德此时直接指挥萨珊军队。他率军离开了泰西封，并渡过幼发拉底河前去对抗阿拉伯人，而阿拉伯军队此时在库法附近的卡迪西亚（Qadisiyyah）扎营。大多数历史学家认为，投入战场的萨珊军队人数大约是瓦卡斯部队的三倍。萨珊军队中有相当一部分战斗人员是训练不足、毫无经验且士气低落的新兵，7 世纪以前，他们只能充当运输辎重的仆役以及普通步兵。这些沮丧的"低阶"部队，也许是最容易受到伊斯兰教平等教义影响的人，然而实际上，一些贵族以及训练有素的职业部队也加入了阿拉伯人。萨珊军队的核心是幸存的萨瓦兰部队、弓箭手、代拉姆人和战象，他们或许集合成一支战斗部队。[18] 鲁斯塔姆想要终止战争，派出使者到瓦卡斯那里，试图以达成协议来结束冲突。可想而知，谈判并没有达成协议。瓦卡斯一心征服波斯，萨珊王朝的意见与之无关。随后为期 4 天的战斗，如今被称为卡迪西亚之战。

战斗的第一天被阿拉伯人称为"震撼之日"，鲁斯塔姆以重甲萨瓦兰骑兵和战象的联合进攻开启战斗。最初，一切似乎都按照鲁斯塔姆的计划进行，阿拉伯人似乎难以阻止萨瓦兰骑兵和战象的攻击。然而，阿拉伯人在巴赫拉姆将军手上已经学到了教训。阿拉伯人的部队接近战象，击溃护卫战象的步兵，而后砍断战象的肚带，毁坏它们背上的射箭平台。阿拉伯人还向萨瓦兰部队投掷大量的短投镖（nawak），将他们击退。瓦卡斯应当也找到了抵御致命的萨珊弓箭手的手段。鲁斯塔姆意识到，若是继续作战，他的军队将被击败，因此下令全面撤退。

第二天（"救援之日"）的战斗以决斗开始，阿拉伯人占了上风。第三天的战斗中，瓦卡斯在一开始就占了上风。第三天，一些曾为拜占庭帝国服役的长枪兵现在协助瓦卡斯一方作战，经验丰富的他们能够刺瞎战象。另外，鲁斯塔姆所部中反对琐罗亚斯德教的倒戈者，也将类似的技术告知了阿拉伯人。[19]然而鲁斯塔姆守住了阵地。残存的萨瓦兰部队再次集结，阻止了阿拉伯人取得最后的胜利。尽管与阿拉伯人的战斗尚属成功，鲁斯塔姆却莫名其妙地率领他的军队撤过阿提克运河（Atik Canal），或许他想要依托运河的地利阻挡阿拉伯人。即使鲁斯塔姆的军队退往运河对岸，瓦卡斯依然组织了一系列小型的"突击队式"袭击，鲁斯塔姆中计了，在第四天向运河对岸的阿拉伯人发动了全面进攻。进攻起初取得了成功，瓦卡斯的军队被迫后撤，到正午时分，萨珊军队已经接近胜利。就在这个至关重要的时刻，一场猛烈的沙尘暴突然袭来，庞大的沙尘云正面吹向萨珊士兵，让他们无法睁眼，打乱了他们的队形，无法完成最后一击。[20]指挥其中一个侧翼的霍尔木兹将军动摇了，他的犹豫让萨珊军队的阵线上出现了一处缺口。瓦卡斯迅速率军冲向缺口，决定了胜负。阿拉伯人很快冲到了萨珊军队的指挥中心，即鲁斯塔姆指挥战斗的地方。在随后的肉搏中，鲁斯塔姆被阿拉伯战士希拉勒（Hillal）用剑杀死，传说中，希拉勒高呼道："以克尔白领主之名，我杀死了鲁斯塔姆！"鲁斯塔姆的死讯很快如野火般传遍萨珊部队，他们现在开始慌乱地逃跑。

一些精锐部队，应当是国王卫队的精锐弓箭手和萨瓦兰部队，为了保卫萨珊王室的卡维战旗，战斗到最后一人。阿拉伯人缴获卡维战旗带来了巨大的心理打击，其影响在所有伊朗语族群体中回响至今。马苏迪记载称，总共有4万人阵亡，包括数量不明的精锐部队。[21]如果这一记载准确的话，就意味着萨珊王朝永久失去了他们最初投入的部队的三分之一。一流部队中也有人向阿拉伯人倒戈。瓦卡斯就获得了曾经在库思老二世的精锐部队中服役的4000名代拉姆老兵。这些代拉姆人，和其他选择支持阿拉伯人并皈依伊斯兰教的萨瓦兰精锐部队一样，定居在库法。这些坚韧的伊朗北部战士凭借专业的军事技能受到了阿拉伯人的极大欢迎，他们得到了比阿拉伯人部队更高的工资。[22] 如今学界承认，在阿拉伯人征服波斯期间，他们积极征召职业萨珊战士加入，特别是萨瓦兰精锐骑兵。[23] 这些倒戈者此后加入阿拉伯人的入侵。[24]

阿拉伯人也为卡迪西亚的胜利付出了沉重的代价，他们的军队或许损失了三分之一。[25] 阿拉伯人的军力严重不足，迫使欧麦尔对美索不达米亚北部和波斯的征服暂缓了近一年半。然而，美索不达米亚南部的防御已经崩溃。[26] 这一短暂的喘息之机，几乎无法让波斯人做好准备面对最后的攻击。

泰西封陷落

欧麦尔最终在 638 年下令瓦卡斯再次进军，大约有 6 万作战部队的阿拉伯联军杀向泰西封。7 世纪 30 年代，泰西封及其周边地区依旧是一座坚固的堡垒城市，阿拉伯人称之为"迈达因"。泰西封和阿斯班巴（Asbanbar）位于幼发拉底河东岸，而塞琉西亚、维阿尔达希尔（Veh Ardashir）、达尔泽詹（Darzejan）、马霍泽（Mahoze）和沙巴特（Sabat）位于幼发拉底河的西岸。[27] 建造这些城市就是为了抵御长时间的围攻，而当地居民也在阿拉伯人的围攻下坚持了两年。

雅兹德吉尔德的指挥官们建议他们的国王在阿拉伯人抵达城市之前放弃首都，转移到阿塞拜疆和库尔德斯坦的群山中继续抵抗。从军事上来说，这一决定似乎是不明智的。阿拉伯人并不擅长围攻战，而波斯人精通这种战争模式。泰西封是难以攻克的坚城，萨珊军队如果选择留在那里，守卫当地的居民，也许能给他们在北方和东方的军队更多的时间进行组织与整备。卡迪西亚之战的失败和卡维战旗的丢失，深深地震动了萨珊帝国，合理的战术计划此时被绝望取代。

阿拉伯人首先夺取了底格里斯河西岸地区，随后全力进攻泰西封。泰西封居民破坏了连接底格里斯河西岸与泰西封的主要桥梁。然而阿拉伯人自行修建了另一道桥梁，渡过了底格里斯河。在维阿尔达希尔，[28] 当地居民进行了绝望的最后抵抗，可阿拉伯军队还是于 638 年攻入泰西封。阿拉伯人第一次见识了世界伟大帝国之一的财富、奢华、艺术、建筑和精致。战利品规模空前庞大。五分之一的战利品从泰西封送往麦地那，交给哈里发欧麦尔。战利品之丰厚，让每一名阿拉伯士兵都得到了价值1.2万迪拉姆（dirham）的物品，大约相当于撰写本书时的25万美元。[29]近4万名被俘的萨珊贵族妇女被带到阿拉伯，卖为奴隶。然而，阿拉伯人的收获不仅是财富，他们还缴获了波斯往昔辉煌的诸多象征。落入阿拉伯人手中的物品，包括卡瓦德、"野驴猎手"巴赫拉姆和库思老二世的礼器剑。[30]阿拉伯人也缴获了库思老二世的王冠、珠宝和国王礼服，以及萨珊王朝之前获得的希拉克略的剑。[31]30米见方的巨大波斯王室地毯之上，织满了珍贵的珠宝、黄金和白银，这张地毯被送往麦地那交给欧麦尔，欧麦尔则将大地毯切成碎片，分发给民众。[32]或许对波斯人而言最为耻辱的是，卡维战旗在阿拉伯以3万迪拉姆的价格出售，[33]这大约相当于60万美元。

◎ 克尔曼（古称吉尔曼）的巴姆堡垒（Arg-e-Bam），始建于公元前500年，原本是堡垒城市，直到19世纪50年代仍有居民。萨珊王朝与伊斯兰时代的军事建筑，相当程度上吸收了伊朗高原上的军事工程遗产。2003年12月的大地震几乎完全摧毁了这座堡垒。（Topham Picturepoint/Topfoto）

雅兹德吉尔德在贾路拉战败

泰西封陷落的消息给整个萨珊帝国造成了极大的冲击，这进一步削弱了萨珊王朝的统治，打击了军队的士气。此时雅兹德吉尔德在今贾路拉（Jalula）附近的霍尔万集结的部队，大多是依靠征兵临时组织起来的新兵（总数约 12 万人[34]），而曾经强大的萨珊帝国职业部队——萨瓦兰骑兵和代拉姆步兵，其残部只能混在征召的新兵大军之中勉强支撑。阿拉伯文献中记述哈希姆（al-Hashem）麾下的阿拉伯军队为 1.2 万人。双方人数的差距在多大程度上源自宣传夸张，如今已难以确知。

哈希姆到达霍尔万之后，八个月都没有进行决战。萨珊军队在他们的阵地前方挖掘了宽阔的壕沟，在其中布置了致命的铁刺。哈希姆的骑兵，其中必然有曾经属于萨珊军队的士兵，最终成功引诱了萨珊军队离开坚实的防御阵地。记载中，随后的战斗格外残酷：

> 所有的箭矢都用尽了，所有的长枪都折断了，双方持剑继续肉搏。剑折断或损毁之后……又用上了铁骨朵。[35]

此时的阿拉伯人似乎已经清楚，在战场上该如何、从何处给予萨珊军队致命打击。这一定程度上归功于那些倒戈的萨珊王朝士兵。

雅兹德吉尔德的残存部队慌乱地后退，反而落入最初为哈希姆准备的陷阱中。[36]阿拉伯人在随后的追击中杀死了 10 万名萨珊士兵。[37]而后，他们从萨珊军队的营地缴获了大批战利品和物资，并俘虏了留在营地中的阿扎丹贵族的妻儿。[38]阿拉伯人似乎因战利品的分配问题发生争执，进军暂时停止。[39]

雅兹德吉尔德本人撤退到了今德黑兰附近的拉伊，并定都于此。库思老舒努姆（Khosrowshonum）将军试图不惜一切代价保卫堡垒城市霍尔万，[40]却以失败告终。霍尔万陷落之后，阿拉伯人迅速抵达马赫罗德（Mahrod），当地的德赫甘骑兵很快就向哈希姆投降了。[41]此时，部队的士气已经濒于崩溃，对萨珊王室和琐罗亚斯德教祭司的忠诚也几近消失。阿拉伯人的胜利，以及一系列萨珊王朝职业部队在卡迪西亚之战后加入阿拉伯一方，进一步削弱了抵抗的积极性。

贾路拉之战失败之后，残存的萨珊军队被派往胡齐斯坦和波西斯与阿拉伯人作战。[42] 胡齐斯坦的阿瓦兹城（Ahwaz）陷落，阿拉伯人得以攻入波西斯腹地。[43] 波斯湾的巴林岛也成了向波西斯运输部队的海军基地，[44] 让阿拉伯人取得了塔沃斯（Tavoos）之战的胜利，伊斯塔克尔就此沦陷。[45] 残存的萨珊部队汇集到沙赫拉克（Shahrak）将军麾下，在波西斯当地居民的支持下组织了强有力的反抗。然而阿拉伯人最终还是占了上风，并攻占了拉姆霍尔木兹（Ramhormuz）、图什塔尔（Tustar）、马纳迪尔（Manadir）和舒什塔尔。[46] 舒什塔尔是波斯南部最重要的防御堡垒之一，这里的抵抗漫长、艰苦而血腥。萨珊帝国西南部的军队的指挥官霍尔木詹（Hormuzan），将军队布置在城外，迎战赶来的阿拉伯人。这次战斗中，萨珊王朝又一次失败，幸存者撤退到城市中准备抵御攻城。然而城中有一名高阶贵族当了叛徒，当天夜间一群密谋者杀死了哨兵，并为阿拉伯人打开了城门。霍尔木詹和他残存的部队在城堡中进行最后的抵抗，直到补给耗尽才求和。[47] 征服波西斯和胡齐斯坦花费了相当长的时间，延续到了哈里发政权扩张到西班牙之时。

帝国最后的抵抗：尼哈万德之战

雅兹德吉尔德决定以残存的萨珊波斯军队做最后一搏，并奇迹般成功集结起 15 万人的军队。考虑到自 7 世纪 20 年代起，职业士兵损失极大，如果这一数字属实，萨珊军队能够征募到如此多的人，必定是不顾一切。此时，或许幸存的贵族和平民已经意识到，阿拉伯入侵的主要目的是占领波斯，并将这里作为不断扩张的哈里发政权，即阿拉伯帝国的一个被征服的行省。阿拉伯文献中特别提及，他们对雅兹德吉尔德军队中的精锐萨瓦兰骑兵有所顾忌。[48]

阿拉伯人此时派出了更多军队。福图赫·巴拉丹（Futuh al-Baladan）宣称，尼哈万德之战中，穆斯林派出了 10 万作战部队。[49] 阿拉伯人已经得到了萨珊王朝的军械库，以及被征服城市的财产，这些钱、物极大地充实了新生的哈里发政权的国库，[50] 为征服波斯以及向西远征西班牙提供了资金。此时，对非阿拉伯人的职业部队的征召已经全面展开——主要是征召曾经的萨珊波斯士兵，也许还有曾经的拜占庭士兵。

雅兹德吉尔德的将军们决定在伊朗西北部的今马拉耶尔附近的尼哈万德

（Nihavand）坚守，那里是连接高加索以及波斯北部和东部的战略要地。萨珊军队的指挥，由经历过卡迪西亚之战的菲罗詹（Firoozan）将军负责。菲罗詹并没有主动进攻，因为其军队的主体和之前几场战斗时一样，都是新兵，他们缺乏专业的军事训练，特别是在快速机动方面。菲罗詹并不想让他的新兵发起大规模进攻，他希望阿拉伯军队主动进攻他的阵地。从萨珊王朝的军事著述和战场战术来看，我们可以推测，菲罗詹想要以简单的三阶段作战来让他的获胜概率最大化：弓箭手大量杀伤前进中的阿拉伯人，再通过隐藏的壕沟和陷阱扩大这一优势，随后由尚存的萨瓦兰骑兵和代拉姆步兵消灭残存的敌人。阿拉伯人明智地选择不接受"邀请"，因为他们清楚波斯箭矢在守卫静止阵地时的致命威力。[51] 波斯人能够在短时间内发射大量箭矢，这意味着任何正面进攻将承受难以负担的高伤亡。阿拉伯人若是决定等待，那也符合菲罗詹的意愿。阿拉伯人滞留越久，他们所剩无几的粮食就越可能耗尽。阿拉伯人在入侵拜占庭帝国和萨珊波斯期间，唯一的缺陷在于后勤：他们没有能力为一支人数众多且不断增加的军队，提供支持长期作战的补给。萨珊王朝的后勤系统一直维持到了

◎ 后萨珊王朝时期的装饰盘（9—10世纪）。注意其上的伊朗鸟神，即西牟鸟，以及其他形象。（Museum für Islamische Kunst, Staatliche Museen zu Berlin, bpk Berlin, 2004）

641 年，而阿拉伯人还没有建立起自己的类似系统。

阿拉伯人以计谋打破了僵局。他们散布谣言称哈里发欧麦尔已经去世，阿拉伯人准备撤退，并随即上演了一次假撤退。菲罗詹的军队开始追击，并很快冲进了阿拉伯人的预设阵地。记载中，高呼"真主至大"（Allah Akbar）的阿拉伯人冲向菲罗詹惊讶的部下们。这场决战艰苦而血腥，双方都伤亡惨重。阿拉伯人指挥官努曼被流矢所杀，然而这个消息保密到了战斗结束。[52]

尼哈万德之战的失败，毁灭了萨珊帝国最后的完整性。拉伊在这一战结束之后不久被攻占。[53] 库思老二世逝世之后，许多当地的马尔兹班获得了相当大的自治权，当阿拉伯人终于冲进伊朗核心地区时，他们选择不做抵抗。这些马尔兹班甚至为阿拉伯人提供高质量的武器，乃至职业部队。即使这样，许多尼哈万德之战的幸存者，还是迅速加入日渐壮大的反抗阿拉伯人的抵抗运动中，特别是在波斯北部。

反抗哈里发

毫不夸张地说，波斯帝国和拜占庭帝国之间的破坏性战争，为此后阿拉伯人与伊斯兰教进入拜占庭帝国的近东、安纳托利亚和北非领土，以及萨珊波斯、西班牙并向法兰西和意大利渗透，提供了基础。如果波斯和拜占庭没有消灭彼此的军事潜力，历史的进程也许会大不相同。

中国的历史文献提供了有关萨珊王朝最后结局的珍贵信息。[54] 在雅兹德吉尔德于 651 年被杀之时，他尚未成年的儿子卑路斯继承了王位。他和幸存的萨珊贵族在 7 世纪 60 年代逃离了阿拉伯帝国，艰难地翻越了帕米尔山脉，进入了中国境内。卑路斯的姐妹嫁给了中国皇帝，皇帝也接纳了萨珊难民，并将他们安置在皇宫附近。中国此前已经有伊朗人定居，此时抵达的萨珊贵族得到了他们的接纳与帮助。按照中国的记载，卑路斯本人学习了中国功夫，还想要率领一支大军回到家乡，赶走阿拉伯人。他此后开始到中亚与阿拉伯倭马亚王朝作战，并在中亚召集了一些突厥人战士支持他的事业。然而，对已经被阿拉伯人占领的波斯的入侵并没有发生，中国境内的萨珊贵族们还与中国贵族通婚。中国的考古学家已经对中国境内的伊朗人，特别是萨珊王朝难民的存在做了许多研究，根据报道，研究团队已经出土了卑路斯最初逃往中国期间丢失的一些物品。伊朗人移民此后将给中国和日本带来深远的影响。

即使阿拉伯人成功征服了大片领土，并消灭了濒于崩溃的萨珊王朝军事机器，平民对阿拉伯入侵者的抵抗依然强烈。波斯南部的霍尔木兹在数十次击退阿拉伯人之后才被攻陷。不过，伊朗人的抵抗力量最终却是在北部得到巩固。阿拉伯人在伊朗、中亚、叙利亚、北非和西班牙高歌猛进，唯在波斯北部失败。简而言之，代拉姆人阻止了阿拉伯军队进入波斯北部，正如奥弗莱特（Overlaet）所说：

代拉姆人还没有被征服……直到 8 世纪时仍是如此……早年的代拉姆统治者甚至展现出极端敌视阿拉伯人的态度，并试图恢复波斯帝国和古老的宗教。[55]

马赞德兰的当地传说记载了许多女性抵抗领袖，其中一个人物就是阿扎德（Azadeh）。

阿拉伯人面对的主要困难是马赞德兰、吉兰和拉什特（Rasht）颇为"欧洲式"的地形，即山地和密林。阿拉伯战士难以对抗坚韧的代拉姆步兵，他们即使在萨珊王朝彻底灭亡之后，依然拒绝服从哈里发的权威。阿拔斯王朝于771 年成功进入了这一地区，并在那里停留了近百年，然而即使到那时，他们的权威也不过是聊胜于无。[56] 在哈伦·拉希德统治时期（763—809 年），许多什叶派穆斯林逃到代拉姆人的土地，躲避逊尼派政权的迫害。这些人中最著名的是阿里派，他们是伊斯兰教的先知穆罕默德的女婿伊玛目·阿里的后代或追随者。这些人中最突出的人是"谢赫"扎伊德（Sheikh Zayd），他成功让代拉姆人改信了什叶派伊斯兰教。等到代拉姆人的白益王朝（Buyid dynasty）夺取政权，并统治了伊朗和美索不达米亚的大部分（包括巴格达）时，波斯北部依旧不属于伊斯兰教。然而那时什叶派正在那里传播。[57]

在萨珊王朝之后的波斯，对抗哈里发政权的最为神秘的抵抗领袖是阿塞拜疆的巴巴克·胡拉米丁（Babak Khorramdin，795—838 年），"巴巴克"源自萨珊王朝的阿尔达希尔·巴巴坎（Babakan），"胡拉米丁"则是波斯语的"愉悦宗教的信徒"。巴巴克·胡拉米丁和他的支持者，是伊斯兰征服之前的伊朗旧宗教信仰的忠实信徒。他们显然是琐罗亚斯德教教徒和马兹达克教派的混合体。[58] 惠托（Whittow）指出：

> 阿塞拜疆是 8 世纪与 9 世纪中，频繁爆发反哈里发与反阿拉伯叛乱的地区……阿塞拜疆的居民是波斯人，该地也是琐罗亚斯德教的传统中心……胡拉米特教派（Khurramites）是一个……波斯人教派，受到什叶派教义的影响，然而其根本是伊斯兰征服之前、波斯旧有的宗教运动。[59]

在巴巴克的时代，阿拔斯王朝已经上台执政，而许多伊朗人对阿拉伯人的占领越发不满。阿拔斯哈里发于 755 年下令处死东部伊朗人的首领——呼罗珊的阿布穆斯林（Abu-Muslim），导致伊朗东部的不满情绪激增。这一行动既无情又残忍，毕竟阿拔斯政权之前利用了阿布穆斯林和东伊朗人，支持他们推翻倭马亚王朝。伊朗人之前支持阿拔斯王朝夺取政权，是因为他们认为自己建立民族国家的期许将得到尊重。然而阿拔斯王朝并不关心伊朗，只对巩固哈里发政权感兴趣。阿布穆斯林被处决，是因为他有可能发动反阿拉伯帝国的叛乱。然而，哈里发政权未能在文化上同化伊朗人。

巴巴克于 816 年在伊朗阿塞拜疆发动叛乱，并很快获得了大批追随者。他的目标是将伊朗人统一到反阿拉伯人的大起义中。由他领导的长达二十年的叛乱取得了相当的成功。837 年，巴巴克和他的追随者控制了伊朗西北部的大部分地区。他的主要盟友是两位将军——马兹亚尔（Maziyar）和阿夫欣（Afshin）。随着阿夫欣将他的伊朗同胞出卖给哈里发，这一运动走向失败，巴巴克城堡的守军弃城离开，巴巴克被俘虏并被折磨至死。许多巴巴克运动的幸存者向西逃亡，前往拜占庭帝国。"拜占庭文献中提到，9 世纪 30 年代仍有波斯战士逃离哈里发军队，前来为拜占庭皇帝塞奥菲罗斯（Theophilos）效力……"[60]

留在伊朗的巴巴克运动的幸存者，逐渐被各种伊斯兰教派融合。[61] 为重建伊斯兰征服之前的古伊朗秩序而发动的最后一次有组织叛乱，就此结束。

注释

1. Zarrin'kub, *Ruzgaran:tarikh-i Iran*, p.251.

2. 同上，p.252。

3. Tabari, *The History of al-Tabari*, I, 1062; Greatrex & Lieu, *The Roman Eastern Frontier Vol.2*, p.227.

4. Zarrin'kub, *Ruzgaran:tarikh-i Iran*, p.253.

5. 罗兹巴赫或许是马兹达克教派的后代。

6. "圣训" 即先知穆罕默德的言行传述。

7. 今阿富汗境内。

8. 直接引用自 Keall, "The Sassanians (226–651 AD)", p.183。

9. Motofi, *Tarikh-e-Chahar Hezar Sal-e Artesh-e Iran*, p.187.

10. Farrokh, *Sassanian Elite Cavalry*, p.43.

11. Motofi, *Tarikh-e-Chahar Hezar Sal-e Artesh-e Iran*, p.187.

12. 同上，p.187。

13. Daniel, *The History of Iran*, p.66.

14. F. M. Donner, *The Early Islamic Conquests* (Princeton, New Jersey: Princeton University Press, 1981), p.192.

15. Daniel, *The History of Iran*, p.66.

16. Donner, *The Early Islamic Conquests*, p.204.

17. Daniel, *The History of Iran*, p.66.

18. Masoudi in Motofi, *Tarikh-e-Chahar Hezar Sal-e Artesh-e Iran*, p.188.

19. Benjamin, *Persia*, p.275.

20. 同上，p.276。

21. Motofi, *Tarikh-e-Chahar Hezar Sal-e Artesh-e Iran*, p.188.

22. Farrokh, *Sassanian Elite Cavalry*, p.57; Nicolle, *Armies of the Muslim Conquest*, p.14.

23. 同上。

24. Motofi, *Tarikh-e-Chahar Hezar Sal-e Artesh-e Iran*, p.189.

25. 同上，p.189。

26. Daniel, *The History of Iran*, p.66.

27. Motofi, *Tarikh-e-Chahar Hezar Sal-e Artesh-e Iran*, p.189, 4k, n.57.

28. Donner, *The Early Islamic Conquests*, p.209.

29. Benjamin, *Persia*, p.278.

30. Tabari, *The History of al-Tabari*, XIII, 2247.

31. 同上。

32. Newark, *The Barbarians*, p.91; Tabari, *The History of al-Tabari*, XIII, 2452, 2454.

33. Benjamin, *Persia*, p.278.

34. 阿拉伯资料声称雅兹德吉尔德在贾路拉之战投入了 12 万人的部队。

35. Motofi, *Tarikh-e-Chahar Hezar Sal-e Artesh-e Iran*, p.190.

36. Tabari, *The History of al-Tabari*, XIII, 2459–2460.

37. 同上，XIII, 2460。

38. 同上，XIII, 2464。

39. Motofi, *Tarikh-e-Chahar Hezar Sal-e Artesh-e Iran*, p.189.

40. Tabari, *The History of al-Tabari*, XIII, 2473.

41. Motofi, *Tarikh-e-Chahar Hezar Sal-e Artesh-e Iran*, p.190.

42. Donner, *The Early Islamic Conquests*, p.215.

43. Tabari, *The History of al-Tabari*, XIII, 2534–2545.

44. 同上，XIII, 2546。

45. 同上，XIII, 2546–2547。

46. 同上，XIII, 2549–2561；Donner, *The Early Islamic Conquests*, pp.215–216。

47. Motofi, *Tarikh-e-Chahar Hezar Sal-e Artesh-e Iran*, p.191.

48. Tabari, *The History of al-Tabari*, XIII, 2601.

49. Motofi, *Tarikh-e-Chahar Hezar Sal-e Artesh-e Iran*, p.191.

50. 同上。

51. 同上，p.191。

52. Tabari, *The History of al-Tabari*, XIII, 2598.

53. Frye, *The Golden Age of Persia*, p.60.

54. Frank Wong, "Pirooz in China: The Sassanian army takes refuge", http://www.cais-soas.com/CAIS/History/Post-Sasanian/pirooz.htm .

55. Haerinck & Overlaet, *Luristan Excavation Documents*, p.268.

56. Farrokh, *Sassanian Elite Cavalry*, p.57.

57. M. Mazzaoui, *The Origins of the Safavids: Shi'ism, Sufism, and the Gulat* (Weisbaden: F. Steiner, 1972).

58. Yarshater, "Mazdakism", p.1005.

59. Whittow, *The Making of Byzantium*, pp.203, 215.

60. 同上，p.195。

61. Yarshater, "Mazdakism", p.1005

第十九章

伊斯兰征服之后的波斯遗产

随着波斯被入侵的阿拉伯人占领，它的大多数遗产将在超越国界的伊斯兰文明的保护下，被吸收、融合与传播。在从中国边境到西班牙的整个伊斯兰帝国中，很快将遍布伊朗人的身影。也有许多伊朗难民去了印度、远东、欧洲和拜占庭。即使萨珊帝国已经灭亡，其文明遗产在亚洲、欧洲以及阿拉伯人的伊斯兰教诸国中，产生了持续数个世纪的回响。下文将讨论这些无声遗产的一些亮点。将伊朗人的影响的所有方面完全列出，是不可能的，因此本章将选取一些范例作为展示。

伊斯兰世界的萨珊遗产

伊斯兰教的哈里发政权不只是阿拉伯人的政权。在哈里发国鼎盛时期，伊斯兰世界的文明汇聚了古印度文明、古希腊文明与古波斯文明。阿拉伯人征服并且同化了许多古代文明。然而，阿拉伯帝国是一个多民族、文化多元的帝国，其巅峰时期的疆域从中国边境延伸到西班牙。

在阿拔斯王朝（750—1258 年），萨珊风格的艺术、建筑、文化和学术的复兴已经十分显著，以至于哈亚西（Hayashi）之类的历史学家将阿拔斯王朝描述为"新萨珊帝国"。[1] 雅利安人的阿扎丹贵族阶层以及之前萨珊帝国的萨瓦兰骑兵阶层的后裔，有许多人在阿拔斯王朝担任抄写员、政府官员、学者和公务员。[2] 他们是古波斯文明和阿拉伯沙漠的贝都因人之间的主要纽带。为阿拉伯人服务的伊朗人学者将许多希腊语、巴列维语和印度语的科学作品，翻译

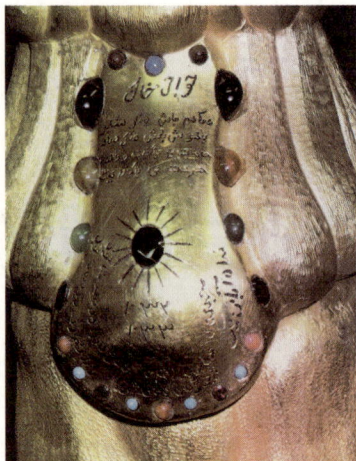

◎ 萨法维王朝的镀金伊朗狮鹫，出土于格鲁吉亚的梅什克提（Meshkheti）地区，格鲁吉亚科学院的古文献学院认为其时间为 1622—1623 年。狮子的胸部有带铭文的镶宝石饰板（右图）。铭文第一行字是波斯语的"像狮子一样强大，像毒蛇一样狡猾"。（Courtesy Dr. David Khoupenia）

为阿拉伯语。这些翻译对欧洲而言意义重大，这些知识在西班牙让欧洲人受益匪浅。可以断言，如果伊朗人没有将他们所知的许多希腊文献翻译出来，欧洲也许无法在"黑暗时代"之后重新发现它们。伊朗人在伊斯兰哈里发国中影响巨大，艺术、商业、医学、数学、科学、工艺、建筑、工程和国家统治中，都有他们的影子。[3] 阿拔斯王朝的许多伊朗人学者来自之前萨珊帝国的东北部地区，即中亚南部、今阿富汗和呼罗珊。

艺术与建筑

萨珊王朝在玻璃器、金属器、装饰砖瓦上使用的艺术技巧及动物图案，在阿拉伯人和伊斯兰教艺术中留下了深远的影响。在杰里科附近的倭马亚宫殿马夫杰尔宫（Khirbat al-Mafjar）中，一幅地板镶嵌画毫无疑问是伊朗主题。地板的中心耸立着一棵树，如同北伊朗人和萨珊王朝的艺术与神话中的"生命之树"。地板镶嵌画中还有一些动物图案，比如抓着猎物的狮子，均为萨珊风格。[4] 在今伊拉克的萨马拉（Sammara），依旧存留着一系列可以追溯至阿拔斯王朝的灰泥图画与墙壁装饰，与年代更早的萨珊式图案高度类似。[5] 在塔吉-

博斯坦发现的萨珊王朝晚期的大象图案，也在此后的穆斯林纺织品中再次出现。[6]神话中的"鸟龙兽"或西牟鸟在伊斯兰艺术中变得很受欢迎。正如布莱尔（Blair）和布卢姆（Bloom）指出的那样，"西牟鸟……源自伊朗神话，出现在同时代的（伊斯兰）纺织品和建筑装饰上"。[7]萨珊王朝的艺术风尚，在萨法维王朝时期（1501—1736年）得以再度"复兴"，其范例包括萨法维王朝的龙兴之地阿尔达比勒（Ardabil）的装饰砖，以及伊斯法罕的谢赫–劳夫安拉清真寺（Masjid–e–Sheikh Lotf–o–Allah）中的装饰砖与古兰经铭文。[8]

萨珊王朝的建筑让阿拔斯王朝印象深刻。阿拔斯哈里发曼苏尔（al–Mansur）选择了一个伊朗人的小型庄园村落——巴格达（Boghu–dad），作为帝国的首都。他雇用大批伊朗建筑师来设计这个新的大都市。正如利维（Levy）所说：

建造巴格达之时……他（曼苏尔）的新建筑是波斯式的……波斯建筑工匠引入了拱与穹顶、门廊与栏杆、窗户、通风口以及排水口等特征，而阿拉伯语中与建筑相关的词汇显然也证明了这一点。[9]

库思老一世时代的萨珊王朝已经在建筑上取得了长足的进步。他们的一项创新是拱顶技术，他们发明的斜拱，最终解决了在方形房间之上安置大型圆形穹顶的问题。许多此后的伊斯兰教建筑都应用了这一技巧。[10]许多实例足以证明萨珊王朝对古巴格达建筑和墙壁装饰的影响。其中一个范例就是巴格达的塔利斯曼门（Talisman gate），它是阿拔斯哈里发在1221年对城市进行最后的扩建的一部分。[11]在城门的顶端是一个双手上举的人物形象，正如塔吉–博斯坦的柱顶一样。这一塑像的左右两侧是西牟鸟雕像。这种结构和数个世纪之前的萨珊王朝的结构惊人地相似。这座建筑在第一次世界大战中被毁。

数学

伊斯兰时代的波斯数学，源自阿拉伯哈里发马蒙（al–Ma'mum，786—833年）的宫廷，这位哈里发的妻子和母亲都是波斯人。[12]马蒙是数学的忠实赞助人，而且他对数学的理论与应用两方面都有浓烈的兴趣。他下令将希腊语、巴列维语和印度语的数学著作翻译为阿拉伯语。伊朗人在这方面扮演了重要的角色，主要是因为萨珊王朝的学术遗产。许多"伊斯兰"数学家都带有伊朗血统。如果没有花拉子米（Khwarazmi）、比鲁尼和海亚姆（Khayyam）这些博学者的数学贡献，这个世界也许不会发展出运载火箭或计算机技术之类的高科技了。

穆罕默德·花拉子米（卒于844年）出生于古霍拉桑地区的首府希瓦（Khiva），这一地区当时正在突厥化，特别是塞尔柱突厥人到来之后。他不仅奠定了现代代数的许多基础——"代数"（algebra）一词就是源自阿拉伯语的"方程计算法概论"（al-Jabr wa-al-Muqabilah），他还做出了许多其他重要的贡献，例如发明运算法则，确定运算顺序，草创三角函数表与微积分学，以及将印度数字与零的概念带给阿拉伯人。阿布·雷汉·比鲁尼（Abu Rayhan Biruni，973—1043年）也出生于希瓦。比鲁尼对数学的一些贡献包括几何学、级数求和、组合分析、无理数、比率理论、代数定义、角度的三等分以及阿基米德定理的复兴。阿布·阿尔瓦法（Abu al-Wafa，940—998年）是波斯天文学家，[13] 他在巴格达有一个私人天文台。他是阿拔斯王朝最伟大的数学家之一。阿尔瓦法对三角学做出了极大的贡献，特别是关于正弦定理、正弦表、正切、正割和余割的论述。15世纪的吉亚苏丁·穆罕默德·卡善尼（Ghiasoddin Mohammad Kashani）来自卡尚，是第一位将圆周率值计算到一定精度的数学家。古希腊人和古埃及人已经知道圆周率，而且有足够的证据显示，阿契美尼德王朝的工程师们早在两千五百年之前，就利用圆周率值"计算石柱的高度、其上的压力以及分布在每个石柱圆锥截面上的拉力"。[14]

科技

许多科学仪器和学术研究工具已经在伊朗使用了数千年。相关的文物包括在伊朗东南部[锡斯坦-俾路支斯坦省的扎布尔（Zabol）附近]出土的一把尺子，这个可以追溯到五千年前的度量工具经过特殊加工，长度正好10厘米，[15] 另外在法尔斯省（Fars province）出土了可追溯到公元前1500—公元前1100年的世界上最古老的"笔"。[16] 在库思老一世统治时期，伊朗的学术以及科学研究达到了一个巅峰。随着倭马亚王朝，特别是之后的阿拔斯王朝的相继兴起，伊朗的学术遗产被传给了阿拉伯人和伊斯兰教。

著名的伊朗化学家包括贾比尔·伊本·哈扬（Jaber Ibn Hayyan，840 年卒于呼罗珊的图斯）。哈扬在大量著作中记载了他的众多发现，这些发现对欧洲化学发展的影响持续到了 18 世纪。阿布·雷汉·比鲁尼则发现了硫酸和酒精，并大约在 1000 年形成了地球绕太阳转动的理论，伽利略向天主教教会提出这一论述是在 17 世纪，比之晚多了。比鲁尼还计算了许多物质的比重，对于工业时代之前的人类而言，这是一项非凡的成就。

动物学、植物学、药学、矿物学和岩石学等领域也存在伊朗人的众多遗产。对欧洲人而言最重要的是，伊朗的学术遗产不仅影响了伊斯兰世界，还进而影响了欧洲的科学与技术发展，例如火药、纺织技术，乃至香水。

工程学：原型设计

风力磨坊是伊朗工程学影响的例证之一。最早的风力机械，是希腊发明家希隆（Heron）在作坊中开发的一个原型机械。他将风车轴和旋转叶片设置成水平布置。希腊人和之后的罗马人都没有将这一机械用于农业生产，也没有

◎ 帕尔米拉的贾尔比城堡（Qasr-el Heir el-Kharbi）中的壁画，可追溯至 8 世纪，图案与风格都展现了萨珊王朝艺术深远的影响。下方的画作也显示了萨珊王朝的骑射技术对阿拉伯骑兵的影响。(© 2003 Topham Picturepoint/ Topfoto)

以其他方式利用这些能量。伊朗人也了解这一技术，在萨珊王朝晚期或者伊斯兰时代的早期，第一个真正的风车出现在伊朗东部地区（今呼罗珊和阿富汗西部）。当代学者认为，伊朗的工程师对希隆最初的发明进行了完全的重新设计。[17] 伊朗人将固定叶片的水平轴调整为垂直轴。风车放置在泥砖塔中，塔中配置风道以保证风能够吹动叶片旋转。风车叶片可达 12 个，使用结实的织物制造。这一风车最初用来推动谷物磨。9 世纪时，伊朗的设计已经在整个哈里发政权境内普及，并在 13 世纪时向东传播到了印度和中国。这一设计显然也传播到了阿拉伯人统治的西班牙，并于 1137 年出现在英格兰。[18] 在英格兰（而非普遍认为的荷兰），伊朗的设计出现了重大变化。英格兰的工程师将希隆的设计和萨珊王朝晚期的伊朗人设计结合到一起。英格兰的风车磨坊水平旋转，使得整个结构一同转动，而风帆则垂直旋转。英格兰的这一改进很快遍及欧洲大陆。当代荷兰的风车，或许可以说是源自希腊、伊朗和英格兰。

◎ 萨珊王朝的艺术与文化对基督教与欧洲艺术的影响，正文已有提及。图中便是这种影响的范例，前文的库思老之杯的装饰风格见于此后的西欧艺术，比如 7 世纪的科普特派的基督徒国王牙雕，以及法国穆瓦萨克的圣皮埃尔修道院教堂的拱形壁装饰（tympanum）中 12 世纪的基督审判世人雕像。（Hervé Champollion/akg-images）

医学

波斯给世界留下的遗产中，最伟大且最持久的或许就是"医院"的概念。埃尔古德（Elgood）指出："现代医院是在其波斯基础上直接发展而来的。"[19] 在6世纪时，库思老一世统治时期，"现代"医院已经在伊朗西南部的贡迪沙普尔（今阿瓦兹附近）出现。那里是萨珊王朝的学术中心之一，使用印度语、伊朗语、阿拉姆语和希腊语的学者们，在那里交流思想并相互合作。波斯、印度和希腊的理念与方法在波斯的西南部融合，将给世界医学带来重大且持久的影响。

阿拉伯学者基夫提（Al-Qifti）在伊斯兰教征服波斯数个世纪之后宣称：

他们（波斯人）的科学研究进步迅速，按照药理学的思路设计治疗疾病的新方法，因此他们的治疗手段胜过了希腊人与印度人。[20]

尽管如此，这种成就是依靠波斯人与印度、希腊的学者通力合作，才得以实现的。基夫提证实了这一点，他进一步指出："他们（波斯人）的医生应用来自其他民族的治疗方法，并依据他们自己的发现进行改进。他们制定了详细的医学规范，并记录他们所做的工作。"基夫提对波斯医学界的描述，与现代的科学研究方法颇为类似。

伊斯兰教的征服，最终结束了贡迪沙普尔在医学研究领域首屈一指的地位。阿拉伯哈里发们在巴格达建造了他们的新首都，那里也建立了萨珊式的新医院。最著名的巴格达医院之一，就是阿杜德·道莱（Adud al-Daula）医院。这座医院配备了各种手术器械，而且应当也配有储备充足的药房。道莱医院颇为现代化，包含门诊系统、住院系统、护士、负责医学各领域的专业医护人员、救济院、实习医师和访问医师。[21] 在道莱医院之外，12世纪时，数十家组织有序的其他医院也已在运营。图莱达（Tuleda）的本杰明在1160年到访巴格达，据他记述，[22] 巴格达都市圈中至少有61家医院。

同一时期，伊朗西南部的设拉子出现了大学式的医院。这座医院类似于现代的医科大学，既是医护中心，也是医学生培训中心。事实上，设拉子医院就是一所综合性大学的一部分，这所大学教授医学、数学、化学、天文学和哲

◎ 17世纪晚期的伊朗匕首，39.7厘米（15.5英寸）长，装饰风格与一千余年之前的萨珊王朝风格高度类似。（© The State Hermitage Museum, St. Petersburg）

学等各种学科。有趣的是，设拉子医院和医学院，在设拉子附近的内里兹（Nairiz）一直延续到了17世纪早期。[23] 在哈里发穆克塔迪（al-Muqtadir）统治期间，医护人员的培训规章出现，而医学综合技能考试则在931年首次出现。显然，此前的培训还是学徒模式，各个机构之间缺乏明显的一致性与传承。培训和考试的综合体系，也促进了相应伦理规章的出现。[24] 伊朗在外科医学领域有两项重要贡献：从肾脏取出结石的技术，以及治疗腹膜炎时排干腹部积液的医疗器械。[25]

扎卡赖亚·拉齐（Zacharia Razi/Rhazes，860—923/932年）出生于伊朗的拉伊（今德黑兰附近）。他也许是波斯历史上最著名的医生。与阿拔斯王朝同时代的拉齐，以阿拉伯语完成了两篇标准的医学文献——《曼苏尔医书》（*Kitab al-Mansuri*）和《医学汇总》（*Kitab al-Hawi*）。他是最早论述天花和麻疹病症的人，也是最早使用动物肠道缝合伤口，以及利用熟石膏铸模的医师。12世纪，拉齐的阿拉伯语作品被翻译为拉丁语。拉齐还是哲学家和宗教批评家。这一领域另一位值得注意的伊朗人，是出生在阿夫沙纳（Afshana，中亚的布哈拉附近）的博学者阿布·阿里·西纳/阿维森纳（Abu Ali Sina/Avecenna，980—1037年）。西纳写了两部重要作品——《医学准则》（*Al-Qanun fi al-Tibb*）和《论治疗》（*Kitab al-Shifa*）。

波斯人与欧洲人

伊朗语族使用者对欧洲大陆的影响，可以追溯到今乌克兰和东欧地区的早年的斯基泰人。北伊朗语族群体在欧洲文化的形成中起到的作用已经得到正视。萨珊王朝也将在自己的时代以及后世，施加影响。

萨珊王朝的文化和艺术在高加索地区、罗斯南部、乌克兰与东欧地区曾甚为风行。自 6 世纪开始，"萨珊帝国和罗斯东部之间交流不断"。[26] 这一情况与库思老一世和库思老二世统治期间，萨珊帝国的艺术、工艺和建筑的复兴相互吻合。在欧洲东部（特别是俄罗斯–乌克兰的南部），博斯普鲁斯风格的艺术出现了复兴，这种艺术风格也出现在萨珊王朝艺术中，这难免让我们推测，萨珊王朝的伊朗文化复兴也许与欧洲东部的类似情况有关。这一联系也许是通过高加索地区建立的，那里数个世纪以来一直连接着伊朗高原与乌克兰。

艺术和纺织品

许多萨珊王朝之后的艺术影响是通过纺织品实现的。从 11 世纪开始，许多欧洲教堂需要保存圣物和圣人遗骸，而包裹圣物与圣骨的织物往往是萨珊风格的。在墨洛温时代，"东方式"纺织物在欧洲的基督教大教堂中甚为流行，往往挂在大门前或者门柱之间，时常用来遮盖圣物，也时常放置在圣人的棺椁上。纺织品上的艺术图案大多数来自萨珊王朝。这些图案包括动物（特别是狮子）、树木、圣火、猎人狩猎野兽、张弓的弓骑兵以及神话中的鸟龙兽（西牟鸟），全都集中在一个圆环（孤立或连续的车轮状图案）之内。神鸟图案最早出现在阿契美尼德王朝的波斯波利斯，以及更早的洛雷斯坦。曾经用来包裹圣卢普斯（Lupus）遗骸的一块萨珊丝绸之上，西牟鸟图案十分显眼。这一纺织品如今分别存放于巴黎的装饰艺术博物馆（Musée des Arts Decoratifs）和伦敦的维多利亚与阿尔伯特博物馆。意大利的佛罗伦萨国家博物馆也有同样图案和设计的纺织品。欧洲的西牟鸟图案都能够追溯到 6—7 世纪的萨珊波斯。

波斯与中国和日本的联系

在阿拉伯征服之后，许多幸存的萨珊王朝统治家族成员，以及帝国境内的平民，逃到了中国和中亚。这些萨珊难民和中国人之间进行了深刻的文化交流，诞生了所谓的中国–波斯艺术。吉尔什曼指出，这些萨珊难民的到来，在中国"掀起了新一波伊朗影响的浪潮"。[27] 这些人也影响了日本。

萨珊王朝之后的时代中，伊朗–中国文化深度融合的艺术品范例，包括唐朝画作中贵妇们的马球游戏（萨珊王朝将这一运动带到中国）、花瓶，以及克孜尔石窟中的"吉鸟"图案壁画（6—7世纪）。在壁画中，佩戴精美项圈的吉鸟喙中衔着一条坠着三颗宝石的珍珠链。萨珊王朝晚期的一个黄金工艺品（6—7世纪）与之相似，上面描绘了一只佩戴精美项圈的锦鸡，喙中也衔着坠着三颗宝石的珍珠链。[28]

长安的范例

在阿拉伯人征服之后，长安、洛阳和敦煌等城市中出现了规模较大的伊朗人社区，在喀什、和田也是如此。长安的萨珊难民们居住在四个主要地区，其中包括位于皇宫西南方的西市的一个大型定居点。《唐书》等中国文献记载称：

在唐玄宗的宫殿中，伊朗音乐地位极高，达官贵人的宴席上时常有波斯菜肴，妇女则穿着波斯服装争艳……[29]

可以追溯到居鲁士大帝时代的波斯花园，也被伊朗人引入了中国。受波斯风格影响的中国园林，一个著名范例就是17世纪清朝康熙皇帝（1661—1722年）在位时建造的畅春园。[30]

定居在中国的那些萨珊难民，见于许多中文记载中。波斯女子往往被描述为白肤、蓝眼或绿眼以及黑发或褐发。这一形象和汉语所谓的"胡人"形象类似，此前"胡人"一词用于指代曾经出现在中国西北部的北伊朗语族群体（例如粟特人），以及属于古凯尔特人的吐火罗人。这个词汇与日语中的"kojin"十分相似，意为"绿眼睛紫胡须的人"。

日本：正仓院的宝藏

正如哈亚西所说，日本奈良的宫廷钟爱萨珊难民与中国文化融合的成果。[31] 733年，日本圣武天皇任命多治比广成作为遣唐使前往中国唐朝。三年之后，副使中臣名代在唐朝大型使团的陪同下返回日本。与中臣名代一同来到日本的有一个名为李弥乾的波斯人。除了日本北部的土著阿伊努人之外，这或许是高加索人种到访日本的最早记载。他很有可能是逃离阿拉伯人占领下的波斯和中

◎ 帕萨尔加德——居鲁士大帝的首都。正是在帕萨尔加德，阿契美尼德王朝发展出了巴比伦-亚述花园，让所谓的"波斯花园"（Pari-Daeza，古波斯语的"公园"或"围墙花园"）得以出现。"波斯花园"原本是指米底国王的封闭狩猎场。和之前美索不达米亚的庭院类似，帕萨尔加德的花园设计中也体现了几何学，配有900米（2952英尺）长的石灰岩沟渠灌溉系统。花园中种植果树、柏树、花卉以及异草。帕萨尔加德展现了伊朗人独特的博采众长，将本地的米底-波斯工程技术与安纳托利亚和美索不达米亚的土木工程技术融合，作为波斯波利斯以及此后一系列建筑杰作的先声。波斯花园的基本设计，依然存在于当代伊朗的城镇与乡村花园设计中。在亚历山大征服之后，希腊人也习得波斯的花园设计。希腊人、罗马人以及之后的欧洲文明，按照波斯人的模式建造公园和花园，而精美绝伦的凡尔赛宫花园得以面世，必然有帕萨尔加德花园的功劳。这个波斯人所称的"天堂"，也被纳入了罗马人的词典中，并为欧洲其他语言所采用。（akg-images/Gérard Degeorge）

亚的伊朗人或萨珊难民之一。

萨珊王朝对日本艺术的影响有许多实例。其中之一就是奈良正仓院的一个8世纪的日本纺织品，上面描绘了骑手以"帕提亚箭术"杀死狮子。[32] 奈良织物上的图案、设计和姿势，与4世纪的萨珊王朝银盘上猎杀狮子的沙普尔二世形象基本一致。[33] 奈良其他受萨珊风格影响的日本文物，包括玻璃碗、金属水罐、日本琵琶，以及表现萨珊式武士练习射箭这一情景的锦缎。

萨珊王朝的音乐遗产

萨珊音乐也给中国人以及伊斯兰教、阿拉伯人留下了深刻的印象。阿拉伯人统治下的西班牙成了伊朗乐器向外传播的渠道之一，特别是各种弦乐器以及扬琴。14世纪的波斯著作《坎扎图哈夫》（Kanz al-Tuhaf）详细地描述了各种伊朗的弦乐器、苇管/笛子类乐器与竖琴类乐器。[34] 这一文献记载的许多乐器已经失传，然而仍有一些见于阿拉伯、西班牙、高加索和中国。

萨珊王朝的音乐风格最终在库思老二世统治期间定型。萨珊音乐分为三大类：庆典乐曲、宗教-神秘主义乐曲和军乐。军乐则进一步细分为战场奏乐、宫廷典礼乐曲、宫廷节日乐曲、军人葬礼乐曲和国王狩猎乐曲。展现库思老二世狩猎场景的塔吉-博斯坦的浮雕上，就有栩栩如生的乐队奏乐场景。浮雕中描绘了弦乐器、管乐器以及其他各种混合乐器的合奏。另有作品表现宫廷贵妇演奏竖琴，而萨瓦兰贵族则跟随节拍击掌。来自伊朗北部（马赞德兰）的萨珊王朝银碗上出现了苏格兰式的风笛。[35] 其他的萨珊王朝金属工艺品上，则描绘了各种笛子、曼陀铃和响板。战场奏乐在所有古典时代的帝国都可谓常见，而在萨珊波斯，战鼓、锣和其他打击乐器，在组织进攻与机动时具有特殊的意义。

宫廷节日乐曲则包括精巧的弦乐曲目，比如"库尔德乐"（Sabk-e-Kordi），即西方所谓的"弗拉门戈"乐曲。弗拉门戈乐曲的起源，可以追溯到多里亚（Dorian）希腊人以及波斯西部的库尔德人，这证明了米底、希腊之间存在音乐上的交流。苏丹的阿拉伯民间传说，往往宣称希腊人和伊朗人相互交换乐器，并欣赏彼此的音乐。伊斯坦布尔的圣索菲亚大教堂中，有一幅壁画表现了狄奥多拉皇后欢迎来自萨珊波斯的音乐家，似乎证明了这一点。

上古的弦乐器可以追溯到赫梯人、卢卢比人和阿卡德人的时代，甚至更早。在库思老一世统治期间，塔尔琴（Tar，波斯语的"弦""毛发"）之类的弦乐器演化出各种不同版本。塔尔琴是一系列现代伊朗乐器的祖先，包括都塔尔琴（do-tar，二弦）、塞塔尔琴（se-tar，三弦）和查哈塔尔琴（chahar-tar，四弦）。塔吉克人、阿富汗人、库尔德人、波斯人、卢尔人和高加索地区的各种常见乐器，都至少能够追溯到库思老时代。[36] 印度人接受并且改造了塞塔尔琴，创造出锡塔尔琴（si-tar）。

伊朗音乐对阿拉伯人的影响延续至今。今天阿拉伯音乐的许多音阶和风格都源自萨珊波斯。源自伊朗的弹布尔琴，目前认为是阿拉伯乌得琴（oud，意为"木"）的前身，一般认为这种乐器的音阶就是按照萨珊音乐设置的。查哈塔尔琴与弹布尔琴都深受阿拉伯人的欢迎，并被他们带到了西班牙，或许影响了欧洲乐器的发展。欧洲的吉他，一定程度上可以说是希腊人的基萨拉琴

◎ *后萨珊王朝时期的丝绸挂毯，源自7—11世纪的索格底亚那，现存于法国凡尔登大教堂。（V&A Images/Victoria and Albert Museum）*

（kithara）与阿拉伯人带到西班牙的塔尔琴的结合。

波斯琵琶是一种双手演奏的竖直六弦琴，传播到中国的琵琶也成为中国民乐的重要组成部分。几乎可以肯定，在阿拉伯征服之后，流亡中国的萨珊贵族们必然会带去这种乐器，然而这种乐器进入中国，也可能是由丝绸之路上的中亚的粟特商人带去的。[①]

桑图尔琴或桑塔尔琴（santur/santar，意为"百弦琴"）是一种带有72根弦的伊朗梯形扬琴，用叫作"米子拉波"（mezrab）的轻木槌来演奏。这种乐器在阿拉伯人中大受欢迎，被改造为卡侬琴（qanun），并且演奏方式从木槌敲击改为手指弹拨。突厥人也接受了桑图尔琴，一直是突厥古典音乐的关键乐器之一。桑图尔琴在中世纪传播到了欧洲，极有可能途经阿拉伯人统治下的西班牙科尔多瓦、[37] 塞尔柱突厥人（和奥斯曼帝国）统治下的安纳托利亚，甚至可

---

① 译注：琵琶引入中国的最早记载发生在汉代，并在西晋时由阮咸等进行了重大改进。

能还有意大利南部。桑图尔琴在欧洲的不同地区得到了改造，发展出德意志的海克布里琴（hackbrett）、英格兰的槌头扬琴（hammer dulcimer），以及匈牙利与罗马尼亚的欣巴罗琴（cymbalon）。即使欧洲的大键琴采用了先进的键盘，也依然无法复制桑图尔琴的足以媲美现代钢琴的宽广音域。大概两百年前，欧洲的发明家将大键琴和桑图尔琴结合到一起，将大键琴的键盘放在桑图尔琴的基座上。结合了两者优点的乐器——钢琴，就此诞生。现代钢琴本质上是机械化的桑图尔琴，其中的制音器能够阻止琴弦振动，消除了桑图尔琴中的类似竖琴的声音。

萨珊王朝航海技术遗产

阿拉伯与印度的水手们，很早之前就在波斯湾和印度洋上航行了。而萨珊王朝不仅组织了一系列的海上交通线，还控制了从波斯湾和阿拉伯海向外的一系列航路。贸易网络得以从波斯湾–阿拉伯海延伸到红海、印度洋与太平洋。萨珊王朝的航运系统也使萨珊文化得以传播到这些地区，甚至远达中国沿海地区、今越南与太平洋沿岸地区。[38]

人们已经注意到了，在促进伊朗世界和东方，甚至中国和罗马–地中海世界之间的文化和商业联系中，丝绸之路起到的作用。[39] 不过，伊朗的航运在扩大伊朗—亚洲的贸易上的作用，知名度要小得多。尽管 3 世纪初的帕提亚帝国已经衰弱不堪，这一时期的伊朗人航海活动却已经远及东南亚。今马来半岛的冬桑(Tun-Sun)出土了帕提亚商人出现的证据。[40] 远至越南东京地区（Tonking）都记录了 3 世纪时伊朗人的贸易活动。[41]

到了帕提亚王朝晚期或萨珊王朝早期，一些技术发明，包括重新设计的风帆，极大地促进了海上贸易。到库思老一世的时代，伊朗的航海技术已经相当先进。萨珊王朝的船只使用的船帆能够超过 5 张（最多 7 张）。其大型船只能够运载 700 名乘客和船员以及 "1000 吨的货物"。[42] 这项技术为萨珊的文化成就的传播做出了极大的贡献，特别是在库思老一世到库思老二世的时代，萨珊王朝的文化传播到了印度洋–太平洋地区、东南亚以及中国沿海地区。这一发明在萨珊王朝晚期迅速传播到了印度洋，并进一步来到远东，[43] 也许远至越南。

萨珊王朝通向中国、太平洋和远东的航线

萨珊王朝积极扩张与中国人的贸易网络。[44]最值得注意的是，在这一时期的海上贸易中，伊朗人是重要的"运输者"，这种贸易关系在相当程度上促进了萨珊王朝的文化成就进入远东地区。[45]萨珊在远东地区的贸易网络沿着两条主轴展开。[46]第一条航运路线是从中国南部沿海到越南。正如沙弗尔（Schafer）、布廷格（Buttinger）和塞图德内贾德（Setudeh-Nejad）指出的，越南成了萨珊波斯和远东地区之间的文化交流的一个主要节点。[47]伊朗定居者也来到了柬埔寨，翻译了一些萨珊王朝的作品，当地的占婆王朝（192—1471 年）汇总为《灵魂不朽者之书》。[48]值得注意的是，今越南南部的马来原住民自称是"努尔萨万"（Noursavan）的后裔，而沙弗尔认为"努尔萨万"即"灵魂不朽者"库思老一世。[49]古马来西亚也存在关于库思老一世的直接描述，在《马来编年史》（*Sejara Melayu*）中提到了一位被称为"正义国王努希尔万"（Raja Nushirwan Adil）的君主。[50]

第二条海上航线是从马来半岛到印度。[51]"印度化者"科斯马斯（Cosmas Indoplasticus）的记述中，提到波斯和阿拉伯商贾前往斯里兰卡(6 世纪)。马来—印度航线也连接阿拉伯和波斯湾，也许还远及红海（古称阿拉伯湾）。值得注意的是，在这条贸易路线中，中国商人与伊朗人的关系越发密切。这一进程在库思老一世的时代已经十分明显。[52]而这也带来了一种有趣的可能性，即中国商人或许会在萨珊波斯周边的罗马帝国领土中，与罗马和阿拉伯商人接触。东南亚的考古发掘发现了伊朗人在当地活动的一系列确凿证据，其中包括在亚廊县（泰国北大年府）发现的 5 世纪的萨珊王朝钱币，[53]以及柬埔寨东南部湄公河流域的扶南港发现的萨珊波斯圆顶平底宝石（cabochon）。[54]值得注意的是，西方对伊朗人（特别是萨珊王朝）在远东的航海活动知之甚少，显然，萨珊王朝的伊朗人是第一批航行到远东地区的高加索人种，他们要比欧洲人早到数个世纪。

萨珊王朝被阿拉伯人灭亡之后，贸易网络还延续了至少一个世纪。[55]到这一时期，波斯的航运已经扩张到了南太平洋，有关 727 年离开马来前往锡兰岛的波斯商船的记载，就证明了这一点。唐朝（618—907 年）的汉语资料也记录了波斯船只在 671 年从广东起航。[56]直到 748 年，还有记载表明在中国的海

南岛有一个大型波斯人社区。[57]

阿拉伯航海业中的萨珊遗产

波斯在波斯湾航运的遗产，得到了阿拉伯历史资料的明确承认。伊本·巴格达迪（Ibn-Baghdadi）在4世纪时写道："波斯海……以波斯为名，因为周边地区没有比波斯更先进的国家；波斯诸王自古以来有力地控制了那里，并延续至今。"[58]伊斯兰时代早期的另一位阿拉伯地理学家和历史学家迈格达西（al-Maqdasi）承认：

> 大多数人称之为波斯海……远达也门……大多数的造船工匠和船长都是波斯人……亚丁和吉达（Jeddah）的大多数居民是波斯人……在苏哈尔（Sohar），人们以波斯名称呼对方并且使用波斯语。苏哈尔是阿曼的中心……那里绝大多数的人口是波斯人。[59]

居住在波斯湾的阿拉伯酋长国和阿拉伯本土的许多现代阿拉伯人，其祖先都可以追溯到非阿拉伯人的伊朗人。其中包括巴林人，他们主要是阿拉伯化的伊朗民族。[60]他们主要居住在今巴林，另外在沙特阿拉伯、卡塔尔和阿布扎比也有人数不详的族群。另一个范例是科马泽拉人（Komazerah），带有伊朗血统的他们在阿曼生活，与此后涌入的一系列阿拉伯移民融合。[61]

已故的英国-黎巴嫩历史学家阿尔伯特·胡拉尼（Albert Hourani）指出，阿拔斯王朝的波斯人为阿拉伯人的航海业和波斯湾贸易的发展和扩张，做出了极大的贡献。许多伊斯兰世界的"阿拉伯航海家"，实际上是皈依了伊斯兰教的波斯人，他们在文学、神学与商贸活动中使用阿拉伯语。[62]这一点得到了伊斯兰世界主要历史文献的充分证实。[63]胡拉尼进一步指出："与其他地方一样，随着时间推移，波斯人自然地伊斯兰化与阿拉伯化了。"[64]胡拉尼和穆杰塔赫扎德（Mojtahed-Zadeh）已经分辨出，阿拉伯语有大量的航海相关词汇源自波斯语，它们在中世纪的伊斯兰时代被纳入阿拉伯语词典中，例如"瞭望员"（didban），以及意为港口的"班达尔"（bandar）、"巴尔"（bar），阿拉伯人曾经往来的一些港口，其名称就应用了这些词汇，比如桑给巴尔

◎ 这幅塔吉-博斯坦浮雕显示了库思老二世围猎之时演奏军乐的情景。乐师们为国王奏响弦乐器和管乐器，以及其他各种混合乐器。（© *Livius.org*）

（Zanzibar）和马拉巴尔（Malabar）。

突厥人继承的萨珊王朝遗产

  由信仰伊斯兰教的突厥战士建立的政权，比如叙利亚和埃及的马穆鲁克王朝、安纳托利亚和伊朗的塞尔柱王朝，以及之后的奥斯曼土耳其帝国，由于突厥人和波斯人之间存在广泛且密切的接触而深受波斯的影响，双方的接触可以追溯到萨珊王朝时代，乃至更早的中亚的伊朗语族群体。正如纽瓦克（Newark）所说，"萨珊波斯的武器和盔甲影响了草原上的游牧战士，比如匈人和突厥人"。[65] 不过，突厥人和伊朗人之间的文化交流不止于此，这种长久而深远的联系一直延续到今天的土耳其与伊朗之间。突厥人在文化、语言、艺术、建筑和文学上深受波斯的影响。反过来，突厥人也在伊朗留下了深刻的烙印，其中之一就是语言，当代阿塞拜疆人使用的突厥语就是证明。许多马穆鲁克军官拥有波斯式的头衔、名字，例如贾汉吉尔（Jahangir），而且他们也羡慕波斯的宫廷习俗、君主统治和典礼仪式。波斯的圆章（neshan）图案和"色彩"（rang）被马穆鲁克王朝的突厥人广泛地采用。[66]奥斯曼土耳其帝国将波斯语作为宫廷、行政和文学用语，并一直延续到 19 世纪 80 年代。[67]

法里斯的兴起：阿拉伯骑士

一些历史学家已经注意到萨珊王朝的军事典籍，例如《从军之书》（*Khudai-Nameh*）、《礼仪之书》（*Ayin-Nameh*）和《勇士法典》（*Arteshtarestan*），是阿拉伯哈里发曼苏尔和马蒙的军事操典的编写基础。[68]这些波斯军事艺术书籍就此被翻译为阿拉伯语，其内容包括攻破城市与堡垒、边境防御、伏击、侦察和箭术。伊斯兰历史学家已经意识到，阿拉伯马术传统中的伊朗遗产。伊本·纳迪姆（Ibn al-Nadeem，卒于 995/998 年）的记载证实，早年的穆斯林阿拉伯人在马术方面依赖伊朗人。[69]阿布·欧拜达·莫阿马尔·伊本·穆萨纳（Abu Obayda Mo'Ammar bin Mothanna）在他关于骑术的著作《度量之书》（*Al-kayl*，写于 823—824 年）的介绍部分，承认他的论述源自两位伊朗人的教导，即锡斯坦人穆罕默德（Mohammad-e-Sistani）和伊斯法罕人阿布·优素福（Abu-Yusef-e-Isfahani）。《度量之书》或许是马术方面最出色的阿拉伯文献。阿拉伯人也采用了萨珊骑兵的装备，例如头盔（khawda）和马匹护甲（al-tidjfaf）。或许波斯骑兵最明显的遗产，就是与骑兵相关的阿拉伯语词汇。"Faris"在阿拉伯语中意为骑兵，而同样在阿拉伯语中，"al-Faris"也能指代波斯人。阿拉伯语中代指"骑兵"的词汇，也是"来自波斯"的同义词。

然而波斯人的军事影响并非局限于骑兵，因为阿拉伯人也接受了萨珊王朝的攻城技术，萨珊的攻城水平连罗马人都深为钦佩并大加称赞。[70]阿拉伯人在扩张早期，究竟多大程度上采用了之前的萨珊王朝装备，依然不得而知。然而，曾经的萨珊王朝军事人员，极有可能同阿拉伯人一起进入了西班牙。例如，丹吉尔（Tangiers）这一地名就并非阿拉伯语，而是波斯语，这一词汇来自于"tang"，意为"紧密的"。

波斯：无声的遗产？

尽管伊斯兰征服之前的所有波斯帝国中，阿契美尼德帝国往往被视作最伟大的一个，萨珊王朝也有遗产留给了欧洲、阿拉伯和伊斯兰世界各地、东亚以及印度。萨珊帝国的遗产，持续向萨珊王朝君主们掌控的最远边境之外传播。萨珊王朝的艺术和建筑主题给欧洲带来了极大的影响，正如墨洛温王朝和哥特人的艺术作品图案所体现的。不只是在欧洲的北部，中亚、阿拉伯和伊斯兰世界各地、拜占庭帝国、印度、中国乃至日本，在艺术、建筑、音乐、文化（特别是宫廷仪式和统治模式）以及神话领域，也受到萨珊王朝的影响。尽管如此，波斯的遗产至今仍有相当一部分，没有得到西方世界以及当代的阿拉伯–伊斯兰世界的承认。

这一情况也许一定程度上源自"亚历山大神秘主义"现象，即认为"东方波斯人"永久被希腊人（当然还有罗马人）的军事力量击败并超越，相信亚历山大大帝的胜利就是结局，波斯的军事强权与波斯文明被就此消灭了。而有关希波战争和亚历山大功业的戏剧，不断地鼓吹着这种观念。这种误解延续至今，主要是教育、流行文化、选择性历史叙述（更不用说偏颇的历史解读）以及政治宣传共同作用的结果。西方世界仍然专注于希波战争和亚历山大的征服，很少有人了解或者愿意客观地承认，此后波斯的帕提亚王朝和萨珊王朝的历史。肯尼迪总结了许多当代历史学家在罗马–拜占庭与帕提亚–萨珊战争的史料学研究中的偏见：

> 许多出版物完全以罗马为中心……学者们的同情心和出发点都是地中海世界，我们难免会怀疑其中的论述存在偏见……这些以罗马为中心的叙述是从当代西方文化的视角写下的，其中依旧存在许多罗马时代对东方人的偏见……认为他们是不值得信任的、柔弱的懦夫……[71]

讽刺的是，"亚历山大神秘主义"很大程度上就是罗马在波斯失败的原因。效仿亚历山大大帝的想法，往往使得指挥者低估伊朗的军事实力，并助长与波斯军队对抗时的错误优越感。罗马的政治家和军事统帅，包括克拉苏、瓦勒里安和"背教者"尤里安，面对波斯的重骑兵时遭遇了悲惨的结局。这些人都在一定程度上被"亚历山大神秘主义"所驱动。许多罗马政治家显然无法理解，他们所处时代的波斯与公元前333年的波斯，在战略、政治和技术上存在显著差别。科特雷尔则进一步指出："恺撒直到公元前45年，依然梦想着率领他的军团追随亚历山大的脚步。"[72]

随后，希腊-罗马的优越感被对伊朗人军事能力的合理尊重所取代。克拉苏和瓦勒里安皇帝之类的军事领袖，在与萨瓦兰骑兵作战时的无能，与大流士三世在伊苏斯同亚历山大大帝作战时如出一辙。对罗马人而言，萨珊王朝的萨瓦兰部队或许是他们面对的所有敌人中最专业，也最危险的。无可置疑的是，罗马人在对抗波斯的帕提亚王朝和萨珊王朝时取得了一些胜利，然而这些战果从未能转化为征服伊朗高原。本杰明在一个多世纪前恰当地总结了波斯无人宣扬的军事遗产：

> 在进攻波斯之前，罗马战无不胜。在五个世纪中，克拉苏、安东尼、图拉真和尤里安这些青史留名的将领，徒劳无功地率领他们的军队闯过波斯的边境；在五个世纪的敌对行动中，罗马人完全没能统治幼发拉底河之外的亚洲人。一支又一支军队被波斯帝国的军事天才与无敌的骑兵粉碎……没有任何一支波斯军队向罗马人投降，没有任何一个波斯君主沦为罗马执政官凯旋式战车前的战利品。罗马在一千年的征服和战争中，只有在对抗波斯之时，才会进行如此盛大的准备，集结如此强大的军队与军械。[73]

对伊朗的研究最值得注意的变化，或许就是自1980年之后，西欧和美国关于伊朗的研究项目全面减少。即使剑桥和哈佛之类的著名大学依然拥有相关的优秀院系，也无法与西方学界中正在迅速增加的有关伊斯兰教、阿拉伯与突厥的研究项目相比。英国目前拥有世界上最大规模的阿拉伯与伊斯兰教资料，以及最多的阿拉伯研究项目，而伊朗的研究则在相对减少。在美国也出现了相似的历程，突厥研究的影响力越来越大，而伊朗研究则停滞不前或者衰退。似乎越来越多的西方人开始忽视"伊斯兰学术"和"阿拉伯科学"要归功于萨珊波斯的事实，而早在14世纪，被称为"阿拉伯人的希罗多德"的历史学家伊本·赫勒敦（Ibn Khaldun）就承认了这一点：

一个值得注意的事实是，除了极少数例外，绝大多数穆斯林学者……都并非阿拉伯人……他们都是波斯人的后代……他们发明了（阿拉伯语的）语法规则，伟大的法学家也都是波斯人……只有波斯人会从事保存知识和写作的职业以及学术研究……知识与科学是波斯人的专属领域，阿拉伯人对此并不干涉，他们自己并没有参与其中……其他所有的行业都是这种情况……[74]

伊朗人将他们的文化、艺术、科学、神学和政治影响，深深印刻于历史中的一系列伟大民族。这些遗产并未得到应得的重视，只能在沉默中得到纪念。

注释

1. R. Hayashi, *The Silk Road and the Shoso-in* (New York & Tokyo: Weatherhill-Heibonsha, 1975), pp.85, 97.

2. M. Zakeri, *Sasanid soldiers in early Muslim society* (Wiesbaden: Harrassowitz, 1995), p.291.

3. Frye, *The Golden Age of Persia*, pp.150–185.

4. V. Enderlein, "Syria and Palestine: The Ummayyad Caliphate", in M, Hattstein & P. Delius (ed.), *Islam Art and Architecture* (London: Konemann, 2001) pp.58–87: p.87.

5. S. Blair & J. Bloom, "Iraq, Iran, and Egypt: The Abbasids", in M. Hattstein & P. Delius (ed.), *Islam Art and Architecture* (London: Konemann, 2001), pp.88–127: pp.106–107, 124.

6. Ghirshman, *Iran: Parthians and Sassanians*, p.228.

7. Blair & Bloom, "Iraq, Iran, and Egypt", p.123.

8. B. Lewis (ed.), *The World of Islam* (London: Thames & Hudson, 1994), pp.108–109.

9. R. Levy, "Persia and the Arabs", in Arberry, The *Legacy of Persia*, pp. 60–88: pp.74–75.

10. B. Lewis, "Land of the lion and the sun: The flowering of Iranian civilization", in Lewis, *The World of Islam*, pp.245–272: p.252.

11. O. Grabar, "Cities and citizens: The growth and culture of urban Islam", in Lewis, *The World of Islam*, pp.89–116: p.97.

12. Elgood, "Persian Science", p.296.

13. G. Sarton, *Introduction to the History of Science* (Baltimore: Carnegie Institution of Washington, 1927).

14. 引述自阿卜杜勒-阿奇姆·沙-卡拉米（Abdol-azim Shah-Karami）于 2004 年 12 月 29 日在伊朗中央文化遗产协会所做的报告。

15. 考古队的曼苏尔·萨贾迪（Mansour Sajjadi）教授于 2005 年 1 月 31 日在伊朗中央文化遗产协会所做的报告。

16. 这一发现见于波斯语报纸 *Baztab* ，4 月 17 日，1383（2004）。

17. P. James & N. Thorpe, *Ancient Inventions* (New York: Balantine Books, 1994), pp.392, 394.

18. 同上，p.394。

19. Elgood, "Persian science", p.310.

20. Al-Qifti as cited in Elgood, "Persian Science", pp.311.

21. Elgood, "Persian science", p.311.

22. 同上，p.311。

23. 如欧洲旅行者赫伯特（Herbert）于 1628 年所记载的。见 Elgood, "Persian science," p.312。

24. Ibn al-Ukhuwwa, "Ma'alim al-Qurba"; Ibn al-Hajj', "Al-Madkhal". 这两份伊斯兰时代的手稿以劝诫的语调讲述了医学伦理与礼仪的要点。

25. Baha' al-Daula as cited in Elgood, "Persian Science", p.311.

26. Ghirshman, *Iran: Parthians and Sassanians*, p.222.

27. R. Ghirshman, V. Minorsky & R. Sanghvi, *Persia the Immortal Kingdom* (London: Orient Commerce establishment Clifford House, 1971), p.92.

28. 圣彼得堡艾尔米塔什博物馆，S-18。

29. 见《唐书》对唐玄宗宫廷的记述。

30. V. Sackville-West, "Persian carpets", in Arberry, *The Legacy of Persia*, pp.259–291: p.269.

31. Hayashi, *The Silk Road*: pp.85, 88, 96–8, 129.

32. Ghirshman, *Iran: Parthians and Sassanians*, p.332.

33. 圣彼得堡艾尔米塔什博物馆, Inv.S-253。

34. A. Shiloah, "The dimension of sound: Islamic music-philosophy,theory and practice", in Lewis, *The World of Islam*, pp.161–180:pp.166–167.

35. Ghirshman, *Iran: Parthians and Sassanians*, p.216.

36. H. Mashoun, *Tarikh e Mooseegheey e Iran* [The History of the Music of Iran] (Tehran: Farhang e Nashr e Now Publishers,2001), pp.43–53, 55–75.

37. 同上, pp.77–108, 109–137。

38. S. S. Mahmood, "A word about ourselves", *Journal of Muslim Minority Affairs* (2002, Vol.22/2), pp.245–248.

39. Arberry, *The Legacy of Persia*, p.25.

40. P. Wheatley, *Impressions of the Malay Peninsula in Ancient Times* (Singapore: D. Moore for Eastern Universities Press, 1964, p.47.

41. 源自吴国派往扶南国的使节康泰的记述。中国人一丝不苟地记述了帕提亚王朝的海上扩张，见O. W. Wolters, *The fall of Scrivijaya in Malay History* (London: Lund Humphries, 1970)。

42. H. G. Quaritch Wales, *Angkor and Rome: A Historical Comparison* (London: Bernard Quaritch, 1965), p.41.

43. Wheatley, *Impressions of the Malay Peninsula*, p.34.

44. G. F. Hourani, *Arab seafaring in the Indian Ocean in ancient and early medieval times* (Princeton, New Jersey: Princeton University Press, 1995), pp.46, 62–63, 144; A. Moorhead, *A history of Malaya and her neighbours* (London: Longmans, 1965).

45. Moorhead, *A history of Malaya*, p.59.

46. Setudeh-Nejad in Mahmood, "A word about ourselves", pp.245–248.

47. E. H. Schafer, *The Vermilion Bird: T'ang Images of the South* (Berkeley & Los Angeles: University of California Press, 1967), p180. J. Buttinger, *The Smaller Dragon: a political history of Vietnam* (New York: Praeger, 1958), p.244.

48. "灵魂不朽者" 正是库思老一世的绰号，见 Schafer, *The Vermilion Bird*, pp.270, 325。

49. Schafer, *The Vermilion Bird*, p.11.

50. C. C. Brown (trans.), *Sejarah Melayu* [Malay *Annals*] (Kuala Lumpar: Oxford University Press, 1970), p.5.

51. R. C. Majumdar, *Champa: History and Culture of an Indian Colonial Kingdom in the Far East 2nd–16th century AD* (Delhi: Gian Publishing House, 1985).

52. Wolters, *The fall of Scrivijaya*.

53. T. Srisuchat, "Early Chinese Middle Eastern Objects from Archaeological Sites in Thailand reflecting Cultural Exchange", Paper presented at the UNESCO Division of Intercultural Projects: Integral Study of the Silk Road (Roads of Dialogue) (Paris, 1990).

54. B. S. Myers & T. Copplestone (eds.), *Asian Art: An Illustrated History of Sculpture, Painting and Architecture* (London: Hamlyn, 1988), p.138.

55. Hourani, *Arab Seafaring*, pp.62–63.

56. Schafer, *The Vermilion Bird*, p.28.

57. 同上。另见 Hourani, *Arab Seafaring*, p.62。

58. Ibn-Huqal, *Surat al-Ardh* (London, 1938) p.44.

59. Maqdasi al-Beshari, *Ahsan at-Taqasim* (Tehran, 1982), p.18.

60. Pirouz Mojtahed-Zadeh, *Security and Territoriality in the Persian Gulf* (London: Routledge-Curzon, 1999), pp.65–66.

61. 同上。穆杰塔赫扎德于 1977 年访问了阿曼的两名科马泽拉部落民，发现他们使用的语言类似于伊朗乡村的古伊朗方言。

62. Hourani, *Arab Seafaring*, pp.65–66, 68, 80–84.

63. Tabari, *The History of al-Tabari*, pt. III, vol. III, p.1835. 波斯人在苏哈尔航海的相关内容，参见 L. Massignon, "Zandj", *Encyclopedia of Islam*; Hasa, *Persian Navigation*, p.132; U. M. de Villard, "Note sulle influenze asiatiche nell' Africa Orientale", *Rivista degli Studi Orientali* (July 1938, Vol.xvii), pp.303–349。

64. Hourani, *Arab Seafaring*, p.80.

65. Newark, *The Barbarians*, p.87.

66. R. Levy, "Persia and the Arabs", Arberry, *Legacy of Persia*, pp.60–88: p.72.

67. K. Farrokh, "Book review of Shahrokh Meskoob: Iranian nationality and the Persian language", *International Journal of the Sociology of Language*, (2001, Vol.148), pp.117–124: p.122.

68. H. F. Wustenfeld, *Das Heerwesen der Muhammedaner nach dem Arabischen; Der Arabischen Ubersetzung der Taktik des Aelianus*, Abhandlungen der Koniglichen Gesellschaft der Wissenschaften zu Gottingen, B.26, (Göttingen, 1880), Hist.-phil. Classe. III–VII, I–73, I–32. On the Persian tradition see 24, 28, 30, 33; 4, 6; Cf. Renaud (trans.), *Al-Kotob Narghab En Nabtaahna Kitab Fihrist*, (Münster, 1840), sections 25 (pp.6–10), 29 (pp.11–12), and 34 (pp.34–35); W. Hamblin, "Sassanian Military Science and its Transmission to the Arabs", *BRISMES Proceedings of the 1986 International Conference on Middle Eastern Studies* (1986), pp.99–106.

69. Ibn al-Nadeem, *Al-Fihrist*, II, pp.737–738.

70. Maurice (trans. G. T. Dennis), *Strategikon* (Philadelphia: University of Pennsylvania Press, 1984), XI.1.

71. D. L. Kennedy, "Was there an Eastern Origin for the Design of Late Roman Fortifications", in Kennedy, *The Roman Army in the East*, p.67.

72. Cotterell, *The Chariot*, p.24.

73. Benjamin, *Persia*, pp.205, 206.

74. Ibn Khaldun (trans. F. Rosenthal), *Al-Muqaddimah* (Princeton, New Jersey: Princeton University Press, 1967), III, pp.311–15, 271–4 [in Arabic]；英译见 R. N. Frye, *The Golden Age of Persia*, p.150。

参考书目

下文列出了本书主要参考的原始资料和研究著作，以及扩展阅读书目。另见各章注释中引述的资料。

原始资料

[1] Ammianus Marcellinus (trans. W. Hamilton), The Later Roman Empire: AD 354–378 (London: Penguin Classics,1986).

[2] Arrian (trans. A de Sélincourt), The Campaigns of Alexander (London: Penguin Classics, 1976).

[3] Cuneiform Texts of Babylonian Tablets (various editors) (London: The British Museum Publications for the Trustees of the British Museum, 1866–2006).

[4] Dio Cassius (trans. Earnest Cary), Roman History, 9 volumes (Cambridge, Massachusetts: Harvard University Press, Loeb Classical Library, 1914–1927).

[5] Diodorus Siculus (trans. C. Oldfather, C. Sherman, C. Bradford Welles, R. Geer, F. Walton), Library of History,12 volumes (Cambridge, Massachusetts: Harvard University Press, Loeb Classical Library, 1933–1967).

[6] Eutropius (trans. H. W. Bird), Breviarium (Liverpool, England: Liverpool University Press, 1993).

[7] Flavius Josephus, Jewish Antiquities (Hertfordshire, England: Wordsworth Editions, World Literature series, 2006).

[8] Herodian (trans. C. R. Whittaker), History of the Empire, 2 volumes (Cambridge, Massachusetts: Harvard University Press, Loeb Classical Library, 1969–71).

[9] Ibn al-Balkhi (ed. G. Le Strange, R. A. Nicholson), The Farsnama (Cambridge, England: Gibb Memorial Trust, 1998).

[10] Ibn al-Nadeem, M. (ed. & trans. Bayard Dodge) The Fihrist: A 10th century AD

survey of Islamic Culture(Kazi Publications Inc, 1998).

[11] Jacoby, F. (ed.), Die Fragmente der Griechischen Historiker [The Fragments/ Writings of the Greek Historians](Leiden: E. J. Brill, 1986).

[12] Lenfant, D. (trans.), Ctésias de Cnide, La Perse, L'Inde, Autres fragments (Paris: Belles Lettres, 2004).

[13] Movses Khorenat'si (trans.R. W. Thomson), History of the Armenians (Cambridge, Mass.: Harvard University Press, 1980).

[14] Plutarch (trans. B. Perrin), Parallel Lives, 11 volumes (Cambridge, Massachusetts: Harvard University Press, Loeb Classical Library, 1914–26).

[15] Polyaenus (trans. P. Krentz & E. L. Wheeler), Strategems of War, 2 volumes (Chicago, Illinois: Ares, 1994).

[16] Pritchard, J. B. (ed.), Ancient Near Eastern Texts Relating to the Old Testament (Princeton: Princeton University Press, 1950).

[17] Procopius (trans. H. B. Dewing), History of the Wars, Vol. 1, Books 1 & 2 The Persian War (Cambridge, Massachusetts: Harvard University Press, Loeb Classical Library, 1916).

[19] Quintus Curtius Rufus (trans. J. Yardley), The History of Alexander (London: Penguin Classics, 1984).

[20] Strabo (trans. H. L. Jones), Geographica (Cambridge, Massachuetts: Harvard University Press, Loeb Classical Library, 1924).

[21] Tacitus (trans. B. W. Jackson, A. J. Church, G. B. Paranesi), Annals (New Jersey: Franklin Library, 1982).

[21] al-Tawal, Akhbar, Abu Hanifa Amad bin Dud ud-Dnuri (Lahore " Sang e Meel Publications, 1986).

[22] Thompson, R. W. (trans.), The Armenian History Attributed to Sebeos (Liverpool, England: Liverpool University Press, 1999).

[23] Thucydides (trans. R. Warner), History of the Peloponnesian Wars (New York: Penguin Books, 1954).

[24] Zonaras (trans. M. Pinder), Annales Corpus Scriptorum Historiae Byzantinae

(Bonn: Weber Publishers, 1844).

[25] Zosimus (trans. F. Paschoud), Histoire Nouvelle, 2 volumes (Paris: Les Belles Lettres, 1971).

研究著作

[1] Abaev, V. I., Skifo-Evropeiskielzoglossy [Scythian-European isoglosses] (Moscow: Institute of Linguistics, 1965).

[2] Antony, D. W., Telegin, D. Y. & Brown, D., "The origin of horseback riding", Scientific American (December 1991), pp.94–99.

[3] Anthony, D. W. & Vinogradov, N. B., "Birth of the chariot", Archaeology (March/April 1995), pp.36–41.

[4] Arberry, A. J. (ed.), The Legacy of Persia (Oxford: The Clarendon Press, 1953).

[5] Atabaki, T., Azerbaijan: Ethnicity and the Struggle for Power in Iran (London: I.B. Tauris, 2000).

[6] Backroyd, P. P., Israel under Babylon and Persia (Oxford: Oxford University Press, 1970).

[7] Bahar, M. & Kasraian, N., Takht-e Jamshid [Persepolis] (Tehran, Iran: Paksh-e-Ketab, Cheshme Publishing House, 1993).

[8] Benjamin, S. G. W., Persia (London: T. Fisher Unwin, 1888).

[9] Bivar, A. D. H., Cavalry development and tactics on the Euphrates frontier (Washington DC: Dumbarton Oaks Papers 26, 1972).

[10] Boardman, J., Brown, M. A., & Powell, T. G. E. (eds.), The European Community in Later Pre-History (London: Routledge and Kegan Paul, 1971).

[11] Bosworth, A. B., The Legacy of Alexander: Politics, Warfare and Propaganda under the Successors (Oxford: Oxford University Press, 2002).

[12] Boyce, M., Zoroastrianism, Its Antiquity and Constant Vigour (Costa Mesa, California: Mazda Publishers, Fourth Columbia series on Iranian Studies, 1992.

[13] Burn, A. R., Persia and the Greeks: The Defense of the West, c.546–478 BC (Stanford, California: Stanford University Press, 1984).

[14] The Cambridge History of Iran (various editors), 8 volumes (Cambridge, Cambridge University Press, 1968–1993).

[15] Cameron, A. (ed.), The Byzantine and Early Islamic Near East, (Princeton, New Jersey: The Darwin Press, 1995).

[16] Cavalli-Sforza, L. L., Genes, Peoples and Languages (New York: North Point Press, 2000).

[17] Cavalli-Sforza, L. L., Menozzi, P., & Piazza, A., The History and Geography of Human Genes (Princeton, New Jersey: Princeton University Press, 1994).

[18] Chahin, M., The Kingdom of Armenia: A History (London: Routledge, 2001).

[19] Chaqueri, C., Origins of Social Democracy in Iran (Seattle, Washington: University of Washington Press, 2001).

[20] Colledge, M. A. R., The Parthians (London: Thames & Hudson, 1967).

[21] Colledge, M. A. R., The Parthian Period (Leiden: E. J. Brill, Iconography of Religions series, section XIV, fasc. 3, 1986).

[22] Cook, J. M., The Greeks in Ionia and the East (London: Thames & Hudson, 1962).

[23] Cook, J. M., The Persian Empire (New York: Schocken Books, 1983).

[24] Cotterell, A. (ed.), The Penguin Encyclopedia of Classical Civilizations (England: Penguin Books, 1993).

[25] Cotterell. A., Chariot: The Astounding Rise and Fall of the World's First War Machine (London: Pimlico, 2004).

[26] Culican, W., The Medes and the Persians (London: Thames & Hudson, 1965).

[27] Cunliffe, B., The Ancient Celts (Oxford: Oxford University Press, 1997).

[28] Curtis, J., Ancient Persia (London: Trustees of the British Museum, 1989).

[29] Curtis, J. and Tallis, N. (ed.), Forgotten Empire: The World of Ancient Persia (London: The British Museum Press, 2005).

[30] Dandamaev, M. A. & Lukonin, V. G., The Culture and Social Institutions of Ancient Iran (New York: Cambridge University Press, 1989).

[31] Daniel, E. L., The History of Iran (London: Greenwood Press, 2001).

[32] Dawson, D., The First Armies (London: Cassell & Co, 2001).

[33] Debevoise, N. C., A Political History of Parthia (Chicago: University of Chicago Press, 1938).

[34] Devine, A. M., "Grand Tactics at Gaugamela", Phoenix (1975, Vol.29), pp.374–85.

[35] Devine, A. M., "Alexander the Great", in J. Hackett (ed.), Warfare in the Ancient World (New York: Sidgwick & Jackson, 1989), pp.104–129.

[36] Diakonov, I. M., Istoriya Midii [The History of Media] (Moscow: Izd-vo Akademii nauk SSSR, 1956).

[37] Diakonov, M. M., Ocherk Istorii Drevnego Irana [An outline history of ancient Iran], Extended version of original Dissertation (Moscow: Izd-vo Vostochnoi Lit-ry, 1961).

[38] Dodgeon, M. H. & Lieu, S. N. C., The Roman Eastern Frontier and the Persian Wars (AD 226–363): a documentary history (London & New York: Routledge, 1991).

[39] Drews, R., The End of the Bronze Age: Changes in Warfare and the Catastrophe ca. 1200 BC (Princeton, New Jersey: Princeton University Press, 1993).

[40] Ferrill, A., The Fall of the Roman Empire: The Military Explanation (London: Thames & Hudson, 1988).

[41] Freeman, P., & Kennedy, D. "The defense of the Roman and Byzantine east" in Proceedings of a Colloquium held at Sheffield, April 1986, 2 vols (Oxford: British Institute of Archaeology at Ankara, InternationalSeries 297, 1986), pp.277–285.

[42] Frye, R. N., The History of Bukhara (Cambridge, Massachusetts: Medieval Academy of America Publications, 1954).

[43] Frye, R. N., The Heritage of Persia (London: Weidenfeld & Nicholson, 1962).

[44] Frye, R. N., "Qumran and Iran", in J. Neusner (ed.), Christianity, Judaism and Other Greco-Roman Cults (Leiden: Brill, 1975), pp.167–173.

[45] Frye, R. N. "The Sassanian system of walls of defense" in M. Rosen-Ayalon (ed.), Studies in Memory of Gaston Wiet (Jerusalem, 1977), pp.8–11.

[46] Frye, R. N., The History of Ancient Iran (Munich, Germany: C. H. Becksche Verlagsbuchhanndlung, 1984).

[47] Frye, R. N., The Golden Age of Persia (London: Weidenfeld & Nicholson, 1988).

[48] Frye, R. N., The Heritage of Central Asia: From Antiquity to the Turkish Expansion (Princeton, New Jersey: Markus Wiener Publishers, 1996).

[49] Fuller, J. F. C., The Generalship of Alexander the Great (London: Eyre & Spottiswoode, 1958).

[50] Gabba, E., "Sulle influenze reciproche degli ordinamenti militari dei Parti e dei Romani", in La Persia e il Mondo Greco-Romano (Rome: Anno Edizione,   1966).

[51] Ghirshman, R., Iran: From the Earliest Times to the Islamic Conquest (New York: Penguin, 1954).

[52] Ghirshman, R., Iran: Parthians and Sassanians (London: Thames & Hudson, 1962).

[53] Ghirshman, R., The Art of Ancient Iran, Vol.I (New York: Golden Press, 1964).

[54] Ghirshman, R., Minorsky, V., & Sanghvi, R., Persia the Immortal Kingdom (London: Orient Commerce establishment Clifford House, 1971).

[55] Goodman, M., The Roman World: 44 BC–180 AD (London: Routledge, 1997).

[56] Greatrex, G., Rome and Persia at War, 502–532 AD (Leeds: Francis Cairns, 1998).

[57] Greatrex, G. & Lieu, S. N. C., The Roman Eastern Frontier and the Persian Wars: a narrative sourcebook, vol.2 (AD 363–630) (London & New York:Routledge, 2002).

[58] Gumilev, L. N., "Bahram Chubin", Problemy Vostokovedeniya (1960, Vol.3), pp.228–241.

[59] Gumilev, L. N., Drevnie Tyurki (Leningrad: Nauka LO, 1967).

[60] Haerinck, E. & Overlaet, B., Luristan Excavation Documents Vol. II: Chamahzi Mumah and Iron Age III Graveyard (Leuven, Belgium: Peeters Publishers, 1998).

[61] Hammond, N. G. L., A history of Greece to 322 BC (Oxford: Oxford University Press, 1986).

[62] Hammond, N. G. L., Genius of Alexander the Great (North Carolina: University of North Carolina Press, 1997).

[63] Harper, P. O., The Royal Hunter: Art of the Sassanian Empire (Washington, DC: The Asia Society In Association with John Weatherhill Inc, 1978).

[64] Hayashi, R. The Silk Road and the Shoso-in (New York & Tokyo: Weatherhill-Heibonsha, 1975).

[65] Head, D., The Achaemenid Persian Army (Stockport, England: Montvert Publications, 1992).

[66] Heath, E. G., Archery: A Military History (London: Osprey Publishing, 1980).

[67] Herrmann, G., The Iranian Revival (London: Elsevier-Phaidon, 1977).

[68] Hicks, J., The Persians (New York: Time-Life Books, 1975).

414

[69] Hinnells, J. R., Persian Mythology (London: Hamlyn, 1985).

[70] Hofstetter, J., Die Griechen in Persien [The Greeks in Persia] (Berlin, 1978).

[71] Imperial Iranian Army, Jashnhay-e 2500 Sal-e-Iran [The 2500-Year Celebrations of Persia/Iran] (Iran Bastan, 1971).

[72] Izady. M., The Kurds: A Concise handbook (Washington, DC: CraneCussak, 1992).

[73] Jones-Bley, K. & Zdanovich, D. G., Complex Societies of Central Eurasia from the 3rd to the 1st Millenium BC,2 volumes (Washington, DC: Journal of Indo-European Studies Monograph Series No. 45–46, 2002).

[74] Kasraian, N. & Arshi, Z., Ashayere Iran [Nomads of Iran] (Tehran: Sekkeh Publishers, 1993).

[75] Kasraian, N. & Arshi, Z., Kord-haye Iran [Kurds of Iran] (Tehran: Sekkeh Publishers, 1993).

[76] Kasraian, N. & Arshi, Z., Sar-zameen-e Ma Iran [Our Homeland Iran] (Tehran: Sekkeh Publishers, 1998).

[77] Khorasani, M. M., Arms and Armor from Iran: The Bronze Age to the End of the Qajar Period (Tübingen: Legat Verlag, 2006).

[78] Kreissig, H., Die Sozialokonomische Situation in Juda zur Achamenidenzeit [The Social and economic situation in Judea at the time of the Achaemenids] (Berlin: Schriften zur Geschichte und Kultur des Alten Orients, Akademie, 1973).

[79] Layard, A. H. & Derby, J. C., A Popular Account of Discoveries at Nineveh (London: Elibron Classics, 1854 reprinted 2000).

[80] Lepper, F. A., Trajan's Parthian War (London: Oxford University Press, 1948).

[81] Lewis, B. (ed.), The World of Islam (London: Thames & Hudson, 1997).

[82] Lieu, S. N. C., Manichaeism in Central Asia and China (Koln: Brill, 1998).

[83] Lozinski, B. P., The Original Homeland of the Parthians (New Haven: Mouton & Co. – S-Gravenhage, 1959).

[84] Mallory, J. P., In Search of the Indo-Europeans: Language, Archaeology and Myth (London: Thames & Hudson, 1989).

[85] Mallory, J. P. & Adams, D. Q., Encyclopedia of Indo-European Culture (London:

Fitzroy Dearborn, 1997)

[86] Maricq, A., "La province d'Assyrie cree par Trajan" [The province of Assyria created by Trajan], Syria (1959, Vol.36), p.257.

[87] Markwart, J. (ed. G. Messina), The Provincial Capitals of EranShahr (Rome: Pontificio Instituto Biblico, 1931).

[88] Matini, J., "Azerbaijan Koja Ast?" [Where is Azerbaijan?], Iranshenasi (1989, Vol.I/3).

[89] Mazzaoui, M., The Origins of the Safavids: Shi'ism, Sufism, and the Gulat (Wiesbaden, Germany: F. Steiner, 1972).

[90] Miller, W., Introduction to Xenophon's Cyropaedia (Cambridge, Massachusetts: Harvard University Press, Loeb Classical Library, 1914).

[91] Motofi, A., Tarikh-e-Chahar Hezar Sal-e Artesh-e Iran: Az Tamadon-e Elam ta 1320 Khorsheedi, Jang-e- Iran va Araqh [The 4,000 Year History of the Army of Iran: From the Elamite Civilization to 1941, the Iran-Iraq War] (Tehran: Entesharat-e Iman, 1999).

[92] Musées Royaux d'art et d'histoire, Splendeurs des Sassanides: L'empire Perse entre Rome et la Chine [The Splendor of the Sassanians: The Empire between Rome and China] (Brussels: Musées Royaux d'art et d'histoire, 1993).

[93] Newark, T., The Barbarians: Warriors and Wars of the Dark Ages (Poole: Blandford Press, 1985).

[94] Newark, T., Ancient Armies (London: Concord Publications Company, 2000)

[95] Nigosian, S. A., The Zoroastrian Faith: Tradition and Modern Research (Montréal, Canada: McGill-Queen's University Press, 1993).

[96] Olmstead, A. T., History of the Persian Empire (Chicago & London: University of Chicago Press, 1963).

[97] Overlaet, B., "Regalia of the ruling classes in late Sassanian times: The Riggisberg strap mountings, swords and archer's fingercaps", Riggisberger Berichte (1989, Vol.6), pp.266–297.

[98] Pagliaro, "Rilessi di etimologie Iraniche nella tradizione storiographica Greca. Reconti Dell' Academia dei Lincei", Cl. di Scienze Morali (1933, Vol.9), pp.134–146.

[99] Piotrovsky, B. B., Vanskoe Tasrsivo (Moscow: Izd-vo Vostochnoi Lit-ry, 1959).

[100] Piotrovsky, B. B. (trans. James Hogarth), The Ancient Civilization of Urartu (New York: Cowles Book Company, 1969).

[101] Piotrovsky, B. B., Karmir Blur (Leningrad: Avrora, 1970).

[102] Pirnia, H., Iran Bastan: Tarikh-e Mofassal-e-Iran-e Ghadeem [Ancient Iran: A Comprehensive History of Old/Past Iran] (Tehran: Sherkat-e- Matbooat, 1932).

[103] Pogrebova, M. H., Iran I Zakavkaz'e Rannem Zheleznom Veke [Iran and the Trans-Caucasus in the Early Iron Age] (Moscow: Nauka, 1977).

[104] Pope, A. U. (ed.), Survey of Persian Art, 16 volumes (Oxford: Oxford University Press, 1939).

[105] Porada, E., The Art of Ancient Iran: Pre-Islamic Cultures (New York: Crown Publishers, 1965).

[106] Price, M. Iran's Diverse Peoples: A Reference Sourcebook (Santa Barbara: ABC-CLIO, Incorporated, Ethnic Diversity Within Nations Series, 2005).

[107] Pritchard, J. B., Ancient Near Eastern Texts (Princeton: Princeton University Press, 1955).

[108] Radloff, W., Aus Sibirien, lose Blätter aus dem Tagebuche eines reisenden Linguisten (Liepzig, Germany: T. O. Weigel, 1884).

[109] Rawlinson, G., Parthia (London: T. Fisher Unwin, 1893).

[110] Renan, E., Marc-Aurele et la Fin de la Monde Antique [Marcus Aurelius and the end of the Classical World] (Paris: France: Calmann-Levy, 1923).

[111] Renfrew, C., "The origins of Indo-European languages", Scientific American (October 1989), pp.106–114.

[112] Renfrew, C., Archaeology and Language: The Puzzle of Indo-European Origins (New York: Cambridge University Press, 1990).

[113] Roaf, M., Mesopotamia and the Ancient Near East (Oxford: Andromeda, 2000)

[114] Rolle, R. (trans. F. G. Walls), The World of the Scythians (Berkeley, California: University of California Press, 1989).

[115] Schmitt, R., "Konigtum in alten Iran" [Monarchies in ancient Iran], Saeculum (1977, Vol.28).

[116] Schmitt, R., The Old Persian Inscriptions of Naqsh-i Rustam and Persepolis

(London: School of Oriental and African Studies for the Corpus Inscriptionum Iranicarum, 2000).

[117] Stein, E. (pub. J.-R. Palanque), Histoire de Bas-Empire II: De la disparition de l'Empire d'Occident à la mort de Justinien (476–565) (Paris, Brussels, Amsterdam: Brouwer, 1949).

[118] Strassmaier, J. N., Inshriften von Cambyses, Konig von Babylon [Documents from Cambysis, King of Babylon] (Leipzig, 1890).

[119] Strassmaier, J. N., Inshriften von Darius, Konig von Babylon [Documents from Darius, King of Babylon] (Leipzig, 1897).

[120] Strauss, B., The Battle of Salamis: The Naval Encounter that Saved Greece – and Western Civilization (London: Simon & Schuster, 2004).

[121] Stronach, D., Pasargardae: A Report on the Excavations conducted by the British Institute of Persian Studies from 1961 to 1963 (Oxford: Clarendon Press, 1978).

[122] Sulimirski, T., The Sarmatians (London: Thames & Hudson, 1970).

[123] Tarn, W., Hellenistic Naval and Military Developments, (Cambridge: Cambridge University Press, 1930).

[124] Tarn, W., Alexander (Cambridge: Cambridge University Press, 1948).

[125] Tarn, W., The Greeks in Bactria and India (Cambridge: Cambridge University Press, 1951).

[126] Tarverdi, R., The Land of Kings (Tehran: Information Ministry Press, 1971) Time-Life Books, Persians: Masters of Empire (New York: Time-Life Books, 1995).

[127] Walser, G., Die Volkerschaften auf den Reliefs von Persepolis [The achievements of the peoples at the reliefs of Perssepolis] (Berlin: Verlag Gebr. Mann, 1966).

[128] Whitby, M., Rome at War AD 293–696 (Oxford: Osprey Publishing, 2002).

[129] Whittow, M., The Making of Byzantium: 600–1025 (Berkeley, California: University of California Press, 1996).

[130] Wiesehofer, J., (trans. Azizeh Azodi), Ancient Persia: From 550 BC to 650 AD (London: I. B. Tauris, 1996).

[131] Yarshater, E. (ed.) Encyclopaedia Iranica, 12 volumes (Columbia: Columbia University, 1974–), www.iranica.com.